中国社会科学院文库
历史考古研究系列
The Selected Works of CASS
History and Archaeology

中国社会科学院创新工程学术出版资助项目

桑干河流域历史城市地理研究

A URBAN HISTORICAL GEOGRAPHIC STUDY ON SANGGANHE VALLEY

孙靖国 著

中国社会科学出版社

图书在版编目（CIP）数据

桑干河流域历史城市地理研究/孙靖国著.—北京：中国社会科学出版社，2015.9

ISBN 978 - 7 - 5161 - 6040 - 4

Ⅰ.①桑… Ⅱ.①孙… Ⅲ.①城市地理—历史地理—研究—中国—古代 Ⅳ.①K928.5

中国版本图书馆 CIP 数据核字（2015）第 085634 号

出 版 人	赵剑英
选题策划	郭沂纹
责任编辑	郭沂纹　安　芳
责任校对	邓雨婷
责任印制	李寡寡

出　　版	中国社会科学出版社
社　　址	北京鼓楼西大街甲 158 号
邮　　编	100720
网　　址	http://www.csspw.cn
发 行 部	010 - 84083685
门 市 部	010 - 84029450
经　　销	新华书店及其他书店

印刷装订	北京君升印刷有限公司
版　　次	2015 年 9 月第 1 版
印　　次	2015 年 9 月第 1 次印刷

开　　本	710×1000　1/16
印　　张	27
插　　页	2
字　　数	452 千字
定　　价	89.00 元

凡购买中国社会科学出版社图书，如有质量问题请与本社营销中心联系调换
电话：010 - 84083683
版权所有　侵权必究

《中国社会科学院文库》出版说明

《中国社会科学院文库》（全称为《中国社会科学院重点研究课题成果文库》）是中国社会科学院组织出版的系列学术丛书。组织出版《中国社会科学院文库》是我院进一步加强课题成果管理和学术成果出版的规范化、制度化建设的重要举措。

建院以来，我院广大科研人员坚持以马克思主义为指导，在中国特色社会主义理论和实践的双重探索中做出了重要贡献，在推进马克思主义理论创新、为建设中国特色社会主义提供智力支持和各学科基础建设方面，推出了大量的研究成果，其中每年完成的专著类成果就有三四百种之多。从现在起，我们经过一定的鉴定、结项、评审程序，逐年从中选出一批通过各类别课题研究工作而完成的具有较高学术水平和一定代表性的著作，编入《中国社会科学院文库》集中出版。我们希望这能够从一个侧面展示我院整体科研状况和学术成就，同时为优秀学术成果的面世创造更好的条件。

《中国社会科学院文库》分设马克思主义研究、文学语言研究、历史考古研究、哲学宗教研究、经济研究、法学社会学研究、国际问题研究七个系列，选收范围包括专著、研究报告集、学术资料、古籍整理、译著、工具书等。

中国社会科学院科研局
2006 年 11 月

序

  在我从事历史地理学教学与研究的数十年中，曾经提出"对历史时期城市的研究，可以分成不同的区域，分析区域中心城市的形成、发展、演化以及与区域内外其他城市的关系。历史时期的区域，可以按自然地理单元来划分，也可以依照各个时代的行政、经济或文化大区来划分"。这里不仅有宏观的思考，也为今后的研究提出了方法和路径，山西雁北地区的城市曾考虑作为实践研究的选例，但是一直没有深入做下去。

  2005年，孙靖国从北京师范大学考入北京大学历史学系，由我指导攻读历史地理学博士学位。他本科就读于北京师范大学历史系，随后跟随宁欣教授攻读中国古代史专业硕士学位，硕士论文题目是《隋河北地区行政区划变迁考略》。我第一次认识他，还是去北京师范大学参加"何兹全先生九十大寿暨从事史学工作七十周年庆祝大会"，宁欣教授把他叫到我面前，跟我介绍说这位学生喜欢历史地理，此后孙靖国便"上了我这条船"。我读了他的研究生论文，感觉他有比较扎实的史学文献功底，文笔不错，也肯跑野外，这是攻读历史地理学必须具备的基本素质。于是，当孙靖国考入北大历史系跟我读博之初，我就建议他以雁北地区的城市作为他博士论文的选题。孙靖国同意了，可是心思还在隋唐，毕竟是宁欣老师带出来的，从他毕业前撰写的几篇论文即可明了其心态。

  2006年，我带他去山西右玉参加"西口文化论坛"，在会议期间，我们对右卫古城、杀虎堡、平集堡、威远城等明代边堡的选址、形制、地理环境、交通道路进行了考察。记得当时是夏季多雨，满地泥泞，我在攀爬威远城城墙的时候，爬到一半，突然脚下一滑，摔了下来，多亏靖国赶上去把我托住。通过这次实地考察，他对农牧交错地带的城市与环境的关系产生了兴趣，最后确定以"桑干河流域历史城市地理研究"为题。我向他提出：研究的时段一定要延伸到明清，不能写完汉唐就戛然而止，如果能够延伸到20世纪初，肯定在研究上会有更大的突破。

桑干河流域是一个具有地理闭合性和内部相对一致性的区域，跨越山西、河北和北京三个省市，与蒙古草原近在咫尺；深厚的黄土堆积，充足的日照，却又苦寒的气候，使得在历史上农耕、驻牧两种经营方式曾经反复交替。只是到了明代，长城与边堡的修筑，周围土地大面积的屯垦，才使得农业经营方式被稳定下来，再也没有逆转为驻牧，桑干河流域是名副其实的农牧交错带。在类型区域研究大行其道的今天，选择这样一个区域作为城市历史地理的研究案例，既有丰富的文献史料支撑，又有大量古代城址值得田野考察。在博士论文选题和研究时段确定之后，靖国和我就论文结构和视点进行过多次讨论，能否在区域城市历史地理研究方面取得突破性的成果，关键在于从哪些视角切入。

桑干河流域的城市群，以城市地理要素在不同历史时期的选址、分布、组织体系的对比为切入点，方能揭示从战国秦汉到20世纪这两千多年间雁北区域内人地关系演变的历程。

西汉推行"募民徙塞下"的政策后，由于人口的充实和边防的巩固，桑干河流域的城邑逐渐恢复并有所发展，据《汉书地理志》记载，到西汉末年，雁门、代郡、上谷三郡共有47县，其中有40县位于恒山以北的桑干河流域，在谭其骧主编的《中国历史地图集》中标出了32座县城，但还有8座县城未能确定位置。西汉王朝在桑干河流域除了设置过众多郡、县治所城址之外，还有亭、都尉等城址。考察发现西汉的城址大多分布在靠近河流的阶地上，往往位于两条河流交汇处，表明城邑选址不仅考虑凭河据险而自固，而且反映周围的土地以农业经营方式为主，农业耕作对河流灌溉有所依赖。

由于汉代实行有封土堆的墓葬形制，因而一般来说聚集较多人口和有官员身份的城址附近，会留下数目较多的汉墓，尤其是封土堆高大的大型汉墓绝不会孤立地远离城址。因此，汉墓对于寻找和考定汉代的城址能够提供明显的线索。倘若发现汉墓群而尚未找到古城址，那么附近应当有一座尚未确定的汉代城址。

汉代城址一般沿宽阔的河谷平原分布，尽管汉代城址选择水源条件好，适宜农业种植的位置，按理可以长期发展，可是大多数汉代城址到隋唐以后就废弃不用了，原因何在？贞观四年（630）东突厥被唐朝所灭，大批突厥部族迁往漠南，在桑干河流域放牧。"皆得一处养畜资生，种田未作。"为安置内附的东突厥部族，唐朝在"山后"地区除设立个别的军城外，基本上没有设置州县级地方行政建置，因此可以认为当时是以畜牧经营为主，定居农业人户比例不大，否则将设立州县来管理户籍。唐朝设置的州县城退至恒山以南，山后仅存云、朔二州，云州曾被默啜攻陷，倍受摧残，并无属县所领，只有朔州因与代州分别扼住雁门、楼烦关道之南北，故未裁撤，这种状态一直保持到唐朝末叶。

唐朝末叶中原失序，朝廷式微，"山后"地区屡经战乱，各种势力独据一方，筑城立县，招徕流民，复兴农业以生存。石敬塘向契丹君主献幽冀（燕云）十六州时，山后竟然有新（今河北涿鹿）、妫（今河北怀来东南）、儒（今北京延庆）、武（今河北宣化）、云（今山西大同）、应（今山西应县）、寰（今山西马邑）、朔（今山西朔州）、蔚（今河北蔚县）九州之地，州县建制的出现，使燕山、恒山以北的桑干河流域又恢复了农业常态。唐末各地藩镇纷纷拥兵自重，筑城编户著籍，设州县。在燕山山后和桑干河的干支流域，凡有较宽阔的河谷盆地，多设置了州县城。

重新设置州县意味着当地人改放牧营生为定居，恢复农业经营方式，需要齐民编户式的行政管理。值得注意的是，自此以后的辽、金、元、明、清历朝在这一地区的州、县治所并未沿用汉代城址，而是易地新筑。辽金以后州县城址仍然处于桑干河流域，应当是农业经营方式的恢复，但是却没有沿用汉代留下的城址，而是迁移新建，且避开桑干河沿岸阶地。为什么会出现这种现象，是值得思考和研究的问题。

明代边墙的修筑导致沿边墙出现大批卫、所城址，与原有的州县城形成两种城市体系。长城沿线为"极边"，属于卫所边堡体制；长城以内仍实行州县体制，州县城与边墙相隔百里以远。明代沿长城边墙采用的军事战略战术是：戍边军队驻扎在边城内，遇警则前出至长城，而不是全部在长城上防守，所以一般来说边城选建在长城关口内，距离边墙二三里的位置。不能离边墙太远，以免来不及赶到长城脚下御敌，同时还要考虑选择一块较平坦有水源的地方筑城，边城周围可以种田以补给。明代的军屯导致长城边墙内的土地被大面积耕垦，出现以卫、所、城、堡为代表的新城址与村落，也就使得燕山、恒山以北的桑干河流域不再可能回到以放牧经营为主要方式的生态环境。

清朝，当长城边墙军事警戒松弛后，明代新垦土地与城址、村落变成新的县城镇体系，农业经营方式不再逆转，使桑干河流域稳定地成为农业耕作环境。

孙靖国撰著的《桑干河流域历史城市地理研究》，全书从秦汉、北魏、唐辽、明代和清代五个时间剖面进行对比。书中每一个时代的研究，都从三个层次展开：其一，在文献考证和考古发掘基础上复原城市位置；其二，通过城市的位置总结选址规律；其三，分析影响城市选址的社会背景，探讨影响城市选址的原因。有了这些工作的基础，书中比较了不同历史时期城市选址的巨大差别，对各个时期城市分布的原因提出了自己的看法。例如：他认为秦汉时期城市靠近河流是为满足编户齐民农业生产和城邑生活的需要；北魏时期桑干河南北两岸城市分布的差异是因为北部地区畜牧和狩猎经济对农业的挤占；唐代前期城市稀少是因为特殊的御边政策、边疆形势和战争组织制度；明代城市形成"极边"和"次边"两大体系，治所城市远离桑干河流域，而明代边堡因职能不同，所处地理环境不同，有的在今天发展为乡镇治所，有的成为普通村落，甚至被废弃；清代因交通区位变迁，导致中心城市发生转移。孙靖国的研究解决了以下几个问题：导致唐代前期桑干河流域城市发展低谷的原因；影响各历史时期桑干河流域城市分布与选址的原因；城址存废或迁徙的成本机制；交通区位与中心城市的选择。孙靖国认为在一个较大的地理尺度内，城市的选址、迁徙与兴废更多地是受人文社会背景的影响，他的分析和结论都是有益的探索和创见。

《桑干河流域历史城市地理研究》一书研究年代纵贯古今，跨度颇大，从专业角度来看，不同时代的史料和历史背景差别很大，具有很高的辨析难度。孙靖国做了大量的文献搜集、梳理、考证和辨析工作，每一个问题都建立在扎实的考证与归纳的基础上，体现了踏实的史学学风和专业水平。

再有一点需要指出的是，为了弥补文献记载的不足，孙靖国除了充分利用古地图和现代航测、卫星图片等手段之外，还多次进行野外考察和踏勘，足迹遍布书中涉及的桑干河流域每一个县市和几十座城堡。文献、地图、航片与田野考察结合使得他的研究成果更富于扎实和可靠。在我组织研究生的几次田野考察中，靖国负责制定考察路线、复印文献资料、沿途记录、晚上组织整理，如此认真的实践使孙靖国很快具备了历史地理学野外观察与分析的能力，也为他后来组织研究生自行考察雁北古城堡游刃有余、斩获颇多做了准备。

孙靖国在北大学习的四年，也遇到过很多困难，但他都能一一化解。譬如：考虑到他的硕士研究方向是隋唐史，为了能够把明清史的基础夯实，我要求他学习满文。他去中央民族大学跟季永海先生学了两年，初步掌握了满文阅读能力。博士生第四年的时候，他的宝贝女儿出世，他要在家乡和北京之间奔波，还要找工作，压力可想而知。但他依然咬紧牙关按时完成了30万字的博士论文。其中还有一个有趣的插曲，靖国的论文写完明代已经是20多万字了，也通过了预答辩，他觉得就可以了。但是，我觉得既然做通历代的区域研究，就必须要通到底，起码要把古代的部分做完，也就是清代必须写。靖国觉得困难很大，时间也很紧张。他当时住在双安商场东边的青年公寓，于是我开车到他楼下，打电话叫他下楼，跟他谈把清代部分加进去的意义。靖国欣然接受，随即从熟悉清代史料、清朝制度和相关研究论著着手，最后不但把清代的城市职能转换和中心城市变迁这两大问题解决，还把民国乃至20世纪80年代的变化呈现出来，圆满地完成了桑干河流域几乎全部历史时期城市地理的研究。

孙靖国的探索性研究，使得历史时期桑干河流域的城市这一历史图景会显得更加清晰、生动，为推动区域历史城市地理向更深层次的研究奠定了一种范式，对于中国区域史、城市史研究也必然会有很多启迪。

博士论文是攻读博士期间的一个阶段性成果，之后的研究之路还要继续前行。在博士毕业，进入中国社会科学院历史所工作之后，孙靖国不断充实、打磨自己的博士论文，增补了很多内容，也修正了部分观点。希望他能在这一专著的基础上，严谨治学，锐意创新，一步一个脚印地走下去。

2015年，孙靖国的博士论文《桑干河流域历史城市地理研究》入选"中国社会科学院文库"，将由中国社会科学出版社出版，请我作序。既然我是他的博士导师，从确定博士论文题目，开始进行文献的整理和研究，进行野外考察，撰写论文，最后通过答辩，这一路走来，我都眼见为实，自不便推辞，乐为之序。

李孝聪

2015年8月1日

目 录

绪论 …………………………………………………………………… (1)
  第一节 解题与理论基础 ………………………………………… (1)
    一 本书研究区域范围及地理环境 ……………………………… (1)
    二 两个概念的讨论:"区域"与"城市" ………………………… (4)
    三 问题的提出 …………………………………………………… (6)
  第二节 学术史回顾 ……………………………………………… (14)
    一 作为学科的区域历史城市地理研究 ………………………… (14)
    二 桑干河流域城市历史地理研究 ……………………………… (21)
  第三节 本书思路与研究方法 …………………………………… (22)
    一 主要研究对象 ………………………………………………… (22)
    二 主要研究方法与思路 ………………………………………… (23)
  第四节 篇章结构 ………………………………………………… (26)

第一章 秦汉时期城市的沿河分布 …………………………………… (27)
  第一节 对现存汉代古城的分析 ………………………………… (28)
  第二节 汉代桑干河流域城市的地理分布 ……………………… (58)
    一 城市与河流的关系 …………………………………………… (58)
    二 治所城市分布的空间差异——密集区与稀疏区的
       明显对比 ……………………………………………………… (64)
    三 汉代桑干河流域城市分布格局的产生原因 ………………… (65)
  第三节 城市的规模和层级分布 ………………………………… (73)
    一 现存城址的规模分布 ………………………………………… (73)
    二 边郡的特殊设县标准 ………………………………………… (75)

三　中心城市的选择与转移 …………………………………（77）
　第四节　小结 ………………………………………………………（83）

第二章　北魏时期城市的分布与区域开发 ……………………（85）
　第一节　南北有别
　　　　——东汉末年桑干河流域城镇体系瓦解的历史过程 ……（86）
　第二节　拓跋鲜卑对桑干河流域的经略及其城址的选择 ………（92）
　　一　代国时期 ………………………………………………（92）
　　二　北魏时期 ………………………………………………（100）
　第三节　北魏时期桑干河流域城市的时空分布特征 ……………（125）
　　一　时间分布 ………………………………………………（125）
　　二　地理分布 ………………………………………………（128）
　第四节　导致城邑时空分布格局的原因 …………………………（128）
　　一　"灅北地瘠"——北魏时期农耕经济的地域差异 ……（128）
　　二　何以"灅北地瘠"？——北魏时期桑干河流域农耕、畜牧
　　　　和渔猎经济的盈缩 …………………………………（130）

第三章　从军城到州县
　　　　——唐辽时期城市的重新发育与位置选择 ……………（139）
　第一节　隋唐时期桑干河流域的军镇化 …………………………（140）
　　一　唐代前期桑干河流域的荒残局面 ……………………（141）
　　二　桑干河流域军镇体系的建立 …………………………（149）
　　三　唐代桑干河流域军城选址的着眼点与作用 …………（168）
　第二节　唐末—辽代治所城市的广泛设立及其选址规律 ………（172）
　第三节　唐辽时期桑干河流域治所城市恢复的原因及其
　　　　选址取向 ……………………………………………（186）
　　一　城市建设的高峰时段 …………………………………（186）
　　二　桑干河流域治所城市增设的原因 ……………………（188）
　第四节　成本选择
　　　　——桑干河流域汉魏旧城的废弃与重新选址 …………（195）
　第五节　小结 ………………………………………………………（203）

第四章　明代桑干河流域城镇的职能与分布 ………………… (204)
 第一节　治所城市的选址特征 ………………………………… (207)
  一　洪武时期"徙山后民"与元代府州县体系的终结 ……… (207)
  二　宣大地区卫所的普遍设立与明初的筑城运动 ………… (210)
  三　明代桑干河流域治所城市的选址特点 ………………… (215)
 第二节　城堡体系的逐步完善及其职能 ……………………… (254)
  一　洪、宣时期北部战线的内缩与宣府镇长城边堡的修筑 …… (254)
  二　土木之变后居中应援之城的修筑与此类城堡的功能
    与选址 ……………………………………………………… (257)
  三　明朝中期以后长城边堡的普遍修筑及其选址特征 …… (270)
  四　嘉靖中期城堡防御体系的完成与屯堡的位置与职能 …… (283)
 第三节　小结：明代宣大地区城镇体系结构分析 ……………… (290)

第五章　由边镇而腹里
   ——清代以来城镇职能的转变 ………………………… (293)
 第一节　北部边疆形势的变化 ………………………………… (294)
 第二节　清代前期对宣大地区城堡与卫所的整顿 …………… (296)
  一　清初以来对基层城堡的裁撤 …………………………… (296)
  二　基层城堡职能的转变 …………………………………… (302)
  三　由都司卫所到府州县——康雍时期城市职能的变迁 …… (305)
 第三节　交通区位的转变导致城市职能的变化
   ——以杀虎口、张家口的兴替为例 …………………… (310)
  一　清代经略西北与杀虎口地位的抬升 …………………… (311)
  二　草原商路的开拓与杀虎口、张家口的兴衰 …………… (318)
 第四节　京绥、同蒲铁路对桑干河流域治所城市分布的影响 …… (332)
  一　京绥线沿途市镇的兴起与县治的迁徙 ………………… (332)
  二　同蒲线沿途市镇的兴起与县治的迁徙 ………………… (338)
 第五节　小结 …………………………………………………… (339)

全书结论 ……………………………………………………………… (341)
  一　导致唐代前期桑干河流域城市发展低谷的原因 ……… (342)
  二　影响各历史时期桑干河流域城市分布与选址的原因 …… (343)

三　城址存废或迁徙的成本因素 …………………………（346）
　　四　交通区位与中心城市的选择 …………………………（347）

**附录一：《汉书·地理志》郡国县级单位密度与口数密度
　　　　统计对照表** ……………………………………………（349）

附录二：明代桑干河流域筑城情况表 …………………………（353）

附录三：明代宣大二镇城堡情况表 ……………………………（365）

附录四：明代宣大地区长城边堡情况表 ………………………（376）

参考文献 …………………………………………………………（381）

后记 ………………………………………………………………（406）

图目录

图 1　桑干河流域城市分布示意图（截至 2015 年 1 月）……………（3）
图 2　桑干河流域历代治所城市数目比较…………………………（7）
图 3　西汉元始二年桑干河流域治所城市分布图…………………（8）
图 4　北魏时期桑干河流域治所城市分布图………………………（9）
图 5　盛唐时期桑干河流域治所城市分布图………………………（9）
图 6　辽代桑干河流域治所城市分布图……………………………（10）
图 7　明代桑干河流域治所城市分布图……………………………（10）
图 8　清代桑干河流域治所城市分布图……………………………（11）
图 9　本书工作流程图…………………………………………………（25）
图 1-1　延庆旧县"古城址位置图"和"大古城址形势略图"………（30）
图 1-2　谷歌地球审视下的涿鹿三堡城址…………………………（31）
图 1-3　代王城地理环境示意图……………………………………（35）
图 1-4　代王城东城墙北望（摄于 2008 年 8 月 28 日下午）………（35）
图 1-5　阳原黄土城遗址示意图……………………………………（39）
图 1-6　白羊城西墙内农田中的绳纹陶片…………………………（49）
图 1-7　在 109 国道北侧遥望白羊城西墙及十里河
　　　　（摄于 2008 年 9 月 11 日）………………………………（50）
图 1-8　马邑古城与明清朔州城对照图……………………………（52）
图 1-9　北望朔城区府西路与古北西街交汇处的古城墙豁口
　　　　（摄于 2008 年 9 月 4 日）…………………………………（53）
图 1-10　朔城区秦汉墓分布图………………………………………（54）
图 1-11　秦汉马邑城与明清朔州城位置关系示意图………………（56）
图 1-12　汉代城址分布图……………………………………………（60）

图 2-1	猗卢时代代国所据城邑示意图	(99)
图 2-2	小坊城村城址形态示意图	(104)
图 2-3	小坊城村城址西墙	(105)
图 3-1	马邑与下西关城址位置图	(152)
图 3-2	唐代墓葬区位置示意图	(156)
图 3-3	沮阳故城与怀戎城位置关系示意图	(162)
图 3-4	康庄古城址地理环境示意图	(164)
图 3-5	康庄城址残墙（摄于2008年8月26日）	(165)
图 3-6	由大白登村古城址豁口向内审视	(173)
图 3-7	辽怀安县城东墙（摄于2008年8月28日）	(177)
图 3-8	中古时期桑干河流域筑城时段比较图	(188)
图 3-9	代王城古城平面图	(198)
图 3-10	唐蔚州城想象图	(202)
图 4-1	鸟瞰怀安城镇周围地理环境（摄于2003年8月13日）	(217)
图 4-2	在独石城北山上烽燧处向南俯拍	(219)
图 4-3	独石城地理环境图	(221)
图 4-4	大同右卫城与沧头河、边墙之间的关系	(223)
图 4-5	大同左卫城周边防御形势图（自洪武四年至万历二十四年）	(225)
图 4-6	高山卫城址示意图	(226)
图 4-7	鹁鸽峪位置图	(229)
图 4-8	阳和卫城地理环境示意图	(230)
图 4-9	《太原至甘肃驿铺图》部分Ⅰ：天城卫—阳和卫—大同左护卫—大同后卫（右向左）	(232)
图 4-10	《太原至甘肃驿铺图》部分Ⅱ：高山卫—镇朔卫—定边卫（右向左）	(232)
图 4-11	明代桑干河流域治所城市今天使用情况比例比较	(239)
图 4-12	怀安卫城平面图	(240)
图 4-13	《九边图》中的蔚州城形象	(241)
图 4-14	《宣大山西三镇图说》中的蔚州城形象	(242)
图 4-15	嘉靖《宣府镇志》中的蔚州城形象	(242)

图 4-16	《云中郡志》中的蔚州城形象	(243)
图 4-17	蔚县县城街巷形势略图	(245)
图 4-18	《中国城市建设史》所附《河北宣化城图》	(248)
图 4-19	宣府城复原示意图（洪武三十一年，1398）	(251)
图 4-20	《宣大山西三镇图说》中的怀来城形制	(253)
图 4-21	光绪《怀来县志》中的怀来县形制	(254)
图 4-22	保安新城地理环境示意图	(261)
图 4-23	阳原县县城平面图	(263)
图 4-24	聚落堡城址形态实测图（骆文绘制）	(265)
图 4-25	高山城城址形态实测图（骆文绘制）	(268)
图 4-26	高山城图	(269)
图 4-27	宣府镇长城边堡与边墙距离（单位：里）	(274)
图 4-28	大同镇长城边堡与边墙距离（单位：里）	(274)
图 4-29	新旧云石堡位置对比图	(280)
图 4-30	杀胡堡与平集堡及与边墙、沧头河的关系	(282)
图 4-31	新旧云冈堡图	(288)
图 5-1	三路总图	(297)
图 5-2	右玉城内"晋北实业银行右玉分行"（摄于2006年8月8日）	(321)
图 5-3	张家口上堡图（道光《万全县志》）	(323)
图 5-4	张家口下堡图（道光《万全县志》）	(324)
图 5-5	明代张家口堡与边墙、马市之间的关系	(327)
图 5-6	清末张家口市街图	(328)
图 5-7	1933年万全县城（张家口）图	(329)
图 5-8	宣化区街区图	(331)
图 5-9	京绥铁路至包头段路线图	(336)

表目录

表1　当代与清代（雍正三年以后）政区与治所城市对照表 ………（12）
表1-1　桑干河流域汉代城址与河流关系………………………（59）
表1-2　《水经注》中河流与城址位置关系……………………（61）
表1-3　桑干河流域现存汉代城址规模比较……………………（74）
表1-4　桑干河流域三郡两汉人口数据比较……………………（80）
表2-1　北魏桑干河流域城邑建治时间…………………………（127）
表2-2　北魏平城时代虏获人畜情况……………………………（132）
表2-3　北魏平城时代君主于桑干河流域狩猎情况……………（135）
表3-1　宣化唐墓墓主情况………………………………………（166）
表3-2　唐至辽代城邑修筑时段…………………………………（186）
表3-3　唐至辽代沿用汉魏故城情况……………………………（196）
表4-1　明初省废宣府地区州县…………………………………（209）
表4-2　明初筑城修城情况………………………………………（210）
表4-3　明代宣大地区治所城市规模比较………………………（236）
表4-4　明代中期修建城堡情况…………………………………（258）
表4-5　土木之变前英宗行程……………………………………（260）
表4-6　大同镇长城边堡修筑时间………………………………（272）
表4-7　"庚戌之变"后修筑城堡情况……………………………（283）
表5-1　朔平府城堡设官情况……………………………………（303）
表5-2　康熙三十二年宣化府撤卫所改州县情况………………（307）

绪　论

第一节　解题与理论基础

本书所研究的桑干河流域，其地理位置介于内外长城之间，在气候上处于暖温带半湿润区域向寒温带半干旱区域过渡地区，在经济上属于农牧交错地带。由于宜农宜牧，所以在历史时期，中原农耕政权和游牧民族都曾占据该地区。受其经济形态、开发水平和文化类型的影响，桑干河流域不同时期城市选址与分布格局呈现显著差别，对整个流域的开发及环境变迁都产生较大影响。本书以桑干河流域自西汉至清代的城市（包括治所城市和部分基层城邑）为研究对象，通过复原城址的确切位置，研究其与周边地理环境的关系及城市分布的空间格局，并从政治、军事、经济形势的演变探讨城市的职能。

一　本书研究区域范围及地理环境

桑干河即永定河上游，是海河流域非常重要的一条河流。其上游分源子河和恢河，分别发源于山西省左云县和宁武县境内，在神头镇汇流后，经山阴、应县、大同，纳黄水河、路庄河、浑河、口泉河、御河等支流，从阳原施家会村流入河北省，在阳原东北大渡口村附近，与源出山西省广灵县，流经河北省蔚县的壶流河汇流，从石匣里进入山峡，穿过宣化县南部和涿鹿县，至怀来县夹河村与洋河汇流。两河汇流后入官厅水库，在官厅以下称永定河。[①]

从行政区划来看，本书研究范围包括山西省朔州市、左云县、右玉

[①]　《辞海·地理分册（中国地理）》，上海辞书出版社1981年版。

县、山阴县、应县、怀仁县、大同市、大同县、阳高县、天镇县、浑源县、广灵县；河北省张家口市、怀安县、阳原县、涿鹿县、蔚县、怀来县、赤城县及北京市所辖的延庆县。其中朔州市平鲁区、右玉县属于黄河流域，赤城县属于潮白河流域，但从历史时期来看，平鲁与右玉地区先后归属战国秦汉的雁门郡、北魏时期的京畿、唐代的朔州、辽金元的西京道（路）、明代的山西行都司、清代的朔平府管辖，与朔州市朔城区所属的大同盆地在历史上不可分割，其归属与变动也与大同盆地相同。同样，赤城谷地在历史时期先后归属战国秦汉时期的上谷郡、北魏时期的京畿、唐代的妫州（清夷军）、辽金时期的西京道、元代的宣德府、明代的万全都司与清代的宣化府，与宣化盆地在历史时期亦唇齿相依，不可分割，同进同退。

我们可以看到，勾注山—居庸关以南部分地区在某些历史时期也与桑干河流域归属相同，如战国秦汉的上谷、雁门与代郡也包括陉南诸县，明清大同府也管辖灵丘等县，但其与桑干河流域主体地区的契合程度不如上面谈到的平鲁、右玉与赤城。所以，依据其历史进程与桑干河流域的一致程度，本书将平鲁、右玉和赤城纳入研究范围。

基于同样的原因，内蒙古自治区兴和县与丰镇县、河北省崇礼县与尚义县、山西省宁武县在自然地理上同样属于桑干河流域①，但在主要历史时期与桑干河流域核心地区历史进程并不一致，在进行比较分析研究时会非常难以处理，所以本书并未将其纳入研究范围，以追求所研究区域具备"内在的统一性"。

本区域北以阴山山脉东段与内蒙古高原主体分隔，东南以军都山—小五台山—恒山一线为界与华北平原分隔，西以管涔山脉为限与吕梁山区分隔，构成一个大体封闭的地理单元，由于先后受到燕山运动与喜马拉雅造山运动的影响，加上桑干河及其各支流的冲刷，形成了内外长城间由桑干河水系串联起来的系列雁行断陷盆地与交错分布的山地。其中包括六个比较大的盆地，分别为大同盆地、天镇—阳高盆地、蔚县盆地、阳原盆地、宣化盆地和怀来盆地（见图1）。

从地貌上来看，自流域边缘至中心依次为黄土台地、冲积洪积倾斜平原和冲积平缓平原，海拔从1000米到600米不等。总的来说，由于

---

① 姜春良：《永定河上游流域地理环境与区域开发》，博士学位论文，北京大学，1986年。

有河流贯穿其中，沿河形成洪积与冲积平原，地形开阔，坡度平缓。从气候上来看，桑干河流域属于温带半干旱气候区，光照较足，但由于纬度较高，降水较少，受干旱、风沙、盐渍影响较大，农作物只能一年一熟。

综合以上地理条件，我们可以看出：桑干河流域地处高原，西北方向可借助长城、关隘以完固地理屏障，东南方向对河北平原可收高屋建瓴之效。内部平坦，颇有回旋余地，处于农牧交错地带，农耕和畜牧都可形成一定规模。由于具有这样的地理条件，桑干河流域在政治、军事上地位非常重要。今天的农牧交错地带属于环境敏感区域，近几十年来，该地区沙化所导致的环境问题日益严重，甚至已经严重威胁东部地区，究其原因，历史时期的农业开发是其中一个重要因素。研究历史时期桑干河流域城市的分布，无疑具有直接的现实意义（见图1）。

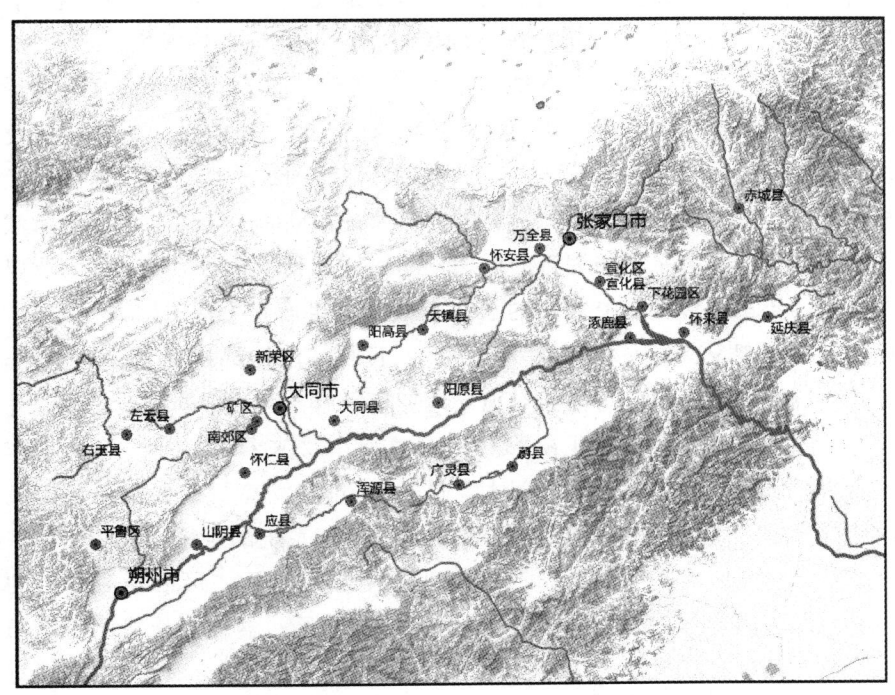

图1　桑干河流域城市分布示意图（截至 2015 年 1 月）

二 两个概念的讨论:"区域"与"城市"

1. "区域"的界定

"区域"范围是进行区域历史地理研究需要确定的前提,李孝聪认为:"区域是一个具有一具体位置的地区,在某种方式上与其他地区有差别,并限于这个差别所延伸的范围之内。"[①] 历史地理研究中,作为研究对象的区域大体上可以分为两种,一为强调"功能性"的类型区,二为强调"内部一致性"与"完整性"的闭合区域。而后者由于其研究地域范围相对集中,自然条件相对统一,对于其他地区也具备相当程度的独立性,故此一直以来为学界所沿用。

而在闭合区域的确定标准上,由于研究者自身出发点与学术背景的不同,区域的划分往往不尽一致。一般可分为综合自然区、行政区与经济区、文化区等,其中后三者由于人为因素比重较大,且不同历史时期会有很大的变动,所以作为长时段研究的区域,应以综合自然区为佳。同样,由于自然地理因素的多样化,综合自然区域的确定也同样呈现多样化的局面,以流域来确定区划是其中之一。鲁西奇认为:"流域是历史地理研究较好的对象区。作为特殊的自然地理区域,流域内的物质迁移与能量转换相对而言比较封闭,形成相对独立的河流系统;同时,河流与河谷是自然的交通孔道,河谷平原与邻近的低矮丘陵往往具有较好的垦殖条件,所以在一定的历史条件下,流域内的居住人群及其生产、生活方式乃至方言、风俗等文化现象都具有相对的一致性,并且往往能够维持相对的独立性。因此,以流域为对象,可以相对独立地考察区域人地关系的演进过程,并进而总结出人地关系的演化模式。"[②] 从这段引文来看,鲁西奇指出了作为研究区域所具备的"相对一致性"与"相对独立性"的要求,但河流的情况千差万别,其中自然有具备相对独立河流系统的流域,但对于那些跨越若干自然区域的大型河流来说,并不能认为都是"形成相对独立的河流系统",即以汉水流域而言,就可以分为平原、盆地、丘陵、山地四大区域,其中在江汉平原的部分很难谈得上与汉水上游山地具备"相对

[①] 李孝聪:《中国区域历史地理》,北京大学出版社2004年版,第3页。
[②] 鲁西奇:《区域历史地理研究:对象与方法——汉水流域的个案考察》,广西人民出版社1999年版,第32—33页。

的一致性",也很难区分其与周边其他水系地区的"相对独立性"。所以本书选择永定河在进入华北平原之前的桑干河流域,而非以整个永定河流域为研究区域,并对桑干河流域进行调整,也是为使研究区域在自然地理环境、在历史时期与今天的行政区划方面,乃至总体历史进程具备"内部一致性"与"相对独立性"。

2. "城市"的界定

城市是人类文明最显著的标志之一,不同学科背景的学者从自身着眼点与判识标准出发,为城市做出了种种不同的定义和描述,前辈学者对此进行了详细的评述。① 为了减少由于标准不同和视角歧异而造成的不必要的意见分歧,也为了统一本书写作口径,笔者将本书研究对象的"城市"定义为曾担任过政区治所的地点。需要特殊界定的是,唐代的军城,虽然不是政区治所,但由于辽代相当一部分治所城市由军城发展而来,所以书中会对军城的选址与沿革原因进行探讨。明代的卫所是明帝国疆土的一种管理体制②,相当多的实土卫所在清代转化为州县,卫所城市更是奠定了清代乃至今天很多城市的外部形态与平面布局,所以在讨论明代时,桑干河流域的卫所与州县治所都是本书研究的内容。

我们需要注意的是,桑干河流域受气候条件影响,农牧业发展水平有限,聚落之间距离较远,很难发育出类似江南一带密集网状的市镇体系。所以,作为研究对象的城市,往往是看其是否具备了与纯粹乡村聚落不同的职能。那么,在这些不同的职能中,国家政权单位的设置与对周边的辐射、管理,自然也是其中的一部分。我们可以看到,很多历史上设治的城,在政区单位裁撤后,逐步成为乡村形态。比如明清的马邑县,是由唐代大同军城发展而来,历史相当悠久,但在清代被废为乡,在近年又成为神头镇下属的行政村之后,已经完全成为乡村形态,恐怕不会对周边的乡村产生辐射与聚集效应,但在作为县城与乡驻地的时期,它是必然会对周边乡村产生辐射与聚集效应的,所以本书更多地以设置官署为标准来确定研究对象。

另外,在治所城市之外,在不同历史时期,桑干河流域中还兴建过众

---

① 详见李孝聪《历史城市地理》,山东教育出版社2007年版,第1—11页。
② 参见顾诚《明帝国的疆土管理体制》,《历史研究》1989年第3期;《谈明代的卫籍》,《北京师范大学学报》(社会科学版)1989年第5期。

多的基层城邑,如汉代的乡亭聚邑和明清的城堡。这些基层城邑在不同程度上也承担了城市的某些功能,但由于其材料稀少,且并不统一,所以本书只讨论经过多重证据法确认的少数汉代基层城邑与拥有系统资料的明清官堡,其他时期的基层城邑,只能付之阙如。

三 问题的提出

城市是人类文明的结晶和重要标志,农牧交错地带的城市,具有与纯粹农耕地区截然不同的特征。它们当中既有农耕人群向外开拓,扩大农耕经济范围的据点;也有游牧民族向农耕地带进取,逐步摆脱本民族游牧、狩猎的生活习惯,吸收新的文化因素的前哨。在历史时期,在桑干河流域,既有汉、唐、明等中原王朝兴建的作为州县、卫所中心的治所城市,也有鲜卑、契丹、沙陀等诸多原来从事游牧狩猎的民族兴建的不同功能的城邑。不同民族、不同时期修建的城市,由于边疆形势、经济形态、开发程度以及民族构成等因素的影响,具有不同的职能,导致不同历史时期,城市的数量、选址规律和分布格局都不尽相同,甚至发生了前后对比强烈的变迁,分析导致这些变化的原因,是本书写作的初衷。

1. 桑干河流域不同时期城市发育情况及其原因

通过统计历代在桑干河流域设置的治所城市数目,能够清楚地发现,不同历史时期流域内治所城市数量变化非常显著。就治所城市数目来说,秦代时大致为 35 个①,西汉时增至 37 个,东汉时减至 29 个,曹魏正式从大同盆地内缩,只剩下 12 个;北魏迁洛前以大同盆地为畿辅核心区域,着力经营,共设 26 县;隋代号称殷盛,却在整个盆地中只设 4 县;盛唐时也仅设 5 县;唐末以来,辽、金治所城市数目都为 20 个;元代为 21 个;明代增至 30 个治所城市(县、属州、卫、守御千户所);清代则设 25 个治所城市(县、属州、厅)。今天,如果我们把远离主城区的"离区"算作一个单独的县级单位的话,桑干河流域范围内共设朔州、大同和张家口 3 市、17 县和 6 离区②。我们可以通过柱状图来对比(见图 2)。

---

① 具体考证见本书第一章。
② 此六区为朔州市平鲁区、大同市新荣区、矿区、南郊区和张家口市宣化区、下花园区。

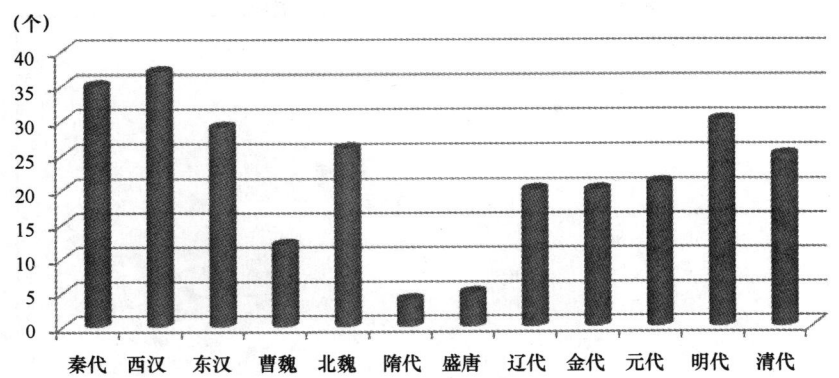

图 2　桑干河流域历代治所城市数目比较①

治所城市数目在一定程度上可以反映一个地区国家政权控制的程度与开发水平。曹魏时农牧业分界线全面内缩，中原政权退出桑干河流域，所以设县稀少，城市衰落可以理解。但隋唐是统一强盛帝国，为何在此地设县仍如此稀少，却是需要研究的问题。

2. 影响各历史时期桑干河流域城市分布和选址的原因

根据本书开头叙述，受地理条件限制，桑干河流域就其自然地理面貌而言，在整个历史时期没有巨大变化，但城市分布却发生了巨大的变化。西汉时期桑干河流域的 37 个治所城市，有确凿证据证实在今天仍为县一级及以上行政区划驻地的，只有平城（今大同市）和马邑（今朔州市）两县，也就是说，大部分治所城市已经被废弃。辽代 20 个治所城市中，到今天仍然有 9 个被废弃或发生转移。甚至是最近的清代，也有 5 个县的治所发生了转移（见图 3）。

---

① 此处的设县数目，来源以各正史《地理志》为依据，并加以梳理、考证，标准年代一般采用《中国历史地图集》的时间断限。

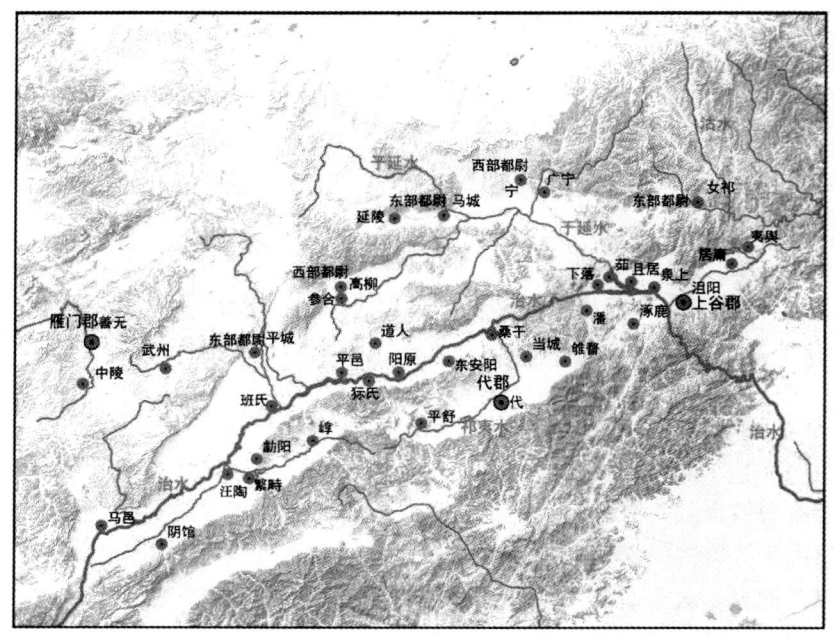

图 3 西汉元始二年桑干河流域治所城市分布图

更重要的是，对比汉代、辽代与明代桑干河流域城市的总体分布格局，我们可以发现发生了相当明显的变化。西汉时期有多座治所城市沿桑干河两岸分布，到辽代时，这一景象已不复存在。而辽代虽然半数以上县级单位沿用至明代，但明代在桑干河北的卫所却更偏向北边的内蒙古高原南麓冲积扇缘地带分布，与桑干河南岸的州县城形成两套不同的体系。清代该区域内的各级政区的治所基本沿用明代的州县或卫所的城址，但是，不再保存两套体系，其功能显然逐渐划一，全部纳入与内地完全一致的地方行政建置体系。

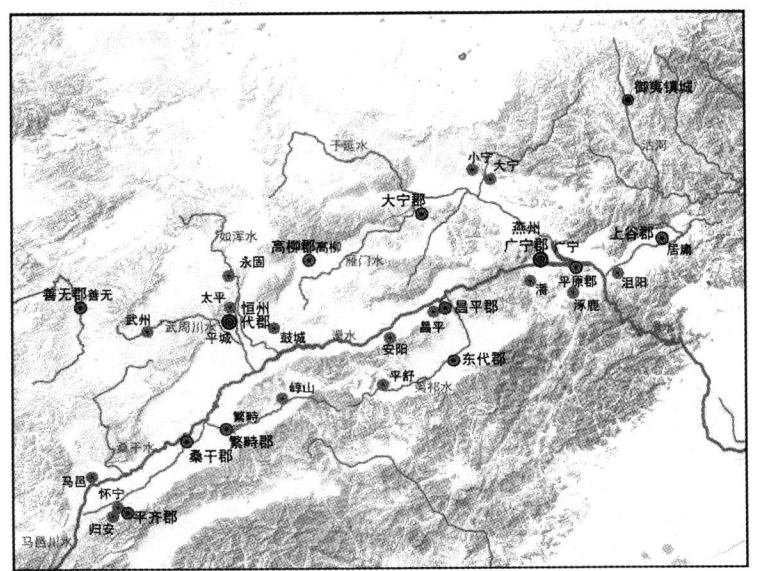

图 4　北魏时期桑干河流域治所城市分布图

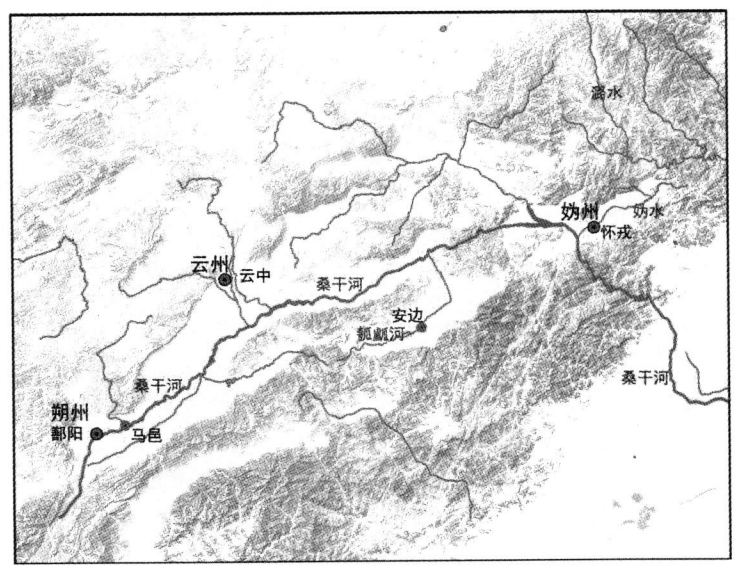

图 5　盛唐时期桑干河流域治所城市分布图

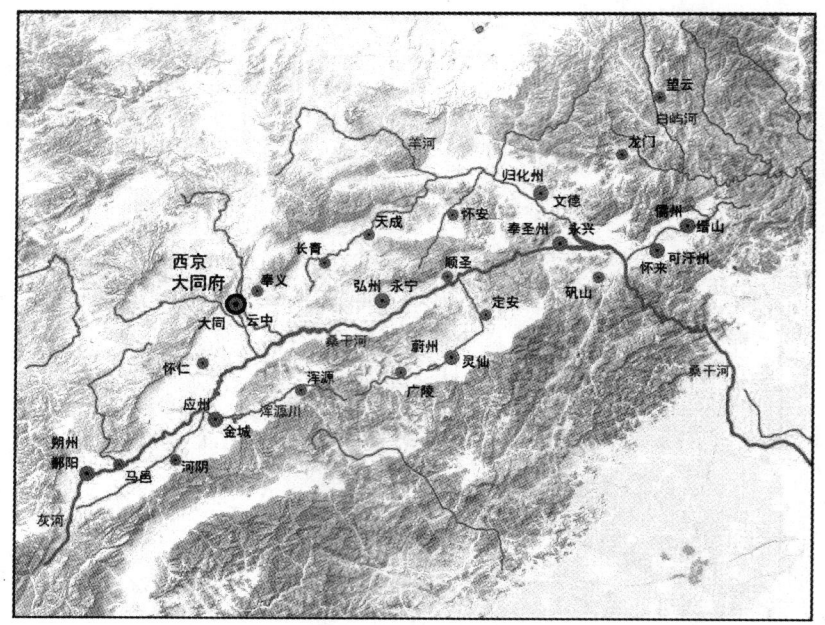

图 6　辽代桑干河流域治所城市分布图

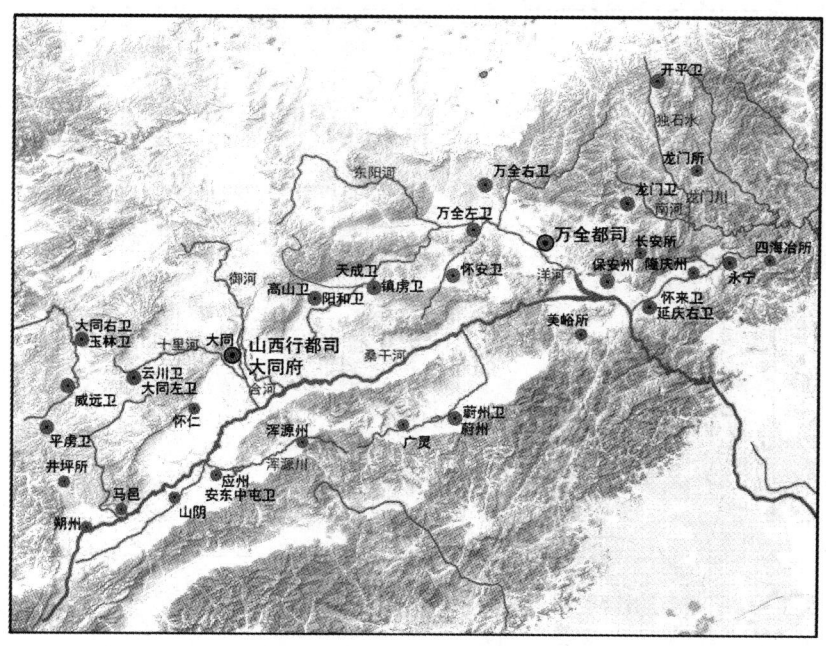

图 7　明代桑干河流域治所城市分布图

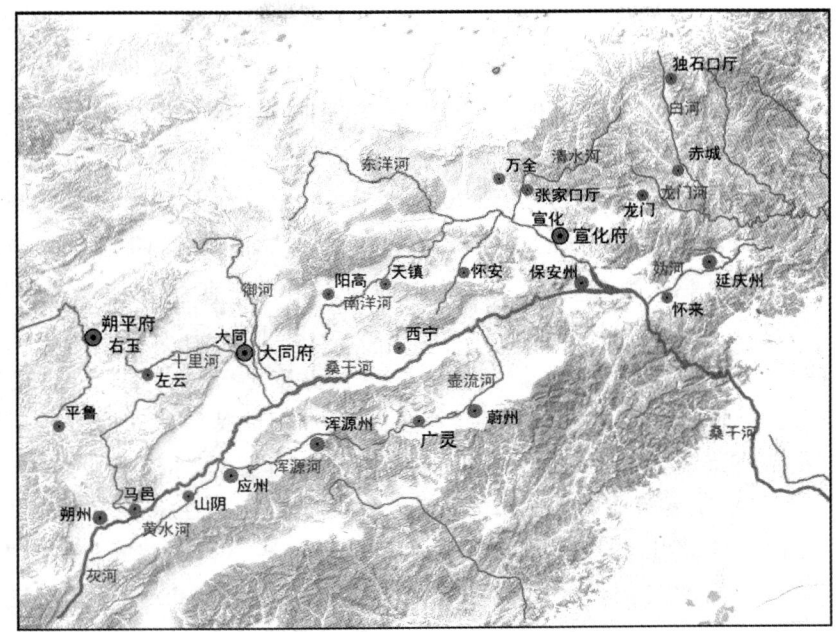

图 8　清代桑干河流域治所城市分布图

在自然环境没有发生根本性变化的情况下，作为区域重要开发标志的治所城市位置却发生了如此巨大的变动，其原因正是本书进行归纳探讨的目的所在。

3. 今天桑干河流域城市分布格局的奠定

我们首先分析今天桑干河流域的城市格局：从城市层级来看，中国现行统计规定按市区非农业人口数确定城市规模的等级。非农业人口20万以下的城市为小城市；20万—50万人口的城市为中等城市；50万以上人口的城市为大城市。[①] 根据这一标准，张家口市（城区）与大同市（城区）同为大城市，而其余所有城市形态的政区驻地人口都在20万以下，为小城市，而且，除宣化区与朔城区（主城区与神头街道已基本连接）以外，全部为人口在10万以下的小城市。

在现行的"市管县"体制下，朔州市、大同市与张家口市已经与所

---

① 周一星：《城市地理学》，商务印书馆1995年版，第201页。

辖各县形成实际的上下级关系，在行政上成为所管辖区域的中心城市，但从城市规模来看，朔州市无论是人口规模还是经济规模都无法与张家口市和大同市相比。而且，张家口市与大同市属于国务院批复其城市总体规划的86座城市之列。根据《国务院办公厅关于批准张家口市城市总体规划的通知》（国办函〔2004〕18号），张家口市的定位为"冀西北地区中心城市"，其城市发展规划为："到2005年，主城区实际居住人口要控制在84.1万人以内，建设用地控制在80平方公里以内；到2010年，主城区实际居住人口要控制在89万人以内，建设用地控制在82.8平方公里以内；到2020年，主城区实际居住人口要控制在110.4万人以内，建设用地控制在105平方公里以内。"① 而根据《国务院办公厅关于批准大同市城市总体规划的通知》（国办函〔2006〕81号）的精神，大同市的定位为"山西省北部地区的中心城市，国家历史文化名城和重要的能源城市"，其城市发展规划为"到2020年，主城区实际居住人口控制在135万人以内，建设用地控制在127平方公里以内"。② 从国务院的批示来看，张家口和大同的定位都是区域中心的特大城市，大同市还是国务院于1984年批准的"较大的市"。所以，今天桑干河流域的城镇可以归纳为以张家口与大同两座大城市为中心的城镇格局。而如果我们用当代的政区及其驻地与清代相比较，会发现有很明显的区别（见表1）。

表1　　　当代与清代（雍正三年以后）政区与治所城市对照表

今天政区	清代政区	今天驻地	清代驻地
张家口市	张家口厅	张家口市城区	—
张家口市宣化区	宣化府	张家口市宣化区	—
张家口市下花园区		张家口市下花园区	
赤城县	赤城县	赤城镇	—
	龙门县		赤城县龙关镇
怀来县	怀来县	沙城镇	淹没于官厅水库中

---

① 中华人民共和国中央人民政府门户网站，http://www.gov.cn/zwgk/2005-08/26/content_26393.htm。

② 中华人民共和国中央人民政府门户网站，http://www.gov.cn/zwgk/2006-10/23/content_420895.htm。

续表

今天政区	清代政区	今天驻地	清代驻地
阳原县	阳原县	西城镇	—
蔚县	蔚州	蔚州镇	—
怀安县	怀安县	柴沟堡镇	怀安城镇
万全县	万全县	孔家庄镇	万全镇
大同市	大同府	大同城区	—
大同市新荣区		新荣镇	
大同市南郊区		口泉乡	
大同市矿区		新平旺街道	
天镇县	天镇县	玉泉镇	—
阳高县	阳高县	龙泉镇	—
大同县	大同县	西坪镇	大同城区
怀仁县	怀仁县	云中镇	—
浑源县	浑源州	永安镇	—
广灵县	广灵县	壶泉镇	—
朔州市	朔州	朔城区	—
平鲁区	平鲁县	井坪镇	凤凰城镇
朔平府	右玉县	新城镇	右卫镇
山阴县	山阴县	岱岳镇	古城镇
应县	应州	金城镇	—
延庆县	延庆县	延庆镇	—

从表1我们可以发现，自清代至今，除了带有鲜明时代标志的市辖区之外，县这一级政区是相对稳定的，但县治则发生了很大的空间转移。

而从城市等级来看，今天桑干河流域的城镇可以归纳为以张家口与大同一东一西两座大城市为中心的城镇格局，而清代雍正年间以后则形成了宣化、大同与朔平府（右玉）的并立格局。宣化与右玉的衰落以及张家口的崛起是清代与今天的又一个显著区别。

本书所研究的时间范围，自西汉至今，无论是城市的总体发展规模，还是城市的选址与分布格局，都发生了重大的变迁。而这些变迁背后的地理、历史、经济等种种原因，则是本书所努力揭示的目标。

现实的城市地理现象与地理问题，是研究历史城市地理的出发点与归宿。本书拟通过对历史时期桑干河流域城市地理的研究，梳理出今天桑干河流域城市发展的背景与基础，并与各历史时期不同的民族分布、经济形态、边疆形势等历史因素互相对照，总结出各时期城市的职能与选址规律，以为今天桑干河流域乃至农牧交错地带的城市发展与区域开发提供参考意见。

第二节　学术史回顾

一　作为学科的区域历史城市地理研究

城市作为人类文明的象征和一种特殊的地理环境，历来是地理学研究的重要课题。现代城市地理学认为："城市作为地球表面的一种地理现象主要有两方面的特征，一是位置和分布的特征，二是城市内部地域差异的特征。"[①] 简言之，城市同时具备"点"与"面"两大特征。

一个地区城市的出现，是该区域人类开发的结果，也是衡量一个地区人类活动与自然环境之间互相影响的重要指标。正因如此，城市应该作为区域研究的一个关键切入点，在区域开发的大背景下进行研究。正如侯仁之先生所指出的："城市与其周围自然地理环境的关系，是人地关系的一个重要表现方面，也是城市地理学研究的基本问题之一。"[②]

关于区域历史地理研究，谭其骧先生认为："以中国疆域之辽阔，要想一动手就写好一部完整、全面的中国历史地理，大概是不可能的。只有先从区域历史地理入手，一个地区一个地区地先做好具体而细致的研究，才有可能再综合概括成为一部有系统有理论的中国历史地理学。"[③] 城市历史地理研究也是如此，只有从区域入手，才有可能更深入地研究历史时期城市与环境之间的关系。

20世纪以降，对于中国历史城市地理的研究，无论是从专业的历史城市地理，还是从城市史角度出发，中外学者都取得了可观的成绩。出版了一些通论性的城市史或历史城市地理著作，也对一些城市

---

① 周一星：《城市地理学》，商务印书馆1995年版，第11页。
② 侯仁之主编：《北京城市历史地理·序言》，北京燕山出版社2000年版，第2页。
③ 谭其骧为《东北历史地理》（黑龙江人民出版社1989年版）撰写的序文。

进行了专题研究。但仍存在着明显的不足，主要表现在以下四个方面。

第一，多集中在断代研究，缺乏从历史长时段内对城市历史地理把握的视角。

第二，过多注意单一城市的研究，忽视统摄区域内城市群体的综合研究思路。当前大多数的论著仍集中在研究"城市内部地域差异的特征"，也就是将城市作为"面"进行研究；而将城市作为一个"点"，研究其"位置和分布的特征"的论著还比较少见。正如有学者指出的："随着现代社会的经济发展和区域开发的需要，城市史和城市历史地理学的研究已经不能总是局限在一个城市的单纯描述，而应以一个或几个中心城市为核心，连带其他一组城市，做区域城市的综合研究。"① "这样可以加深对城市群兴衰的内在因素的理解，也有益于对城市群所处区域地理环境变化的研究。"②

第三，研究对象多集中在历代都城或经济发达地区城市。诚然，是因为这些城市史料著述相对丰富。但如前所述，地方城市，尤其是边缘地带城市地理研究意义同样重大，应该引起学界更多注意，也会取得更多的成果，以丰富我们对于中国城市历史地理的认识，并使我们对历史时期城市发展普遍情况、规律的归纳和描述更贴近现实。

第四，对城市与环境的互动研究、人地关系的探讨还有待加强。

进一步说，以往关于区域城市的研究，未能贯彻整体观察的思维，没有在审视区域地理条件与区域环境变化的宏观背景下把握区域内历代城址的兴衰、分布与中心城市的变迁；同时更多地关注具体城市的研究，缺乏在研究个体城市的"面"的平面布局与功能结构的基础上，以城市作为"点"，研究特定区域内城市群体的空间分布规律与不同时期的变化，以城市作为区域开发进程中的重要因素与标志，探索人类文明活动对环境的扰动。现简要梳理历史城市地理研究的学术发展脉络如下，以为本书的研究提供学术史上的定位。

---

① 李孝聪：《关于中国古代城市研究的几点看法》，载《北大史学》第 2 辑，北京大学出版社 1994 年版，第 22 页。

② 李孝聪：《历史城市地理》，第 16 页。

首先倡导研究区域历史城市地理的是侯仁之先生，他指出：城市历史地理学的学科性质属于地理学范畴，不同于传统的都邑沿革之学。城市历史地理研究必须与城市规划相结合才能获得长足进展。他总结出城市历史地理的研究内容应当包括：城址的起源和演变；城市职能的形成及其演变；城市面貌的形成及其特征；城市位置的转移及其规律；地区开发和城市兴衰的地理因素等几个方面。① 侯仁之先生的理论核心是从现实地理状况出发，为说明现代城市面貌的形成过程而研究城市历史地理，其任务就是要揭示现有城市的起源、城址演变、城市职能以及城市面貌形成和发展的规律和特点。因此，侯仁之工作法的理论研究程序是解释现存城市的形态及影响职能布局的历史因素，然后用历史溯源法，从近至远，逐步复原出各历史阶段的城市面貌和空间结构。为了实现对往日城市的复原，城市历史地理学的研究方法需要借助历史文献、古旧地图对古代城市的选址环境、迁移过程、轮廓形态和城市内部布局结构的记载与描绘，进行分析释读；其次，一定要采用现代城市地理学和城市考古学的田野考察方法和研究手段，结合文献记载对遗址旧迹给予定位，编绘出历史城市复原图。这样才能够揭示往日的地理特征，分析地理环境与历史城址之间的关系和相互影响。只有在完成历史城市复原图的基础上，才有可能对城市进行人文或社会领域的科学分析，舍此别无他途。②

关于区域历史城市地理的研究，近些年取得了丰富的研究成果。李孝聪《历史城市地理》一书全面地阐述了中国城市历史地理的发展线索与各阶段城市总体地理特征，为本书写作搭建了时空比较的总体框架和平台。在其他论著中，他指出研究中国区域历史地理要从中国现代自然地理区划入手，以城市为线索，最终阐述历史时期人类活动对自然环境的影响。③ 他对唐后期华北平原城市带的研究，对唐宋运河城市群的研究，都是采取研究以中心城市为核心形成的城市群体为基

---

① 侯仁之：《城市历史地理的研究与城市规划》，《地理学报》第34卷，1979年第4期；辛德勇：《侯仁之先生对于我国城市历史地理研究的开拓性贡献》，《中国历史地理论丛》1990年第4辑。

② 李孝聪：《历史城市地理》，第13页。

③ 李孝聪：《中国区域历史地理》，北京大学出版社2004年版，第4—5页。

础，进而探讨城市体系与区域开发的关系的方法。① 为本书写作提供了范式。

在具体研究实践中，首先提起的，应该是谭其骧先生主编的八卷本《中国历史地图集》（下面简称《图集》），作为20世纪中国历史地理学最重要的成果之一，《图集》对不同时期的治所城市与部分其他城邑的位置都进行了明确的考订，从整体上来看，大部分定位是准确而可靠的，完全可以作为历史学乃至历史地理学研究的基础。但是，由于《图集》主要编绘工作是在20世纪80年代以前，未能吸收之后的考古工作成果；另外，《图集》的大部分释文至今并未发表，加上《图集》的精度限制，所以在进行专业的历史城市地理研究时，还应尽可能对所研究的城址进行复原工作，不能简单依靠《图集》。

周长山《汉代城市研究》一书，对汉代城市的发展概况、汉代城市的分布、汉代的城郭、汉代的城市人口、城市内部结构都进行了系统研究，并将长安与五都作为个案进行分析。② 在其另一篇论文《汉代的城郭》中，他对汉代城郭的规模、分布规律进行了总结③，并且参照了相当数量的考古资料。肖爱玲《西汉城市体系的空间演化》中，利用出土的汉简材料，结合传世文献来进行研究，文中关注了西汉城市发展的时空特征，研究更加深入。④ 书中根据考古发掘的城址信息，对城市规模进行等级分类，其搜集的考古报告亦较周长山为多，但遗憾的是，关于城址发掘报告的搜集与利用仍有不足，相信若能搜集更广泛的考古资料，关于汉代城市的分布与规模，能有更扎实可信的结论。

鲁西奇指出流域是进行区域历史地理研究较好的对象。⑤ 他在研究方

---

① 李孝聪：《论唐代后期华北三个区域中心城市的形成》，《北京大学学报》1992年第2期；《唐宋运河城市城址选址与城市形态的研究》，侯仁之主编《环境变迁研究》第4辑，北京古籍出版社1993年版，第153—179页；《关于中国古代城市研究的几点看法》，《北大史学》第2辑，北京大学出版社1994年版，第11—27页。华林甫：《中国历史地理学理论研究的现状》，《中国史研究动态》2005年第9期。

② 周长山：《汉代城市研究》，人民出版社2001年版。

③ 周长山：《汉代的城郭》，《考古与文物》2003年第2期。

④ 肖爱玲：《西汉城市体系的空间演化》，商务印书馆2012年版。

⑤ 鲁西奇：《区域历史地理研究：对象与方法——汉水流域的个案考察》，广西人民出版社1999年版。

法中，运用水平横剖面法，将历史时期分为几个研究"剖面"，同时将汉水流域分为若干"亚区"。在对各时间"剖面"汉水流域地理总体情况进行研究的同时，对各"亚区"进行比较。

王德权对汉唐两代河北地区县治的空间变迁、区域差异以及地理分布等问题，进行了详尽的研究。① 隋唐城市与秦汉城市无论是微观地理位置，还是宏观地理分布，都存在极大不同。就笔者所见，对这一重大历史地理现象进行专业研究，王文是第一篇，也为本书写作提供了其他区域的佐证。

刘景纯运用计量的方法分析了黄土高原地区城市之间的距离、城市人口规模、城市占地规模等内容，并且指出了各区域之间的差异。② 利用概率统计法对同一系统、同一口径下的城市进行对比，能起到一目了然的作用，且发现以往未曾注意的问题。

在具体城市平面布局的复原和进一步研究工作方面，近年来，史红帅、吴宏岐等通过明清文献，对西安城市进行的复原和研究工作，李孝聪、武宏麟通过分析彩红外航片，对长江沿岸城市的复原工作，都十分精彩。③

此外，张建军、阚耀平对新疆，杜瑜、杨平林、雍际春等对甘青地区，李令福、吕卓民对陕西，张大伟、曲晓范对东北地区，蓝勇、段渝、陈庆江对西南地区，王文楚、陆希刚对华东地区，陈代光对华南地区的研

---

① 王德权：《从"汉县"到"唐县"——三至八世纪河北县治体系变动的考察》，《唐研究》第五卷，北京大学出版社1999年版，第161—217页。
② 刘景纯：《清代黄土高原地区城镇地理研究》，中华书局2005年版，第304页。《清代黄土高原地区城镇书院的时空分布与选址特征》，《中国历史地理论丛》2007年第1期。《黄土高原地区清代城镇化发展的途径与方式》，《西北大学学报》（自然科学版）2007年第6期。
③ 史红帅：《明清时期西安城市地理研究》，中国社会科学出版社2008年版。吴宏岐：《关于清代西安城内满城和南城的若干问题》，《中国历史地理论丛》2000年第3期。《元代至清末西安城市形态与结构的演变》，《中国古都研究》第20辑，山西人民出版社2003年版。李孝聪、武宏麟：《应用彩红外航片研究城市历史地理——以九江、芜湖、安庆三座沿江城市的文化景观演化与河道变迁关系为例》，《北京大学学报》（历史地理专刊）1992年，第37—41页。

究，对城市历史地理的各个方面都进行了比较充分的讨论。① 这些具体研究都会深化我们对中国充满差别的各区域的城市地理发展的认识和研究，从各方面为本书的写作提供灵感与示范。

城市是人类进入文明时代以来才产生的地理景观，其人文因素之浓厚毋庸待言，而在20世纪80年代以来所兴起的历史城市地理研究中，多强调地理环境对城市选址、分布与形态的影响，即将城市作为纯客观的存在，而忽略其背后主体——人——的行政、经济与文化运作。

在对历史时期不同地区的城市地理进行复原工作的基础上，探索城市选址、分布、内部空间格局这些地理现象背后所蕴含的深层次自然、政治、军事、社会等因素的研究，既是传统历史城市研究的重要学术取向，又是近年以来的重要研究趋势。

通过梳理详细的历史过程，从而来探讨城市发展与地区开发之间的关系，这方面的研究在近些年有了一定成果，并提出与以往通过对城市选址规律演绎法解释不同的结论。如谢湜从"15—16世纪，江南高乡地带出现了以姓氏命名的新兴市镇"这一历史事件入手，指出："16世纪下半叶以后的江南市镇全景，其实是不同时代成立的市镇'层累'发展的结果，这一'层累'发展的过程，折射出明初以后江南社会经济结构的延续和

---

① 张建军：《论清代新疆城市的占地规模》，《中国历史地理论丛》1998年第3辑。阚耀平：《历史时期新疆北部城镇的形成与发展》，《人文地理》2001年第4期。《近代新疆城镇形态与布局模式》，《干旱区地理》2001年第4期。杜瑜：《汉唐河西城市初探》，《历史地理》第七辑，上海人民出版社1990年版，第43—53页。杨平林：《历史时期河西地区历史地理初探》，《历史地理》第8辑，上海人民出版社1990年版，第133—141页。雍际春、吴宏岐：《宋金元时期陇西、青东黄土高原地区城镇的发展》，《中国历史地理论丛》2004年第4辑。李令福：《北宋关中小城镇的发展及其类型与分布》，《中国历史地理论丛》2004年第4辑。吕卓民：《陕北地区城镇历史发展研究》，《中国历史地理论丛》1996年第2辑。张大伟：《营口开埠与晚清辽河流域城镇的发展》，《北方文物》2004年第4期。曲晓范：《近代东北城市的历史变迁》，东北师范大学出版社2001年版。蓝勇：《唐宋时期西南地区城镇分布演变研究》，《中国历史地理论丛》1993年第4辑。《明清时期西南地区城镇分布的地理演变》，《中国历史地理论丛》1995年第1辑。段渝：《巴蜀古代城市的起源、结构和网络体系》，《历史研究》1993年第1期。陈庆江：《明代云南政区治所研究》，民族出版社2002年版。王文楚：《上海市大陆地区城镇的形成与发展》，《历史地理》第三辑，上海人民出版社1983年版，第83—114页。陆希刚：《明清时期江南城镇的空间分布》，《城市规划学刊》2006年第3期。陈代光：《秦汉时代岭南地区城镇历史地理研究》，《暨南学报》（哲学社会科学版）1991年第3期。

内在转变。"① 邓庆平通过对蔚县大批现存碑刻的整理，结合传世文献，对明清时期蔚州地区的地方行政管理体系与地域社会的变迁与互动进行了系统研究②。以往对明代卫所性质、职能以及清代卫所转化为州县这一重要历史问题的研究多采用举例法来进行制度性的论述，鲜有细致入微的个案研究。邓庆平的研究，深化了学术界对于明代实土卫所对所辖地域的管辖、州县卫所同城城市资源的分配、清代卫所向州县转化等问题的认识，是成功的个案研究。

以上的研究已经突破了传统的历史地理学研究方法，邓庆平本身就一直从事社会史研究，关注的是社会变迁，而非城市地理。即使是她对城市的研究，也主要是强调在城市空间内的公共设施、文化资源的共享与争夺。谢湜的研究，也带有非常浓厚的社会史研究色彩，"高乡"市镇对于该论文，更像是其研究所展开的区域与背景。诚然，对于短时间尺度的历史过程而言，地理环境无疑是变化缓慢的"长时段"，如何在只涉及几代人的时段内用历史过程来对城市的选址、迁徙、分布、职能等要素进行研究，笔者认为最重要的是选取具有典型意义的城市选址、迁徙或职能变迁的"关键时间点"。

成一农通过对明代至民国时期陕西靖边卫、靖边县县城的选址与迁徙过程的分析与解读，提出几点思考："1. 古代城市（甚至一些当前的城市），其选址并不一定是最为合理的，这一点是今后城市选址研究中应该着重强调的。2. 城市选址具有稳定性，城址的迁徙需要一定的契机。3. 人的活动可以在很大程度上营造和改变城市的选址条件。4. 不同的阶层、不同的群体，甚至不同的个体，对城市选址条件的评判标准是不同的。5. 城市选址具有非理性因素，或者是偶然性。"③ 成一农的结论正式对以往通过演绎法来解释城市选址的研究路径提出挑战，其提出的想法也颇具价值。

我们还可以看到，邓庆平、成一农等人的研究，都是基于某一县级单位（明清蔚州为属州，地位与县相仿）这一地域尺度来进行的。如何将

---

① 谢湜：《十五至十六世纪江南粮长的动向与高乡市镇的兴起——以太仓璜泾赵市为例》，《历史研究》2008年第5期。

② 邓庆平：《州县与卫所：政区演变与华北边地的社会变迁——以明清蔚州为中心》，北京师范大学博士学位论文，2006年。

③ 成一农：《清、民国时期靖边县城选址研究》，《中国历史地理论丛》2010年第2辑。

零散的个案研究上升到一定层次的规律总结或理论升华，如何在更大的地理尺度内进行细致的过程研究，将是以后历史城市地理研究需要解决的问题之一。

二 桑干河流域城市历史地理研究

由于区域城市历史地理研究起步较晚，对桑干河流域的研究并不深入，成果也并不丰富，但绝不乏精彩之作。早在20世纪30年代，侯仁之先生在《明代宣大山西三镇马市考》[①]一文中，对明代宣府、大同、山西三镇与蒙古进行朝贡贸易的场所——马市的源起、位置与市法都进行了深入研究。

宿白先生《宣化考古三题——宣化古建筑·宣化城沿革·下八里辽墓群》[②]一文，综合运用正史、地方志、古建筑与考古发掘材料，对宣化城的演变进行了逻辑严密的推证，得出了可靠的结论，并绘制出宣化古城平面图，为在更小尺度上复原宣化城市平面格局打下了坚实的基础。

北魏都代时期是桑干河流域研究的热点之一，就城市地理研究而论，前田正名《平城历史地理学研究》中对北魏都代时期内的大同盆地等民族构成、经济形态、交通情况以及平城都市景观进行了研究。[③]李凭先生在北魏都代时期的政治史研究中，对平城一带的城邑进行了复原工作，对北魏的都城、宫殿形制也进行了研究。[④]

王社教对辽宋金元时期和明清时期的城镇地理的研究中，都涉及大同盆地部分。他指出，宋金元时期山西城镇存在宋金时期的快速发展和元代的衰落调整两个阶段，不过宋金时期实质上是畸形发展，该时期城镇数量的增加大多是出于军事或税收的需要；宋金元时期的城镇规模普遍

[①] 侯仁之：《明代宣大山西三镇马市考》，《燕京学报》1937年第23期。
[②] 宿白：《宣化考古三题——宣化古建筑·宣化城沿革·下八里辽墓群》，《文物》1998年第1期。
[③] [日]前田正名：《平成历史地理学研究》，李凭、孙耀、孙蕾译，书目文献出版社1994年版。
[④] 李凭：《北魏平城时代》，社会科学文献出版社2000年版。

较小。①

姜春良《永定河上游流域地理环境与区域开发》，对永定河上游地区进行了综合区域自然与经济地理研究，提出了关于永定河上游地区地理环境、土地资源、经济发展、国土规划等各方面的建议。②

尹均科、吴文涛《历史上的永定河与北京》③，围绕永定河与北京之间的关系，综合论述了永定河的形成与名称演变，永定河水系及其流域，永定河洪积冲积扇平原的发育与北京城原始聚落的形成，北京城的历史发展对永定河产生的影响，永定河中上游流域森林植被的破坏，永定河下游河道的变迁，永定河下游流域的地面淤积，历史上永定河的水利，历史上永定河的水害，永定河文化等诸多问题。其中对历史时期桑干河各支流的确认与梳理对本书意义极大。

综合学界对桑干河流域城市历史地理的研究成果，我们可以看到：除了北魏都代时期之外，尚缺乏对桑干河流域系统专门的历史城市地理研究。本书拟综合运用传统文献、考古报告、古地图、卫星图片和实地考察等研究手段，对桑干河流域历史时期的城市选址、城市群的空间分布，以及城市与人类文明进程和地区开发之间的关系进行研究。

第三节　本书思路与研究方法

一　主要研究对象

历史城市地理包含相当丰富的内容，为集中时间与精力，本书以历史时期桑干河流域治所城市（会涉及若干基层城邑与城堡）的职能与选址，以及中心城市的确立与转移为研究对象，以城市选址的地理环境与空间分布为切入点，探讨城市与边疆形势、治边政策、区域开发之间的关系。简言之，主要是将城市作为"点"进行研究。

---

① 王社教：《辽宋金元时期山西地区城镇体系和规模演变》，《陕西师范大学学报》（哲学社会科学版）2003年第4期。

② 姜春良：《永定河上游流域地理环境与区域开发》，博士学位论文，北京大学，1986年。

③ 尹均科、吴文涛：《历史上的永定河与北京》，北京燕山出版社2005年版。

二　主要研究方法与思路

1. 归纳法

本书的研究目的是以城址的选择与分布为切入点，通过分析城市的职能，探讨城址的选择与历代政治、军事形势，以及区域开发之间的关系。为达到这一目标，不同历史时期，流域内城市的选址规律是讨论所需的最重要的必要条件。而要得出每个历史时期城市的选址规律，不能以零散的例子作为证据，更不能论在史前。

所以，本书在每一个进行讨论的历史时期，都要对该时期桑干河流域内设置的治所城市及部分基层城邑进行复原工作，以求得在同一统计口径下的系统样本，从而在尽可能准确的城市所处微观地理环境和设置时间的基础上，通过对比城市设置的时空背景来讨论城市的选址规律，力求使研究立足在最坚实的基础上。

2. 多重证据法

20世纪初，王国维创立了"二重证据法"，即"纸上之材料"与"地下之新材料"相互印证的研究方法，对20世纪中国学术研究产生了巨大的影响。野外考察作为地理学的重要方法之一，其在历史地理学研究中的重要性已经被前辈学者着重强调。[①] 由于本书所研究的桑干河流域在历史时期属于边地，或由少数民族政权进行治理，史料相对稀少，加上具体城址的文献记载又缺乏实证研究需要的准确性。所以本书拟采用"多重证据法"，即用考古发掘报告、文献记载与实地考察等手段和方法相互比勘，以求获得最直接、最确凿的信息。

2006年夏，笔者考察了北京延庆县的永宁城以及山西省右玉县境内的右卫城、杀虎堡、平集堡、威远堡等五座明清城址。2008年8月26日至9月13日，笔者对桑干河流域进行了综合考察，对怀安旧怀安、怀安九王城、蔚县代王城、朔州夏关城、左云白羊城、大同东水地城址（汉平邑城）、大同小坊城村城址、应县东张寨城址（汉繁畤城）、应县司马镇城、赤城康庄城址（唐广边军城）、山阴故驿城址（辽河阴城）等汉、魏、唐、辽城址，雕鹗堡、独石城（开平卫）、云州堡、龙关城、宣化

---

① 侯仁之：《历史地理学刍议》，氏著《历史地理学四论》，中国科学技术出版社1994年版，第8页。

城、张家口堡、渡口堡、新平堡、蔚县城、朔州城、马邑城、山阴城、应州城、大同城、许家庄堡、聚乐堡、旧高山、云西堡、高山城、云冈堡等明清城址进行了实地踏勘，共考察了31座城址，尽可能加深对城址周边地理环境的认识，以与考古资料、历史文献相印证。

在此三种基本材料之外，地形图、卫星图片与古地图也是本书要综合运用的材料。尤其是后者，无论是其描绘的图像信息，还是注文中的文字信息，对于本书明清部分，都将起到重要的补充作用。

3. 长时段、水平横剖面与区域比较法

在确定作为研究对象的"区域"之后，由于区域具有相对独立性与稳定性，如果只研究某一历史时段，势必会导致无法厘清区域内包括城市地理在内的诸多问题的线索与脉络，尤其是对于桑干河流域这样一个发生过重大历史动荡，以及农牧经济、民族交替开发的区域来说，从整个历史时期来把握，无疑是必要的。

法国"年鉴学派"的代表学者之一费尔南·布罗代尔将历史分为"长时段""中时段"与"短时段"，所谓长时段，也叫结构或自然时间，主要指历史上在几个世纪中长期不变或变化极慢的现象，如地理气候、生态环境、社会组织、思想传统等。他认为短时段现象只构成了历史的表面层次，它转瞬即逝，对整个历史进程只起微小的作用。中时段现象对历史进程起着直接和重要的作用。只有长时段现象才构成历史的深层结构，构成整个历史发展的基础，对历史进程起着决定性和根本的作用。在其代表作《菲利普二世时代的地中海和地中海世界》①与《法兰西的特性：空间和历史》②中，布罗代尔运用长时段思路来分析根本历史问题。就桑干河流域而言，其治所城市数量经历了秦汉、北魏、辽金元、明清等繁荣期与其间的低潮期，从整个历史时期来看，城址的分布也发生了根本性的变化，这就更需要我们从长时段的思路进行考察。

在坚持从长时段来把握区域城市历史地理研究的同时，我们还需要引入时空比较思路，来对比不同时段区域内城市发展的情况，以便发现并解

---

① [法] 费尔南·布罗代尔：《菲利普二世时代的地中海和地中海世界》，唐家龙、曾培耿等译，商务印书馆1998年版。

② [法] 费尔南·布罗代尔：《法兰西的特性：空间和历史》，顾良、张泽干译，商务印书馆1994年版。

决更多的关键问题，这种时空比较方法就是"水平横剖面复原法"。

"水平横剖面复原法"的创始人是英国历史地理学家克利福德·达比（Clifford Darby），其方法是通过构建一系列的水平横剖面（horizontal cross section）来恢复某一区域地理景观的变化过程。侯仁之先生曾指出："在区域历史地理的写作中，根据纵向研究或地理演进的方法论，如何通过一系列的不同时代的地理剖面，有效地进行区域描述，在我国还是一个有待验证的问题。"① 本书选取了西汉、北魏、唐辽、明代和清代等五个具有不同城市分布情况或职能特征的时段，作为水平横剖面，对桑干河流域城市地理发展进行研究。

4. 本书各章节的工作流程

由于本书要研究不同历史时期城市的选址规律，首要工作就是要对文献中提及与考古发掘出的城址进行考订和复原，综合运用多种研究手段，以求得到城址在目前条件下最准确的微观地理位置；然后通过分析城市的职能与时代背景，总结出不同时期城址选择的规律；最后，对桑干河流域城址演替发展的动因给出切合历史实际的解释。

现制作本书各章节的工作流程如图9。

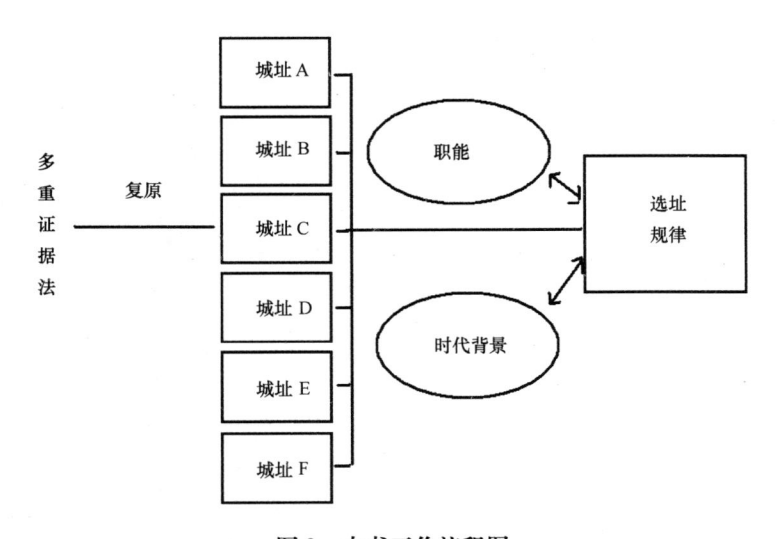

图9 本书工作流程图

---

① 司徒尚纪：《海南岛历史上土地开发研究》，海南人民出版社1987年版，第7页。

第四节　篇章结构

　　由于本书旨在复原、梳理并比较不同历史时期的城市分布格局，并分别与相应时期的人类开发进程、人地关系相互印证，故此依时间先后顺序，本书共分五章。

　　第一章是对汉代桑干河流域城市地理的研究。战国秦汉是中国城市发展的第一个高峰期，如前所述，桑干河流域设县数字居各时期之首，近30年以来，该区域考古工作取得很大成就，一系列汉代城址得到确认，本章将结合考古挖掘探讨汉代城市的分布规律，并探讨导致其发展高峰与分布规律的背景。

　　第二章探讨北魏时期城市的分布和发展水平。由于北魏前期定都平城，故学术界研究较多，如前田正名在《平城历史地理学研究》中对平城都市景观，李凭在《北魏平城时代》中对北魏平城畿内的城邑进行过研究，但对于北魏时期城市的总体发展历程和发展状况却并未结合自然地理环境与经济开发程度进行深入研究，其部分结论也有可商榷之处，故该章将在复原城址的基础上探讨这一时期城市发展所折射出的人地关系状况。

　　第三章探讨唐代至辽代城市的发展与分布。如前所述，隋代与唐代前期在桑干河流域的治所城市数目相当稀少，与其他时期形成鲜明对比，其原因是本章工作重点之一。盛唐以降，中央政府在流域内设置诸多军城，一些后来被沿用为州县治所，军城与州县城市选址规律存在哪些差异？从《中国历史地图集》来看，秦汉至北魏的城址，到辽代基本都未沿用，情况是否的确如此？其原因为何？同样是该章致力解决的问题。

　　第四章和第五章是对明清以来城市分布与职能的研究。明代在桑干河流域设置了众多卫所，并修筑了为数众多的堡寨，其整体格局如何？卫所城市与堡寨的选址是否与普通州县城市相同？进入清代，明代的卫所逐渐被改造为州县，而且地域格局逐渐发生重大变化，自唐末设置大同军节度使以来，桑干河流域西部长期归属以大同为中心的同一高级政区的历史被朔平府的设置所终结；同时，张家口逐渐由长城边堡发展为区域中心城市，最终奠定当代桑干河流域城市地理的格局，该章将探讨导致这一重大历史变化的原因。

第一章　秦汉时期城市的沿河分布

　　春秋战国时期是中国早期城市的第一个发展阶段，各诸侯国的都城与众多地方城邑兴起。随着赵、燕等国向代戎、楼烦、林胡等部族所居住的农牧交错地带扩张，先后建立了代、雁门和上谷等郡，在桑干河流域建设起了第一批郡县治所城市。秦帝国吞并各国，形成了全国统一的郡县城市网络，到汉高祖六年（前201）冬十月，"令天下县邑城"①，要求在全国范围内筑城。在这样的背景下，随着汉政府对三郡的统治逐步稳定与巩固，一大批治所城市与基层城邑建立起来，桑干河流域呈现阡陌交错、城池相望的繁荣景象。到西汉末年，桑干河流域共设37县，为历代之最。

　　对西汉城址进行复原，历来是采用文献考证的方法。但文献记载毕竟有其模糊性，无法确知城址的具体微观地理位置，遑论在此基础上分析城市与周边环境的关系。本章根据考古工作者所发掘的29座汉代城址的信息，运用多重证据法，与《汉书·地理志》中的政区资料、《水经注》中对汉代"故城"的描述进行比勘，并辅以实地考察，复原桑干河流域内秦汉治所城市与基层城邑的地理分布特征，以求揭示桑干河流域汉代城市选址与分布的规律，并试图解释形成这一选址与分布规律的原因。

　　纵观各个历史时期，桑干河流域治所城市的数目在西汉时达到顶峰，同样是由农耕民族建立的中原政权，唐代和明代都无法与之相比。这就意味着汉代的城市有其相对特殊的职能，而这种特殊职能又如何与城市的选址规律与地理分布特征相互印证呢？

---

①　《汉书》卷1《高帝纪下》，第59页。

第一节　对现存汉代古城的分析

关于西汉治所城市的具体地理位置，历代史籍并无确切记载。后世志书多言某某废县在某处或某方位，由于相隔时代悬远，也无法遽信。近30年来，河北省张家口市、山西省大同市、朔州市及平朔考古队对所辖境内的文物与历史遗迹进行了详细的考察工作，发掘并确认了29座汉代古城[1]，为我们运用多重证据法，了解和研究这一地区秦汉时期城市选址的地理基础提供了坚实的证据。笔者也对其中9个城址进行了实地踏勘，有了更直接的认识。本节将对桑干河流域内的秦汉城址逐一进行分析，并总结其地理分布特点。

需要说明的是，虽然我们可以根据文献对城址进行判识，但文献不可能提供足够准确的定位，比如下面分析的"大同县东水地城址"，考古发掘报告根据城墙的风化程度、夯土的形制、出土的器物和建筑风格等因素，判识其为汉代城址。我们能利用的最可靠的资料就是《水经·㶟水注》中"如浑水又东南流，注于㶟水。㶟水又东迳北平邑县故城南"[2]的记载，由于城址确实在御河（如浑水）汇入桑干河（㶟水）河口处以东，桑干河北岸，如果确系县城遗址，那么按逻辑来说，应该就是汉平邑县城址。反过来讲，如果该城不是县城，而是一个乡亭聚邑的遗址，那么我们的判识就会发生偏差，甚至完全错误。但是，如果我们回到最基本的出发点，分析这个汉代城址所处的地理环境，以及城址与周围环境的关系，那么相信仍然会达到我们的主要目标，也就是汉代城市选址和分布的规律。所以，这也是笔者将城址作为分析对象，而不是直接将其命名为汉代某城的缘故。

---

[1]　关于张家口市的考古工作，有下文引用的《张家口地区文物普查资料集》等一系列考古报告作为依据。大同、朔州的考古发掘，其报告见诸刊物的不多，《山西省文物地图集》中亦并无确切地点。本书主要依据是各县市的现代方志，支配勇、雷云贵、张海啸、支建平等所著《怀仁日中城即汉勷阳城、代公新平城考》中提到了同朔地区汉代城址考古发掘的具体到主持人的工作记录，使得现代方志中所收信息确凿可信。该文收入寒声主编《黄河文化论坛》第9辑，中国戏剧出版社2003年版，第66—76页。

[2]　郦道元注，杨守敬、熊会贞疏，段熙仲点校，陈桥驿复校：《水经注疏》卷13，江苏古籍出版社1989年版，第1156页。

另外，下面对于城址与河流之间距离的测算，都是根据实测地形图和卫星图片而进行的，相信误差被控制到对结果没有实质性影响的程度。

1. 延庆旧县古城城址（上谷郡夷舆县故城）

城址位于北京市延庆县旧县镇古城村东北250米处。据1984年普查，城东西宽237米，南北长480米，周长1434米。因取土，遗址大部已被破坏，只残存西北角夯土墙170米。遗址内曾出土大量汉瓦片、陶片，附近出土大量商周时期青铜器、汉五铢钱等。①

《水经·㶟水注》载："（牧牛山水）西南流，谷水与浮图沟水注之。水出夷舆县故城西南，王莽以为朔调亭也。其水俱西南流，注于沧水。"②按沧水即清夷水③，到今天已经湮灭于官厅水库中，唯有上游原牧牛山水今称妫水河。今古城村西即为妫水河的支流古城河④，距古城村仅250米的夷舆城遗址距离该河大致在1000米。

尹均科、吴文涛认为古城河即谷水与浮图沟水⑤，古城河发源于海坨山东麓靳家堡乡后河一带，东南流经古城村西，于香村营村入妫水河⑥，与前引《水经注》所述"水出夷舆县故城西南"相对照来看，郦道元强调的应该是水自夷舆县故城西南出山才是。

2. 怀来大古城城址（上谷郡沮阳县故城）

城址位于怀来县东南15公里处，现小南辛堡镇大古城村北1华里的官厅水库南岸，城垣现已多半被湖水湮没。迄今为止，河北省文化局、中国科学院考古研究所、张家口市和首都师范大学历史系先后组织过对城址的考察。⑦ 城中出土文物，经鉴定为战国至汉的遗物。⑧ 就城址所在的微观地貌来看，很明显处于妫水河的河谷平原中。城址既然被官厅水库淹

---

① 《延庆县志》，北京出版社2006年版，第629页。
② 《水经注疏》卷13，第1187页。
③ 同上书，第1186页。
④ 《延庆县志》所附《延庆县行政区划图》。
⑤ 尹均科、吴文涛：《历史上的永定河与北京》，第51页。
⑥ 《延庆县志》，第68—69页。
⑦ 尤文远、孟浩：《河北省怀来县大古城遗址调查情况》，《文物资料丛刊》1954年第9期。安志敏：《河北怀来大古城村古城调查记》，《考古通讯》1955年第3期。张家口考古队：《河北怀来官厅水库沿岸考古调查简报》，《考古》1988年第8期。李维明、郗志群、宋卫忠、张秀荣：《河北怀来县大古城遗址1999年调查简报》，《考古》2001年第11期。
⑧ 《张家口地区文物普查资料集》（内部资料），1982年，第15—16页。

没，汉代时，沮阳城应距清夷水不远。据图 1-1 估算，不包括被妫水河冲毁部分，城址残存城墙大致有 6000 米。

《水经·㶟水注》载："清夷水又西，迳沮阳县故城北，秦始皇上谷郡治此……《魏土地记》曰：'城北有清夷水西流也。'其水又屈迳其城西南流，注于㶟水。"① 妫水河西流，经官厅水库入桑干河，即古清夷水。② 则此城址应为汉上谷郡郡治沮阳县故城。

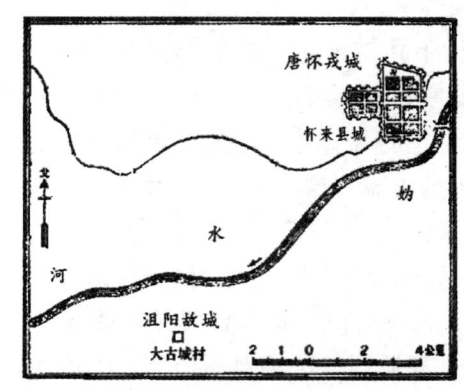

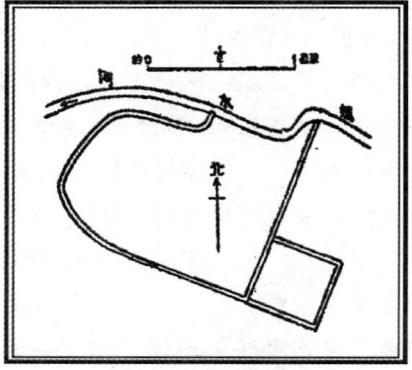

图 1-1 延庆旧县"古城址位置图"和"大古城址形势略图"③

3. 涿鹿三堡城址（上谷郡涿鹿县故城）

三堡城城址即俗称之"黄帝城"，位于涿鹿县矾山镇三堡村北 50 米④，南临水库，水库由东城墙中部侵入城内，塌有深沟，从城内采集遗物辨认，多是战国至汉代时。⑤ 2006 年 8 月 27 日，张家口市文物考古研究所考古队在城址东 600 米处发现一处东汉墓葬，该墓早年已被破坏，但仍能发现灰陶罐、铜带钩、铜镜、铜戒指和五铢钱等汉代器物，考古工作者根据墓葬形制和出土器物，判识该墓为东汉时期的一般贵族墓。⑥ 从墓葬与城址之间的距离来看，应该就是城中居住的上层人物

---

① 《水经注疏》卷 13，第 1190—1191 页。
② 《历史上的永定河与北京》，第 51 页。
③ 据 1955 年安志敏所绘图改绘，《河北怀来大古城村古城址调查记》，第 44—48 页。
④ 《张家口地区战国时期古城址调查发现与研究》，第 29 页。
⑤ 《张家口地区文物普查资料集》（内部资料），1982 年，第 16 页。
⑥ 王培生：《河北涿鹿县黄帝城发现一座东汉墓》，《文物春秋》2008 年第 4 期。

之墓。

利用谷歌地球审视矾山镇三堡村北部，发现一处明显隆起的方形环绕地势，综合分析其形制及与三堡村和古城水库的关系，应该就是古城址在卫星图片上的反映。在图上可以清晰地看出城址呈不规则正方形，长宽大致都为500米，周长为2057米左右（如图1-2）。

图1-2 谷歌地球审视下的涿鹿三堡城址

《水经·㶟水注》记载："涿水出涿鹿山，世谓之张公泉，东北流，迳涿鹿县故城南……其水又东北与阪泉合，水导源县之东泉。《魏土地记》曰：'下洛城东南六十里，有涿鹿城，城东一里有阪泉'……泉水东北流，与蚩尤泉会……乱流东北入涿水。"①

涿水即清代所称矾山水，今称北沙河。②《大清一统志》转引《保安州志》载："矾山堡西南十里有七旗里泉，即阪泉也"③，矾山堡即今涿鹿县矾山镇所在，其西南十里，位置大体与阪泉西一里的涿鹿城相符，可见此城址即为汉上谷郡涿鹿县城。由于修建古城水库，这一带的河流情况已

---

① 《水经注疏》卷13，第1183—1185页。
② 《历史上的永定河与北京》，第49页。
③ 嘉庆重修《大清一统志·宣化府二》，《四部丛刊》第2235册，第14页右。

与古代不同。汉代涿鹿城与河流的关系难以复原。但既然水库已侵入城内，汉代时与河流距离应该不会太远。

4. 涿鹿朝阳寺城址

城址在涿鹿县西二堡乡朝阳寺新村与旧村之间，距离桑干河 200 米。城址现残留一段城墙，残墙长 95 米，高 1—2 米，宽 3.5—5 米，夯层厚 8—10 厘米，考古工作者认定此城址为战国至汉代遗址，依据周边环境推测城址空间不大。①

此城址无法与《水经注》等史籍中所载古城相对应，应是一普通城邑。

5. 涿鹿保岱城址（上谷郡潘县故城）

城址位于涿鹿县保岱镇保岱村南②，西南依釜山，东傍协列河，桑干河在其北 15 里，面积为 196 万平方米③。城内采集文物有战国、汉时期的陶片④，应是汉代城市。城址距岔道河约有 1500 米。

《水经·㶟水注》载："㶟水又东，迳潘县故城北，东合协阳关水，水出协溪。《魏土地记》曰：'下洛城西南九十里，有协阳关，关道西通代郡。其水东北流，历笄头山。'阚骃曰：'笄头山在潘城南，即是山也。'又北迳潘县故城，左会潘泉故渎。渎旧上承潘泉于潘城中，或云舜所都也。"⑤ 协阳关水即今协列河，或称岔道河。对照城址的地理位置，应该是汉代的潘县城遗址。

6. 涿鹿孙家寨城址

城址在今天河北省涿鹿县大堡镇孙家寨村北，据 20 世纪 70 年代末 80 年代初的调查结果，城垣西墙保存较好，城垣呈长方形，东西 360 米，南北 390 米，夯筑，有西、南二门。⑥ 从谷歌地球上审视所见，此城距离岔道河 400 米左右，位于一个高阶地上。根据前面保岱城址部分《水经注》所引《魏土地记》的记载，此城址很有可能是其所述及协阳关城。

---

① 常文鹏：《河北涿鹿朝阳寺遗址调查》，《张家口职业技术学院学报》2010 年第 1 期。
② 王建国等主编：《涿鹿县志》，涿鹿县地方志编纂委员会编印，2002 年，第 609 页。
③ 《张家口地区战国时期古城址调查发现与研究》，第 27 页。
④ 同上书，第 21 页。
⑤ 《水经注疏》卷 13，第 1170 页。
⑥ 《张家口地区文物普查资料集》，第 97 页。

7. 宣化海儿洼城址

根据《张家口地区文物普查资料集》，城址在宣化县海儿洼村（今为宣化县深井镇西海儿洼村和东海儿洼村）东南1000米，城址面积2万平方米。城垣仅存西墙，夯筑，现破坏严重。①

据此，运用谷歌地球测算，此城址距离洋河直线距离为1.9万米左右。此城不能与《水经注》等史籍中记载相对应，应是一普通城邑。

8. 怀安九王城城址

九王城遗址位于怀安县左卫镇尖台寨村北50米，地势平坦，坐落在洪塘河、南洋河交汇处。东距洪塘河300米，北距南洋河500米。城址面积75万平方米。《大清一统志》记载："九王城，在怀安县旧万全左卫北五里，相传辽筑，遗址尚存。"② 文物普查时被认为是汉代城址③，但尚未最后确定。

据实地考察时测量，遗址夯层厚17—18厘米，北端的烽燧夯土上层厚20厘米，下层厚9—10厘米，烽燧土围夯层厚30厘米，对比明显。又在烽燧下发现有考古探方，地面到砖层99厘米，地表到生土层135厘米。九王城遗址的东南500米处即为刘家堡汉墓群，封冢高大，应是附近有较大聚邑的旁证。综合各种迹象分析，九王城遗址下层应为汉代夯筑，后代可能在其上有过建筑，但具体年代无法确定，烽燧则为明代无疑。

城址位于洪塘河东侧，河流发源自山西省天镇县辉窑沟村，上游称水沟口河。④ 根据《水经·㶟水注》记载，雁门水"又东迳三会亭北，又东迳西伺道城北，又东，托台谷水注之。水上承神泉于苇壁北，东迳阳门山南托台谷，谓之托台水。汲引泉溪，浑涛东注，行者间一十余渡，东迳三会城南，又东迳托台亭北，又东北迳马头亭北，东北注雁门水"⑤。按南洋河有二源，北源出内蒙古自治区兴和县浑源窑北部高地，西南流称黑水河，穿过长城进入山西省阳高县境，在阳高与天镇县之间的三十里铺与东

---

① 《张家口地区文物普查资料集》，第94页。
② 嘉庆重修《大清一统志·宣化府三》，《四部丛刊》第2235册。
③ 《张家口地区战国时期古城调查发现与研究》，第25页。
④ 河北省怀安县志地方志编纂委员会编，李全玉主编：《怀安县志》，中国社会出版社1994年版，第107页。
⑤ 《水经注疏》卷13，第1178—1179页。

沙河镇之间汇合西源；西源出自山西省大同市与阳高县之间山丘，东流折东南流称白登河，汇合北源后始称南洋河。主河道东流，经天镇县城中，于河北省怀安县先汇合西洋河继而又汇合东洋河后，始称洋河。① 则雁门水即南洋河北源黑水河，而托台谷水路线与洪塘河相符，应即洪塘河，但所记几座城址并无与九王城地理位置及其与洋河、洪塘河之间方位关系相符者，很可能同属于汉代的乡亭城邑，但名称无法确定。

9. 蔚县代王城城址（代郡代县故城）

代王城城址位于今天蔚县县城东北7公里处，为战国与秦、汉代郡郡治代县的故城。这一点经过考古工作者和历史学家的研究②，应已成定论。城址平面呈椭圆形，东西宽3400米，南北长2200米，全城周长9265米。蔚县博物馆根据考古遗迹对代王城的年代进行了判定："代王城当建于西汉初，大约为公元前201年，汉高祖为巩固北方势力范围、加强边塞防御体系所筑……现存于古代城东、南、西1—10华里处的63座汉墓及大量的遗迹、遗物表明，在春秋时古城建筑初见端倪，秦汉时达到鼎盛时期，到东汉之后日趋衰落。"③ 在代王城南，现有墓葬27座，出土有大量精细的生活用品和明器，很可能就是汉代代国与代郡高级官吏和贵族的墓葬。④

从城址周边的地理环境来看，城址地处壶流河谷地的低洼地带，壶流河经城西向东北方向流去。《水经·㶟水注》记载："祁夷水又东北流，迳代城西……又北"，按祁夷水因"上槽狭，下流阔，有似瓠瓢"⑤，故亦称瓠瓢河，后世讹为壶流河。代王城与壶流河的关系见下图，刘建华称代王城"西距壶流河4华里"⑥，应是从代王城村到壶流河的距离。参照图1-3和图1-4，今天代王城西北城垣距离壶流河约600米，曲流可能是近代才形成，考虑到壶流河北岸是山前倾斜地貌，历史时期也不大可

---

① 朱道清：《中国水系大辞典》，青岛出版社1993年版，第77页。
② 参见蔚县博物馆《代王城城址调查报告》，《文物春秋》1997年第3期。孙继民：《赵桓子都代考》，《河北学刊》1999年1月。
③ 《代王城城址调查报告》，第26页。
④ 张家口市博物馆：《河北蔚县张南堡西汉墓》，《文物春秋》2008年第3期。
⑤ 《元和郡县图志》卷14，中华书局1983年版，第405页。
⑥ 刘建华：《张家口地区战国时期古城址调查发现与研究》，《文物春秋》1993年第4期。

能越过今古家町向北摆动。那么代王城西北城垣距离壶流河中心河道不会超过 1500 米。

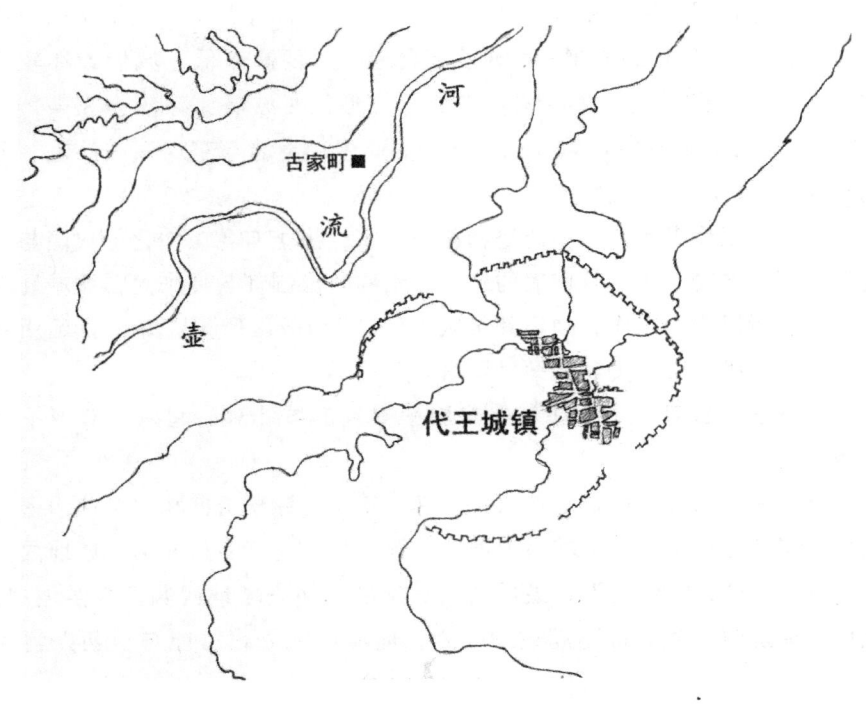

图 1-3　代王城地理环境示意图

图 1-4　代王城东城墙北望（摄于 2008 年 8 月 28 日下午）

10. 怀安第五窑城址

第五窑城址位于怀安县第三堡乡第五窑村西 100 米处，城址西为怀化公路，北靠怀辛公路，东傍干沙沟，处于两条公路交汇的三角地带内。城址坐落在高于第五窑村的一片黄砂土台地上，西高东低。城址毁坏较严重，但仍能看出大致轮廓。城址平面呈方形，西城墙保存较为完整，长 300 米，北城墙破坏较严重，总长亦为 300 米。南墙与东墙残破严重，分别长 45 米和 43 米。城墙夯层大约为 10 厘米。①

据文物工作者判读，城内遗物相当丰富，出土有龙山文化、战国与汉代等时期的器物。因为其城墙的筑法、结构与形制都与怀来大古城城址较为接近，所以文物工作者判识其筑城年代："为战国所筑，并一直延用到西汉晚期，废弃时间可能在秦汉以后。"②

该城址无法与《水经注》等史料中提到的城址对应起来，应该不是一座县城。

值得注意的是，城址地处山脚，这一带小型冲积扇群和大型冲沟密集发育，城址坐落于冲积扇的扇中偏上位置，附近就有多条冲沟，城址西侧与北侧尚有两条河流交汇，最后向北，紧贴旧怀安城址西侧汇入洪塘河，城址距离这两条河流都不超过 500 米，此城的建立很可能与这两条河流有关。

11. 怀安旧怀安城址（上谷郡托台亭城）

旧怀安城址位于怀安县头百户乡旧怀安村北 20 米，根据张家口地区文化局于 1985 年与 1986 年夏秋之季的文物普查工作结果，该城的年代为战国至汉代。城址呈长方形，东西 170 米，南北 300 米，夯筑，面积为 5.1 万平方米。③ 城址西南 600 米处，即为耿家屯汉墓群。

经过实地考察，可以确认遗址位于旧怀安村明代堡寨之北。由于正值夏季，农作物稠密，加上日久风化严重，所以无法判断北墙的位置，进而无法判断城址的形制与整体情况。

城址坐落于洪塘河东南，又有一条不知名河流自上文提及的第五窑城址附近北流，在旧怀安城址西侧流过，汇入洪塘河。城址距洪塘河及其上

---

① 范秀英：《河北怀安县第五窑城址调查简报》，《文物春秋》1993 年第 2 期。
② 《河北怀安县第五窑城址调查简报》，第 84—85 页。
③ 刘建华：《张家口地区战国时期古城址调查发现与研究》，第 24 页。

述支流极近，根据谷歌地球定位数据测算，距洪塘河干涸河道约900米。据考古报告，西城垣被河水冲刷，已无痕迹①，冲刷者应即西侧的北流河流。城址就建在洪塘河与该河流的阶地上。

因为无法与《汉书·地理志》与《续汉书·郡国志》中的汉县对应，所以刘建华将这座城址列为"军事城堡"级别。② 如前所述，洪塘河即托台谷水。从方位来看，上面提到的托台谷水所经过的几个城址中，与旧怀安城址最相符的，应是"托台亭"。

12. 怀安西大崖城址

城址在河北省怀安县渡口堡乡良民沟村西南600米，东距柴沟堡镇6000米左右，西洋河南岸100米，遗址南北长约300米，东西宽约500米。考古工作者在遗址发现土垄，推测为城墙遗迹。③

关于此处的河流情况，《水经·㶟水注》记载如下：

> 㶟水又东，左得于延水口。水出塞外柔玄镇西，长川城南小山，即修水也。……东南流经且如县故城南。……修水又东南迳马城县故城北。《地理志》曰：东部都尉治。《十三州志》曰：马城在高柳东二百四十里……又东迳零丁城南，右合延乡水。水出县西山，东迳延陵故城北。《地理风俗记》曰，当城西北有延陵乡，故县也，俗谓之琦城。又东迳罗亭，又东迳马城北。又东注修水，又东南，于大宁郡北，右注雁门水。《山海经》曰：雁门之水，出于雁门之山，雁出其间，在高柳北，高柳在代北。其山重峦叠巘，霞举云高，连山隐隐，东出辽塞。其水东南流，迳高柳县故城北，旧代郡治。……雁门水又东南流，屈迳一故城，背山面泽，北俗谓之叱险城。雁门水又东南流，屈而东北，积而为潭。……敦水注之。其水导源西北少咸之山南麓，东流经参合县故城南。……敦水又东，裛水注之，水出东阜下，西北流经故城北，俗谓之和堆城。又北合敦水，乱流东北注雁门水。……雁门水又东北，入阳门山，谓之阳门水，与神泉水合。水出苇壁北……水有二流，世谓之比连泉。一水东北迳一故城东，世

---

① 《张家口地区文物普查资料集》，第98页。
② 《张家口地区战国时期古城址调查发现与研究》，第25页。
③ 常文鹏：《代郡马城考》，《北方文物》2015年第1期。

谓之石虎城，而东北流注阳门水，又东迳三会亭北，又东迳西伺道城北，又东，托台谷水注之。水上承神泉于苇壁北，东迳阳门山南托台谷，谓之托台水。……东迳三会城南，又东迳托台亭北，又东北迳马头亭北，东北注雁门水。雁门水又东迳大宁郡北，魏太和中置。有修水注之……自下亦通谓之于延水矣。①

从以上所描述的河流流路来看，修水（于延水）即东洋河，延乡水即西洋河，雁门水即南洋河。延乡水向东流，在马城北向东注入修水，修水发源自塞外，向东南流，流经马城县故城北，又东南流，在大宁郡北向右注入雁门水。雁门水在向东流经大宁郡北之后，才与修水汇合。汇合后通称于延水，即洋河干流。这与今天西洋河（延乡水）先与南洋河（雁门水）汇合之后再与东洋河（修水）汇合成洋河干流的流路不同，应是古代河道发生变化之故。不过从整体位置而言，城址确在西洋河与东洋河之南，亦在今日东洋河与西、南洋河合流汇合河口之西，若确系汉代城址，最大的可能当为马城县遗址。

13. 阳原黄土城城址

城址位于河北省阳原县辛堡乡西沙庄村北500米，龙凤坡村东北150米，地理位置为东经114°36′43″，北纬40°12′22″。城址位于桑干河与壶流河交汇之处，东距壶流河400米，桑干河从其西450米处流过。遗址地表散见大量陶片和砖块，陶片以泥质灰陶为主，夹砂灰陶、夹蚌红陶次之。泥质灰陶纹饰以绳纹为主，其中又以细绳纹居多，粗绳纹次之，其次为素面陶片，可辨器型为鬲、罐、盆、豆、瓮等。地表有土垅状隆起，可能为城墙，土垅外有大沟，土垅残高3—4米，底宽2.5—3米，上宽2—2.5米，土垅残长300米。在黄土城周边地区的小渡口村、打鱼湾村、化稍营镇头马坊村一带也分布着一批汉代墓葬（如图1-5）。②

---

① 《水经注疏》卷13，第1174—1179页。
② 常文鹏：《代郡桑干城考》，《河北北方学院学报》（社会科学版）2010年第1期。

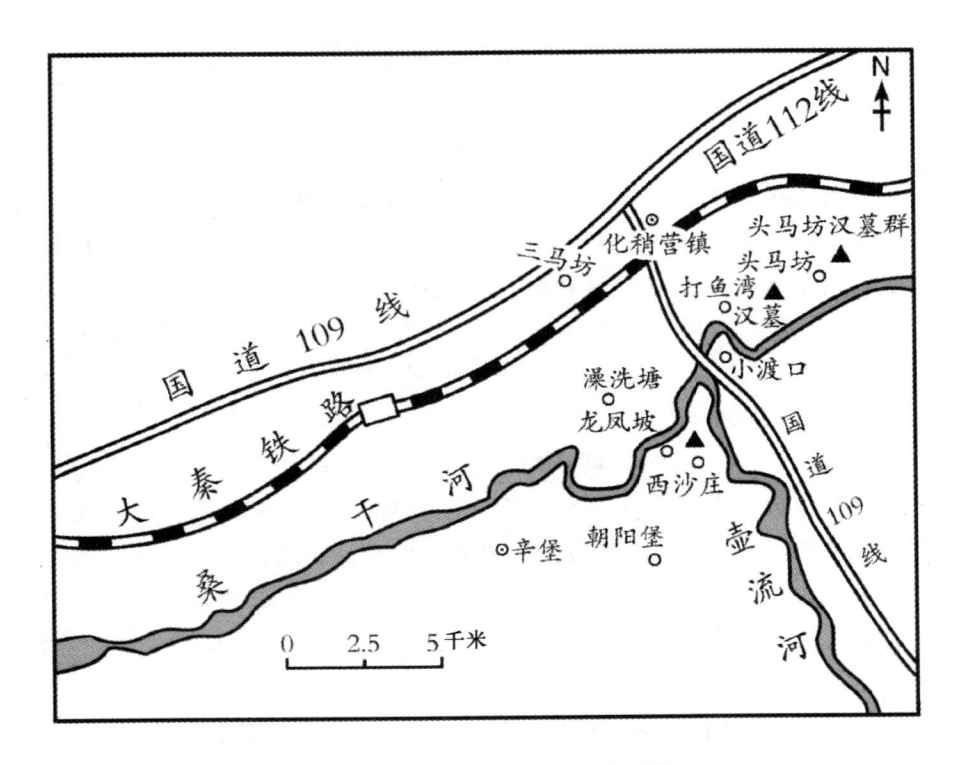

图 1-5　阳原黄土城遗址示意图①

说明：▲遗址

《水经·㶟水注》记载："㶟水又东北，迳桑干县故城西，又曲迳其城北，王莽更名之曰安德也。《魏土地记》曰：代城北九十里有桑干城。城西渡桑干水，去城十里有温汤，疗疾有验。……㶟水又东流，祁夷水注之。……祁夷水又北，迳桑干故城东，而北流注于㶟水，《地理志》曰：祁夷水出平舒县北，至桑干入治，是也。"②今日桑干河与壶流河在黄土城附近的流向，与《水经注》所记载大体一致，而据前述常文鹏文指出，在阳原县化稍营镇就有三马坊温泉，在桑干河西北岸。从黄土城到三马坊，可以说西渡桑干河，用谷歌地图测算，直线距离为4500米左右，与《水经注》中"去城十里"大体相符。所以可以推测，此遗址即应为汉代

---

① 引自《代郡桑干城考》，第70页。
② 《水经注疏》卷13，第1161—1169页。

代郡桑干县城址。

14. 广灵平城南堡城址（代郡平舒县故城）

城址位于山西省广灵县作疃乡平城南堡村。①《水经·㶟水注》记载："（祁夷）水出平舒县，东迳平舒县之故城南泽中。……《魏土地记》曰：'代城西九十里，有平舒城。西南五里，代水所出，东北流'。"② 按祁夷水即壶流河，发源于广灵县城西20公里处的白羊峪，东迳广灵县流入蔚县境内，平城南堡村即在壶流河北，南距壶流河大约有1000米，距代王城直线距离约为40公里。如此城址则应为汉平舒县城遗址无疑。

15. 阳原西堡城址

西堡城址位于阳原县城东约3公里，平面呈长方形，南北长330米，东西长230米；墙体夯筑，现仅存墙基，宽13—15米。城中发现有房基和窖穴遗址，但并未发现明显的大型台基。根据出土文物，考古工作者判定该城为汉代城址。③ 此城址于《水经注》等史料中并无可对应的记载，很可能是一座聚邑之城，也许是县辖单位"乡""亭"的治所。

西堡城址位于山前冲积扇的扇中部位，距离桑干河干流约有8300米。城址附近有一条季节性河流汇入桑干河的支流。

16. 阳高古城城址（代郡道人县故城）

城址在今阳高县古城镇古城村西北④，西临一道由季节性河流冲刷成的冲沟——犁益沟，该沟向东南方向延伸，指向桑干河。古城村距犁益沟600米左右。距离桑干河大致15公里。⑤ 与《水经·㶟水注》记载"㶟水又东，迳道人县故城南"⑥，此城被认为是道人县遗址的理由也应为此。汉代是一个普遍修筑城邑的时代，很多乡亭聚邑都有城，所以此城址是否为道人县故城一事，因史料不足征，目前只能姑且存疑。

---

① 《广灵县志》，人民出版社1993年版，第587页。
② 《水经注疏》卷13，第1162—1163页。
③ 樊书海、雷金铭：《阳原西汉遗址和墓葬发掘取得新成果》，《中国文物报》1997年8月24日。
④ 《阳高县志》，中国工人出版社1993年版，第474页。
⑤ 《山西省地图集》，第69页。
⑥ 《水经注疏》卷13，第1158页。

17. 大同县东水地城址（代郡平邑县故城）

城址在大同县许堡乡东水地村西约200米，东墙保存较好，地面上自南而北残存有比较规整的墙体遗迹，长约440米，最宽处8米，高约3米，墙体夯土结构清晰，土质纯净，土色褐黄，内含许多碎石砾和少量陶片，夯层厚8—10厘米。西墙距东墙约460米，保存较差，墙体高低起伏断断续续相互连接，现存长约300米。城址略呈正方形，规模为南北长460—480米，东西宽460米。1985年春夏之季，在城址以北约一华里，为配合大塘公路和大秦铁路的修建，于沿线进行文物勘探并发掘了60余座两汉时期的墓葬，而且肖家窑头村东北，保存有几座大型墓葬封土堆。①

2008年9月7日考察时，在西墙处拾有绳纹瓦片。一条冲沟从城北穿城而过。西墙夯层大致厚10厘米，考古工作者判识为汉代城址，比较符合情况。

《水经·㶟水注》记载："如浑水又东南流，注于㶟水。㶟水又东迳北平邑县故城南。"② 如浑水即今御河，既然城址位于御河汇入桑干河的河口处以东，从方位来看，如果东水地汉城遗址确实是县城的话，那么就应该是平邑县城。考察时所取的西墙观测点距今桑干河河道约3800米。

18. 阳高李官屯城址（代郡高柳县故城）

城址位于山西省阳高县龙泉镇李官屯村，阳高县城东北2.5公里处，北面毗邻位于云门山南麓的明长城。黑水河自守口堡出山，从村北流过，汇入洋河。城址周围地势平坦，河流纵横，适合农业、畜牧业发展。

根据考古工作者的踏勘调查，城址遗迹将今李官屯村围在中央，东墙保存较好，东北角保存下来，高约1.5米，土质匀净，土色纯黄，夯层厚10厘米左右。城址呈横长方形，东西长约1050米，南北宽600米左右。考古工作者将此城址的城垣夯土形制、城内遗物与附近汉代城垣遗址对比，认定此城址属于典型的两汉城址。③

---

① 张志忠：《秦汉代郡平邑城址初探》，《文物世界》2009年第1期。
② 《水经注疏》卷13，第1156页。
③ 方连宝：《高柳城址初探》，《文物世界》2005年第5期。

《水经·㶟水注》曰："《山海经》曰：雁门之水，出于雁门之山，雁出其间，在高柳北，高柳在代北。其山重峦叠巘，霞举云高，连山隐隐，东出辽塞。其水东南流，迳高柳县故城北，旧代郡治。……城在平城东南六七十里，于代为西北也。"①从记载的水程来看，雁门水即以黑水河为正源的南洋河，出山后东南流，再根据《水经注》引《十三州志》，谓平邑故城在"高柳南八十里"②，道人故城在"高柳东南八十里"③，平邑故城（东水地城址）北距此城址40公里，道人故城（阳高古城村城址）西北距离此城址直线距离为30公里，但两地之间有山地阻隔。从方位和相对位置来看，李官屯城址应为高柳故城。利用谷歌地球审视，城址距离黑水河大概2500米。

19. 浑源麻庄城址（雁门郡崞县故城）

城址在今浑源县下韩村乡麻庄与南榆林乡毕村之间④，东南临浑河，城址距离浑河约为1500米。《水经·㶟水注》记载："（崞川）水南出崞县故城南……又西出山，谓之崞口，北流。"⑤崞川水即今天的浑河⑥，如确是汉代县城遗址，则应是崞县故城。城址附近还有一条季节性河流自北部冲积扇地带汇入浑河，但《水经·㶟水注》中并无记载。

20. 大同市城址（雁门郡平城县故城）

关于汉平城的位置，目前说法不一。

（1）古城说：《读史方舆纪要》载，"平城废县，（大同）府东五里"⑦，李凭据此推测，"汉代平城应在今大同市市区以东。今大同市东偏北两公里京包铁路南侧有名古城村者……汉平城或即位于此处？"⑧持此论者不在少数。⑨

---

① 《水经注疏》卷13，第1175—1177页。
② 同上书，第1156页。
③ 《水经注疏》卷13，第1158页。按，原文为"东北"，显为"东南"之讹。
④ 《浑源县志》，方志出版社1999年版，第642页。
⑤ 《水经注疏》卷13，第1134—1135页。
⑥ 《历史上的永定河与北京》，第23页。
⑦ （清）顾祖禹撰，贺次君、施和金点校：《读史方舆纪要》卷44《山西六》，中华书局2005年版，第1994页。
⑧ 李凭：《北魏平城时代》，社会科学文献出版社2000年版，第298页。
⑨ 比如靳生禾、谢鸿喜《汉匈白登之战古战场考察报告》，《中国历史地理论丛》2006年4月。

(2) 白马城说：针对"古城说"，要子瑾引用水野清一的研究进行了批驳："早在1938年，水野清一曾在这里进行过考察，他写道：'作为村庄名称来历的古城，位于村子的北侧……高度有四五米，却是薄而破旧的简陋的土墙。墙壁里，和北魏的灰陶片在一起，也包含着更新（原文如此——引者注）的瓦器片。'城墙内有北魏时代的包含物，则显然这座古城建于北魏以后。就方位而论，古城也不在白登山西面，而在它的西南——这显然不是我们寻找的汉平城。"① 他根据《赵记》中"平城东七里有土山，高百余尺，方十余里"和服虔"白登，台名也，去平城七里"的记载，又依据《水经注》中关于如浑水（今御河）与白登山、宁先宫和平城县故城之间的位置关系，推测"位于今大同市北，御河西侧的白马城，应该是汉平城所在"②。

（3）白马城南说：《大同市志》则如此表述："（汉平城）城址在今大同市白马城南，火车站东北。"③

张畅耕诸先生《魏都平城考》经过分析文献与实地考察，也指出："汉平城县故城的位置，囿于京包铁路线以北，如浑水以西，长宽千米以下的范围内。"④ 这一范围也就是与"白马城南"相一致。

（4）操场城说

赵新春根据近年来平城考古发掘的成果，指出位于大同火车站以南，明大同城北的操场城的"东、西、北三面墙体中，存在着早、中、晚三期墙体相互倾斜叠压的现象，较晚的墙体依次倾斜靠压在较晚（早）的墙体上，从早到晚为自内而外的方向排列"。他比较了三期墙体的形制，认为：晚期墙体"应为明代夯筑"，中期墙体"初步推测为北魏时期"。"早期的夯土墙在地表上残高2—5米、厚1.5—4米，夯层薄厚不一。以深褐、灰褐色土为主，含沙，夯窝有圜底椭圆形和不规则底圆形两种，含汉代抹断绳纹的陶片、瓦片及木炭粒，初步认为是汉代墙体。"最后指出："结合大同城区地下原始地貌、汉代的文化层堆积、附近汉代墓葬分布情况进行综合分析，认为汉平城县遗址分布范围集中

---

① 要子瑾：《魏都平城遗址试探》，《中国历史地理论丛》1992年第3期。
② 《魏都平城遗址试探》，第224—225页。
③ 《大同市志》，中华书局2000年版，第587页。
④ 张畅耕、宁立新、马升、张海啸、辛长青、李白军、高峰：《魏都平城考》，寒声主编《黄河文化论坛》第9辑，中国戏剧出版社2003年版，第44页。

在大同明府城以北的操场城及其以南的明府城北墙间一带。"综合分析汉平城县遗址分布于大同北面的操场城已是无可辩驳的事实，但不是操场城的全部，也不是向南延伸至明代府城北墙之间的区域，而是分布于操场城北面的大部分区域，即操场城东西街南约50米一线以北的城圈内"城址轮廓大致为横向的长方形，东西长近1000米、南北宽约600米"①。

比较以上四种观点，古城说不能成立应是定论，其他三种观点的思路无疑是正确的，但究竟在何处，还需要进一步研究来确认。在这种情况下，我们暂且可以忽略"白马城说""白马城南说""操场城说"三者在宏观尺度上的细微差别，找出其共性，也就是汉平城与御河之间的关系。

《水经·㶟水注》载："其水（如浑水）又南迳平城县故城东。"② 如浑水即今御河③，既然平城东临御河，那么南北位置的差别就可以忽略不计，以白马城的东缘为标准，平城遗址距御河大约500米。

21. 应县东张寨城址（雁门郡繁畤县故城）

城址在今应县县城东4公里处，镇子梁乡东张寨村北、魏庄村南。④笔者在对城址所在位置进行踏勘时发现，城墙现在已经被磨灭，只剩下隐约的几段城基淹没在周围的农田中。就今天形势来看，城址位于应县县城东面至浑源和至繁畤两条公路分歧处以东，横跨两条公路。

从地理位置看，城址东临浑河。浑河发源自浑源县境南部的恒山北麓，先向西北方向，继而在浑源县城北面改向西南流，在镇子梁乡驻地东侧折向北入桑干河，今天在此转弯处修建了镇子梁水库，城址到水库中心河道的直线距离为1500米左右。《水经·㶟水注》记载：崞川水"南出崞县故城南……又西出山，谓之崞口，北流经繁畤县故城东……又北迳巨魏亭东，又北迳勷阳县故城西……其水又东注于㶟水"⑤。崞川水即今浑河，而浑河自发源以后，除在今浑源县城东以外，只有本处有明显北流，所以该城址应即汉繁畤县城故址，《中国历史地图集》将繁畤县城位置定

---

① 赵新春：《秦汉平城县城址考》，《文物世界》2012年第5期。
② 《水经注疏》卷13，第1147页。
③ 《历史上的永定河与北京》，第25—28页。
④ 《应县志》，山西人民出版社1992年版，第553页。
⑤ 《水经注疏》卷13，第1134—1135页。

在今浑源县城与应县县城之间居中偏东处,崞川水南处①,是没有理由的,应以此城址为准才是。

22. 怀仁日中城城址

怀仁县金沙滩镇日中城村位于黄花梁北曲中,村南有一古城遗址,即为当地口碑所称之日中城。② 根据《怀仁县志》介绍,在日中城遗址中发现有战国时期的铜箭头、汉代的陶片、方格砖及绳纹瓦。③ 在考古考察中,又发现古城南墙和北墙的残垣存在两层皮现象,根据考古工作者的释读,系拓跋鲜卑在汉代城垣的基础上增筑而成,而东、西墙则纯为拓跋鲜卑所筑,支配勇等认为"猗卢的新平城是在汉代的基址上扩建的"。按古城遗址为长方形,南北长而东西短,南墙长约630米,北墙长约610米,东西墙各长约760米。既然南北二墙都是在汉代城垣基础上加筑的,而东西墙为代国新筑,若城址是在汉代的基址上扩建而成,则汉代东西墙应更靠内,形成一更狭长的长方形。日中城周围并无地形限制,如此形制毫无必要。猗卢的新平城很有可能是在汉代城邑的基础上东西二墙向内收缩而成,汉代城垣很可能呈正方形,不过在未有切实考古发掘的情况下只能存疑。

《水经·㶟水注》记载:"(武周塞水)出故城东,南流出山,迳日没城南,盖夕阳西颓,戎车所薄之城故也。东南日中城,城东又有早起城,亦曰食时城,在黄瓜阜北曲中。其水又东流,右注桑干水。"④ 今左云、怀仁县境有大峪河,源于尖口山南麓葫芦峪和马道头村的沟谷,于庄家店村北汇成一河向东南经四十里庄、黄家店、铺龙湾出左云县境⑤,再向东南流经怀仁县的吴家窑,至大峪口折向东流,横越新家园、亲和、海北头三乡,至高镇子与西来的小峪河交汇后注入桑干河。⑥ 日没城在今山阴县北周庄镇永静城村东,早起城怀仁县金沙滩镇安宿疃村东,黄瓜阜即今黄花梁。从经行的路线和方位来看,武周塞水

---

① 《中国历史地图集》第二册,第18页。
② 支配勇、雷云贵、张海啸、支建平等:《怀仁日中城即汉劚阳城、代公新平城考》,《黄河文化论坛》第9辑,第66—76页。
③ 《怀仁县志》,中国工人出版社1992年版,第417页。
④ 《水经注疏》卷13,第1131页。
⑤ 《左云县志》,中华书局1999年版,第115页。
⑥ 《怀仁县志》,第57页。

最大的可能就是今天的大峪河，城址距大峪河出山所分的一条枝水直线距离约 3800 米。

关于此城址所压的汉代城邑，支配勇、雷云贵等先生认为即汉剧阳县城①，今人对剧阳县城位置的判定，都依靠《水经·㶟水注》中的一段记载：

> 㶟水又东流四十九里，东迳巨魏亭北，又东，崞川水注之。水南出崞县故城南，王莽之崞张也。县南面玄岳，右背崞山，处二山之中，故以崞张为名矣。其水又西出山，谓之崞口，北流经繁畤县故城东，王莽之当要也。又北迳巨魏亭东，又北迳剧阳县故城西，王莽之善阳也。按《十三州志》曰：在阴馆县东北一百三里。其水又东注于㶟水。②

繁畤故城的位置，前面已经指出，就在今应县城以东，浑河北折处西侧，支、雷诸先生指出："注文云剧阳故城在浑河北转的东侧，但龙首山与浑河间地域狭小，前有桑干河之阻，交通不便，而且这一带迄今未发现汉城遗迹。更何况在浑河北转的西南角尚有繁畤故城，说剧阳在繁畤北实不可能。"他们进一步认为："《水经注》在此处提供了一个重要信息，它引《十三州志》说剧阳在'阴馆县东北一百三里'。日中城古城恰当其位。……日中城古城即剧阳县故城的另一重要因素，是古城在崞川水迤西。换言之，《水经注·崞川水》在长期传抄中出了舛错，将'又迳剧阳县故城东'讹作'西'，导致了今天的混乱。"③按汉县的分布，大体上遵循这样一个准则："县大率方百里，其民稠则减，稀则旷"④，周振鹤进一步阐释："也就以百里见方的面积作为县的幅员基数，再以居民的数量作调节。"⑤当然，以汉朝疆域之广，不可能一概而论，但同一区域情况类似，设县密度似不应有过密过旷之别。但规律

---

① 《怀仁日中城即汉剧阳城、代公新平城考》。
② 《水经注疏》卷14，第1134—1135页。
③ 《怀仁日中城即汉剧阳城、代公新平城考》，第71—72页。
④ 《汉书》卷19《百官公卿表》，中华书局1962年版，第742页。
⑤ 周振鹤：《中国历代行政区划幅员的伸缩变化》，《周振鹤自选集》，广西师范大学出版社1999年版，第108页。

之归纳，总有特例之存在，汉县集中的情况比比皆是，桑干河与黄水河、浑河交汇的三角地带分布繁畤、勮阳和汪陶三县也并非绝对不可能。

另外，支、雷诸先生认为《水经注》的文字应为"又迳勮阳县故城西"，而日中城在崞川水西，所以日中城应为勮阳县故城。但日中城与崞川水之间尚隔一灢水，似乎不能直接说崞川水"迳"日中城。

至于《十三州志》中阴馆城与勮阳城之间的方位关系，崞川水北流西侧的勮阳城推测位置一样在阴馆城的东北方向，直线距离约为 60 公里，汉魏的里小于今天的里，所以也不能排除这种可能。

更重要的是，汉代是一个普遍修筑各级城邑的时代，乡亭有城者比比皆是，甚至多有大于县城者，虽说日中城附近发现了一批两汉戍守官吏的墓葬，而且今怀仁县附近的平原地带竟没有分布一个县城，这本身就是很值得怀疑的问题。但在没有确凿文献材料进行二重证据比勘的情况下，不能遽然认为日中城汉城遗址就是汉代的勮阳县故城，所以本书姑且将该城址定位为一基层城邑。

23. 朔州夏关城城址（雁门郡阴馆县故城）

城址在今朔州城区东南 32.5 公里处的里仁村南①，当地称为夏关城。《魏书·慕容白曜传》记载："（皇兴）二年，崔道固及兖州刺史梁邹守将刘休宾并面缚而降。白曜皆释而礼之。送道固、休宾及其僚属于京师。后乃徙二城民望于下馆，朝廷置平齐郡，怀宁、归安二县以居之。"②《水经注》则云："（阴馆）县故楼烦乡也，汉景帝后三年置，王莽更名富臧矣。魏皇兴三年，齐平，徙其民于县，立平齐郡。"③ 从这两则史料来看，阴馆即"下馆"，则"夏关城"之名显系"下馆城"之音讹。

2008 年 9 月 5 日，笔者曾对夏关城进行考察，城垣已经湮灭，但仍能看出连贯整齐隆起的方形环绕城基和在田畴中明显高起的土坡，后者很可能是阴馆城的东南城角。由于密布农作物，所以未能做进一步的测量，但就目力所及，城址的周长应不止 1000 米。

---

① 《朔县志》，第 390 页。
② 《魏书》卷 50，第 1119 页。
③ 《水经注疏》卷 13，第 1126 页。

从地貌角度来看，城址位于勾注山山前地区的大规模连绵冲积扇群的前缘，多条河流自勾注山发源，向北流贯，最终流入黄水河，当然今天这些河流大部分已经干涸或成为季节性河流。阴馆城西侧能分辨出一条明晰的干涸河道，贴在西墙城基外侧流过，阴馆城城址的选择很可能与此河流有关。

《水经·㶟水注》记载：㶟水"东北流，出山，迳阴馆县故城西"①，当时认为黄水河为桑干河正源，则此处所述的㶟水即今黄水河。② 城址西北距黄水河约4000米③。

24. 左云白羊城城址（雁门郡武州县故城）

白羊城遗址位于左云县东北2.5公里处的古城村北，十里河南岸。据《左云县志》介绍，遗址东西长600米，南北宽300米，占地18万平方米。城垣除北部被河水冲毁外，东、西、南尚存，今109国道横穿而过④。2008年9月11日考察时，发现城址呈西南—东北方向倾斜，与十里河平行，西墙保存最完整，南墙与东墙都已残缺，南墙紧邻109国道。西墙北端建有一明代烽燧，明代烽燧以北即为十里河的河床。《水经·㶟水注》记载："（武州川水）北流，迳武周县故城西……注如浑水。"⑤《大清一统志》谓："武周川水，自朔平府左云县东流入怀仁县北，又东南流至大同县，东南入御河，今名十里河。"⑥ 因为白羊城是向东北倾斜，所以既可以说迳城北，也可以说迳城西，与今天情况相符，城址应即汉武州县城。

---

① 《水经注疏》卷13，第1126页。
② 《历史上的永定河与北京》，第16页。
③ 《山西省地图集》，第74页。
④ 《左云县志》，第773页。
⑤ 《水经注疏》卷13，第1151—1156页。
⑥ 嘉庆重修《大清一统志·大同府》，《四部丛刊》第2273册。

图 1-6 白羊城西墙内农田中的绳纹陶片

西墙夯层可以看出分为两部分，中段的上半部厚度为 17.5—18 厘米，北端则为 20 厘米，而中段下半部厚度则为 14 厘米。上半部很可能是后世所筑，关于后世的利用情况，比较明确的是明代曾利用此城作为大同都卫、大同行都司、镇朔卫驻地，但从城墙的风化程度来看，还是应该早于明代。

城内农田中遍布汉砖、汉瓦、汉陶，正如《左云县志》所言"俯拾可得"。近年来，又有北魏大型印纹灰陶坛、罐出土[1]，似乎北魏时期也曾加以利用，《魏书·地形志》中记载恒州代郡有武州县[2]，可惜无法确定具体方位。

就城址与河流的关系而言，考虑到北墙已经被十里河水冲毁，相信汉

---

[1] 《左云县志》，第 773 页。
[2] 《魏书》卷 106，第 2497 页。

代时城址距离此河流应相当近。

图 1-7　在 109 国道北侧遥望白羊城西墙及十里河（摄于 2008 年 9 月 11 日）

25. 左云东古城城址

据刘纬毅介绍，新中国成立后，文物工作者在东古城村发现县境内最大的汉代古城遗址①，位于东古城村东一公里处，元子河与树儿照河之间的三角地带②。这一城址无法与传世文献内容对应起来，很可能是一座乡亭聚邑之城。

根据当地考古部门的发掘报告，城址东西长 600 米，南北宽 500 米③，从周边地势来看，城址既然在东古城村以东一公里内，由于元子河与树儿照河交汇的三角地带面积有限，城址距离这两条河流都不会超过 1000 米。

26. 右玉破虎堡城址（雁门郡锄亭故城）

城址位于右玉县李达窑乡破虎堡村东 1 公里处，兔毛河上游北岸，北距长城约 0.5 公里。城址平面呈长方形，南城墙被河水冲毁，城垣东西长 1000 米，南北宽约 500 米。夯层厚 7—10 厘米，城内发现有云纹瓦当、方格瓦当以及大量的绳纹陶片。城外 1 公里以内，汉代陶片也随

---

① 刘纬毅：《〈中国历史地图集〉山西部分商榷》，《山西师范大学学报》（社会科学版）2001 年第 1 期，第 83 页。
② 《左云县志》，中华书局 1999 年版，第 773 页。
③ 同上。

处可见①。考古工作者据此判定该城为汉代城址。根据城址与破虎堡村及长城之间的位置关系和距离推算，城址距兔毛河（马营河）不会超过 200 米②，南城墙既然被河水冲毁，则汉代与河流关系肯定相当接近。

城址南北依山，沟壑纵横，土地贫瘠，并不适合发展农业③，此城在汉代应是为防守边境所设。

《右玉县志》将该城判定为汉雁门郡沃阳县故城，但据《水经·河水注》记载："其水西北流，注于中陵水，又西北流，迳善无县故城西，王莽之阴馆也。……其水又西北流，右会一水。水出东山下，北俗谓之吐文水，山又取名焉。北流经锄亭南，又西流，迳土壁亭南，西出峡，左入中陵水。中陵水又北分为二水，一水东北流，谓之沃水，又东迳沃阳县故城南，北俗谓之可不埿城，王莽之敬阳也。又东北迳沃阳城东，又东合可不埿水，水出县东南六十里山下，西北流注沃水，合流而东，迳参合县南，魏因参合陉以即名也。北俗谓之仓鹤陉。道出其中，亦谓之参合口。……又东北流，注盐池。"④ 则沃阳县应在中陵川水东北分流的干流上，而破虎堡古城相邻的兔毛河（马营河）则系沧头河支流，不应是沃阳县城。根据其发源地及经流路线，既然城址年代确系汉代，那么与上面所引《水经注》中描述的吐文水非常接近，破虎堡村东一里的古城址很可能是锄亭的遗址。

27. 朔州市朔城区城址（雁门郡马邑县故城）

关于汉代马邑城的位置，《水经·㶟水注》引干宝《搜神记》曰："昔秦人筑城于武周塞内，以备胡，城将成而崩者数矣。有马驰走一地周旋反复。父老异之，因依以筑城，城乃不崩，遂名马邑。"⑤

《元和郡县图志》除了转述《搜神记》对马邑因马驰而得名的记载以外，直接指出："（朔）州城（鄯阳县），本汉马邑城也。"⑥

顺治《云中郡志》云："朔州城，秦人筑，即武州之马邑。父老因马

---

① 《右玉县志》，第 655 页。
② 《山西省地图集》，第 80 页。
③ 《右玉县志》，第 107、655 页。
④ 《水经注疏》卷 3，第 241—244 页。
⑤ 《水经注疏》卷 13，第 1130 页。
⑥ 《元和郡县图志》卷 14，第 408 页。

周走而依之筑，始不崩者也。元至正末，右丞相孛罗帖木儿驻兵大同，使其将姚副枢省去西北，筑东南一隅以便守备，未完而弃。洪武三年，指挥郑遇春奉敕开设朔州卫，依姚副枢所筑旧址修完，砖券四门，并立门名。二十年，指挥薛涛奉文用砖包砌，城高三丈六尺，堞高六尺，共四丈二尺……周围一千二百六十丈。"①

雍正《朔州志》则载："州城即古马邑城……古城旧基九里十三步。"其余元末明初筑城事迹则与《云中郡志》略同②，古城与州城之间的关系（见图1-8）。

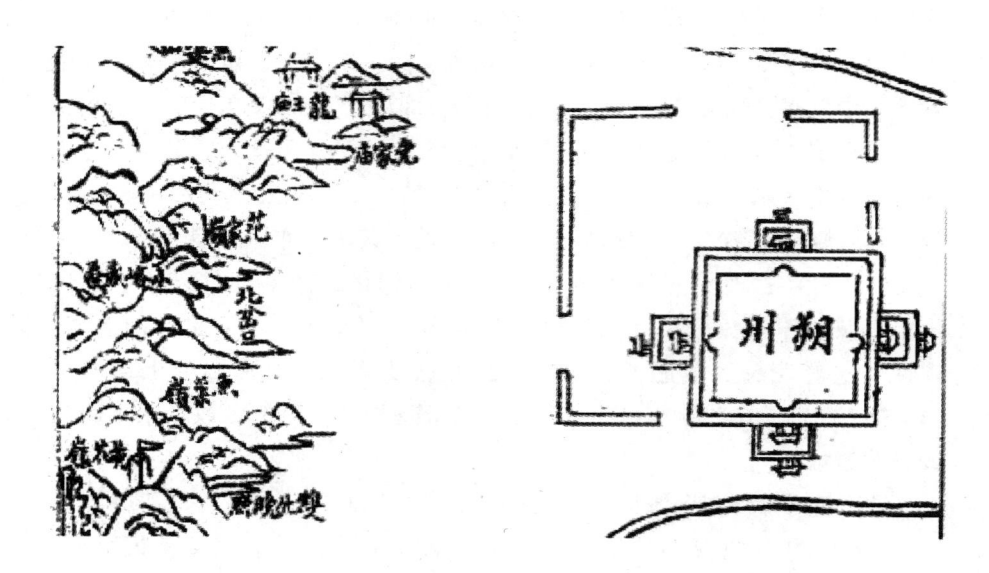

图1-8 马邑古城与明清朔州城对照图③

今天朔州市城区是由明清的朔州城发展而来，其城墙尚存，由今天的鄯阳街、开发南路、南垣街、马邑路所围绕。而在明清朔州城西北方向，至今仍保留一道夯土城墙，北墙在今古北西街南侧，西墙在今敬德路东侧，分别与古北西街、南垣街相交，这两道城墙保存相对完好。东墙与南

---

① 《云中郡志》卷3《城池》，第4页右。
② （清）汪嗣圣纂修，王霨汇纂：雍正《朔州志》卷4《建置：城池》，清雍正十三年（1735）刻本，台北：成文出版社，1976年影印第233页。
③ 由《方舆疆域边关城堡墩铺道里全图》裁制而成，雍正《朔州志》卷3《方舆志：沿革》，第155页。

墙保存状况不佳，据当地耆老指点，20世纪80年代前尚保存完整，分别在今开发南路西侧与南垣街北侧，并分别有一段（东墙南段和南墙东段）与明清朔州城东墙和南墙重合。

笔者于2008年9月4日和5日对朔城区进行考察，明清朔州城为明代夯筑并无疑议，工作重点则在判定"古城"的年代，为此，笔者曾沿古北西街的夯土城墙反复踏勘。城墙基本沿古北西街东端偏西100米左右向西延伸，至与马邑路相交处终止。但实际上古城墙还应向西延伸至与敬德路相交处，只是今天无存。

由于城上兴建了许多民居，古城墙目前整段露出地面的部分很少，相当多的地段甚至浇灌了混凝土以便居民建造房屋。从出露的豁口部分来看，夯层大致为10厘米，土层比较匀净，间或夹杂有陶片等物（见图1-9）。

图1-9 北望朔城区府西路与古北西街交汇处的古城墙豁口
（摄于2008年9月4日）

从古城与明清朔州城的位置关系来看，古城址应该就在秦汉马邑故城的位置上。1982年10月以来，为配合平朔露天煤矿等单位工程建设，考古工作者在今朔城区范围内进行了大规模的钻探和发掘。四年来，共发掘古代墓葬近2000座。其中秦汉墓葬为1285座。这批墓葬主要分布在朔州城北，特别是北旺庄至贺家河一带。发现大量"马邑市"戳印陶文[①]，说

---

① 平朔考古队：《山西朔县秦汉墓发掘简报》，《文物》1987年第6期。

明这片墓地与秦汉马邑城有直接关系，很可能就是马邑县居民集中的墓葬区，其分布范围见图 1 – 10。

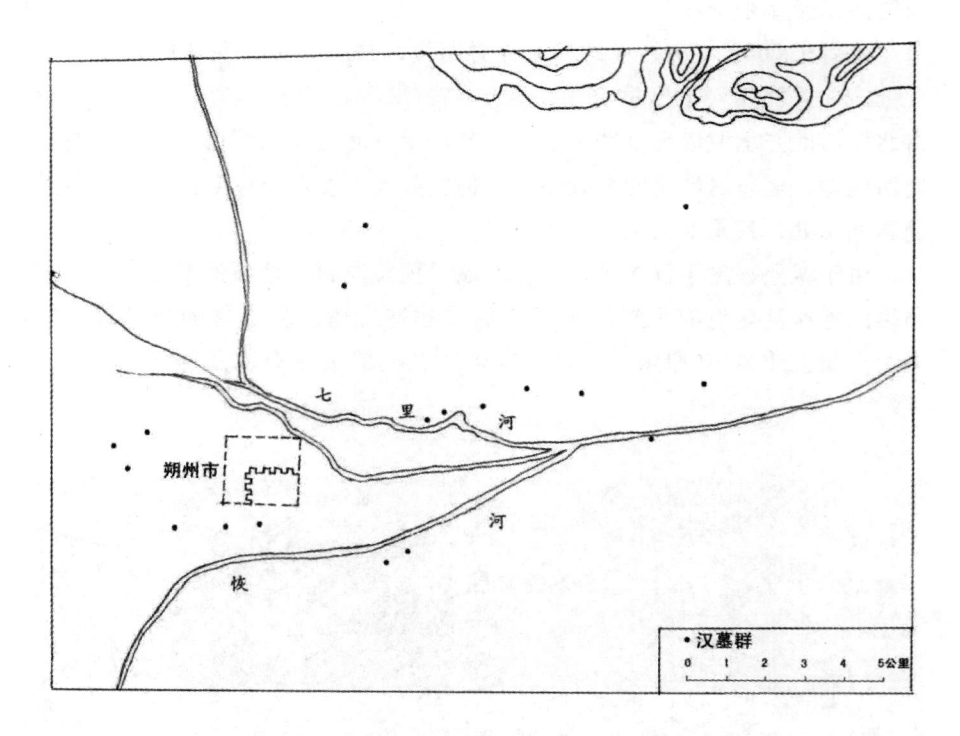

图 1 – 10　朔城区秦汉墓分布图①

图中的朔州城外面的断续方形是我们说的"古城"，里面用城墙表示的方形是明清朔州城。从图中所绘制的内容来看，秦汉墓葬分布在古城的各个方向，但无一在古城之内。一般来说，秦汉时期的城市，其墓葬区应处于城市之外。② 所以，今天的"古城"就应该是秦汉的马邑故城遗址。

《朔县志》认定该城址是北齐时期在秦汉马邑故城的基础上重新增建的③，但不见文献及考证过程。究其根据，很可能是《山西朔县秦汉墓发

---

① 据《山西朔县秦汉墓发掘简报》所附地图改绘，第 2 页。
② 李孝聪：《历史城市地理》，第 111 页。
③ 朔县志编纂委员会编：《朔县志》，山西古籍出版社 1999 年版，第 390 页。

掘简报》中所述"据清雍正时所修《朔州志》记载，土城是北齐天保八年（557）所修的朔州城"①。笔者遍查雍正《朔州志》，并无北齐筑城的记载，只是在卷二《沿革》中提到"天保六年，复置朔州（在今州西四十七里新城，今故址犹存，地名沙河），八年徙马邑（即古城），领广安郡、招远县（在今州西八十里）"②。这段记述与《太平寰宇记》记载相符："高齐天保六年又于今（朔）州西南四十七里新城置朔州，八年仍移于马邑城，即今城也。"③按北魏末年北方经历普遍战乱，"孝昌之际，乱离尤甚。恒代而北，尽为邱墟"④，马邑城自不例外，北齐从天保八年（557）开始重新经营此城，天嘉四年（563），北周就大举攻打北齐，其中北路即为杨忠与突厥合兵自北路进攻，"拔齐二十余城。齐人守陉岭之隘"⑤。北周兵败，突厥在退兵途中纵兵大掠，"自晋阳至平城七百余里，人畜无遗"⑥。自天保八年至天嘉四年，只有短短六年时间，且北周军事压力强大，似无余暇从容重新修建城墙，如果确有北齐增建之事，最大的可能就是在秦汉马邑城的基础上进行。笔者去朔州调查时，就在南门附近的城墙豁口处发现下面压着秦砖汉瓦，而且据发掘报告，"从南城门东侧残破墙体看，外层为明代砖，里层砖规格不一，有辽代沟纹砖，有金代菱纹砖和元代的素面砖；从南门瓮城西墙剖面看，也为里外两层，外层夯土15—18厘米，里层10—12厘米。从北齐古城西南角残垣塌陷的剖面看，也有里外两张皮现象"⑦。可见明清朔州城确在北齐马邑城的基础上依东南城墙内缩，而今古城亦为北齐在秦汉马邑城基础上增修的筑城史应为事实。

在进行完上述论证之后，我们对秦汉马邑城与明清朔州城的位置关系应该有了一个明晰的认识，绘示意图1-11。

---

① 《山西朔县秦汉墓发掘简报》，第52页。
② 雍正《朔州志》卷3《方舆志·沿革》，第163页。括号内为原文夹注。
③ 《太平寰宇记》卷51《河东道十二》，第1067页。
④ 《魏书》卷106，第2455页。
⑤ 《资治通鉴》卷169《天嘉四年十二月》，第5237页。
⑥ 《北史》卷11《隋本纪上》，第398页。
⑦ 雷云贵：《秦汉马邑城初考》，待刊，转引自高一萍《秦汉马邑历史地理若干问题研究》，硕士学位论文，西北大学，2007年，第11页。

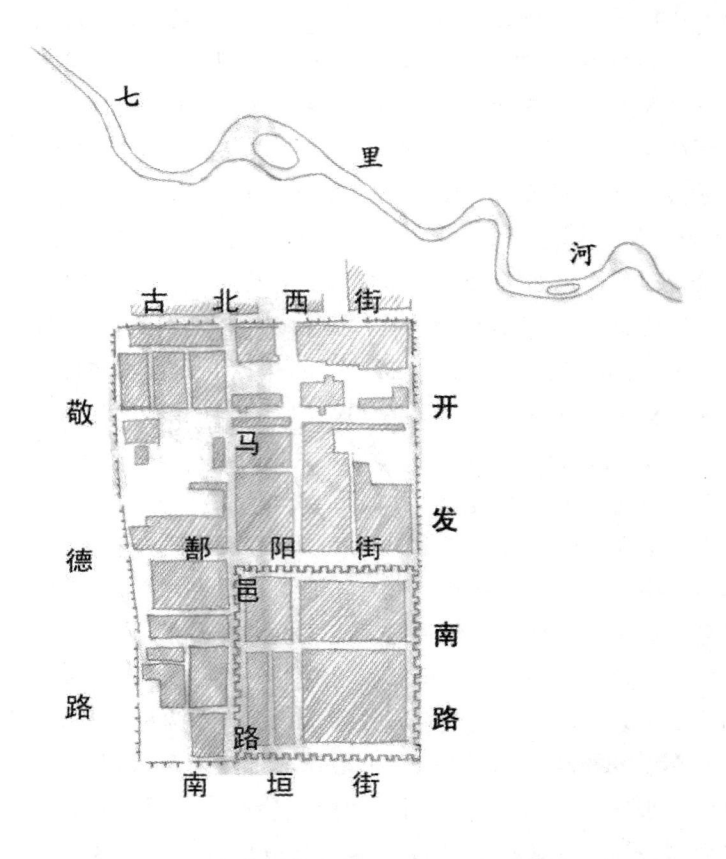

图 1-11　秦汉马邑城与明清朔州城位置关系示意图①

从城址与河流之间的关系来看，马邑故城南临桑干河南源恢河，北有七里河流过。城址北距七里河 980 米左右，南距恢河 1400 米左右。七里河和恢河即《水经·㶟水注》中的桑干水和马邑川水。②

28. 右玉右卫镇城址（雁门郡善无县故城）

汉代雁门郡郡治善无县城址坐落在沧头河东岸，与现存的明清右玉城相重叠。古城南北相距约 2000 米，因沧头河水将西城墙冲毁，所以

---

① 由《朔州城市图》改绘，《山西省地图集》，第 211 页。
② 《历史上的永定河与北京》，第 19 页。

东西城墙之间的距离难以考证。① 据考古工作者估计，古城平面呈正方形，那么可以推算古城周长为 8000 米左右，规模比周长 5200 米的明清右玉城还要大。故城墙体为黄色花土夯筑，夯土层厚 7—8 厘米，夯层明显，土质较硬。城墙底宽约 15 米，残高 1.5—2 米。城墙的西北端，在被河水冲去的断崖上发现 2—3 米厚的文化层，约 500 米长，其中发现有许多遗物，出土的有汉代"千秋万岁"瓦当、云纹瓦当、陶壶、陶罐残片、五铢钱、半两钱。城内到处可以采集到裸露在地表的汉代陶片。在古城周围十里范围内的黑洲湾、红旗口、南园、西窑沟、南梁、黑流堡等地都有大量汉墓群分布。进一步证实了古城是汉代城址。②

《水经·河水注》记载："河水又南，树颓水注之。水出东山，西南流，右合中陵川水。水出中陵县西南山下……东北流，迳中陵县故城东北……又西北流，迳善无县故城西。"③ 中陵川水即今沧头河，其流向及与善无城的位置关系，与沧头河与古城址的情况相符，故右玉古城应为汉代善无县城遗址。既然西城墙被沧头河冲毁，则汉代该城与河流距离应该相当接近。

29. 右玉树儿照城址（雁门郡中陵县故城）

根据《右玉县志》介绍，城址位于县城西南 12.5 公里的威远堡镇树儿照村西北。沧头河发源于朔州市平鲁区郭家窑等地，自南向北，流经古城东侧。古城平面呈长方形，中有一墙将城分为东西二城。据当地考古部门测量，城址南北长 1500 米，东西长 900 米。东、西、南、北四道城墙和中段城墙的城门遗址明显，东南城墙被沧头河水冲去一角。城墙夯土层厚 7—10 厘米，城址内发现有灰坑、云纹瓦当、方格瓦当、五铢钱、半两钱、汉代陶片等大量的汉代遗物，故考古工作者判定该城为汉代城址。城址周围分布有乱圪塔坡、南八里、进士湾、威远城、常

---

① 《右玉县志》，中华书局 1999 年版，第 654 页。胡永祯：《善无故城考》，《沧桑》2001 年第 1 期。

② 《中国历史地图集》将善无县城定在北纬 40°的位置，且在沧头河的河曲处，不知该结论从何而来，此处应是今县城所在地新城镇（梁家油坊）附近，该镇系新中国成立后规划建成，1972 年，县城由右卫镇（明右卫城、清右玉县城）迁至此处。而且沧头河河曲处是大南山，应俟修改再版时将善无县城调至北纬 40°10′的右卫镇处。

③ 《水经注疏》卷 3，第 240—242 页。

门铺等汉墓群，汉墓群的墓葬大多有封土，最高有 10 米以上，周围有 50—160 米，这样的墓葬大概有 100 个①。墓葬内发掘出诸多西汉器物，有的已经被定为国家一级文物，常门铺墓葬中发现有许多武器，很可能是一个中级武职官吏之墓。周围有如此多大型墓葬，城址很有可能是一个县级治所。

《水经注》引《十三州志》的记载说，"善无县南七十五里，有中陵县"②，按今天城址与右卫镇之间的直线距离为 27000 米左右，合汉末约 62 里，考虑到经行道路并非直线的因素，"七十五里"的数据与今天的情况应该是大体相符的。参照前引善无故城部分《水经·河水注》记载，今日沧头河与城址之间的关系，和《水经注》中中陵川水与中陵县城之间的关系相符，该城址应即中陵县城。《中国历史地图集》将中陵县标在沧头河源头以南，今平鲁区范围内，不知何据。

根据城址与各汉墓群之间的方位和距离推算，既然城墙东南角曾被沧头河冲毁，历史时期与河流距离应相当接近，很可能中陵川水就从城下流过。另外在城址北面约 600 米处，于河汇入沧头河，城址从地貌角度来看是坐落在沧头河的河谷平原中，两侧丘陵和低山环绕，中间地势平坦，又处于于河与沧头河交汇处的三角地带，可供发展农耕经济。

第二节　汉代桑干河流域城市的地理分布

一　城市与河流的关系

前文逐一落实了 29 座汉代城址的具体地理位置及其与河流的关系，为对比清楚，列表 1-1 进行统计。（以桑干河和沧头河为 I 级）

---

① 《右玉县志》，第 655 页。常门铺汉墓引自戴尊德、胡生《右玉县常门铺汉墓》，《文物世界》1989 年第 1 期。

② 《水经注疏》卷 13，第 241 页。

表 1–1　　　　　桑干河流域汉代城址与河流关系

序号	城址名称	相邻河流	河流级别	城址与河流之间距离
1	延庆旧县古城城址	古城河	Ⅲ	小于 1000 米
2	怀来大古城城址	妫水河（官厅水库）	Ⅲ	被湖水湮没
3	涿鹿三堡城址	古城水库	Ⅲ	湖水侵入城内
4	涿鹿朝阳寺城址	桑干河	Ⅰ	200 米
5	涿鹿保岱城址	岔道河	Ⅲ	1500 米
6	涿鹿孙家寨城址	岔道河	Ⅲ	400 米
7	宣化海儿洼城址	洋河	Ⅱ	19000 米
8	怀安九王城城址	洋河	Ⅱ	500 米
8	怀安九王城城址	洪塘河	Ⅲ	300 米
9	蔚县代王城城址	壶流河	Ⅱ	600—1500 米
10	怀安第五窑城址	洪塘河支流	Ⅳ	500 米
11	怀安旧怀安城址	洪塘河	Ⅲ	900 米
12	怀安西大崖城址	西洋河	Ⅲ	100 米
13	阳原黄土城址	壶流河	Ⅱ	400 米
13	阳原黄土城址	桑干河	Ⅰ	450 米
14	广灵平城南堡城址	壶流河	Ⅱ	1000 米
15	阳原西堡城址	桑干河	Ⅰ	8300 米
16	阳高古城城址	犁益沟	Ⅱ	600 米
17	大同县东水地城址	桑干河	Ⅰ	小于 3800 米
18	阳高李官屯城址	黑水河	Ⅲ	2500 米
19	浑源麻庄城址	浑河	Ⅱ	1500 米
20	大同市城址	御河	Ⅱ	600 米
21	应县东张寨城址	浑河	Ⅱ	1500 米
22	怀仁日中城址	大峪河枝水	Ⅱ	3800 米
23	朔州夏关城城址	黄水河	Ⅱ	4000 米
24	左云白羊城址	十里河	Ⅲ	500 米
25	左云东古城城址	元子河	Ⅱ	小于 1000 米
26	右玉破虎堡城址	兔毛河（马营河）	Ⅱ	200 米
27	朔州市朔城区城址	七里河	Ⅲ	980 米左右
27	朔州市朔城区城址	恢河	Ⅱ	1400 米左右
28	右玉右卫镇城址	沧头河	Ⅰ	西城墙被沧头河冲毁
29	右玉树儿照城址	沧头河	Ⅰ	东南城角被沧头河冲毁

上面29座汉代城址，有18座与相邻主要河流距离不超过1公里，占总数的62.07%。有24座与相邻主要河流距离不超过1.5公里，占总数的82.76%。从城址所处的地貌环境来看，除海儿洼、第五窑、阳原西堡、日中城和破虎堡外，其余24座古城址全部位于桑干河、沧头河及其各级支流的河谷中。而且，所有县城都处于河谷中，其原因主要是这种地貌地势平坦，土地肥沃，适宜发展农业，"能够支撑营筑城池，设置郡县"①。即使是在靠近边境、扼守隘口的地区，比如善无和平城，一样要选择适宜农耕的河谷平原。从军事角度考虑，郡县城市的建设，主要就是为了"分别控制主要的河谷农耕地区"②（见图1-12）。

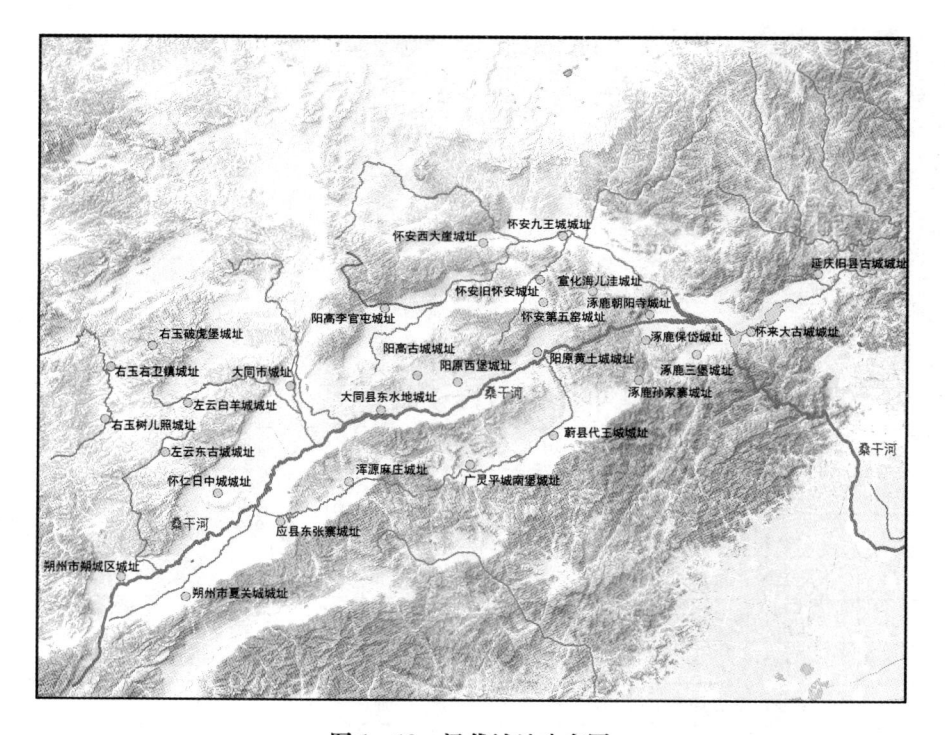

图1-12 汉代城址分布图

---

① 李孝聪：《孔道与平台：杀虎口在历史上的地位与作用》，《山西大学学报》（哲学社会科学版）2007年第3期。

② 《孔道与平台：杀虎口在历史上的地位与作用》，第2页。

同时,遗址的位置与《水经注》中河流"迳"某城的记载相符,说明《水经注》记载的准确性。桑干河流域汉代 38 个郡县治所城市在《水经注》中,几乎都有某水"迳"某城的记录(见表 1-2),可以推断战国秦汉时代,这一地区的治所城市的位置大部分都位于桑干河、沧头河及其主要支流的河流阶地上,规律相当普遍(见表 1-2)。

表 1-2　　　　《水经注》中河流与城址位置关系①

河流	城址	原文表述	页码
中陵水	雁门郡中陵县	水出中陵县西南山下……东北流,迳中陵县故城东	241
中陵水	雁门郡善无县	又西北流,迳善无故城西	242
吐文水	雁门郡锄亭、土壁亭	水出东山下……北流经锄亭南,又西流,迳土壁亭南	242
灅水	雁门郡阴馆县	东北流,出山,迳阴馆县故城西	1126
马邑川水	雁门郡马邑县	其水东迳马邑县故城南	1130
桑干水	故城,其名不详	桑干水又东南流,水南有故城,东北临河	1131
桑干水枝津	故城,其名不详	西北流经故城北,所未详也	1133
桑干枝水	雁门郡汪陶县	桑干枝水又东流……通结两湖……俗谓之南池,池北对汪陶县之故城	1133
崞川水	雁门郡崞县	水南出崞县故城南	1134
崞川水	雁门郡繁畤县	北流经繁畤县故城东	1135
崞川水	雁门郡剧阳县	北迳剧阳县故城西	1135
灅水	代郡班氏县	灅水又东迳班氏县南	1135
如浑水	雁门郡平城县	其水又南,屈迳平城县故城南	1142
如浑水支流	雁门郡平城县	其水又南,迳平城县故城东	1147
武州川水	雁门郡武州县	北流迳武周县故城西	1151
武州川水	雁门郡平城县	迳平城县南	1156
武州川水	代郡班氏县	又南流,迳班氏县故城东	1156
灅水	代郡平邑县	灅水又东迳平邑县故城南	1156
灅水	代郡狋氏县	灅水又东迳狋氏县故城北	1157

---

① 表中页码以《水经注疏》为准。

续表

河流	城址	原文表述	页码
㶟水	代郡道人县	㶟水又东,迳道人县故城南	1158
㶟水	代郡阳原县	㶟水又东,迳阳原县故城南	1158
东安阳水	代郡东安阳县	水出县东北潭中	1158
㶟水	代郡东安阳县	又东迳东安阳县故城北	1159
㶟水	代郡昌平县	㶟水又东迳昌平县故城北	1159
㶟水	代郡桑干县	㶟水又东,北迳桑干县故城西,又屈迳其城北。……《魏土地记》曰:代城北九十里有桑干城,城西渡桑干水,去城十里有温汤	1161
祁夷水	代郡平舒县	水出平舒县东,迳平舒县之故城南泽中……《魏土地记》曰:代城西九十里有平舒城,西南五里,代水所出,东北流	1162
祁夷水	代郡平舒县兰亭	祁夷水又东北,迳兰亭南	1163
飞狐关水	代郡代县南舍亭、句瓅亭	关水西北流,迳南舍亭西,又迳句瓅亭西,西北注祁夷水	1164
祁夷水	代郡代县	祁夷水又东北流,迳代城西	1164
热水	代郡热水亭	水出绫罗泽,泽际有热水亭	1166
谷水	代郡昌平县	水出昌平县故城南	1166
逆水	代郡将城县	水导源将城东,西北流经将城北	1166
祁夷水	故城,其名不详	祁夷水又北,迳一故城西,西去代城五十里,又疑是代之东城,而非所详也	1167
连水	上谷郡雊瞀县	水出雊瞀县东,西北流,迳雊瞀县故城南	1167
到剌山水	故亭(石人城)	其水北流,迳一故亭东,城北有石人,故世谓之石人城	1169
到剌山水	代郡当城县	又北,迳当城县故城西	1169
祁夷水	代郡桑干县	祁夷水又北,迳桑干故城东	1169
石山水	代郡空侯城	水出南山,北流,迳空侯城东	1169
㶟水	上谷郡潘县	㶟水又东,迳潘县故城北	1170
协阳关水	上谷郡潘县	又北迳潘县故城	1171
㶟水	雍洛城	㶟水又东,迳雍洛城南。《魏土地记》曰:"下洛城西南二十里有雍洛城,桑干水在城南东流者也"	1172

第一章　秦汉时期城市的沿河分布　63

续表

河流	城址	原文表述	页码
灅水	上谷郡下洛县	灅水又东，迳下洛县故城南	1172
灅水	上谷郡高邑亭	灅水又东，迳高邑亭北	1172
修水	上谷郡且如县	东南流，迳且如县故城南	1174
修水	代郡马城县	修水又东南迳马城县故城北	1175
延乡水	代郡延陵县	水出县西山，东迳延陵县故城北	1175
延乡水	罗亭	又东迳罗亭	1175
延乡水	马城	又东迳马城北	1175
雁门水	代郡高柳县	其水东南流，迳高柳县故城北	1176
雁门水	故城（叱险城）	雁门水又东南流，屈迳一故城，背山面泽，北俗谓之叱险城	1177
敦水	代郡参合县	其水导源西北少咸山之南麓，东流经参合县故城南	1178
涿水	故城（和堆城）	水出东阜下，西北流经故城，北俗谓之和堆城	1178
神泉水一源	故城（石虎城）	东北迳一故城东，世谓之石虎城	1178
托台水	三会亭、托台亭、马头亭	浑涛东注。……东迳三会亭南，又东迳托台亭北，又东北迳马头亭北	1179
于延水	罡城	于延水又东，迳罡城南	1179
宁川水	上谷郡宁县	水出西北，东南流，迳小宁县故城西	1180
于延水	上谷郡宁县	于延水又东迳小宁县故城南	1180
于延水	广宁县	延河又东，迳大宁县故城南	1181
于延水	上谷郡茹县	于延水又东南，迳茹县故城北	1181
于延水	上谷郡且居县	于延水又南，迳且居县故城南	1183
灅水	上谷郡涿鹿县	又东过涿鹿县北	1183
涿水	上谷郡涿鹿县	涿水出涿鹿山，世谓之张公泉，东北流，迳涿鹿县故城南	1184
阪泉	上谷郡涿鹿县	水导源县之东泉，《魏土地记》曰：下洛城东南六十里，有涿鹿城，城东一里有阪泉	1184
清夷水	上谷郡长亭、北城村故城	水出长亭南，西迳北城村故城北	1186
平乡川水	上谷郡平乡亭	水出平乡亭西，西北流注清夷水	1186
清夷水	上谷郡阴莫亭	清夷水又西北，迳阴莫亭，在居庸县南十里	1186

续表

河流	城址	原文表述	页码
浮图沟水	上谷郡夷舆县	水出夷舆县故城西南	1187
分界水	上谷郡居庸县	又西,迳居庸县故城南	1187
阳沟水	上谷郡居庸县	水出县东北,西南流,迳居庸县故城北	1188
泽水	上谷郡灵亭	泽水又南,迳灵亭北,又屈迳灵亭东	1190
清夷水	上谷郡沮阳县	清夷水又西,迳沮阳县故城北……《魏土地记》曰:城北有清夷水西流也。其水又屈迳其城西南	1190

二 治所城市分布的空间差异——密集区与稀疏区的明显对比

对照《水经注》的记载,我们能够发现,正是因为治所城市大部分分布在河流的河谷平原中,所以在空间分布上,城市呈现沿桑干河、十里河、浑河、壶流河、洋河和妫水河等河流的带状分布,尤其在沿桑干河两岸二十公里以内的地带,分布着马邑、汪陶、繁畤、剧阳、班氏、阳原、东安阳、桑干、潘县、下落、茹、且居和沮阳十三县,这十三个县城距离桑干河大多不超过 10 公里。值得注意的是,现在发现的城址,距离桑干河干流最近的平邑、汪陶和沮阳城址也都在 3 公里以外。[①] 更多的沿桑干河分布的城址,则处在离干流较近的支流下游。究其原因,当是因为历史时期桑干河水量较大,河道多滩涂,而支流则河道较稳定的缘故。

同时,城址的选择,除靠近一条主要河流之外,还往往要靠近该河流的一条支流,也就是位于两条河流交汇处的三角地带,今天发现的汉代城址中,除桑干河沿岸位于支流下游的马邑(七里河与桑干河)、潘县(桑干河与协阳关水)和沮阳(桑干河与妫水河)之外,中陵(沧头河与于河)、东古城城址(元子河与树儿照河)、平城(御河与十里河)、九王城(洋河与洪塘河)也都是如此。而从文献记载来看,仍有一些城邑是坐落在河流的三角地带的,如班氏(㶟水与如浑水)、下洛(㶟水与于延水)、东安阳(㶟水与东安阳水)、桑干(㶟水与祁夷水)、宁县(于延水与宁川水)、涿鹿(㶟水与涿水)、居庸(清夷水、分界水与阳沟水)。城址选

[①] 恢河与黄水河合流后称桑干河干流,所以排除距离恢河仅 1400 米的马邑城。

择这样的地带,应该是与农业和水源有关。

与此形成鲜明对照的,是桑干河、沧头河及其主要支流带状河谷平原之间的广大地区,由于桑干河流域是以黄土高原为基础,以燕山运动形成的断陷盆地为骨架,以盆地中流淌的河流为血脉,所以在主要河流沿岸的河谷平原之外,也就是高原地带和高阶地、台地地区,鲜有治所城市分布。

前面确定过的几个县级以下城址,包括怀安九王城城址、怀安旧怀安城址、怀安第五窑城址、阳原西堡城址、怀仁日中城城址和右玉破虎堡城址,样本的稀少使得我们无法总结任何规律,但除了九王城与旧怀安之外,其余四座城址都并非处于主要河流的河流谷地中,而是分别位于冲积扇靠近扇顶部分和山间狭窄破碎地带,从中也能看出县城选址与非县城聚邑选址的不同。

三　汉代桑干河流域城市分布格局的产生原因

（一）西汉初期的边疆形势与西汉的边疆战略

秦代末年,经历了遍及全国的大动乱,"诸侯畔秦,中国扰乱"[①],匈奴再度振兴,重新占据河南地,并多次侵犯沿边诸郡,"杀略吏民甚众"[②]。汉高祖七年（前200）冬,匈奴军队攻至晋阳（今山西太原南）,高祖亲率大军追击,结果被困白登七日。高祖九年（前198）,派遣刘敬赴匈奴和亲。

汉高祖去世后,匈奴对汉的军事优势不但没有丧失,反而继续扩大。冒顿单于致书吕后,言词侮慢,吕后虽然极为愤怒,但也只能卑言回信,并延续和亲政策。文帝时,匈奴夷灭月氏、楼兰等二十六国,"诸引弓之民,并为一家",更加强大。单于致文帝信中,自诩"吏卒良,马力强"[③],对汉炫耀武力。文帝惩于秦末战乱造成巨大破坏,"大城名都散亡,户口可得而数者十二三"[④],"天下初定,士卒罢于兵,未可以武服也"[⑤],经济凋敝,国力不足的局面,继续推行高祖与吕后对内休养生息,

---

① 《史记》卷110《匈奴列传》,第2887页。
② 《汉书》卷94上《匈奴传上》,第3767页。
③ 同上书,第3757页。
④ 《史记》卷18《高祖功臣侯者年表》,第877页。
⑤ 《史记》卷99《刘敬传》,第2719页。

轻徭薄赋；对外与匈奴和亲结好的政策。文帝与匈奴单于保持着书信往来，互相表示约束诚信，但历年间匈奴仍数为边患。

为巩固边防，解决匈奴的威胁，汉文帝采纳晁错《言兵事疏》《募民徙塞下书》《教民习战守书》等上书的建议，募民实边，"选常居者，家室田作，且以备之"；广建城邑，修筑防御体系，"高城深堑，具蔺石，布渠答，复为一城，其内，城间百五十步。要害之处、通川之道，调立城邑，毋下千家，为中周虎落"；实行兵民合一的策略，对边民进行军事编制，用熟悉当地情况的居民防守边境，"边县以备敌也，使五家为伍，伍有长；十长一里，里有假士；四里一连，连有假五百；十连一邑，邑有假候：皆择其邑之贤材有护，习地形知民心者，居则习民于射法，出则教民于应敌。故卒伍成于内，则军正定于外。服习以成，勿令迁徙。……劝以厚赏，威以重罚"①。

汉武帝元光二年（前133），"王恢谋马邑，匈奴绝和亲"②，开始了大规模战略进攻，对北部边疆进行积极经营。到元狩四年（前119），卫青、霍去病出征漠北，击溃匈奴单于及左贤王，最终取得了"匈奴远循，而幕南无王庭"③，"斥地远境"④ 的战果，保障了北部边境的安全。

但就是在积极进攻的汉武帝时期，同样重视边城防御体系的建设。"于幕北建塞徼，起亭隧，筑外城，设屯戍，以守之"⑤，修建起宏伟的汉长城防御体系。西汉大规模修建长城防御体系共有七次。第一次是元朔二年（前127）卫青率军击走楼烦王、白羊王，取得汉对匈奴第一次大规模胜利，"遂取河南地，筑朔方，复缮故秦时蒙恬所为塞，因河为固"⑥。第二次是元狩二年（前121），霍去病出陇西，拓地河西，武帝在河西走廊先后置武威、酒泉、张掖、敦煌四郡，取得"断匈奴右臂"的战果，并筑塞令居以西至酒泉。第三次是元狩四年（前119），卫青、霍去病一举拓地漠南后，为阻止匈奴南逾阴山，于太初三年（前102），"使光禄徐自

---

① 《汉书》卷49《晁错传》，第2286—2289页。
② 《汉书》卷24下《食货志下》，第1157页。
③ 《汉书》卷94上《匈奴传上》，第3770页。
④ 《汉书》卷73《韦贤传》，第3126页。
⑤ 《汉书》卷94《匈奴传》，第3803页。
⑥ 《史记》卷110《匈奴列传》，第2906页。

为出五原塞数百里，远者千余里，筑城障列亭至卢朐"①，即"光禄塞"。第四次是元封年间（前110—前107），赵破奴、王恢破姑师（今新疆吐鲁番），降楼兰（今罗布泊地区），"于是酒泉列亭障至玉门矣"②，即汉河西长城自酒泉郡向西延伸至玉门关。第五次是太初元年（前104），遣贰师将军李广利伐大宛，"西域震惧，多遣使来贡献……于是自敦煌西至盐泽，往往起亭"③。第六次是太初三年（前102），强弩都尉路博德筑居延塞。第七次是宣帝时设西域都护府，治乌垒城，汉河西长城的亭、燧建筑再向西绵延直至库车西北。另外，在东北外边防线，"汉兴，为其远难守，复修辽东故塞，至浿水为界"④。

由上述可见，西汉一朝，因为始终面临着匈奴强大的军事威胁，边郡防御任务非常严峻，所以非常重视修筑多层次的防御体系，广建郡县等各级城邑、长城、亭燧，来保卫边境地区的安全。具体到桑干河流域，汉高祖六年（前201）春正月，"以云中、雁门、代郡五十三县，立兄宜信侯喜为代王"⑤。此时的代国三郡大部还在匈奴手中，代国不过是遥领虚封。直至次年，樊哙止定代地，汉对今天大同盆地和蔚县盆地的控制才稳定下来。既然西汉自汉高祖七年才占领此地，那么所封的五十三县应该都是秦县。《汉书·地理志》记载，代郡辖十八县，雁门郡辖十四县，定襄郡辖十二县⑥，云中郡辖十一县，共五十五县。其中雁门郡阴馆县史有明载，增置于汉景帝后三年（前141）。⑦可见，代北三郡的郡县体系，自汉高祖时就已成形。至于宣化盆地的上谷郡，周振鹤也认为整个汉代变化不大。⑧那么，自国力凋敝的高祖时期，直到解除匈奴严重边境危机的后期，终西汉一代，都在桑干河流域内设置将近四十个治所城市，目的就是依托郡县城市和边堡体系，以遏制匈奴攻势。

---

① 《史记》卷110《匈奴列传》，第2916页。
② 《史记》卷123《大宛列传》，第3172页。
③ 《汉书》卷96《西域传》，第3873页。
④ 《史记》卷115《朝鲜列传》，第2985页。
⑤ 《汉书》卷1《高帝纪》，第61页。
⑥ 据周振鹤研究，定襄郡系分云中所置。氏著：《西汉政区地理》，人民出版社1987年版，第75页。
⑦ 《水经注疏》卷13，第1126页。
⑧ 《西汉政区地理》，第69页。

（二）西汉士兵来源与战争组织制度

西汉兵制，男子自傅籍之年（汉初十五岁，景帝时二十岁，武、昭后二十三岁）至五十六岁的期间，服兵役两年，称为正卒。正卒一年在本郡为材官（步兵）、楼船（水军）或骑士；另一年在京师屯戍，称为卫士。他们还必须在边郡屯戍一年，称为戍卒。① 与此相对应，西汉前期的全国军队，可分为中央军、地方军和边防军三部分。从本质来讲，西汉士兵首先是地方兵。汉初的每一次大规模的军事行动，都是依靠征用地方兵完成的。有时地方兵也可奉命独立作战。

地方的材官、骑士、轻车、楼船在内郡每年一度由各地征发，集中到本郡服兵役，接受军事训练，维持地方治安，战时则由中央统一征调出征作战。《玉海》引《汉官仪》曰："高祖命天下，选能引关蹶张，材力武猛者，以为轻车、骑士、材官、楼船。常以秋后讲肄，各有员数。平地用轻车，山阻用材官，水泉用楼船。"②

由于汉初边防力量薄弱，不足以防止匈奴南下骚扰。若在边地大规模屯军，则军需供应难以保证，而且每年一度更代番上的戍卒又不习边事，不利于作战。因此，徙民实边，在边境地区广建郡县，以边民为边郡军队的主要来源，就成了最好的选择。

（三）西汉城址选择的文化因素

正是因为汉代边境居民首先的身份是民，所以在徙民实边之后，选择居民聚落位置的第一标准，应该是符合边民的生活和农耕、畜牧生产需要。

关于城郭聚落在汉代民众生活中的地位，历代学者有很高的评价。何兹全先生就认为"战国秦汉是城市国家，人口一般可以说是由城区向外辐射的……人口围着城市居住；远离城郭的地区，人口是越来越少的。汉代人说到农民流亡，不说'离开农村'，都是说'离其城郭''亡去城郭''前去城郭'。盖汉代人口多居住在城郊和城区辐射区以内也"③。俞伟超则肯定地说："人口集中于城市的情况，在战国至汉代（至少至西

---

① 田余庆：《汉》，《中国大百科全书》中国历史卷，中国大百科全书出版社1992年版，第309页。
② 《玉海》卷147，江苏古籍出版社1987年版，第2701页。
③ 何兹全：《中国古代社会形态演变过程中三个关键性时代》，《历史研究》2000年第2期。

汉），在我国历史上是仅见的。这样的历史，完全可以说是城市的历史。"① 宫崎市定更是直接表述为："农民大概是被吸收在城内之里中，因而，城外居住者才极为稀少"②，"中国古代社会乃是极端集中的聚落形态"③。张继海在分析大量材料的基础上④，得出了更为明确的结论："在汉代人的意识里，人们就是住在城郭（中）。"⑤ 他虽然指出"宫崎市定的结论有夸大之处，甚至有些绝对……还有相当数量的小聚落没有城郭"⑥，但仍认为，从战国到两汉，各种聚落形态，包括县、邑、乡、里、亭，"城郭应该是占主导地位的聚落形态"⑦。

以上的研究指出了城郭型聚落在战国秦汉时期的主要地位。但证明县以下的基层聚落多数有城墙环绕，却仍有相反的例子存在。比如新莽时期，饥民四起，"不敢略有城邑，转掠求食，日阕而已"⑧。翼平连率田况上书建议：

> 收合离乡、小国无城郭者，徙其老弱置大城中，积藏谷食，并力固守。贼来攻城，则不能下，所过无食，势不得群聚。如此，招之必降，击之则灭。⑨

饥民"转掠求食"的对象不是"城邑"，而是上述田况上书中提到过的"离乡、小国无城郭者"，可见没有城郭的离乡（非县城的乡）和小聚邑为数一定不少，否则不会在上书中专门论及此事。

即便如此，城郭型聚落在战国秦汉时期的地位仍相当重要。既然相当比例的人民都会依各种城郭型聚邑居住，那么城郭，尤其是最重要的郡县

---

① 俞伟超：《中国古代都城规划的发展阶段性》，氏著：《先秦两汉考古学论集》，文物出版社1985年版，第40页。
② 宫崎市定：《关于中国聚落的形体的变迁》，刘俊文主编《日本学者研究中国史论著选译》，中华书局1993年版，第15页。
③ 《关于中国聚落的形体的变迁》，第26页。
④ 张继海：《汉代城市社会》，社会科学文献出版社2006年版，第25—95页。
⑤ 《汉代城市社会》，第38页。
⑥ 同上书，第62页。
⑦ 同上书，第91页。
⑧ 《汉书》卷99《王莽传》，第4171页。
⑨ 同上书，第4172—4173页。

治所周围必然要具有能够提供居民生活和生产的环境，换句话说，郡县治所周围必须是一块比较大的宜农地带。

这一点，在汉政府主持"徙民实边"的工程时，考虑得非常周到，城址对周边环境的要求体现得相当清楚。晁错在汉廷实施"募民徙塞下"政策后上言，认为要达到"使先至者安乐而不思故乡，则贫民相募而劝往矣"的目的，应该贯彻如下的安置措施：

> 相其阴阳之和，尝其水泉之味，审其土地之宜，观其草木之饶，然后营邑立城，制里割宅，通田作之道，正阡陌之界，先为筑室，家有一堂二内，门户之闭，置器物焉。民至有所居，作有所用，此民所以轻去故乡而劝之新邑也。为置医巫，以救疾病，以修祭祀，男女有昏，生死相恤，坟墓相从，种树畜长，室屋完安，此所以使民乐其处而有长居之心也。①

以上可以说是一个典型的农耕民族生活景观图，指出了农耕生产和城邑生活对周边环境、水质和土质的要求。既说明建立城邑是汉廷徙民充实包括桑干河流域在内的边郡的惯例，也进一步坐实了城邑选址的环境要求，也就是必须适合农耕需要。这也就是桑干河流域汉代的城邑，尤其是郡县城市主要分布在宜农的河流谷地中的根本原因。

（四）基层城邑的地理分布

根据《水经注》的记载，就郦道元当时所能掌握的信息而言，桑干河流域还保存有大量先代的"故城"，主要是战国至两汉时期的，其中一部分是郡县治所的郡县城市；另一部分则是县级以下的基层政区的城邑，从文献记载和考古发掘的情况来看，可以作为研究对象的基层城邑以"亭"为主。

关于亭的性质、功能和级别，以及与县、乡、里的关系，学术界历来争议颇多，黄义军总结了宫崎市定、王毓铨和周振鹤等人的研究，指出"亭的性质和职能是多样的"，"一般来说，亭的主要职能有三种：1. 警戒和治安；2. 邮驿和馆舍；3. 一般民事。根据分布地域不同，可以将亭分为边疆之亭与内郡之亭两大类，内郡之亭又可分为都市之亭和郊野之

---

① 《汉书》卷49《晁错传》，第2288页。

亭。但无论是哪一种亭，上述三种职能可以说都是存在的。只是由于所在地区的需要，亭的职能会有所偏重"。①

正是因为亭的性质和职能是多样的，所以对有城墙环绕的亭来说，其来源也应是多样的。就桑干河流域来说，城邑型的亭最大的可能是由边境的亭燧和居民聚落发展而来，对于本书来说，后者无疑意义更大。就亭的聚落性质，张继海进行了精辟的分析："王莽统治时期曾大规模更改地名，其中一项是把很多县改为某亭，如河南郡的缑氏县改为中亭，河内郡的河阳县改为河亭，南郡的郢县改为郢亭等……这种改名正反映了一个事实，即县城与亭在某些方面是相通的，例如，它们都是聚落。当然，这并不是说所有的亭都是聚落。在聚落的亭之外，还有不少是邮亭和负责治安的亭。"②

必须指出的是，桑干河流域的治所城市有《汉书·地理志》和《续汉书·郡国志》在同一统计口径下的系统记录，在《水经注》中又大多能找到定位，所以本书才得以对治所城市的分布进行整体性分析和研究。但乡亭城邑并无这样的系统资料，而无论是"十里一亭"，还是"十亭一乡"，基层城邑的数量无疑远多于治所城市，所以无论文献记载，还是考古发掘，其样本数量都远低于当时，所以本书对基层城邑的分析，主要是用来和治所城市进行对比。

根据《水经注》记载，我们能找出二十七座非治所城市，其中属雁门郡范围内有：锄亭（破虎堡城址）、土壁亭、桑干水西南故城和桑干水枝津南故城；属代郡范围内有：兰亭、南舍亭、句璅亭、热水亭、祁夷水东故城、罗亭、石人城、空侯城和咤险城；属上谷郡范围内有：雍洛城、高邑亭、和堆城、石虎城、三会亭、托台亭（旧怀安城址）、西伺道城、马头亭、罡城、长亭、北城村故城、平乡亭、阴莫亭和灵亭。这二十七座城址与河流的关系以及文献出处参见表1-2"《水经注》中河流与城址位置关系"。

除此之外，九王城、怀安第五窑城址、涿鹿朝阳寺城址、宣化海儿洼城址、阳原西堡城址、怀仁日中城城址这六座考古发掘的古城也无法与文献中的治所城市对应起来，应该也是基层城邑。

从这些基层城邑的选址来看，一些城址位于山间谷地中，地形破碎，

---

① 黄义军：《关于汉代"亭"的几个问题》，《中国历史地理论丛》2006年第2期。
② 《汉代城市社会》，第72页。

沟壑纵横，周围缺乏发展农业的基础，很可能是为防守边境而设置的军事堡垒。这类城址包括有锄亭（破虎堡城址）、土壁亭、咜险城、南舍亭、句瓅亭、罗亭。

除此六例之外，其余二十一座基层城邑基本都在桑干河及其各级支流的河谷中，那么，我们的问题是：为什么同样位于河谷盆地中，有的聚邑可以设县，而有的只能成为乡亭一级的基层城邑？

通过对文献的梳理，我们可以发现各基层城邑所处地理位置可以大体分为三种类型。一为桑干河支流的上游或中游，这类城址包括热水亭（热水上游）、石人城（到剌山水上游）、空侯城（石山水上游）、和堆城（袤水上游）、石虎城（托台水中游）、三会亭（托台水中游）、托台亭（旧怀安城址：托台水中游）、长亭（清夷水上游）、北城村故城（清夷水上游）、平乡亭（平乡川水上游）和阴莫亭（清夷水中游），这类城址还包括考古发掘出的怀安第五窑城址（河流上游）和阳原西堡城址（桑干河北岸冲积扇扇中位置）；二为河流谷地较狭窄处，这类城址包括兰亭（祁夷水中游）；三为桑干河河流谷地中，靠近河流，或者是支流下游，这类城址包括桑干水西南故城、桑干水枝津南故城、祁夷水东故城、雍洛城、高邑亭、马头亭（托台水下游）、九王城（托台水汇入雁门水处）、罡城（宁川水河谷中）和灵亭（泽水下游）。

我们不难看出，前两种类型在周边环境上有共通之处，也就是无论是河流的上游、中游，还是河流狭窄处，抑或是冲积扇扇中位置，其周围大多不会有一块开阔的平原地带，以支撑较大的城邑建设，养育较多的农业人口。与之形成鲜明对比的，则是治所城市多处于桑干河各支流汇入桑干河处的河流下游地带，或是桑干河、沧头河河谷中较开阔处，如善无县城。笔者认为，在与基层城邑的对比中，我们对治所城市选址的地理条件有了更直接的认识。

至于第三种类型，从文献记载来看，这些城址在选址方面与治所城市类似（当然不排除文献记载失实，如虽言某水迳其某方位，但实际上远在几十里开外的冲积扇上，如前面讨论过的道人县故城，但在目前现存文献条件下，我们只能如此认识），但没有成为治所城市，可能会有更复杂，甚至是非地理环境因素的背景。比如九王城，其周长达到3464米，在桑干河流域已知16个城址中排第7位，远大于一些县城。这类的基层城邑，很可能是由县城降级而成。《水经·㶟水注》记载：（延乡水）出县西山，东迳延陵故城北。《地理风俗记》曰，当城西北有延陵乡，故县也。①延陵县位于延乡水之南，见于《汉书·地理志》②，属代郡，却不见于《续汉书·郡国志》③，应是东汉时废罢，降级为乡邑，但其原有的城郭规模不会减少。如果这类城邑级别升降的情况在从战国到两汉的几百年间的历史中不是特例的话，那么自然会有若干符合设县条件却位列乡亭聚邑的城址。《史记·蔡泽列传》中有蔡泽"谢病归相印，号为纲成君"④ 一事，《水经·瀙水注》作"罡成君"，郦道元推测"罡成"即"罡城"⑤。按蔡泽本为燕人仕秦，若其封邑确系罡城，可能性有两种：一是为虚封遥授；二是确在燕地，属于战国时常见的插花地⑥。蔡泽在始皇时为秦使燕，三年后又说动燕王遣太子丹入质于秦，可见蔡泽一直以燕人身份，与燕国保持密切的联系，如是则在燕有封邑也并不是不可能的事。总之，既然能作为秦相的封邑，其规模与富庶程度不会太低，但在汉代也未设县。正如辛德勇所指出的，《战国策·秦策》中提到赵国的代郡有三十六县，但《汉书·地理志》中却只有十八县⑦，当然不能排除战国与汉代设县标准不同的因素，但历史上废县之多还是引人注意的事实，这也许就是有很多大型基层城邑存在的原因。

第三节　城市的规模和层级分布

一　现存城址的规模分布

桑干河流域今天考古发掘的城址中，有23座有确切的周长、面积等数据，表1-3即据此制作。

从该表可以看出，代县、善无、马邑、沮阳这四座城的周长远远超过

---

① 《水经注疏》卷13，第1175页。
② 《汉书》卷28，第1622页。
③ 《后汉书志》卷23，第3527—3528页。
④ 《史记》卷79《蔡泽列传》，第2425页。
⑤ 《水经注疏》卷13，第1179页。
⑥ 关于战国时的插花地，详见史念海《战国时期的插花地》，氏著《河山集》七，陕西师范大学出版社1999年版，第504—519页。
⑦ 辛德勇：《张家山汉简所示汉初西北隅边境解析——附论秦昭襄王长城北端走向与九原云中两郡战略地位》，第23—24页。《战国策》卷3《秦策一：张仪说秦王》，上海古籍出版社1998年版，第105页。《汉书》卷28，第1622页。

其他城址，而且与当时名城相比也毫不逊色。如云梦楚王城周长为9700米，而汉代为江夏郡治，规模大为缩小①，小于代王城和善无城。普通城址的规模则并未与级别成正比，九王城与破虎堡古城都不是县治，周长却都超过3000米，远远超过武州和夷舆两个县城的规模。

周长山曾归纳过汉代城郭规模的层级，"一般来说，普通县城的城郭周长为1000—3000米；郡治所在的县城规模要稍大一些，为3000—5000米。当然，也有部分城市不在此列。位于北方边地的新置县城，军事据点的特色极为突出，普通居民明显少于内地。城郭规模自然相对较小，周长少于1000米者并不罕见"②。与周长山所总结的全国普遍情况比较，代王城、善无城、马邑城、中陵城、九王城、破虎堡古城的周长都远远超过同级别的城郭。如果不是特殊情况的话，那么应该是边郡城郭作为居民避难堡垒功能所造成的。

表1-3　　　　　　桑干河流域现存汉代城址规模比较　　　　单位：米

城址名称	汉城	属郡	级别	东西	南北	周长	备注
延庆旧县古城址	夷舆	上谷	县城	237	480	1434	
怀来大古城城址	沮阳	上谷	郡治			6000+	城址不规则，部分被水冲毁
涿鹿三堡城址	涿鹿	上谷	县城	500	500	2000	
涿鹿保岱城址	潘县	上谷	县城	400	400	1600	假定城址为正方形
涿鹿孙家寨城址	协阳关	上谷	县级	360	390	1500	
宣化海儿洼城址		上谷	县以下			566	假定城址为正方形
怀安九王城城址		上谷	县以下	866	866	3464	假定城址为正方形
蔚县代王城城址	代县	代郡	郡治	3400	2200	9265	城址为椭圆形；东汉时为县城
怀安第五窑城址		上谷	县以下	300	300	1200	
怀安旧怀安城址	托台亭	上谷	县以下	170	300	940	
怀安西大崖城址	马城	代郡	县城	500	300	1600	
阳原西堡城址		上谷	县以下	230	330	1120	

---

① 周长山：《汉代的城郭》，《考古与文物》2003年第2期。
② 《汉代的城郭》，第46页。

续表

城址名称	汉城	属郡	级别	东西	南北	周长	备注
大同县东水地城址	平邑	代郡	县城	460	460—480	1840—1880	
阳高李官屯城址	高柳	代郡	郡治	1050	600	3300	东汉代郡郡治
大同市城址	平城	雁门	县城	1000	600	3200	
怀仁日中城城址		雁门	县以下	760	760	3040	假定城址为正方形，支配勇等认为其周长低于2760米
朔州夏关城城址	阴馆	雁门	县城			1000+	目测；东汉为郡治
左云白羊城城址	武州	雁门	县城	600	300	1800	
左云东古城城址		雁门	县以下	600	500	2200	
右玉破虎堡城址	锄亭	雁门	县以下	1000	500	3000	
朔州市朔城区城址	马邑	雁门	县城	1700	1900	7200	利用谷歌地球测算，汉初韩国首都
右玉右卫镇城址	善无	雁门	郡治	2000	2000	8000	假定城址为正方形
右玉树儿照城址	中陵	雁门	县城	900	1500	4800	

二 边郡的特殊设县标准

桑干河流域的雁门、代和上谷三郡在汉代属于边郡，面临着匈奴侵扰的不利环境，所谓"汉兴以来，胡虏数入边地，小入则小利，大入则大利"①。高帝十一年（前196）十月至十一月间，太尉周勃率军讨伐叛乱的赵相陈豨，"道太原入定代地"②。"击韩信、陈豨、赵利军于楼烦，破之。得豨将宋最、雁门守圂。因转攻得云中守遬、丞相箕肆、将勋。定雁门郡十七县，云中郡十二县。因复击豨灵丘，破之，斩豨，得豨丞相程纵、将军陈武、都尉高肆。定代郡九县"③。三郡共辖三十八县，与高帝六年（前201）春正月封代国时所辖"云中、雁门、代郡五十三县"④相比，少了十五县，可见韩王信、陈豨的叛乱战争和匈奴的侵扰对桑干河流

---

① 《汉书》卷49《晁错传》，第2278页。
② 《史记》卷93《韩信卢绾列传》，第2641页；《汉书》卷1下《高帝纪下》，第69页。
③ 《史记》卷57《绛侯周勃世家》，第2070页。
④ 《汉书》卷1《高帝纪》，第61页。

域地区造成了相当严重的打击。

汉廷推行"募民徙塞下"政策后，由于人口的充实和边防的巩固，桑干河流域的城邑逐渐恢复并有所发展，到西汉末年，云中、定襄、雁门、代郡四郡共辖五十四县，可见已恢复了秦代的旧规。

就桑干河流域的治所城市发育情况来看，由于地处边郡，与全国普遍情况有很大差异，尤其体现在其治所城市密度与人口密度在全国比重的不相符上。

关于西汉时期的人口密度，葛剑雄在20世纪80年代曾进行过统计①。2012年，肖爱玲利用AutoCAD技术对中国历史地图集各郡国面积重新进行了测算，得出了与葛剑雄不同的数据②，本书采用肖爱玲的数据，对《汉书·地理志》中各郡国的县数和口数的密度进行了计算和比较③，见附录一"《汉书·地理志》郡国县级单位密度与口数密度统计对照表"。

由附录一我们可以发现，雁门、代和上谷三郡其县级单位密度排序分别高于其口数密度排序8位、12位和28位，而且三郡的县级单位密度都列全国百三郡国的第55位到第60位之间。考虑到三郡辖区都包括桑干河流域之外的地区，尤其是内蒙古高原南缘地带城市分布稀疏，可以肯定桑干河流域的县级单位密度应该更高。

治所城市密度比人口密度要高，应该是反映了对该地区的重视程度与经营力度，由于桑干河流域是抵御匈奴侵扰的前线，所以多设县正能加强国家的控制，以便强化武备。尤其是上谷郡，两个位序之差竟高达28位，可见其治所城市的军事性质要比雁门郡和代郡浓厚得多。其人口密度和人口数量都远低于雁门郡和代郡，也反映该郡开发程度应该比两郡要低。

---

① 葛剑雄：《西汉人口地理》，人民出版社1986年版，第94页。

② 肖爱玲：《西汉城市发展的时空特征》，第163—167页。

③ 肖爱玲在计算县数时未将部分侯国与封邑纳入统计范围，自有其正确性，因为这些侯国与封邑废置不定。但本书要分析的是设县标准，侯国与封邑既然是县级单位，其设置也体现了不同区域的情况，所以本书一律纳入计算范围。

三　中心城市的选择与转移

（一）西汉时的中心城市

从表1-3"桑干河流域现存汉代城址规模比较"我们可以知道，代县、善无、马邑、沮阳这四座城的周长远远超过其他城址，而且代县、善无和沮阳三县分别是代郡、雁门郡和上谷郡的郡治，无论从级别还是规模来看，都是当之无愧的中心城市。马邑城虽然不是郡治所在，但地位也相当重要。该城位于勾注陉北，背靠勾注山，前望桑干河流域，向南可翻越今阳方口、雁门关进入吕梁山区和太原盆地，向东北可沿桑干河进入大同盆地，向北则可至善无城，自今杀虎口进入内蒙古高原或河套地区。对此，严耕望《唐代交通图考》有专门论述①，此不赘述。马邑城周围更是重要的农耕地区，在第二章我们会谈到东汉末年以后，农牧交错带的北界南移至桑干河一线，马邑是灅南地区硕果仅存的几个汉县之一。

而由于桑干河流域位于农牧交错地带，马邑一带的畜牧业也相当发达，"马邑之谋"中，匈奴单于在马邑城以北不到一百里的地方，发现"畜布野而无人牧者，怪之"②，单于奇怪的不是牲畜遍野，而是无人放牧，可见马邑一带地区的畜牧业是非常发达的。

由于农业和畜牧业的发达，城市规模又如此之大，所以马邑城相当繁荣，"马邑之谋"匈奴之所以上钩入犯，就是因为单于"贪马邑财物"。也正因为马邑地理位置重要，所以在高帝六年（前201）春，汉高祖"徙韩王信王太原以北，备御胡，都晋阳。信上书曰：'国被边，匈奴数入，晋阳去塞远，请治马邑'。上许之，信乃徙治马邑"③。马邑一度成为韩国的都城。

关于中心城市的选择，城市地理学根据中心城市和它腹地之间的相对位置关系，分为中心、重心位置和邻接、门户位置。④现代城市地理学着眼点多在经济和交通，但在古代，政治军事因素应该占更大比重，尤其是

---

① 严耕望：《唐代交通图考》第五册《河东河北区》，上海古籍出版社2007年版。
② 《史记》卷110《匈奴列传》，第2905页。
③ 《史记》卷93《韩信传》，第2633页。
④ 周一星：《城市地理学》，商务印书馆1995年版，第154页。

临近匈奴的边境地区更是如此。无论是对雁门、代郡和上谷三郡的管辖范围而言，还是从桑干河流域的范围着眼，其经济和人口重心都应该是沿桑干河一线。但三个郡治的地理位置都不在这一区域。雁门郡治善无县的位置还可以解释为扼守自今杀虎口沿沧头河入犯路线，属于门户位置。代郡郡治代县和上谷郡郡治沮阳县都位于郡境的南端，靠近内地，这种共同的特点，所反映的历史背景应该是从战国以来，中原华夏势力越恒山和军都山向北扩张的历程，郡治设在靠近内地的山前地带，既可就近补充援军和给养，也能成为向外经略的基地。曾作为韩国首都的马邑城，其背景与前两者也很类似。

（二）东汉时期对上谷、代、雁门三郡行政区划的调整

莽新政权覆灭后，各军阀势力并起割据，雁门郡与代郡为匈奴所扶植的卢芳所据。建武五年（29），卢芳占雁门，"（五原人）李兴、（代郡人）闵堪引兵至单于庭迎（卢）芳，与俱入塞，都九原县。掠有五原、朔方、云中、定襄、雁门五郡，并置守令，与胡通兵，侵苦北边"①。建武六年，"芳将军贾览将胡骑击杀代郡太守刘兴"②，"（建武）九年，（杜茂）与雁门太守郭凉击卢芳将尹由于繁畤，芳将贾览率胡骑万余救之，茂战，军败，引入楼烦城。时卢芳据高柳"③，"（建武）十年春正月，大司马吴汉率捕虏将军王霸等五将军击贾览于高柳，匈奴遣骑救览，诸将与战，却之"④。可见卢芳至少应据有代郡部分地区，很可能桑干河以北地区为其所据，中心据点是高柳。建武十二年（36），"（贾）丹等闻芳败，遂共杀（尹）由诣郭凉；凉上状，皆封为列侯，诏送委输金帛赐茂、凉军吏及平城降民。自是卢芳城邑稍稍来降……旬月间雁门且平，芳遂亡入匈奴"⑤。建武十五年（39）十二月，卢芳又自匈奴入居高柳⑥。

正因为匈奴和卢芳的侵扰，雁门郡和代郡的局势一直十分混乱，东汉

---

① 《后汉书》卷12《卢芳传》，第506页。
② 同上书，第507页。
③ 《后汉书》卷22《杜茂传》，第776—777页。
④ 《后汉书》卷1《光武帝纪》，第56页。
⑤ 《后汉书》卷22《杜茂传》，第777页。
⑥ 《后汉书》卷1《光武帝纪》，第66页。

在两郡的控制程度有限。建武九年，就曾"徙雁门吏人于太原"①。到建武十五年二月，"徙雁门、代郡、上谷三郡民，置常（山）关、居庸关以东"，李贤注曰："时胡寇数犯边，故徙之。"② 按居庸关在上谷郡东南，常山关在代郡东南，就近迁徙安置是合理的，但雁门郡与常山关的距离就相对遥远了，很难想象会如此安排，而不是就近安置在建武九年（33）就曾安置过的太原郡。不过总之是放弃了对桑干河流域的民事治理。一直到建武二十六年（50），南匈奴内附，才遣送"云中、五原、朔方、北地、定襄、雁门、上谷、代八郡民归于本土。遣谒者分将施刑补理城郭，发遣边民在中国者，布还诸县，皆赐以装钱，转输给食"③。桑干河流域的农耕经济和城市生活得以恢复。

在重新经营三郡的过程中，汉廷乘势对三郡原来的行政区划和城镇体系进行了调整，李晓杰《东汉政区地理》对这次调整进行了评述，他指出：上谷郡之"泉上、夷舆、且居、茹、女祁五县均不载《续汉志》，是此五县当于东汉初年已废。又由上文知潘县在东汉初年亦曾省并④，故上谷其时应省罢六县"⑤。"颇疑雁门郡善无县此时划归定襄，以作为重回旧土的定襄郡治所，而雁门郡治所则相应地改为阴馆。中陵地邻善无，亦当与善无同时由雁门改隶定襄。"⑥"延陵等其余五县（延陵、且如、阳原、参合、广昌），《续汉志》无载，当于东汉初期省废。又细察延陵等县之地望，知其均位于代郡领域之北部，故延陵等县之废盖由域外部族侵扰边境之故。""和帝永元八年（96），代郡复置一县：北平邑……该县当在永元八年前曾被省并无疑。钱大昕曰：'章帝女平邑公主。章怀注：平邑属代郡，《前志》无北字'（《廿二史考异》卷十四）。据此可知北平邑之复置乃由平邑公主之故。"⑦《东汉政区地理》指出了这一次调整的问题所在，但在原因的解释方面仍尚有商榷余地。

---

① 《后汉书》卷1《光武帝纪》，第55页。
② 同上书，第64页。
③ 同上书，第78页。
④ 《续汉志》上谷郡潘县下司马彪自注云："永元十一年复"，可知东汉初年潘县曾省并。见《后汉书志》卷23《郡国五》，《续汉书》第3528页。
⑤ 李晓杰：《东汉政区地理》，山东教育出版社1999年版，第113页。
⑥ 《东汉政区地理》，第128页。
⑦ 同上书，第130页。

首先说北平邑的问题，《东汉政区地理》认为北平邑之复置是由于平邑公主之故，也就是说是作为平邑公主的封邑。可是两汉时期的封邑很少有封到边郡的，而且公主的封号是平邑公主，而不是北平邑公主，可知公主并非封于此地。《后汉书·皇后纪下》记载："皇女王，（建初）四年（79）封平邑公主。"李贤注曰："平邑，县，属代郡，今魏郡昌乐东北又有平邑城。"① 按唐魏州有昌乐县②，此处李贤注中"魏郡"应为"魏州"之讹或求古之语。唐代昌乐县地处汉魏郡与东郡交界处，可以推测，东汉平邑公主的封邑，很可能就在此处。建初在永元之前，正因为在代郡平邑县复置的时候，已经有平邑这个县级单位了，所以为避免重复，在代郡平邑前加一"北"字。而以加方位字来区别重复地名，是两汉时期的惯例。③

加上北平邑，三郡在桑干河流域范围内共废十二县，其中，泉上、夷舆、且居、茹、且如、阳原、广昌、潘县和北平邑并不处于北部边境地带，广昌更是处于太行山脉中，夷舆也是在上谷郡的东部，其余七县全部沿桑干河分布，如果这九县的废置是因为"域外部族侵扰边境之故"，那么更靠北的广宁和宁县为什么予以保留？高柳为什么还会成为代郡的郡治？人口的盈缩可以作为解释这一现象的钥匙，根据《续汉书·郡国志》和《汉书·地理志》的相关材料进行比较（见表1-4）。④

表1-4　　　　　　桑干河流域三郡两汉人口数据比较

郡名	西汉口数	东汉口数	西汉县数	东汉县数	两汉之际口数损失	西汉县辖口数	东汉县辖口数	口县比缩减量
上谷	117762	51204	15	8	56.52%	7850.8	6400.5	18.47%
代郡	278754	126188	18	11	54.73%	15486.3	11471.6	25.92%
雁门	293454	249000	14	14	15.15%	20961	17785.7	15.15%

---

① 《后汉书》卷10《皇后纪》，第460页。
② 《元和郡县图志》卷16《河北道一：魏州》，第451页。
③ 华林甫：《中国历代更改重复地名及其现实意义》，《历史研究》2000年第4期。
④ 此三郡在两汉时的疆界都有变化，但由于幅度并不巨大，所以并未作处理。又"口数"只反映国家控制的赋税单位，并不能反映全部人口状况，而且从人口统计的意义来说，东汉隐匿人口现象比西汉要严重得多。但郡县的设置是一个政府行为，其设置标准，是以其管辖的人口，而非实际存在的人口。所以虽然不能将史籍中的"口数"当作人口看待，但就讨论大的趋势而论，还是可以作为参照的。

从表 1-4 来看，东汉与西汉相比，三郡都经历了一个程度比较大的人口损失。但从县辖人口来看，虽然三郡也都有减少，但幅度并不大，而且可以看出，各郡都有一个相对稳定的设县标准，而且随着时代的变化而按比例缩减。正是由于存在这样一个设县的底线，所以由于人口的减少，县的数量也就相应缩减了。至于女祁、延陵、参合，则位于北部边境地区，由于匈奴侵扰，所以人口自然会有减少。

三郡县数减少的另一个原因，应该是乌桓和南匈奴的入塞。

乌桓原居上谷、渔阳、右北平、辽西和辽东各郡塞外，建武二十二年（46），乌桓乘匈奴内乱，"击破之，匈奴转北徙数千里，漠南地空，（光武）帝乃以币帛赂乌桓"①。"建武二十五年，乌丸大人郝旦等九千余人率众诣阙，封其渠帅为侯王者八十余人，使居塞内，布列辽东属国、辽西、右北平、渔阳、广阳、上谷、代郡、雁门、太原、朔方诸郡界，招来种人，给其衣食，置校尉以领护之，遂为汉侦备，击匈奴、鲜卑。"②汉对乌桓"给其衣食"，想必是雇佣乌桓兵作战的报酬和给养，但骑兵家属的生产方式不会发生根本变化。更重要的是，乌桓的"渠帅"被汉廷承认，其部落组织继承下来，其生活方式应该不会产生根本性变化。

建武二十六年（50）冬，北匈奴攻打南匈奴，"南单于遣兵拒之，逆战不利。于是复诏单于徙居西河美稷……及悉复缘边八郡。南单于既居西河，亦列置诸部王助为扦戍。使韩氏骨都侯屯北地，右贤王屯朔方，当于骨都侯屯五原，呼衍骨都侯屯云中，郎氏骨都侯屯定襄，左南将军屯雁门，栗籍骨都侯屯代郡，皆领部众为郡县侦罗耳目"③。从这段文字来看，既然单于与属下"诸部王"之间仍保持着上下统属的关系，说明匈奴的部落组织仍然保持，匈奴人的游牧生活方式应该也不会改变。

大批匈奴、乌桓游牧部族入居，使得桑干河流域的经济和生活方式都发生了相当程度的变化。相对于农耕生产，游牧或定居畜牧业都需要更多

---

① 《后汉书》卷 90《乌桓鲜卑列传》，第 2982 页。
② 《三国志》卷 30《乌丸传》裴注引王沈《魏书》，第 833 页。
③ 《后汉书》卷 89《南匈奴传》，第 2945 页。

的土地，其土地可以承载的人口远少于农业，这样在一定程度上也限制了人口的蕃息，自然也妨碍了新县的设立。

但值得注意的是，县的建置被废弃了，不代表此地就没有居民和城邑生活了。比如前面提到过的延陵县，《水经·灢水注》记载："（延乡水）出县西山，东迳延陵故城北。《地理风俗记》曰，当城西北有延陵乡，故县也。"① 可见延陵县废罢后，延陵乡的建置依然保留，而其居民和城邑依然不变，只是原本作为县城对周边地区的辐射和集聚功能应该是大大减弱了。

（三）东汉时期中心城市的转移

两汉之际的另一个变化就是代郡郡治的转移。代郡治所代县，本是代戎所建代国的都城，被赵国吞并后，还一度做过赵国和汉诸侯国代国的都城。代王城地理位置优越，城址规模宏大，是连接桑干河流域与华北平原的交通孔道，地理位置和经济条件都符合做郡治的条件。但正如前所述，建武二十五年（49）东汉重建代郡时，郡治转移到了高柳。其迁徙的原因，《东汉政区地理》指出问题所在："此举乃出于巩固边境、加强防卫之需要"②，乘此重整秩序之机，一举对防御中心进行调整。

另一个原因同样需要引起我们的重视，那就是东汉军事体制的改变。西汉时全国兵制以中央军和郡国兵并重，这种体制到了东汉时期发生了根本性的变化，"建武六年省诸郡都尉，并职太守，无都试之役。省关都尉，唯边郡往往置都尉及属国都尉，稍有分县，治民比郡"③。按郡都尉本"掌佐守典武职甲卒"④，是太守的军事副手，在边郡往往有多个都尉，分驻要地，如西汉时雁门郡就有西部都尉驻沃阳和东部都尉驻平城，代郡有西部都尉驻高柳、中部都尉驻且如和东部都尉驻马城，上谷郡有西部都尉驻宁县和东部都尉驻女祁。⑤ 这七个都尉治所都位于内蒙古高原与桑干河流域交界处的隘口，位于要冲，是对郡治所在位置的一个补充（尤其是代城与沮阳城位置相当内缩），是合理配置兵力布局的一种有力措

---

① 《水经注疏》卷13，第1175页。
② 《东汉政区地理》，第130页。
③ 《续汉书》卷28《百官志五》，第3621页。
④ 《汉书》卷7《百官公卿表》，第742页。
⑤ 《汉书》卷28，第1621—1623页。

施。但当都尉一职被省去之后，一郡的军事全由太守负责，其位置就不能太过居内，否则匈奴、鲜卑等游牧部族来袭，则有鞭长莫及的缺憾。尤其是高柳北有山堑，是内蒙古高原上行国骑兵南下的天然孔道，东汉初年，卢芳就在匈奴的支持下占据高柳，威胁东汉的代郡。所以为加强边境防御力量，东汉在建武二十五年（49）重建代郡的时候，将郡治从代县徙至高柳。至于上谷郡的郡治沮阳，位置与代县一样靠内，却没有迁到前线，主要是建武二十五年重设的护乌桓校尉在宁县的缘故。①

第四节　小结

本章的主要工作是利用多重证据法，通过复原考古发掘的城址，揭示出桑干河流域汉代城市全部位于河流谷地或阶地的规律，并指出城址多分布于桑干河、沧头河及其主要支流的下游，反映出汉代城址对周围农业环境的要求。并从西汉时期北疆局势、御边政策、军事组织形式、聚落形式等各方面综合解释造成这一分布特征的原因，指出：正是因为汉代面临着匈奴的强大军事威胁，而在军事上处于守势。再加上汉代士兵来源以郡国的编户齐民为主，所以自汉文帝开始，就在边郡广建郡县，徙民实边，以补充士兵来源，并依托多层次防御体系来抵抗匈奴骑兵的南下。所以，汉代依城邑而居的习惯与农耕经济的需要，最终决定汉代的治所城市和基层城邑沿河分布的规律，从而形成沿桑干河分布的狭长城市密集带。

关于城市的规模与等级，本章通过分析 29 座城址的规模，发现郡治城市的规模要远远大于县城，但县城的规模却无一定规律。而且作为边境地区，桑干河流域的城市规模并不逊色于中原地区，很有可能是适应边地居民避难的需要。

关于城市的分布格局，本章指出，西汉时期桑干河流域存在四座中心城市：善无、马邑、代与沮阳，除善无外，都更靠近内地，这一方面是体现了华夏政权向农牧交错地带拓展的历史过程，同时也是因为西汉边郡往往在边疆地区设置多个都尉，以填补管理空白。而东汉则对郡治

---

① 《后汉书》卷 90《乌桓鲜卑列传》，第 2982 页。

进行了调整，将代郡郡治由壶流河流域的代县迁徙到了靠近边疆的高柳，这是东汉废除都尉制度，太守必须亲自领兵临边这一制度变迁的结果。

第二章　北魏时期城市的分布与区域开发

东汉末年，由于国内政局动荡等原因，中原政权在桑干河流域的控制瓦解，汉族居民纷纷迁往内地，游牧民族趁势控制桑干河流域。相应地，桑干河流域的农耕经济和城镇体系解体，成为游牧与狩猎经济地区。鲜卑拓跋部强大以后，迁都平城，桑干河流域成为其着力建设、经营的"畿内"区域，在利用部分汉代故城的同时，也陆续兴建了一定数量的城邑。在对城镇的选址和功用考虑上，体现出与汉代不同的着眼角度。

由于平城时代对于北魏历史的重要性，也由于平城的规划是中国古都建设史上的重要转捩点，所以学界对于北魏时期桑干河流域，尤其是雁北地区的城市也颇多留意，其中像王仲荦《〈北魏延昌地形志〉北边州镇考证》、李凭《北魏平城时代》和前田正名《平城历史地理学研究》，都进行了开创性的工作。但从历史城市地理角度来看，前人的研究都还有诸多空间可供开拓，尤其是在城市选址、地理分布等城市地理传统内容方面。而且，前人研究还有诸多瑕瑜互见之处，往往会导致对当时的城市地理产生错误认识。所以，本章致力于表现东汉末年之后，一直到六镇之乱这段时间桑干河流域的城镇发展状况和地理分布。

关于本章写作的材料依据，有两个难题需要解决：

其一，《水经注》是北魏时人的作品，里面系统地记载了当时桑干河流域河流沿岸的城邑，是本书依据的首要史料。郦道元在论述河流所迳的城邑时，多用"故城"一词，似乎此城已经废弃。但通观全书，并具体分析现存文献，可以知道北魏恢复了东汉与西晋的诸多郡县。若原县城废弃，由于县境不变，则新县城不会太远，《水经注》应该提及。所以笔者认为，《水经注》中的"故城"，其重点在于强调该城为前代所筑，而非城市已被废弃。

其二，在已经进行考古发掘的城址中，除平城与新平城遗址以外，都是判识为汉代城址，在发掘报告中，也多论述城中发现战国与汉代遗物，北魏遗物与遗迹则很少提及，似乎颇难坐实其在北魏时亦经沿用。但目前所能见到的城址考古材料，多出自新修地方志，其中在论及汉代城址时，即使是后世沿用的城址，也多只谈其汉代情况，令人颇有刻意求古之疑虑。从下文的分析来看，北魏多继承汉晋旧县，且《水经注》中也只提"故城"，而大多数情况没有"今城"与之区别。所以在发现证据确凿的北魏城址之前，本书仍坚持北魏郡县沿用汉晋城址的逻辑。

第一节　南北有别

——东汉末年桑干河流域城镇体系瓦解的历史过程

东汉末年，发生了遍及全国的战乱，由于中央集权政府的衰落，中原政权对边境地区管辖力度大为松弛，入居塞内的匈奴、乌桓、鲜卑等游牧民族乘时而起，导致汉族居民大量流亡，桑干河流域原本阡陌遍布，村庐城郭相望的景象不复存在，正如《元和郡县图志》所记载的：

> 后汉末大乱，匈奴侵边，自定襄已西尽云中、雁门之间遂空，曹公立新兴郡以安集之，理九原，即今州是也。①
> 汉末大乱，匈奴侵边。自定襄以西，云中、雁门、西河遂空。曹公鸠集荒散，又立平城县，属新兴郡。晋又改属雁门。②

这条记录与前面所引忻州条大同小异，其主旨都是为说明北部边郡的丢失，可以想见，随着汉人居民的流散，农耕经济也必然衰落。桑干河流域的雁门、代和上谷三郡同样是边郡，受到影响是肯定的，但情况如何，尚需具体分析。

首先要说的就是新兴郡的设立背景。

《晋书·地理志》并州条提到：

---

① 《元和郡县图志》卷14《忻州》，第400页。
② 《元和郡县图志》卷14《云州》，第409页。

> 灵帝末，羌胡大扰。定襄、云中、五原、朔方、上郡等五郡并流徙分散。建安十八年，省入冀州。二十年，始集塞下荒地立新兴郡，后又分上党立乐平郡。魏黄初元年，复置并州，自陉岭以北并弃之。至晋因而不改。①

这段文字说明了新兴郡的设立是为了安置定襄、云中、五原、朔方和上郡这五郡的南逃居民。但同属边郡，而且就在勾注陉北的雁门郡却未被记录在五郡之列。

关于这五郡的去向，《三国志·武帝纪》有如下记载：

> （建安）二十年春正月……省云中、定襄、五原、朔方郡，郡置一县领其民，合以为新兴郡。②

这里的"朔方"与"郡"之间似乎漏一"上"字，否则语气很不连贯。这则史料说明了当时安置五郡流民的措施，就是每个郡的流民设置一个县进行管理。当时的情况已经没有其他史料可作旁证，《晋书·地理志》中并州新兴郡下列九原、定襄、云中、广牧和晋昌五县。九原是五原郡的郡治，云中既是郡名也是云中郡郡治，定襄郡的郡治本在善无，此处应该是以郡命名，广牧本朔方郡一县，很明显看出是为安置流民所设，而且中间透露出移民来源的信息。晋昌则找不到头绪，从其名字来看，应该是西晋所取，西晋末年，晋惠帝又改新兴郡为晋昌郡，两者是否有关系，现在是很难厘清了，不清楚此县设立的时间，也无法了解此县是否为安置难民所设，更不能确定其与上郡难民的关系。

但我们现在可以确认，新兴郡的设立的确是为了安置五郡，至少是定襄、云中、五原和朔方四郡难民。那么，同样位于并州陉北地区的雁门郡

---

① 《晋书》卷14，第428页。按：此处"省入冀州"，前田正名理解为"撤销郡的建置，并入冀州"，这实在是错误的理解，郡本身比州级别要低，并入某州并不需要撤销郡的建置。这个事件实际上是建安十八年（213），曹操受封为魏公，继续任丞相，领冀州牧。把并州各郡并入冀州，是为了扩大曹操的直辖范围。此五郡虽属并州，但其建置取消，与并州并入冀州是两回事。

② 《三国志》卷1，第45页。

和代郡情况如何呢？

《元和郡县图志》还记录了雁门郡的两个县平城和马邑的安置：

> 汉末大乱，匈奴侵边，自定襄以西，云中、雁门、西河遂空。曹公鸠集荒散，又立平城县，属新兴郡。晋又改属雁门，晋乱，刘琨表封猗卢为代王，都平城。后魏道武帝又于此建都，东至上谷军都关，西至河，南至中山隘门塞，北至五原，地方千里，以为甸服。①

> 汉末大乱，（雁门）郡遂荒废，建安中曹公又立马邑县，属新兴郡。晋改属雁门郡。晋乱，其地为猗卢所据，刘琨表卢为大单于，封代公，徙马邑。②

可见，平城和马邑两个县都在新兴郡重建，其模式应该也是按照上面所述五郡进行。但之所以没有将雁门列在新兴郡所安置各郡之列，是因为雁门郡还存在。

《太平寰宇记》记载："魏文帝移雁门郡南度句注，置广武城，即今州西故城是也，晋如之。"③ 按两汉雁门郡实际上跨勾注陉南北，在陉南尚有宁武、卤城和原平三县，既然雁门郡置于广武，可见原郡治阴馆已经废弃，《晋书·地理志》所谓"自陉岭以北并弃之"是如实描述。

但事实并非如此简单，《三国志·牵招传》中保存了关于雁门郡情况的大量信息，我们可以通过分析相关内容来复原当时的情况：

> 大军欲征吴，召招还，至，值军罢，拜右中郎将，出为雁门太守。……招自出，率将归泥等讨比能于云中故郡，大破之。招通河西鲜卑附头等十余万家，缮治陉北故上馆城，置屯戍以镇内外……郡所治广武，井水咸苦，民皆担辇远汲流水，往返七里，招准望地势，因山陵之宜，凿原开渠，注水城内，民赖其益。……太和二年，护乌丸校尉田豫出塞，为轲比能所围于故马邑城，移招求救。招即整勒兵马，欲赴救豫。并州以常宪禁招，招以为节将见围，不可拘于吏议，

---

① 《元和郡县图志》卷14，第409页。
② 同上书，第407页。
③ 《太平寰宇记》卷49《河东道十》，第1025页。

自表辄行，又并驰布羽檄，称陈形势，云当西北掩取虏家，然后东行，会诛虏身。檄到，豫军踊跃。又遗一通于虏蹊要，虏即恐怖，种类离散。军到故平城，便皆溃走。比能复大合骑来，到故平州塞北。招潜行扑讨，大斩首级。……招与刺史毕轨议曰："胡虏迁徙无常，若劳师远追，则迟速不相及。若欲潜袭，则山溪艰险，资粮转运，难以密办。可使守新兴、雁门二牙门，出屯陉北，外以镇抚，内令兵田，储畜资粮。秋冬马肥，州郡兵合，乘衅征讨，计必全克。"未及施行，会病卒。招在郡十二年，威风远振。其治边之称，次于田豫，百姓追思之。而渔阳傅容在雁门有名绩，继招后，在辽东又有事功云。①

根据上面的史料所述，牵招任雁门太守是在文帝发动大军要征讨孙吴，寻又放弃之时，按发兵伐吴是在黄初三年（222）冬十月，罢兵是在四年春正月。② 那么牵招任雁门太守就应该是在黄初四年（223），这样他招集河西鲜卑附头等十余万家修缮陉北的故上馆城也应该在此后不久。按上馆城也就是阴馆城，所以这次缮治故上馆城的举动，应该就表明曹魏政权着手恢复对陉北山地前缘地带的统治。

从上文所用的"云中故郡""故马邑城""故平城"等字眼，再与前面提到的在新兴郡安集五郡流民，并于陉南设置马邑和平城二县的叙述相对照，可以坐实五郡以及雁门郡的陉北部分确已放弃。

同时，从牵招"使守新兴、雁门二牙门，出屯陉北"的计划，我们可以看出曹魏政权对于恢复陉北地区的控制的打算。事实上，曹魏的经营最终超过了牵招缮治故上馆城的原计划。《晋书·地理志》记载雁门郡辖广武、崞、汪陶、平城、俊人、繁畤、原平、马邑八县。③ 其中广武、俊人、原平三县本在陉南，此处的平城应该是在新兴郡重设者，并非几百里之外的"故平城"。马邑曾徙于陉南的新兴郡，西晋时还属雁门郡，而汉马邑本身就在陉北不远，既然中原政权着手经营陉北，县治应还置原址才

---

① 《三国志》卷26，第731—733页。按：此处"平州塞"应为"武州塞"或"平城塞"之讹。

② 《三国志》卷2，第82页。

③ 《晋书》卷14，第429页。

是。而关于繁畤和崞县，《魏书·序纪》记载：穆皇帝三年（西晋永嘉四年，310），"帝以封邑去国悬远，民不相接，乃从（刘）琨求勾注陉北之地。琨自以托付，闻之大喜，乃徙马邑、阴馆、楼烦、繁畤、崞五县之民于陉南，更立城邑"①。可见此五县本在陉北。而按《魏书·地形志》，二县属代郡管辖，更提供了可靠的证据。这样我们可以推测，文中所谓的"又置"，可能性最大的，就是在汉县原址重建。汪陶在东汉也属陉北，所以应该也与两县情况相同。也就是说，魏晋两代在陉北不远处除修缮了东汉雁门郡治阴馆城外，还恢复了马邑、崞、汪陶和繁畤四县。

值得注意的是，这四县都处于桑干河以南，可以说，在雁门郡，魏晋政权依托桑干河建立了陉北的防线。

代郡的情况没有雁门郡这么清楚，但我们还可以寻到蛛丝马迹。东汉建武二十五年（49），光武帝诱使乌桓入塞，分布在沿边诸郡，其中就包括代郡：

> 建武二十五年，乌丸大人郝旦等九千余人率众诣阙，封其渠帅为侯王者八十余人，使居塞内。布列辽东属国、辽西、右北平、渔阳、广阳、上谷、代郡、雁门、太原、朔方诸郡界，招来种人，给其衣食，置校尉以领护之。遂为汉侦备，击匈奴鲜卑。②

东汉末年，由于局势混乱，乌桓趁势而起，建安十二年（207），曹操击破蹋顿统辖的辽西、辽东属国和右北平三郡乌桓联盟后，代郡乌桓成为幽州地区最强大的乌桓势力。在曹操征讨代郡乌桓之前，任裴潜为代郡太守。《三国志·裴潜传》记载了他在代郡的事迹：

> 时代郡大乱，以潜为代郡太守。乌丸王及其大人，凡三人，各自称单于，专制郡事。前太守莫能治正，太祖欲授潜精兵以镇讨之。潜辞曰："代郡户口殷众，士马控弦动有万数。单于自知放横日久，内不自安。今多将兵往，必惧而拒境，少将则不见惮。宜以计谋图之，不可以兵威迫也。"遂单车之郡。单于惊喜。潜抚之以静。单于以下

---

① （北齐）魏收：《魏书》卷1，中华书局1974年版，第7页。
② 《三国志》卷30《乌丸传》裴注引王沈《魏书》，第833页。

脱帽稽颡，悉还前后所略妇女、器械、财物。潜案诛郡中大吏与单于为表里者郝温、郭端等十余人，北边大震，百姓归心。"①

代郡实际上在很大程度上控制在乌桓手中，三单于手握上万军队，联结官吏，实力是很强的。三年以后，也就是建安二十三年（218），裴潜调职返邺，几十天后，代郡乌桓起兵反汉，"夏四月，代郡、上谷乌丸无臣氐等叛，遣鄢陵侯彰讨破之"②。《三国志·任城陈萧王传》详细记载了此事：

>（建安）二十三年，代郡乌丸反，以彰为北中郎将，行骁骑将军。临发，太祖戒彰曰："居家为父子，受事为君臣，动以王法从事，尔其戒之！"彰北征，入涿郡界，叛胡数千骑卒至。时兵马未集，唯有步卒千人，骑数百匹。用田豫计，固守要隙，虏乃退散。彰追之，身自搏战，射胡骑，应弦而倒者前后相属。战过半日，彰铠中数箭，意气益厉，乘胜逐北，至于桑干，去代二百余里。长史诸将皆以为新涉远，士马疲顿，又受节度，不得过代，不可深进，违令轻敌。彰曰："率师而行，唯利所在，何节度乎？胡走未远，追之必破。从令纵敌，非良将也。"遂上马，令军中："后出者斩。"一日一夜与虏相及，击，大破之，斩首获生以千数。③

代郡乌桓骑兵的先锋部队已经到了涿郡的辖境，这应该是其势力范围的南界。曹彰率军追到桑干④，就被认为是"涉远"，而且出发前的方略是"不得过代"，过代即为"深进"，可见代郡的北部已经是乌桓的控制区域了。

按《晋书·地理志》，代郡辖代、广昌、平舒和当城四县，上谷郡辖沮阳和居庸两县，太康年间从上谷郡分出的广宁郡则辖下洛、潘和涿鹿三县。这九县中，沮阳和居庸两县位于桑干河南流河道以东且不论，其余七

---

① 《三国志》卷23《裴潜传》，第672页。
② 《三国志》卷1《武帝纪》，第51页。
③ 《三国志》卷19《任城陈萧王传》，第555—556页。
④ 按《续汉书·郡国志》，东汉代郡辖桑干县，《晋书·地理志》中无。但此处未有"县""城"等字样，所以无法确定其为该县，而在《水经注》中，桑干水与漯水可"互受通称"，故此处"桑干"也可能指漯水，也就是今天的桑干河。

县，除下洛外，全部位于桑干河以南，而下洛县也处于洋河汇入桑干河的三角地带，桑干河北岸。联系到雁门郡的情况，我们可以认识到，曹魏和西晋时期，逐步恢复并巩固了对桑干河以南地区的控制，并依托桑干河建立了防线。

在桑干河以南各县，既是为魏晋政权控制，农耕经济和城市生活都应保持并继续发展①，而非单纯的军事区域。《魏书·序纪》提到，穆皇帝三年（晋永嘉四年，310）：

> 帝以封邑去国悬远，民不相接，乃从（刘）琨求勾注陉北之地。琨自以托付，闻之大喜，乃徙马邑、阴馆、楼烦、繁畤、崞五县之民于陉南，更立城邑。尽献其地，东接代郡，西连西河、朔方，方数百里。帝乃徙十万家以充之。②

此处"更立城邑"，是顺"徙马邑、阴馆、楼烦、繁畤、崞五县之民于陉南"一句文意而来，应该是在陉南之地为安置五县的居民而建立城邑，因为这五县本是汉县，原本就有城，不必再"更立"。前田正名认为是"在五县土地上建造城邑，然后一并献给了穆皇帝"③，应该是对文意的误解。

既然这五县之民的迁徙需要特别记载，可见其具有一定的数量，而且还要建筑城邑来安置，可见其应该主要是农耕居民。由此可见在魏晋期间，桑干河以南地区应该是保持着农耕经济和城市生活。

第二节 拓跋鲜卑对桑干河流域的经略及其城址的选择

一 代国时期

拓跋鲜卑源自大兴安岭地区，经过漫长的迁徙，于汉魏之际到达阴山

---

① 代国时代的雁门郡繁畤人莫含，"家世货殖，赀累巨万。刘琨为并州，辟含从事。含居近塞下，常往来国中。穆帝爱其才气，善待之。及为代王，备置官署，求含于琨。……含乃入代，参国官。后琨徙五县之民于陉南，含家独留。……其故宅在桑干川南，世称莫含壁"（《魏书》卷23，第603—604页）。可见濠南陉北五县的汉族居民依然保持着原来的生活方式。

② 《魏书》卷1，第7页。

③ 《平城历史地理学》，第49页。

一带，也就是所谓的"匈奴之故地"。神元二十九年（248），拓跋部壮大到"控弦士马二十余万"①。神元三十九年（258），拓跋部领袖力微迁居到汉定襄郡盛乐故城，举行祭天大会，并诛杀观望不至的白部大人，建立起一个以拓跋部为核心的，容纳各部鲜卑、匈奴、丁零、柔然等民族的大部落联盟②。

拓跋鲜卑开始经营桑干河流域的标志性事件，就是上面提过的穆皇帝三年（310），猗卢从晋并州刺史刘琨手中得到雁门郡陉北的马邑、阴馆、楼烦、繁畤、崞五县之地。这一事件并不只是代表桑干河以南领土的转让，而是有着更深刻的背景和意义。

如前所述，魏晋以来，桑干河以北的土地对于农耕世界来说已经荒废，在这些地区有雁门鲜卑和代郡鲜卑游牧。晋惠帝元康五年（295），拓跋部疆土分为三部，"帝（昭皇帝禄官）自以一部居东，在上谷北、濡源之西，东接宇文部；以文帝之长子桓皇帝讳猗㐌统一部，居代郡之参合陂北；以桓帝之弟穆皇帝讳猗卢统一部，居定襄之盛乐故城"③。总的来说，拓跋部沿明长城一线在内蒙古高原一带发展，并没有积极经略桑干河流域，但他们的势力已经渗入大同盆地内部。神元五十八年（即西晋咸宁元年，277），沙漠汗自并州北返，"始祖闻帝归，大悦，使诸部大人诣阴馆迎之"④。这说明拓跋部与西晋公认的边界正好就是勾注陉北、桑干河南地区，也说明拓跋部在雁门郡故地畅通无阻，桑干河北地区已经是拓跋部的势力范围。在这种背景下，猗卢特别向刘琨索要灅南之地，其原因除了向南发展，获得更加便于耕牧的土地⑤外，应该说，还隐含着拓跋部逐渐由一个纯粹游牧、狩猎的部落联盟，向国家形态和定居农业发展的历史需求。

猗卢六年（313），中原一片混乱，而拓跋部则在稳定发展。得到雁门郡陉北之地后，拓跋部积极经营桑干河流域，这就是《魏书·序纪》所记载的。

---

① 《太平御览》卷101《皇王部二十六》，中华书局1960年版，第481页。
② 关于组成拓跋联盟的各民族，参见马长寿《乌桓与鲜卑》，上海人民出版社1962年版，第245—257页。田余庆《拓跋史探》，生活·读书·新知三联书店2003年版。
③ 《魏书》卷1《序纪》，第5—6页。
④ 同上书，第4页。
⑤ 《平城历史地理学研究》，第50页。

（穆皇帝）六年，城盛乐以为北都，修故平城以为南都。帝登平城西山，观望地势，乃更南百里，于㶟水之阳黄瓜堆筑新平城，晋人谓之小平城，使长子六修镇之，统领南部。①

这三座城邑的建立，标志着拓跋部开始建立固定的统治据点，是其巩固对包括今大同盆地的控制地域的管辖的重要措施。

（一）代国时期所沿用、修筑城邑的性质与功能

需要指出的是，拓跋部虽然修筑了盛乐、平城和新平城三座城邑，但并不代表拓跋部已经定居农耕。《魏书·平文皇后王氏传》记载：

昭成（什翼犍）初欲定都于㶟源川，筑城郭，起宫室，议不决。后闻之，曰："国自上世，迁徙为业。今事难之后，基业未固。若城郭而居，一旦寇来，难卒迁动。"乃止。②

从这段记载，我们可以探寻出一些隐含在讨论之后的信息。表面看来，什翼犍"定都""筑城郭""起宫室"的举措，和猗卢时代"城盛乐""修故平城"及"筑新平城"的行为颇为类似。但从王皇后"国自上世，迁徙为业"的表述来看，两者的内涵应该是有差别的，所以才会导致守旧势力的阻挠。再看王皇后的理由："今事难之后，基业未固。若城郭而居，一旦寇来，难卒迁动"，所谓"事难"，当是指猗卢末年，长子六修因不满猗卢废长立幼，据新平城叛乱，猗卢被六修杀死。桓帝之子普根又攻杀六修自立，国中大乱。自郁律到什翼犍20年间，拓跋首领更换四人，代国处于中衰阶段。公元322年，石勒大举发展，向四周用兵。惠帝贺傉退避迁到东木根山，炀帝纥那迁到大宁。其迁徙保持了游牧行国的特色，并未"难卒迁动"，可见猗卢时期修筑的城郭并未限制拓跋部的"迁徙为业"，也就是说，修筑了城郭的拓跋鲜卑仍然是逐水草而居的游牧部落。

与拓跋部类似，在西晋及十六国时代，其他活动在农牧交错地带的游牧民族也有筑城行为，比如建立了夏国的南匈奴赫连勃勃，就曾修筑或沿

---

① 《魏书》卷1，第8页。
② 《魏书》卷13，第323页。

用了多个城郭，最著名的是统万城。统万城的功用，并非作为农耕经济的中心城市，而是作为容纳皇室、贵族、官吏及其服务团队，或者监押、控制收俘军队、人群的军事据点。另一个典型的例子，是赫连勃勃最初据有的代来城。赫连勃勃是南匈奴铁弗部首领刘卫辰之子，长期与拓跋氏为敌。前秦灭代国之后，燕凤建议苻坚将拓跋部分为河东、河西两部，令其与拓跋部落联盟中独孤部首领刘库仁分统代北之地①，"苻坚以（卫辰）为西单于，督摄河西诸虏，屯于代来城"②。登国六年（391），北魏军队"直抵其所居悦跋城"③，并攻克之，"簿其珍宝畜产，名马三十余万匹，牛羊四百余万头"④。按悦跋城即代来城，该城为铁弗部中心据点，但从此次战役的战利品是珍宝、马匹和牛羊来看，周围似有大规模农耕经济存在。正如李孝聪所指出的："对游牧民族政权筑城的举动也不能一概视为从游牧方式转向农业文明的过程。"⑤

这些同样处于国家阶段前夜的游牧部落的例子，有助于帮助我们理解代国时期的盛乐、平城和新平城等城的性质和功能。也正因为代国时期的拓跋部尚处于游牧部落联盟阶段，所以在被前秦征服之后，对其进行了"离散部落"：

散其部落于汉鄣边故地，立尉、监行事，官僚领押。课之治业营生，三五取丁，优复三年无税租。其渠帅岁终令朝献，出入行来为之制限。⑥

李凭分析："'立尉、监行事，官僚领押'正是使'君长大人皆同编户'而'无统领'之意；'课之治业营生，三五取丁'，正是'息众课农'之意；'其渠帅岁终令朝献，出入行来为之制限'，正是'分土定居，不听迁徙'之意。"他进一步指出，前秦对拓跋部的政策与后来北魏道武帝推行的"离散诸部"政策是一致的。⑦ 既然前秦在拓跋部推行"分土定居，

---

① 详见《魏书》卷95《铁弗刘虎传》，第2055页。
② 《晋书》卷130《赫连勃勃载记》，第3201页。
③ 《资治通鉴》卷107，第3402页。
④ 《魏书》卷2《太祖纪》，第24页。
⑤ 《历史城市地理》，第142页。
⑥ 《晋书》卷113《苻坚载记》，第2899页。
⑦ 《北魏平城时代》，第40—41页。

不听迁徙"的政策，那么，在此之前，拓跋部必然是迁徙而不定居的。其性质应与前面提过的代来城、统万城相仿，都是"屯驻军伍、游动出击的辅助据点"。

（二）代国时期城邑的选址与职能

代国时期在桑干河流域沿用和修筑的城，从现有史料来看，大概有平城、新城、日中城、早起城和日没城这五座，其中平城的位置不用多谈，因为前面所引文献为"修故平城"，自然是在汉平城的基础上修缮而成，需要讨论的是其他四座城的位置和情况。

1. 新平城（日中城）

《魏书·序纪》记："帝登平城西山，观望地势，乃更南百里，于灅水之阳黄瓜堆筑新平城，晋人谓之小平城，使长子六修镇之，统领南部。"① 《水经·灅水注》记载："桑干水又东南，迳黄瓜阜曲西，又屈迳其堆南。徐广曰：猗卢废嫡子曰利孙于黄瓜堆者也。"② 桑干水自马邑开始，基本上都是呈向东北方向流淌，直到大同县册田水库以东，经过阳高县友宰镇进入河北省阳原县境才有明显的向东南流动，所以此处"东南"很可能是"东北"之讹。杨守敬谓利孙即六修③，虽无所据，但就"猗卢废嫡子"的身份而言，应该就是六修。从《水经注》的表述来看，黄瓜阜即黄瓜堆。在今天山西省山阴、怀仁和应县三县交界处，桑干河以北，有一道连绵的丘陵地带，海拔最高处为1153米（周围平原海拔基本都低于1050米），是第三纪火山喷发物堆积而成，今称黄花梁，至大同市直线距离约有57.64公里，南距桑干河最近处直线距离约有3.90公里。

《水经·灅水注》记载："（武周塞水）出故城东，南流出山，迳日没城南，盖夕阳西颓，戎车所薄之城故也。东南日中城，城东又有早起城，亦曰食时城，在黄瓜阜北曲中。其水又东流，右注桑干水。"④ 上面两条《水经注》的材料都提到黄瓜阜有"曲"，很符合今天黄花梁的俯瞰形态，尤其是其"北曲"相当明显。再加上其在桑干河北不远，又在大同市西南五十多公里的位置，非常符合"乃更南百里，于灅水之阳黄瓜堆筑新平

---

① 《魏书》卷1《序纪》，第8页。
② 《水经注疏》卷13，第1132页。
③ 同上。
④ 同上书，第1131页。

城"的记载。所以,"黄瓜堆""黄瓜阜"应即今天的黄花梁①。

值得注意的是,怀仁县金沙滩镇日中城遗址恰在黄花梁之北,城址的中偏西部位有"皇城",也作长方形。南北长约70米,东西宽约80米②,应系日中城中的衙署所在。按"皇城"之称,在群众口耳相传中很普遍,未必就是当年是统治家族居处。但就黄花梁北曲不大的范围来看,日中城是目前为止发现的最大城址,且有拓跋鲜卑时代夯筑痕迹,很有可能就是猗卢所筑,以处嫡子六修的新平城③。

2. 日没城

《读史方舆纪要》记载"黄昏城,在(山阴)县北。亦曰日没城"④。在今山阴县北周庄镇永静城村东,有一古城遗址。长方形,东西长约200米,南北宽约120米。古城的北、西、南三面尚有残垣,东面无存。古城的夯层8—12厘米,橡夯。当地群众称这个古城为"日没城",亦称"黄昏城"⑤。从位置上来看,确是在山阴县北部,与《读史方舆纪要》记载相符,应即是《水经注》提到的日没城。从夯土的形制来看,此城很有可能是拓跋鲜卑所筑⑥。

3. 早起城

据《金史·地理志》记载,怀仁县有早起城。⑦ 在怀仁县金沙滩镇安宿疃村东,历代相传有一"早起城"。当地群众说,1958年建设绿化带以后,置身密林中的早起城遗址被沙层淹没,一些年长者还能辨认其位置。据介绍,早起城也是长方形,东西长约200米,南北宽约150米。⑧

永静城村城址、日中城村城址和安宿疃村城址,三座遗址呈西东方向

---

① 按:黄花梁俯瞰呈弯曲长条状,颇似黄瓜,"黄瓜阜"之得名,应是由其形态而定。按"黄瓜"本称"胡瓜",十六国时石勒讳"胡"字,很可能在这一时期改名,而《魏书》此处用此名称系追溯之语,见曾维华《"黄瓜"始名考》,《上海师范大学学报》(社会科学版)2000年4月,第123—124页。
② 《怀仁日中城即汉勷阳城、代公新平城考》,第66页。
③ 《中国历史地图集》第四册第52页把南平城定在今应县西南,黄水河以南,不知何据。
④ 《读史方舆纪要》卷44《山西六》,第2033页。
⑤ 《怀仁日中城即汉勷阳城、代公新平城考》,第67页。
⑥ 《怀仁日中城即汉勷阳城、代公新平城考》中曾对拓跋鲜卑所筑城邑与汉城的夯层形制进行过比较,日没城的形制比较符合前者。
⑦ 《金史》卷24,第565页。
⑧ 《怀仁日中城即汉勷阳城、代公新平城考》,第67页。

等距离排列，位于黄花梁的北曲中，应该就是《水经注》所记的三城。支配勇、雷云贵诸先生指出："其中，日中城最大，且有皇城；日没、早起两城，相对较小，却扼日中城北上南下的大路要冲，应是日中城的犄城。"①

关于日中城、早起城和日没城的设置年代，史无明载，只有《读史方舆纪要》提到"俱后魏孝文所筑"②，按此说系录自《大明一统志》，其原文为："黄昏城，在山阴县北黄花岭，后魏文帝于此筑三城，俗以日没城为黄昏城，早起城为鸡鸣城，并日中城为三。"③ 按北魏并无文帝之号，径断为孝文帝，毫无道理。北魏自天兴元年（398）置司州之后，郡县体制完备起来。修筑城邑，尤其是像日中城这样规模的城邑，应该设县，但《水经注》与《魏书》中均无相关记载。所以这三座城，很可能是猗卢时期一并修筑，互为犄角之势，以"统领南部"。

4. 小平城（新城）

城址在朔城区窑子头乡梵王寺村西北 0.5 公里处，地面尚存 50 多米北城废垣④。《括地志》记载："新城一名小平城，在朔州鄯阳县西南四十七里。"⑤《太平寰宇记》记载："高齐天保六年又于今州南四十七里新城置朔州。"⑥ 按遗址东北距朔州城约 21 公里，与"鄯阳县西南四十七里"的记载大致相符，则废垣应为新城遗址。殷宪通过对坊间购得的北齐武平七年（575）《张谟墓志》拓本的分析和实地考察，发现了文献记载中的北魏北新城、南平城。这一发现使学者对猗卢时代公元 313 年以后的"南都平城"和"更南百里"的黄瓜堆小平城有了新的突破性认识，即小平城不仅指平城南百里的南平城（今怀仁县日中城故城），而且还有更向南百多里推移的朔州梵王寺北新城。而猗卢时代的北新城又是献文帝时期的平齐郡和北齐末北新城领民镇都督和朔州治所⑦。按"新平城""南平城""小平城""新城"都是自拓跋鲜卑南都平城分出的意思，日中城所

---

① 《怀仁日中城即汉劇阳城、代公新平城考》，第 67—68 页。
② 《读史方舆纪要》卷 44《山西六》，第 2033 页。
③ 《大明一统志》卷 21，天顺五年御制序刊本。
④ 《朔县志》，第 390 页。
⑤ 《括地志》卷 2，中华书局 1980 年版，第 70 页。
⑥ 《太平寰宇记》卷 51《河东道十二》，第 1067 页。
⑦ 殷宪：《北齐〈张谟墓志〉与北新城》，《晋阳学刊》2012 年第 2 期。

在的新平城的职能是"统领南部",那么梵王寺遗址所在的小平城,当为管理新自刘琨处得到的陉北地区,并控制向南的陉道。

平城、早起城、新平城(日中城)、日没城与小平城(梵王寺),在地域上构成了自东北沿晋北波状山地东缘伸向西南的一条笔直路线(见图2-1),这条路线构成了盛乐—平城路线之外代国又一重要政治架构,体现了代国对桑干河流域进行经略的宏观思路。

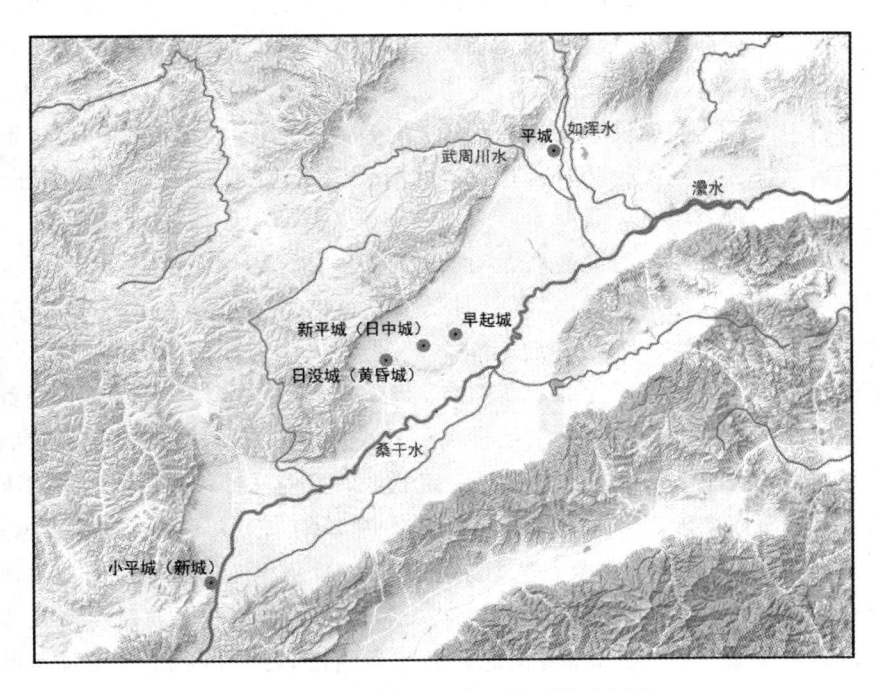

图2-1　猗卢时代代国所据城邑示意图

同时,从城址所在的周边环境来看,五座城址都没有选择地势更加开阔、农业条件更加优越的桑干河两岸河谷地带,日没城和小平城(新城)更是都处于山前的倾斜地带,其主要功能,应是控制南北向的主要交通道路。这也进一步说明代国时期,拓跋鲜卑虽然占据了桑干河流域,谋划向南和向东发展,但由于其仍处于游牧行国阶段,他们所修筑或沿用的"城",并非与周围农耕经济存在有机联系的具有经济中心意义,能维持农业、手工业与商业运转的"城市",而只是在毡帐畜牧经济形态下的军事堡垒,其功能,局限在暂时容纳部众,以便周旋,或安置财产、战利品和俘虏所用。

二 北魏时期

公元383年淝水之战后，前秦势力大衰，构成前秦帝国民族拼图的各支力量纷纷趁势而起。利用这一时机，原被前秦控制的拓跋鲜卑也谋划复国。登国元年（386）春正月，拓跋珪大会各部于牛川（今内蒙古乌兰察布盟境内塔布河），即代王位，以长孙嵩为南部大人，叔孙普洛为北部大人，统领拓跋部的部众。又以上谷人张衮为左长史，代郡人许谦为右司马，广宁人王建、代人和跋、叔孙建、庚岳为外朝大人，奚牧为治民长，都掌宿卫及参军国谋议。长孙道生、贺毗等侍从左右，出纳教命。建立起鲜卑人与桑干河流域的汉人共同组成的新代国。随即，拓跋珪改称魏王，定国号为"魏"。

登国二年（387），北魏联合后燕，攻灭独孤部刘显势力，控制了大同盆地。皇始元年（396）"夏六月癸酉，遣将军王建等三军讨（慕容）宝广宁太守刘亢泥，斩之，徙其部落。宝上谷太守慕容普邻捐郡奔走"①。至此，桑干河流域全境为北魏所据有。天兴元年（398）"秋七月，迁都平城，始营宫室，建宗庙，立社稷。……八月，诏有司正封畿，制郊甸，端径术，标道里，平五权，较五量，定五度。遣使循行郡国，举奏守宰不法者，亲览察黜陟之"②。所谓"正封畿，制郊甸"，即《魏书·食货志》所记载的："天兴初，制定京邑，东至代郡，西及善无，南极阴馆，北尽参合，为畿内之田；其外四方四维置八部帅以监之，劝课农耕，量校收入，以为殿最。"③《元和郡县图志》云州条则记为："后魏道武帝又于此建都，东至上谷军都关，西至河，南至中山隘门塞，北至五原，地方千里，以为甸服。孝文帝改为司州牧，置代尹。"④ 所谓"甸服"，周穆王时祭公谋父曾阐发过"五服"说："夫先王之制：邦内甸服，邦外侯服，侯、卫宾服，蛮、夷要服，戎、狄荒服。"⑤ 也就是说，"甸服"应该就是"京畿""京邑"之意。《魏书·地形志》记载。

---

① 《魏书》卷2《太祖纪》，第27页。
② 同上书，第33页。
③ 《魏书》卷110，第2850页。
④ 《元和郡县图志》卷14，第409页。
⑤ 《国语》卷1《周语上》，上海古籍出版社1978年版，第4页。

恒州，天兴中置司州，治代都平城，太和中改。①

东燕州，太和中分恒州东部置燕州。②

（肆州）雁门郡，秦置，光武建武十五年罢，二十七年复。天兴中属司州，太和十八年（494）属（肆州）。③

又王仲荦推测，朔州之设置，是在太武帝时。④那么，在燕州和朔州分置之前，其管理的地方都应该由临近的司州管辖，所以《元和志》中的四至范围，应是燕、朔两州未析置，雁门郡未改属之前的司州范围，而《魏书·食货志》中的四至范围，则是以北魏迁洛改司州为恒州之后的恒州范围为断，应属追溯之语。那么，究竟哪一个范围才是北魏的"畿内"地区呢？

道武帝设立京畿之地的同时，还据有今天山西和河北之地，对于这些地区，尤其是河北平原，他综合采用武装镇压、迁徙豪强和宗主督护三种措施进行控制，关于这一政策，李凭先生做了很精辟的分析。⑤也就是说，对于中原地区，北魏并非进行直接统治；相对应地，道武帝规定了北魏的直接控制地区，也就是"畿内"。就在制定畿内的天兴元年（398），道武帝"徙山东六州民吏及徒何、高丽杂夷三十六万，百工伎巧十万余口，以充京师"，此六州，据毋有江研究，包括冀、安、幽、徐（黎阳）、并、雍（武乡、上党、建兴三郡）⑥，也就是说，今桑干河流域东部的燕州并不在迁徙范围内，再参以都代时期，北魏君主多次巡幸上谷、濡源的事实，我们可以认为上谷、广宁二郡地区也在"畿内"范围之内。至于汉代的云中、定襄地区，本来就是拓跋鲜卑的故地，自然也属于北魏直接控制地区。

---

① 《魏书》卷106，第2497页。按：此处讲的"代郡"，应是追溯之语，因为都代期间称代尹，代王城之代郡维持不变。迁都洛阳之后改为代郡，原代郡改称东代郡。

② 同上书，第2493页。

③ 同上书，第2475页。

④ 王仲荦：《〈北魏延昌地形志〉北边州镇考证》，《北周地理志》，中华书局1980年版，第1070页。

⑤ 《北魏平城时代》，第388—393页。

⑥ 毋有江：《北魏政区地理研究》，博士学位论文，复旦大学，2005年，第26—27页。

以今大同盆地，也就是"东至代郡，西及善无，南极阴馆，北尽参合"的地域为核心，以今宣化盆地、河套平原和雁门郡所在的忻定盆地为外围，北魏确立了稳定的根据地，以此作为进取中原，征服四方的基地，并开始由游牧、渔猎经济向农耕经济过渡的艰难历程。在从道武帝时期到孝文帝时代的96年间，桑干河流域的生产得以恢复，人口得以增加，相应地，城镇也逐渐建设起来。《魏书·地形志》记载了六镇之乱后东魏重建的侨置恒、燕等州的行政区划，但既然是侨置，当有所本。可以作为线索探寻孝昌乱前桑干河流域的治所城市情况。

下面，本章将以太和年间分置燕州与朔州的太和十八年（494）的行政区划为断，逐一叙述各城镇情况，并分析其与周边环境的关系。

（一）恒州

1. 代郡

（1）平城县

平城原本是汉雁门郡一县，东汉末年，中原势力从北方边郡撤出，从曹操设置新兴郡有平城一县来看，平城县的居民应有大批南逃。猗卢时代，拓跋代国开始经营桑干河流域，以平城为南都。六修之乱后，在桓帝猗㐌、穆帝猗卢身边颇受重用的汉人卫雄、姬澹"与刘琨任子遵率乌丸、晋人数万众而叛。琨闻之大悦，率数百骑驰如平城抚纳之"[①]。按此处的"平城"，应是在勾注陉以南重建者。前田正名推测"当时至少有数万名乌丸、晋人居住在平城附近。由此可见，自始祖神元皇帝四十二年至穆皇帝九年的五十年间，自晋北逃去投奔拓跋部的汉人达到了相当可观的数量"[②]。但没有任何证据能证明这些晋人是否在平城附近从事农耕。登国二年（387），道武帝在马邑南大破匈奴独孤部的刘显部，重新占据大同盆地，故南都平城理应为其继续利用，《魏书·太祖纪》载："（皇始元年）三月，慕容垂来寇桑干川。陈留公元虔先镇平城。"[③] 可为一证。

天兴元年（398）秋七月，道武帝"迁都平城，始营宫室，建宗庙，立社稷。……八月，诏有司正封畿，制郊甸，端径术，标道里，平五权，较五量，定五度。遣使循行郡国，举奏守宰不法者，亲览察黜陟之。……

---

① 《魏书》卷23《卫雄传》，第603页。
② 《平城历史地理学研究》，第30页。
③ 《魏书》卷2，第27页。

冬十月，起天文殿。十有一月辛亥，诏尚书吏部郎中邓渊典官制，立爵品，定律吕，协音乐；仪曹郎中董谧撰郊庙、社稷、朝觐、飨宴之仪；三公郎中王德定律令，申科禁；太史令晁崇造浑仪，考天象；吏部尚书崔玄伯总而裁之"①。建设了中原王朝的朝礼体系。李凭根据《魏书·礼志》中"天兴二年，命礼官捃采古事，制三驾卤簿。……平城令、代尹、司隶校尉、丞相奉引"②的叙述，推测司州③、代尹当设于天兴元年十一月"典官制，立爵品"至天兴二年（399）春正月"始制三驾之法"之间，是合乎逻辑的。

定都平城之后，北魏进行了一系列的城市建设，建立起规模宏大的北方都城。关于平城的城市建设，历来是学界研究的重点。近年来随着明堂遗址、操场城遗址等考古发现，平城的轮廓日益清楚，山西省的考古工作者张畅耕、宁立新等通过对今大同市附近汉魏遗迹，以及与明代遗迹的对比，找到二十几个定位点，利用GPS技术，复原出北魏首都平城的位置与形制④，此不赘述。

（2）鼓城县（小坊城村城址）

城址在大同县西坪镇小坊城村东北290米处⑤，南距桑干河14公里。实地考察时发现，城址的四道城垣都有部分残留，城墙残高2—5米，夯层15—17厘米。其中北墙保存最为完好。城址的西北角被河流冲毁，西墙外侧有明显河流痕迹，距城墙8—10米，站在北墙上可见原河道向北延续，西墙中段有被水冲过的痕迹，残墙无存，地面覆有沙地，西墙北段则完全被水冲毁。城东侧有冲沟，东墙南段被冲掉，历史时期应有河水泛滥发生。西墙中部和北墙西端都发现夹有大量陶片、瓦片。东墙中部偏北似有瓮城（见图2-2）。

---

① 《魏书》卷2《太祖纪》，第33页。
② 《魏书》卷108之四，第2813页。
③ 按《晋书》卷24《职官志》："司隶校尉，案汉武初置十三州，刺史各一人，又置司隶校尉，察三辅、三河、弘农七郡，历汉东京及魏晋，其官不替。"《晋书》，第739页。则司隶校尉为司州最高官员为汉晋故事，司隶校尉之设与司州之设为一体两面之事。
④ 《魏都平城考》，寒声主编《黄河文化论坛》第9辑，第18—65页。
⑤ 《大同县志》记载为小坊城村东北500米处，考察测量数据可能是后来村落建成区扩展的结果。《大同县志》，方志出版社2005年版，第472页。

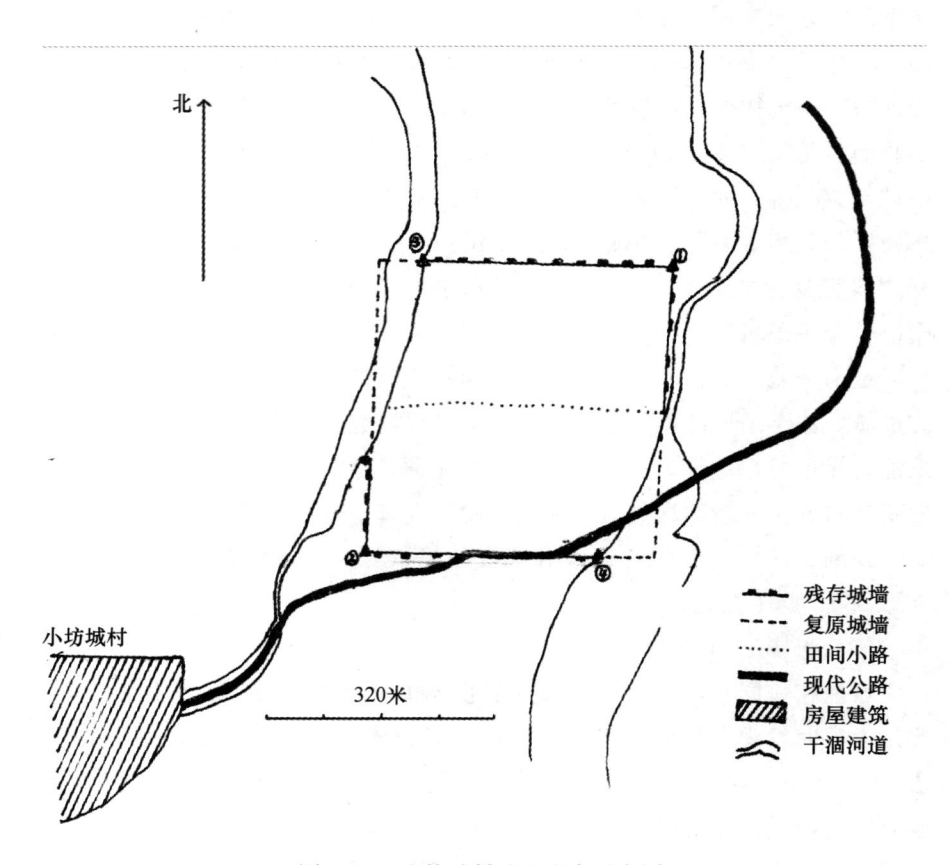

图 2-2　小坊城村城址形态示意图

使用 GPS 卫星定位，并用谷歌地球测算，城址东西长约 410 米，南北约 400 米。周长为 1620 米左右。

山西省的文物工作者认定其为北魏城址[①]。《水经注》于此地并无记载，很有可能是因为此城址附近并无主要河流的缘故。如果确实是一个县城所在地的话（1620 米的周长符合县城的基本情况），根据现有史料记载，很可能是北魏时期的鼓城县遗址。鼓城县在《魏书·地形志》中无载，王仲荦先生引庾信《周使持节大将军广化郡开国公丘乃敦崇传》中"崇，恒州代郡鼓城县广义乡孝让里人也"文句，指出了鼓城县的存在，

---

① 《大同县志》，第 472 页。但就现场勘察结果，颇令人疑惑。

并推测在今大同市附近。① 小坊城村距大同市区约21公里，应还处于代郡辖境内。如果此地确为一个北魏县城遗址的话，那么在现有史料范围内，最大的可能就是北魏鼓城县遗址。

图 2-3　小坊城村城址西墙

（3）永固县

《水经·㶟水注》记载：

> 如浑水又东南流，迳永固县，县以大［太］和中，因山堂之目以氏县也。右会羊水，水出平城县之西苑外武周塞。北出东转，迳燕昌城南。按《燕书》，建兴十年（登国十年，395），慕容宝自西河还，军败于参合，死者六万人。十一年，垂众北至参合，见积骸如山，设祭吊之礼，死者父兄皆号泣，六军哀恸。垂惭愤呕血，因而寝疾焉。辇过平城北四十里，疾笃，筑燕昌城而还，即此城也，北俗谓之老公城。羊水又东注于如浑水，乱流经方山西［南］，岭上有文明太皇太后陵，陵之东北有高祖陵，二陵之南有永固堂，堂之四隅雉列

---

① 《〈北魏延昌地形志〉北边州镇考证》，氏著《北周地理志》，第1052页。《丘乃敦崇传》见《文苑英华》卷792。另《太平寰宇记》卷62（第1268页），北齐有鼓城王澈，可为一证。

榭、阶、栏、槛、及扉、户、梁、壁、椽、瓦，悉文石也。檐前四柱，采洛阳之八风谷黑石为之，雕镂隐起，以金银间云矩，有若锦焉。堂之内外四侧，结两石趺，张青石屏风以文石为缘，并隐起忠孝之容，题刻贞顺之名。庙前镌石为碑、兽，碑石至佳。左右列柏，四周，迷禽暗日。院外西侧有思远灵图，图之西有斋堂，南门表二石阙，阙下斩山累结御路，下望灵泉宫池，皎若圆镜矣。如浑水又南至灵泉池，枝津东南注池，池东西一百步，南北二百步。池渚旧名白杨泉，泉上有白杨树，因以名焉，其犹长杨五柞之流称矣。南面旧京，北背方岭，左右山原，亭观绣峙，方湖反景，若三山之倒水下。如浑水又南迳北宫下，旧宫人作簿所在。如浑水又南，分为二水。①

如浑水即今御河，方山即今大同市北边的西寺儿梁山，其山南部，有两个长满青草的大土丘，一南一北排列，相距不到一公里。南部的大土丘，就是埋葬北魏文成帝拓跋濬之妻文明皇后冯氏的永固陵；北边的土丘略小，是孝文帝元宏的寿陵，即"万年堂"。1976 年，考古工作者组织了对永固陵的发掘。②

关于永固县的具体位置，羊水是一个关键，按如浑水南流，右会羊水，可知羊水是自西向东汇入如浑水的。又羊水在燕昌城以南，燕昌城又在平城北四十里③，今天的淤泥河南距大同市约 16.29 公里，东流入御河，应该就是羊水。关于羊水、如浑水和方山的相对位置，《水经注疏》记为："羊水又东注于如浑水，乱流经方山西岭上有文明太皇太后陵，陵之东北有高祖陵。"熊会贞疏证道："朱脱山西二字，赵同，戴增。会贞按：《初学记》八引《水经注》，如浑水迳方山南，但如浑水至此南流，不得迳山南也，南当西之误。"④ 实际上，淤泥河与御河合流，正是在方山以南，所以《初学记》所引《水经注》的文字是正确的。又乱流是河流交汇的一种，强调两条重要河流的汇合，所以《水经注》此处文字与

---

① 《水经注疏》卷 13，第 1137—1140 页。
② 大同市博物馆、山西省文物工作委员会：《大同方山北魏永固陵》，《文物》1978 年第 7 期。
③ 《十六国春秋》《资治通鉴》和《晋书·慕容垂载记》都记为三十里，不过古籍中里程数字不必细究。
④ 《水经注疏》卷 13，第 1138 页。

句读应为"羊水又东注于如浑水,乱流,迳方山南,岭上有文明太皇太后陵"才是。那么,永固县的位置就应该在淤泥河与御河合流处之北不远。而且,永固县既然是为奉陵而设,自然应当承担若干服务于皇陵的事务,永固县城理应处于与陵寝交通最方便的位置,而皇陵区位于方山之上,东西南三面都是陡峭的悬崖,只有北面有较长的延伸。而方山西北方向,今红寺堡(明弘赐堡)一带恰有一块较大的平川,北魏永固县城很有可能位于此处。

永固县既然是"因山堂之目以氏",则其设置的目的就应该是拱奉陵墓,类似于汉代的陵县。

又《魏书·皇后传》记载:

> (文明)太后与高祖游于方山,顾瞻川阜,有终焉之志。……高祖乃诏有司营建寿陵于方山,又起永固石室,将终为清庙焉。太和五年起作,八年而成,刊石立碑,颂太后功德。……十四年,崩于太和殿……谥曰文明太皇太后,葬于永固陵。①

李凭根据上述材料,推测永固县的设置,不会早于太和五年(481),很可能在太和十四年(490)前后。他又根据《北齐书·薛孤延传》中薛孤延"赐爵永固县侯"的材料,推断北魏末年尚有永固县建置②,只是已经无从分辨该县仍设于原处,还是孝昌后侨置他处了。

(4)太平县(北新城)

《魏书·地形志》记载代郡有太平县。《隋书·地理志》记载:"云内,后魏立平齐郡,寻废。后齐改曰太平县,后周改曰云中,开皇初改曰云内。有后魏都,置司州,又有后齐安远、临塞、威远、临阳等郡属北恒州,后周并废。有纯真山、白登山、武周山。有湿[㶟]水。"③又《太平寰宇记》记唐代的云中县,"隋为云内县之恒安镇"④,《旧唐书·地理志》也言:"云州,隋马邑郡之云内县界恒安镇也。……云中,隋云内县

---

① 《魏书》卷13,第328—330页。
② 《北魏平城时代》,第305—306页。
③ 《隋书》卷30,第853页。
④ 《太平寰宇记》卷49《河东道十》,第1033页。

之恒安镇。"① 可见云内县城与后魏都（平城），也就是后来的恒安镇城应非一地，《中国历史地图集》隋代部分将云内县城与恒安镇城画为两地，应是考虑到这一点②。但从《隋志》的叙述来看，隋云内县的范围颇大，难以确认县城，也就是第一个平齐郡城——北新城究竟在何处。

从《隋书·地理志》的记载来看，太平县的前身，就是设置后不久就废的平齐郡城。献文帝皇兴二年（468），北魏军队攻占刘宋的青州，三年五月，"徙青州民于京师"③，则平齐郡因安置青齐地区的徙民而设。关于这次迁徙和安置，尚有其他材料可供对照。

《魏书·崔玄伯传崔道固附传》记载：

> 既而白曜送道固赴都，有司案劾。奏闻，诏恕其死。乃徙青齐士望共道固守城者数百家于桑干，立平齐郡于平城西北北新城。以道固为太守……寻徙治京城西南二百余里旧阴馆之西。是时，频岁不登，郡内饥弊。道固虽在任积年，抚慰未能周尽，是以多有怨叛。④

而同书《慕容白曜传》记载：

> （皇兴）二年，崔道固及兖州刺史梁邹守将刘休宾并面缚而降。白曜皆释而礼之。送道固、休宾及其僚属于京师。后乃徙二城民望于下馆，朝廷置平齐郡，怀宁、归安二县以居之。自余悉为奴婢，分赐百官。⑤

关于平齐郡的第一个位置北新城，李凭与王仲荦都认为在今山阴县岱岳村附近。李凭是根据光绪《山西通志》的相关内容而来：

> 猗卢之新城在桑干河北，道武之新城在桑干河南。对代都之平城

---

① 《旧唐书》，卷39，第1487—1488页。
② 《中国历史地图集》隋代河东幅将云内县定在御河以西的明大同城，而将恒安镇则定在御河以东，当是受"古城村"名字的误导。
③ 《魏书》卷6《显祖纪》，第129页。
④ 《魏书》卷24，第630页。
⑤ 《魏书》卷50，第1119页。

而言，谓之小平城、南平城。两城相对而言，则猗卢之城为北新城，其桑干郡自在道武所建之城。①

《山西通志》的这段论述，基本上以推测为主，道武之新城是否就是桑干县且不论，拓跋鲜卑所建之"新城"未必只有一个，前面提过，今朔州梵王寺西北便有一座，没有理由，也没有任何记载能证明"新平城""南平城""小平城"（即上节所论及的日中城）又名"北新城"，明清方志的追溯在这一问题上不应作为直接材料使用。李凭的另一个证据是《崔道固传》中提到"徙青齐士望共道固守城者数百家于桑干"，进而推定后面提到的"北新城"应在桑干郡附近，从而忽视了"平城西北北新城"这一带有明确方位的材料。又《南齐书·魏虏传》有"（元）宏初徙都，询意不乐，思归桑干"②之语，《梁书·诸夷传》有"元魏之居桑干也"③之语，《梁书·萧琛传》有"永明九年，魏始通好，琛再衔命至桑干，还为通直散骑侍郎"④之语。可见"桑干"在当时与"平城""代北"等同义，指代的地理范围应该就是今大同盆地甚至是桑干河流域，不能等同于桑干郡或桑干县。

王仲荦所论，见其《〈北魏延昌地形志〉北边州镇考证》：

> 平齐郡……后魏置。……《魏书·崔玄伯传》：……立平齐郡于平城西南北新城。……《隋书·地理志》："云内，后魏立平齐郡，寻废。"即谓初至于北新城之平齐郡治言之也。⑤

王仲荦所引《魏书》，谓"平城西南北新城"，一字之差，谬以百里。按此处百衲本与中华书局点校本内容相同，又王氏同书中太平县条下记为"置平齐郡于平城西北之新城"⑥，可知应该是印刷错误。而《隋书·地理

---

① 光绪《山西通志》卷28《府州厅县考六：雁平道》。
② 《南齐书》卷57，996页。
③ 《梁书》卷54，第812页。
④ 《梁书》卷26，第396页。
⑤ 《〈北魏延昌地形志〉北边州镇考证》，《北周地理志》，第1063—1064页。
⑥ 同上书，第1048页。

志》中所记，似也证明平齐郡在平城附近。①

综合来看，太平县应即最初的平齐郡治——北新城，关于其位置的所有记载中，以"平城西北"最为可靠。考虑到今大同市区西北不远就是山区，此郡系为安置山东民众而设，似不应在山岭之中，很有可能在一个距离平城很近的地方，以符合就近控制这些山东"士望"的需要。至于太平县的设置时代，既然是在代郡范围内，所谓"后齐改曰太平县"，很有可能是北齐恢复对桑干河流域的管理后，于北魏太平县故地恢复。按平齐郡设于皇兴三年（469），在此后不久，又很快就迁徙到桑干河流域南缘的阴馆附近，所以此城的设置郡县应在皇兴三年以后。

（5）武州县

《魏书·地形志》代郡下记载："武周，二汉属雁门，晋罢，后复属。"② 按《水经·㶟水注》，仅提及"武周县故城"③，李凭推测此县的设置应该在正光以后④，但六镇乱后此地便已废弃，设县于此短短几年间，似乎概率不大，且《水经注》体例并不如此绝对，所以无法对此县的设置年代进行判定。至于具体位置，汉武州县遗址——白羊城有北魏大型印纹灰陶坛、罐出土，且城墙的汉代夯层上有后世夯筑痕迹，但无法确定是否北魏时期所筑。而在白羊城以东十五公里的旧高山遗址中也有两尊北魏时石雕彩绘护法发现（此外别无痕迹），《左云县志》据此认为北魏武周县在旧高山城址中⑤，证据似有不足。县城位置无法确定，但从这两处遗址来看，都处于十里河的河谷中，微观地貌上差别不大。

2. 善无郡

善无县

《魏书·地形志》有善无郡，下辖善无、沃阳二县，都是汉代旧县。《地形志》记载善无郡设于天平二年（535），应该是东魏侨置的年代。《太平寰宇记》云州云中县下记载："善无城。后魏善无县，隋废，今故城存。⑥"又《周书·叱列伏龟传》载："魏正光五年，广阳王深北征，

---

① 《隋书》卷30，第853页。
② 《魏书》卷106，第2497页。
③ 《水经注疏》卷13，第1151页。
④ 《北魏平城时代》，第309页。
⑤ 《左云县志》，第773—774页。
⑥ 《太平寰宇记》卷49《河东道十》，第1035页。

请龟为宁朔将军，委以帐内兵事。寻除善无郡守。①"综合这两条材料，可知代北之善无郡善无县确系存在。

关于善无县设置的年代，现在无法详查，但就《魏书·食货志》所载天兴初制定京邑，其范围"东至代郡，西及善无，南极阴馆，北尽参合"来看，善无城应为北魏所利用。北魏初年尚未普遍建立起郡县体制，占据并使用城邑未必就会设县，但以其作为据点进行治理则是可能的。按北魏建国之初，大同盆地为匈奴独孤部占据，登国元年（386）三月，为避拓跋兵锋，"刘显自善无南走马邑"，②则善无与马邑当为刘显所利用。太延五年（439），太武帝进攻北凉，柔然趁机进攻北魏京畿，"侵及善无，京师大骇"，太子慕容晃甚至要到南山躲避③，可见善无应是平城的重要屏障，应该驻有官吏和军队。目前没有任何史料证明北魏没有沿用汉善无城。汉善无城即叠压在今右玉县右卫镇老右玉城下，见本书第一章。

3. 繁畤郡

（1）崞山县

《魏书·地形志》记载恒州繁畤郡辖繁畤、崞山二县，"崞山，二汉、晋曰崞，属雁门，后改属。繁畤，二汉、晋属雁门，后改属"④。可见在六镇乱前，代北地区应设有繁畤、崞山二县。关于繁畤和崞县，《元和郡县图志》有如下叙述：

> 繁畤县，本汉旧县，属雁门郡。汉末匈奴侵寇，旧县荒废。晋又置繁畤县，周省。隋开皇十八年重置于今县东六十里大堡戍。⑤
>
> 崞县，本汉旧县，因山为名，属雁门郡。汉末荒废，晋初又置，魏改为崞山县，后魏宣武帝移雁门郡理此。隋开皇十年移平寇县于此，属代州，大业二年改为崞县。⑥

---

① 《周书》卷20，第341页。
② 《魏书》卷2《太祖纪》，第20页。
③ 《魏书》卷27《穆崇传穆寿附传》，第665页。
④ 《魏书》卷106，第2498页。
⑤ 《元和郡县图志》卷14，第403页。
⑥ 同上书，第404页。

从上面两则材料可以看出，唐代的繁畤和崞县，与北魏的两县位置并不同。而唐代的两县属代州管辖，都在勾注陉南，而东汉的两县都在陉北。这样我们可以推测，文中所谓的"又置"，可能性最大的，就是曹魏和北魏都在汉县原址重建。按崞山、崞川是北魏平城时代君主常田猎巡游之处，太平真君元年（440），权倾一时的太武帝保母惠太后窦氏去世，葬在崞山，或许崞山县之设，是为奉其陵寝？

（2）繁畤县

繁畤是拓跋鲜卑代国时期的重要基地，什翼犍就即位于"繁畤之北"，这个时期的所谓"即位"，应指部落联盟体制下的推举，道武帝也是由部落大人推举，大会于牛川"即位"。既然是"大会"，理应是在平川之地，以容纳众多的游牧营帐，所以此处的繁畤应指汉故繁畤县城。代国覆亡后，匈奴独孤部占据桑干河流域，其首领刘库仁与慕容垂争斗，就曾"发雁门上谷代郡兵，次于繁畤"①，此时西晋的郡县体系已经瓦解，"繁畤"一词，指代的只能是作为显著地理标志的县城，而非县域。正是因为郡县体系已不存在，所以汉晋的县名在这一时期只能指代城邑。皇始年间，道武帝率军攻打后燕，"贺力眷等聚众作乱于阴馆，（毗陵王）顺讨之不克，乃从留宫自白登南入繁畤故城，阻灅水为固"②，可见此时尚未在繁畤城设县。天兴元年（398），道武帝拓跋珪短期定都于繁畤：

> （正月）辛酉，车驾发自中山，至于望都尧山。徙山东六州民吏及徙何、高丽杂夷三十六万，百工伎巧十万余口，以充京师。车驾次于恒山之阳。……二月，车驾自中山幸繁畤宫，更选屯卫。诏给内徙新民耕牛，计口受田。三月……征左丞相、卫王仪还京师。……夏四月壬戌……帝祠天于西郊，麾帜有加焉。……郿城屠各董羌、杏城卢水郝奴、河东蜀薛榆、氐帅苻兴，各率其种内附。六月丙子，诏有司议定国号。群臣曰："昔周秦以前，世居所生之土，有国有家，及王天下，即承为号。自汉以来，罢侯置守，时无世继，其应运而起者，皆不由尺土之资。今国家万世相承，启基云代。臣等以为若取长远，应以代为号。"诏曰："昔朕远祖，总御幽都，控制遐国，虽践王位，

---

① 《魏书》卷23《刘库仁传》，第605页。
② 《魏书》卷15《毗陵王顺传》，第383页。

未定九州。逮于朕躬，处百代之季，天下分裂，诸华乏主。民俗虽殊，抚之在德，故躬率六军，扫平中土，凶逆荡除，遐迩率服。宜仍先号，以为魏焉。布告天下，咸知朕意。"秋七月，迁都平城，始营宫室，建宗庙，立社稷。……八月，诏有司正封畿，制郊甸，端径术，标道里，平五权，较五量，定五度。遣使循行郡国，举奏守宰不法者，亲览察黜陟之。①

在这段史料中，两次出现了"京师"字样，李凭指出："联系上下文来看，这两处所谓的'京师'之地，既不是盛乐，也不是平城，而是繁畤。事实上，在道武帝来到大同盆地以后，北魏最初的政治中心并非平城，而是繁畤宫所在地繁畤。"②

从什翼犍到刘库仁，再到道武帝，都曾在繁畤城及其附近活动，繁畤在道武帝时期甚至一度成为首都，这期间大同盆地都未建立起郡县体制，所以魏都繁畤必定是沿用汉晋繁畤故城，不可能有迁徙之事。而在北魏迁都平城之后，繁畤一样是重要的城邑，神瑞元年（414）与皇兴二年（468），明元帝与献文帝都曾到过繁畤城。③

关于繁畤郡的设置，《魏书》的《天象志》④和《灵征志》⑤都记载了延昌元年（512）四月庚辰的大地震，波及范围包括"京师及并、朔、相、冀、定、瀛六州"和"恒州之繁畤、桑干、灵丘，肆州之秀容、雁门"，在《地形志》中，繁畤、桑干、灵丘、秀容都兼为郡县之名，只有雁门一称，有郡无县，所以这五个地名，都应该是郡名，也证明了繁畤、桑干、灵丘三郡至少在延昌元年之前便已设郡。按此三郡应自代郡中析出，按情理推测，繁畤、桑干和灵丘三县之设应在设郡之前或与其同时。又《北齐书·杜弼传》记载："（杜弼）父慈度，繁畤令。"按杜弼于天保十年（559）被杀，时年六十九⑥，则其应出生于太和十五年（491），那么繁畤县的设置最晚应在孝文帝年间。

---

① 《魏书》卷2《太祖纪》，第31—33页。
② 《北魏平城时代》，第51页。
③ 《魏书》卷3《太宗纪》，第54页；卷6《显祖纪》，第128页。
④ 《魏书》卷105，第2433页。
⑤ 《魏书》卷112，第2897页。
⑥ 《北齐书》卷24，第346页。

4. 桑干郡

桑干县

《水经·㶟水注》记载：

> 桑干水又东南流，水南有故城，东北临河，又东南，右合㶟水，乱流，枝水南分。桑干水又东，左合武周塞水。水出故城，东南流出山，迳日没城南，盖夕阳西颓，戎车所薄之城故也。东南日中城，城东又有早起城，亦曰食时城，在黄瓜阜北曲中。其水又东流，右注桑干水。
>
> 桑干水又东南，迳黄瓜阜曲西，又屈迳其堆南。徐广曰：猗卢废嫡子曰利孙于黄瓜堆者也。
>
> 又东右合枝津。枝津上承桑干河，东南流，迳桑干郡北，大魏因水以立郡，受厥称焉。又东北，右合夏屋山水，水南出夏屋山之东溪，西北流经故城北，所未详也。又西北入桑干枝水。桑干枝水又东流，长津委浪，通结两湖，东湖西浦，渊潭相接，水至清深。晨凫夕雁，泛滥其上，黛甲素鳞，潜跃其下。俯仰池潭，意深鱼鸟，所寡惟良木耳。俗谓之南池，池北对汪陶县之故城，故曰南池也。池水又东北注桑干水，自下为㶟水，并受通称矣。
>
> 㶟水又东北，迳巨魏亭西，盖皇魏天赐三年之所经建也。㶟水又东北，迳白狼堆南，魏烈祖道武皇帝于是遇白狼之瑞，故斯阜纳称焉。阜上有故宫庙，楼榭基雄尚崇，每至鹰隼之秋，羽猎之日，肆阅清野，为升眺之逸地矣。㶟水又东流四十九里，东迳巨魏亭北，又东，崞川水注之。[①]

这段文字逻辑和顺序都相当混乱，按桑干水即今桑干河，㶟水为今黄水河，㶟水既然已经"迳巨魏亭西"，又怎么会"东流四十九里，东迳巨魏亭北"？估计是在传抄过程中，文字窜乱所至。

按桑干郡，《魏书·地形志》内无，而明确记载桑干郡存在的材料，也仅此《水经注》一处。《魏书·司马叔璠传司马惠安附传》记司马惠安

---

① 《水经注疏》卷13，第1131—1134页。

"高祖时袭爵。历恒州别驾、桑干太守、太尉咨议参军事"①，事在孝文帝时，那么可以推测桑干郡最晚当设于孝文帝时，属恒州。

至于桑干郡城的位置，《水经注》说得很明确，是在桑干枝津的西南。桑干枝津系自桑干水分出，先东南流，汇入夏屋山水后，又东流入两湖〔这两湖的位置，很可能是今天山阴县古城镇（即原山阴城镇）北盐池、西盐池、南盐池三村附近的大片盐碱滩地②〕，最后向东北注入桑干水。按照桑干枝津的轨迹，应该一直是在桑干水以南经行，其与桑干水应有一段距离，位于枝津以南的桑干城，也不应在桑干水岸边。《中国历史地图集》将桑干郡城绘于桑干水南岸边③，不知何据。

5. 平齐郡

怀宁县、归安县

如前所述，平齐郡本置于平城西北之北新城，旋即"徙治京城西南二百余里旧阴馆之西"④，《魏书·慕容白曜传》则载"徙二城民望于下馆，朝廷置平齐郡，怀宁、归安二县以居之"⑤。既然《崔道固传》明言平齐郡治在阴馆城之西，则不能认为郡治在阴馆故城。而《水经·㶟水注》载，"魏皇兴三年，齐平，徙其民于县，立平齐郡"⑥，不似郦道元口气，很可能是后世注释窜入。

这样看来，平齐郡应在阴馆故城之西，具体位置无法确定。又《魏书》的《刘休宾传》"及立平齐郡，乃以梁邹民为怀宁县，休宾为县令"⑦ 和《房法寿传房崇吉附传》"及立平齐郡，以历城民为归安县，崇吉为县令"⑧ 的两条材料来看，平齐郡设置的目的就在于削弱并控制青齐地区的望族，怀宁、归安的名称就含有此意。从《魏书》的《崔亮传》提到"佣书自业"，"观书于市"⑨，《刘芳传》提到"昼则佣书，以自资

---

① 《魏书》卷37，第861页。
② 《怀仁日中城即汉勒阳城代公新平城考》，《黄河文化论坛》第9辑，第71页。
③ 《中国历史地图集》第四册，第52页。
④ 《魏书》卷24《崔玄伯传附崔道固传》，第630页。
⑤ 《魏书》卷50，第1119页。
⑥ 《水经注疏》卷13，第1127页。
⑦ 《魏书》卷43，第966页。
⑧ 同上书，第975页。
⑨ 《魏书》卷66，第1476页。

给"① 这两条记载来看，平齐民过的是城市生活，应该居住在城邑中，只是既无法推测平齐郡所辖二县是否各自有城，也无法推测其具体位置了。

6. 高柳郡

（1）高柳县

高柳县城的位置见本书第一章，高柳是东汉代郡的郡治，扼守内蒙古高原与桑干河流域交接的隘口处，地理位置相当重要。道武帝即位之初，窟咄就进屯高柳，与道武帝抗衡。《魏书·地形志》谓高柳郡置于永熙中，领高柳、安阳二县②，是指其侨置年代。北魏何时于高柳设县不可考。

（2）安阳县

此安阳当为汉代郡东安阳县，天赐六年（409），清河王拓跋绍弑道武帝，"于是朝野凶凶，人怀异志。肥如侯贺护举烽于安阳城北，故贺兰部人皆往赴之"③。可见安阳城为贺兰部的中心城邑。《水经·㶟水注》记㶟水"又东迳东安阳故城北"④。可知此城位于桑干河以南。

7. 恒州所辖不详属郡的城邑

（1）马邑县

马邑城是陉北重镇，北魏建立后，独孤部就占据马邑以抗北魏。北魏平定代北后，复置了马邑县。《魏书·太宗纪》记载：神瑞元年（414）"秋八月戊子，诏马邑侯元陋孙使于姚兴"⑤。按《魏书·官氏志》，天赐元年（404）九月，"减五等之爵，始分为四，曰王、公、侯、子。……王封大郡，公封小郡，侯封大县，子封小县"⑥。既然有马邑侯，则必有马邑县。马邑县之设，至迟为神瑞元年。《中国历史地图集》北魏部分以太和二十一年（497）为断，却未绘马邑县，应属疏漏。⑦

《水经·㶟水注》载，马邑川水"东迳马邑县故城南"⑧，但郦道元体

---

① 《魏书》卷55，第1219页。
② 《魏书》卷106，第2498页。
③ 《魏书》卷16《清河王传》，第390页。
④ 《水经注疏》卷13，第1159页。
⑤ 《魏书》卷3，第54页。
⑥ 《魏书》卷113，第2973页。
⑦ 《中国历史地图集》第四册，第52页。
⑧ 《水经注疏》卷13，第1130页。

例，言"故城"者，多强调其为汉晋故城，未必就已废弃。

北魏马邑城即汉旧址，在今朔城区城关，详见第一章。此县归属情况不详，太和之前应属代尹（万年尹）管辖，但太和年间分置桑干郡和善无郡后，若还归代尹管辖，则代尹辖境实在是扭曲不堪，其属郡只能付之存疑。

（2）阴馆城

阴馆是拓跋鲜卑经营桑干河流域的重要据点，从西晋时沙漠汗归国，众大人赴阴馆城迎接就能看出。北魏初年制定京邑，以阴馆为南界，也说明该城是北魏畿内地区重要的地标。李凭对北魏时期该城的情况做了详细论述，此不赘述。太和十四年（490），高闾针对畿内饥荒提出建议，里面涉及阴馆："明察畿甸之民，饥甚者，出灵丘下馆之粟以救其乏，可以安慰孤贫，乐业保土。"①

《魏书·地形志》记载，北灵丘郡辖灵丘、莎泉二县②，按北灵丘郡即北魏灵丘郡，东魏收复此地后复置，为与侨置于东魏境内的灵丘郡相区别而加"北"字。高闾以县名"灵丘"与阴馆之俗名"下馆"并举③，似证明北魏未于下馆城设县。

（二）燕州

1. 广宁郡

（1）广宁县

《晋书·地理志》记载："广宁郡，故属上谷，太康中置郡，都尉居。统县三……下洛、潘、涿鹿。"④ 如前所述，广宁郡体系为北魏所继承，所以这三县在北魏时都一直存在，延续到孝昌年间的六镇之乱。《水经·灅水注》记载："灅水又东，迳下洛县故城南，王莽之下忠也。魏燕州广宁县，广宁郡治。"⑤ 则广宁郡治广宁县城即汉下洛县城址，按以郡名县，是东汉末年以来的常例。

---

① 《魏书》卷54，第1206页。
② 《魏书》卷105，第2498页。
③ 按《隋书》卷71《诚节传》，隋末，雁门郡丞陈孝意与刘武周战于下馆，而隋代并未在下馆城设治，则至隋代，下馆城虽不是县治，但依然是重要城邑。
④ 《晋书》卷14，第426页。
⑤ 《水经注疏》卷13，第1172页。

（2）潘县

《太平寰宇记》记载："怀戎县，本汉潘县也，属上谷郡。《晋太康地志》：'潘县更属广宁郡。'魏孝昌中废。"① 则北魏广宁郡有潘县无疑。《水经·㶟水注》记载："㶟水又东，迳潘县故城北"②，则潘县城址并无迁徙，具体位置见本书第一章。

（3）涿鹿县

《水经·㶟水注》记载："（㶟水）又东过涿鹿县北。涿水出涿鹿山，世谓之张公泉。东北流，迳涿鹿县故城南。"③ 涿鹿因为有桥山温泉，所以是北魏皇室的游乐区之一，道武帝与明元帝分别于天兴三年（400）夏五月和神瑞二年（415）六月，"幸涿鹿"④。则涿鹿城即使未设县，也应多加利用。该城址具体位置见本书第一章。

2. 东代郡

（1）代县

如前所述，汉末以来，代郡据桑干河保全南半部。登国二年（387），"燕上谷人王敏杀太守封戢，代郡人许谦逐太守贾闰，各以郡附刘显"⑤。第二年，"燕赵王麟击许谦，破之，谦奔西。燕遂废代郡，悉徙其民于龙城"⑥。皇始元年（396），北魏攻占后燕上谷等郡，代郡故地也进入北魏版图。

天兴初年，道武帝设司州代尹，代郡之名依然保留，直到迁都洛阳，改为恒州代郡，才改原代郡为东代郡⑦。但《魏书》记载，颇多追溯之语，所以"代郡"一词，往往用在迁洛之前的代尹所在，能明确地指代原代郡的材料，是以下三条：

（神䴢）三年二月，白鹿见于代郡倒刺山。⑧

---

① 《太平寰宇记》卷71，第1428页。
② 《水经注疏》卷13，第1170页。
③ 同上书，第1183—1184页。
④ 《魏书》卷2《太祖纪》，第36页；卷3《太宗纪》，第55页。
⑤ 《资治通鉴》卷107，第3376页。
⑥ 同上书，第3382页。
⑦ 按《魏书·地形志》并无东代郡，但《魏书》卷71《李元护传》中记载："元护从叔恤，卒于东代郡太守。"按李元护卒于宣武帝景明三年（502），则其叔所仕，应在北魏时期。《魏书》，第1587页。
⑧ 《魏书》卷112《灵征志》，第2930页。

> 太祖天兴三年四月，有木连理，生于代郡天门关之路左①
> （天赐）四年五月，……出内诏命，取八国良家，代郡、上谷、广宁、雁门四郡民中年长有器望者充之。②

《灵征志》的内容，可能也有追溯的成分，但根据《官氏志》的记载，北魏应该是在原后燕统治区继承了郡县体制，也就是皇始元年（396），道武帝攻占并州，"初建台省，置百官，封拜公侯、将军、刺史、太守，尚书、郎已下悉用文人"。

又《魏书·燕凤许谦等传》载："世祖初，以旧勋赐（燕凤）爵平舒侯，加镇远将军。"③ "并州平，以（许）谦为阳曲护军，赐爵平舒侯、安远将军。皇始元年卒官。"④ 则皇始元年（398），北魏恢复了代郡的建置，代与平舒二县随之复置。

（2）平舒县

《水经·㶟水注》言，"祁夷水……出平舒县，东迳平舒县之故城南泽中。……又东北流，迳代城西"⑤，则北魏代、平舒二县仍治汉代旧址，汉代情况见本书第一章，此不赘述。

3. 平原郡

平原郡城

《水经·㶟水注》记载：

> 涿水出涿鹿山……东北流，迳涿鹿县故城南。……涿水又东迳平原郡南，魏徙平原之民置此，故立侨郡，以统流杂。涿水又东北迳祚亭北，而东北入㶟水。⑥

又据《魏书·常山王遵传附其子素传》记载。

---

① 《魏书》卷112《灵征志》，第2958页。
② 《魏书》卷113《官氏志》，第2974页。
③ 《魏书》卷24，第610页。
④ 同上书，第611页。
⑤ 《水经注疏》卷13，第1162—1164页。
⑥ 同上书，第1183—1186页。

世祖初，复袭爵。休屠郁原等叛，素讨之，斩渠率，徙千余家于涿鹿之阳，立平原郡以处之。及平统万，以素有威怀之略，拜假节、征西大将军以镇之。①

从上面材料，我们可以知道平原郡的设置是在平定夏国之前。常山王素袭爵是在始光三年（426）夏五月，被委派进军夏国是在始光四年（427）四月，则平原郡之设应在始光三年五月至四年四月之间。关于平原郡城的位置，自当在涿水之南，涿鹿山之北。

4. 昌平郡

郡城、昌平县故城

《水经·㶟水注》记载：

㶟水又东，迳昌平县，温水注之，水出南坎下，三源俱导，合而南流，东北注㶟水。

㶟水又东迳昌平县故城北，王莽之长昌也。昔牵招为魏鲜卑校尉，屯此。

㶟水又东北，迳桑干县故城西，又屈迳其城北，王莽更名之曰安德也。《魏土地记》曰：代城北九十里有桑干城。城西渡桑干水，去城十里有温汤，疗疾有验。《经》言出南，非也，盖误证矣。魏任城王彰以建安二十三年，伐乌丸，入涿郡，逐北，遂至桑干，正于此也。

㶟水又东流，祁夷水注之。……（祁夷水）又东北，谷水注之，水出昌平县故城南，又东北入祁夷水。……祁夷水又北，迳一故城西，西去代城五十里，又疑是代之东城，而非所详也。又迳昌平郡东，魏太和中置，西南去故城六十里。又北……祁夷水又北，迳桑干故城东，而北流注于㶟水。《地理志》曰：祁夷水出平舒县北，至桑干入治，是也。

㶟水又东北迳石山水口，水出南山，北流经空侯城东。《魏土地记》曰：代城东北九十里，有空侯城者也。其水又东北流，注㶟水。

---

① 《魏书》卷15，第375页。

  灢水又东，迳潘县故城北。①

这段文字中出现了"昌平县""昌平县故城"和"昌平郡"三个"昌平"，颇令历代注释家困惑。《中国历史地图集》则绘制了昌平县和昌平郡两个点，东西排列在灢水以南，应该就是出于对这段注文进行处理的考虑。

  首先，《汉书·地理志》上谷郡有昌平县，而且注明"莽曰长昌"。按此地在汉代应该归属代郡，其东是代郡的桑干县，上谷郡的昌平县不应在此才对。又据《水经·灢余水注》，

  （易荆水）导源西北千蓼泉，亦曰丁蓼水。东南流经郁山西，谓之易荆水。公孙瓒之败于鲍邱也，走保易荆，疑阻此水也。易荆水又东左合虎眼泉，水出平川，东南流入易荆水，又东南与孤山之水合。水发川左，导源孤山，东南流入易荆水，谓之塔界水。又东迳蓟城，又东迳昌平县故城南，又谓之昌平水。《魏土地记》曰：蓟城东北一百四十里有昌平城，城西有昌平河。又东北注灢余水。②

灢余水即今温榆河，按照方位，此"昌平"才是上谷属县，王莽改为长昌，牵招任护鲜卑校尉的"昌平"。那么，《灢水注》中"王莽之长昌也。昔牵招为魏鲜卑校尉，屯此"一句，应是后世错简窜入所致。

  再说"昌平郡"，祁夷水即今壶流河，北流入桑干河，既然祁夷水"又迳昌平郡东……祁夷水又北，迳桑干故城东，而北流注于灢水"，则昌平郡应在汉桑干县以南，壶流河西不远。又"水出昌平县故城南，又东北入祁夷水"，则此"昌平县故城"应在昌平郡的西边。也正是因为有这个"昌平县故城"，上谷郡昌平县故城的内容才能窜入。所以，材料中第一段的"昌平县"应该就是这个"昌平县故城"。《魏书·地形志》中记载昌平郡下辖万言、昌平二县，系东魏侨置的局面，北魏时期情况如何并不清楚。按《水经注》体例，若郡与郡治同名，多言某某郡城，此处言"昌平郡城"，并不代表其郡治不是"昌平县"。而"昌平县"东西并

---

① 《水经注疏》卷13，第1159—1170页。
② 《水经注疏》卷14，第1206—1208页。

列，或许是北魏时期发生过迁徙？

关于昌平县，《魏书》中颇多"昌平侯""昌平子""昌平男"的记载，但我们知道，《晋书·地理志》中上谷郡有昌平县，而由于史料所限，我们无从确认此县在北魏时期是否废除，所以不能据此讨论昌平郡昌平县的情况。

关于昌平郡的设置，《水经注》记载为"太和中"，《魏书·京兆王黎传附罗侯传》记载："继弟罗侯，迁洛之际，以坟陵在北，遂家于燕州之昌平郡。……不乐入仕，就拜昌平太守。"① 按燕州之设即在太和年间，据此材料来看，昌平郡设置于太和年间的记载是可信的。

5. 大宁郡

郡城、大宁县、小宁县

《水经·㶟水注》记载："（修水）又东南，于大宁郡北，右注雁门水。……雁门水又东迳大宁郡北，魏太和中置。"② 从这段论述看，大宁郡当时应存在。至于城址的位置，修水就是于延水，也就是今天的东洋河；雁门水是今天的南洋河，则大宁郡的位置应在两河交汇处南。

因为《魏书·地形志》是根据东魏武定时期的版籍资料来编写的，所以没有包括已经废弃的大宁郡及辖县。王仲荦根据《水经注》中关于"大宁县"和"小宁县"两座"故城"的记载，推测北魏时大宁郡辖此二县，大宁县即汉代广宁县，而小宁县即汉代宁县，并举代魏时与此二城有关的史实以佐证。③《中国历史地图集》也如此绘制，应是依此思路。按郦道元"故城"体例不纯，难以证明该城在北魏时是否设县，王仲荦所举之史实同样也只能证明该城在当时加以利用，无法断定是否设县。

根据《水经注》的记载，大宁郡城与大宁县故城并非一地，郡既名大宁，自然因大宁县而来，大宁本汉代广宁县，而《晋书·地理志》有广宁郡，太康三年（282）分上谷置，辖下洛、潘、涿鹿三县，并无广宁一县，应是已经废弃。魏晋时期的各种史料中，都只有"大宁"一名来指代该县，而非广宁（北魏改下洛为广宁，与此无关），所以"大宁"成

---

① 《魏书》卷16，第409页。
② 《水经注疏》卷13，第1175—1179页。
③ 《〈北魏延昌地形志〉北边州镇考证》，《北周地理志》，第1112—1116页。

为此城的专称。那么，大宁郡设置之初，应以在大宁县可能性最大，而大宁郡与大宁县故城不同城，应是后来有治所迁徙之事，则此"故城"，若已罢县，也应在北魏时，所以本书认为"大宁""小宁"都应该是北魏时所设的县。

6. 上谷郡

《魏书·官氏志》记载："（天赐）四年五月……出内诏命，取八国良家，代郡、上谷、广宁、雁门四郡民中年长有器望者充之。"① 又《魏书·太祖纪》记载："（皇始元年）夏六月癸酉，遣将军王建等三军讨（慕容）宝广宁太守刘亢泥，斩之，徙其部落。宝上谷太守慕容普邻，捐郡奔走。"②

由上所述，上谷郡应是北魏接收后燕郡县体系中的一部分，则上谷郡自当设于北魏初占此地的皇始元年（396）。《魏书·曲阳侯素延传》记载："中山平，拜幽州刺史。豪奢放逸，左迁上谷太守"③，《魏书·王宪传》记载："世祖即位，行廷尉卿。出为上谷太守"④，可为佐证。上谷郡应当设置自战国时的燕国，历秦、两汉、魏、晋不改。《晋书·地理志》中有上谷郡，下辖沮阳、居庸二县⑤，理应为后燕及北魏继承。

（1）居庸县

《水经·㶟水注》记载："清夷水又西北，迳阴莫亭，在居庸县南十里。……（分界水）南流入沧河，又西迳居庸县故城南，魏上谷郡治。"⑥ 按《晋书·地理志》体例，首县应即郡治，而《晋书·地理志》载上谷郡首县为沮阳，此系燕、秦与两汉的上谷郡治所在。所以此处的"魏"，应是北魏，则北魏时期上谷郡郡治在居庸县。又《魏书·阉官传》记载有上谷居庸人成轨，系高祖时宦官⑦，可为一证。

---

① 《魏书》卷113，第2974页。
② 《魏书》卷2，第27页。
③ 《魏书》卷14，第347页。
④ 《魏书》卷33，第775页。
⑤ 《晋书》卷14，第426页。
⑥ 《水经注疏》卷13，第1186—1187页。
⑦ 《魏书》卷94，第2030页。

(2) 沮阳县

《魏书》的《张衮传》记载张衮之子张太为沮阳侯①，张衮死于永兴二年（410），时年七十二，则应生于东晋咸康五年（339），他于"太祖为代王，选为左长史"②，即登国元年（386）入仕北魏，时年应为四十八虚岁，则其少子为沮阳侯，也应是北魏初年的事，这是北魏初年设沮阳县的铁证。又《节义传》中提到邵洪哲是上谷沮阳人，生活在六镇之乱前后③。我们可以得出结论：北魏从皇始元年（396）占据上谷郡，一直到六镇之乱，都设置有沮阳县。

关于沮阳县的位置及周边环境，详见本书第一章，此不赘述。

上谷郡治从地处桑干河河谷平川的沮阳迁徙到军都山前的居庸县，应该是在西晋末年到北魏初年这段战乱时期发生的，究其原因，应是为便于军事防御之计。

（三）御夷镇城

《水经·沽河注》记载：

> 沽河出御夷镇西北九十里，丹花岭下。东南流，大谷水注之。水发镇北大谷溪，西南流，迳独石北界。石孤生，不因阿而自峙。又南，九源水注之。水导北川，左右翼注，八川共成一水，故有九源之称。其水南流至独石，注大谷水。大谷水又南，迳独石西，又南迳御夷镇城西。魏太和中置，以捍北狄也。又东南，尖谷水注之。水源出镇城东北尖溪，西南流，迳镇城东，西南流，注大谷水，乱流南注沽水。④

则御夷镇城置于太和年间。关于御夷镇城的设置时代与位置，成一农结合文献梳理和实地考察，在猫峪堡西南0.5公里找到一座古城的遗迹。当地的文物部门和文献中对这座古城皆无记载，当地老乡称其为上、下古城。他认为城址的地理环境"与《水经注》的记载完全吻合"，并初步断定它即是北魏的御夷镇。

---

① 《魏书》卷24，第619页。
② 同上书，第612页。
③ 《魏书》卷87，第1894页。
④ 《水经注疏》卷14，第1209—1210页。

关于城址的环境和形制，成一农描述为："现在的白河流经其西，有一条季节河（清泉河）从东北来，迳城东，在城东南流入白河。此城规模相当大，东西长417米左右，南北长420米左右，西墙、北墙已经被水冲毁，南墙似有两条，相距约20米，有类似于马面的突出物。城东墙南端外，有一人工高台，残高3米，东西长18米，南北长15米，在其南100米左右有一明代烽火台。城的中部，有一高台建筑基址的遗迹。在城内其西南角发现了大量陶片、瓦片，多为辽、金、元代的遗物。"[1]

关于镇城的设置年代，成一农根据《魏书·高祖纪》的记载："（太和十八年八月）丙寅，诏六镇及御夷城人，年八十以上而无子孙兄弟，终身给其廪粟；七十以上家贫者，各赐粟十斛"[2] 推测，"从此可以推断，此时御夷城还未废弃，因此御夷镇的建置时间当在太和十八年（494）至太和二十三年（499）之间"，是合乎逻辑的。

根据成一农的叙述，白河即大谷水，而清泉河即尖谷水，大谷水所经，形成一个狭窄的河谷，这条通道北自独石口，经今猫峪、云州和赤城，直达雕鹗和龙关，向西可以进入宣化盆地，向南越长安岭可到今妫水河谷地。汉代据守今龙关与雕鹗之间的三岔口一带，设女祁县，为上谷郡的东部都尉所在。从周边形势来看，御夷镇城位于两水交汇处的较宽敞处，其功能，应在扼守大谷水所流经的河谷通道。

第三节 北魏时期桑干河流域城市的时空分布特征

到此为止，本章复原了28座北魏时期曾设置为治所城市或加以利用的城邑，下面将对这28座城邑的设置年代和地理分布进行分析，以求得北魏时期桑干河流域城市分布的时空特征。

一 时间分布

从前面的叙述，我们能够大体勾勒出拓跋鲜卑对桑干河流域城邑加以

---

[1] 成一农：《太和年间北魏御夷镇初探》，北京大学历史学系编：《北大史学》第5辑，北京大学出版社1998年版，第183—192页。

[2] 《魏书》卷7，第174页。

利用并设治的历程（见表2—1"北魏桑干河流域城邑建治时间"）。曹魏和西晋时期，中原政权重新经略桑干河流域，依托桑干河，于河南恢复了郡县体系。西晋末年天下大乱，大同盆地的五个县城被徙到勾注陉以南，拓跋鲜卑占据了整个桑干河流域的西部，沿用了汉代的平城和日中城两座故城，并修筑了早起城、日中城和新平城三座城邑。在桑干河流域的东部地区，西晋的治所城市体系——代郡、上谷和广宁三郡及其属县一直保留。

北魏建立对桑干河流域的统治之后，确立了以今大同盆地为核心，以今宣化盆地、河套平原和雁门郡所在的忻定盆地为外围的畿辅范围。在桑干河流域东部，继承了后燕的郡县体系；而西部的大同盆地由于郡县体系在西晋末年崩溃，所以以重建为主。由于材料的缺乏，我们无法了解一些汉晋旧县在北魏时期的设治年代，但我们可以肯定部分汉晋故城在北魏，甚至在代国和前秦时候都为拓跋等游牧部落利用过。从太武帝到文成帝，北魏主要是沿用汉晋旧城。从比较晚的记载来看，这些旧城大多都已设县，所以可以推测这些县都是在这一时期设置的。

《南齐书·魏虏传》言："什翼珪始都平城，犹逐水草，无城郭，木末始土著居处。佛狸破梁州、黄龙，徙其居民，大筑郭邑。"[①] 按道武帝时期对平城进行了大规模的建设，即"天赐三年（406）六月，发八部五百里内男丁筑平城宫，阙门高十余丈，引沟穿池，广苑囿，规立外城，方二十里，分置市里，经涂洞达，三十日罢"[②]。如萧齐的信息可靠的话，那么道武帝时期除平城外，雁北地区其他郡县城邑都尚未加以修筑。

从文成帝到孝文帝时期，桑干河流域的城邑建设得到进一步发展，其特点是一批新的城邑设治。太平县、平齐郡城、永固县、御夷镇城都是这一时期设立的。

---

① 《南齐书》卷57，第984页。
② 《魏书·太祖纪》中作"灅南宫"，此处根据《魏都平城考》修改。《黄河文化论坛》第9辑，第25—26页。

表 2-1　　　　　　　　北魏桑干河流域城邑建治时间

城邑	设治年代	公元	备注
代	皇始元年	396	
平舒	皇始元年	396	
广宁	皇始元年	396	
潘	皇始元年	396	
涿鹿	皇始元年	396	
大宁	皇始元年	396	
小宁	皇始元年	396	
大宁郡城	皇始元年	396	太和中置郡
繁畤	天兴元年	398	太和中置郡
平城	天兴元年至二年	398—399	
马邑	神瑞元年之前	414	
平原郡城	始光三至四年	426—427	
崞山	太平真君元年	440	
太平	皇兴三年	469	
平齐郡城	皇兴三年之后	469	不知是否单有城
怀宁	皇兴三年之后	469	不知是否单有城
归安	皇兴三年之后	469	不知是否单有城
永固	太和十四年	490	
御夷镇城	太和十八至二十三年	494—499	
武州	不详		两汉旧县
善无	不详		北魏初即利用
昌平	不详		
昌平郡城	不详		太和中置郡
桑干	不详		太和七年之后置郡
高柳	不详		北魏初即利用
鼓城	不详		
安阳	不详		北魏初即利用
阴馆	未设县		

二 地理分布

根据上文的复原，我们可以看到，北魏时期的桑干河流域，形成两个比较明显的城邑分布区，一个是沿桑干河的带状区域，分布着马邑、平齐郡城、阴馆、桑干、繁畤、安阳、昌平（故城）、昌平郡城、平原郡城、潘县、广宁、涿鹿、沮阳等十三个城邑，若平齐郡的怀宁和归安两县都确有其城的话，也都应该在这一地带。另一个则是平城附近地区，以平城为中心，分布着武州、永固和鼓城三个县城。

若以桑干河为界，我们可以发现，今桑干河以南地区分布着马邑、平齐郡城、阴馆、桑干、繁畤、崞山、平舒、代、安阳、昌平（故城）、昌平郡城、平原郡城、潘县、涿鹿等十四个城邑，若包括怀宁和归安的话，则共有十六个城邑。而桑干河以北地区，则分布着善无、武周、太平、平城、永固、鼓城、高柳、大宁、小宁、大宁郡城等十个城邑（广宁郡城紧挨桑干河，故南北都不计在内），这十个城邑都地处北塞边缘，军事意味更加浓厚。而且从设置时间来看，永固、鼓城、太平都是平城时代后期才增设的。可见，在平城时代大部分时期，桑干河以南地带的城邑数量和密度都远远超过桑干河以北地区。

第四节 导致城邑时空分布格局的原因

一 "灅北地瘠"——北魏时期农耕经济的地域差异

拓跋鲜卑对桑干河流域非常重视，自代国时期便开始多加经营。究其原因，除占据桑干河流域便利于向南向东发展之外，另一个重要原因是桑干河流域处于农牧交错地带，既适宜畜牧业，又适宜农耕。从沙漠汗开始，拓跋部不断涌现出倾心中原先进农耕文明的杰出领袖。前面提过，什翼犍便曾计划定都于灅源川，被王皇后阻止。据《水经·灅水注》，灅水出雁门阴馆县累头山，"东北流出山，迳阴馆县故城西"[①]，则灅源川当即陉北阴馆县一带。而在此之前，什翼犍即位就是在灅水以南的繁畤之北[②]。天兴元年（398），道武帝拓跋珪甚至短期定都于繁畤。在繁畤，

---

① 《水经注疏》卷13，第1126页。
② 《魏书》卷1《序纪》，第12页。

道武帝进行了四件对北魏国计产生重要影响的大事：更选屯卫、计口受田、祠天西郊和定国号为魏。根据李凭《北魏平城时代》的研究，我们知道，"离散诸部""息众课农"是道武帝即位后的既定国策，其用意即在于打散通过各种途径进入北魏统治范围的各民族、部落民众的血缘纽带，将迁徙不定的原部落民转变为国家控制的编户齐民，即《魏书·外戚传》中表述的"分土定居，不听迁徙，其君长大人皆同编户"。这次"计口受田"的对象是"内徙新民"，也就是"山东六州民吏及徒何、高丽杂夷三十六万，百工伎巧十万余口"，这里说的山东六州，据前引毋有江研究，系冀、安、幽、徐（黎阳）、并、雍（武乡、上党、建兴三郡）①，徒何指段部、慕容等东部鲜卑，此处应以慕容鲜卑为主。这三十六万人既包括汉人，也包括丁零、鲜卑、高丽等诸多民族，但他们大多很久以前就已经入居内地，习惯农耕生产方式。所以才会分给他们耕牛，"计口受田"。而这些民众，应当就集中在繁畤一带。

从什翼犍到拓跋珪，他们先后在桑干河以南地区经营，其定都，一开始都放在这一地带，除了便于向陉岭以南的并州和太行山以东的河北地区发展外，一个重要的因素，应该就是以桑干河为界，桑干河流域的农业经济条件和基础存在较大的差别。

道武帝年间，大臣和跋曾比较过桑干河南北的土地条件：

> 初，将刑（和）跋，太祖命其诸弟毗等视诀。跋谓毗曰："灅北地瘠，可居水南，就耕良田，广为产业，各相勉励，务自纂修。"令之背己曰："汝曹何忍视吾之死也！"毗等解其微意，诈称使者，云奔长安，追之不及。太祖怒，遂诛其家。②

和跋此言，当然是另有所指，但既然在当着监视的人对话，就不可能信口胡说，否则必定引人生疑，既然如此，在当时人眼中，桑干河以北地区，农业条件应该是不如其南的。太和十四年（490），高闾针对畿内饥荒提出建议，里面涉及阴馆："明察畿甸之民，饥甚者，出灵丘下馆之粟以救

---

① 毋有江：《北魏政区地理研究》，第26—27页。
② 《魏书》卷28《和跋传》，第682页。

其乏，可以安慰孤贫，乐业保土。"① 可见直到太和十四年，桑干河以南的农业仍超过以北地区，有余粮可供赈济。

另一个例子是平齐郡的转徙。如前所述，平齐郡初设的地点是北新城，位置在"平城西北"。而立郡不久便迁徙到"京城西南二百余里旧阴馆之西"，《水经·㶟水注》记载㶟水"东北流出山，迳阴馆县故城西。县故楼烦乡也，汉景帝后三年置，王莽更名富臧矣。魏皇兴三年，齐平，徙其民于县，立平齐郡"，可为一证。这次迁徙的青齐二州民，自然是熟悉农耕生产和生活，比如《魏书·崔光传》就记载其事迹："慕容白曜之平三齐，光年十七，随父徙代。家贫好学，昼耕夜诵，佣书以养父母。"② 平齐郡建立不久便迁徙到桑干河流域南缘的今夏关城西一带，其动机应该还是因为"㶟北地瘠"，而寻求更好的农耕条件。

二 何以"㶟北地瘠"？——北魏时期桑干河流域农耕、畜牧和渔猎经济的盈缩

一般来说，在中国内陆半干旱区域，纬度的差异的确会影响农作物的产量，但就整个桑干河流域而言，整体的水热条件相差不远，除朔州市朔城区等少数地区外，桑干河两岸的河谷谷地年平均气温相差不到1摄氏度，桑干河北的一些地区，降水量和光照甚至超过河南地区，总体来看，桑干河南北的地理环境并不足以造成农业发展程度的重要差异，这一现象，还要从北魏时期的总体经营策略和经济形态来寻求原因。

道武帝创立北魏之初，除大规模的征战外，最重要的措施就是离散诸部，"这一措施对于拓跋氏的统治机器从部落联盟向封建国家的转化具有决定性的意义"③。据李凭研究，道武帝离散诸部前后共有三次，其中以天兴元年（398）在繁畤举行的第三次规模最大，意义最深远。《魏书·太祖纪》记载该事如下：

---

① 《魏书》卷54《高闾传》，第1206页。
② 《魏书》卷67，第1487页。
③ 《北魏平城时代》，第37页。

（正月）辛酉，车驾发自中山，至于望都尧山。徙山东六州民吏及徒何、高丽杂夷三十六万，百工伎巧十万余口，以充京师。车驾次于恒山之阳。……二月，车驾自中山幸繁畤宫，更选屯卫。诏给内徙新民耕牛，计口受田。①

本章前面讨论过，刘琨徙陉北五县民，猗卢徙民十万户之后，除今宣化盆地桑干河以南的地区以外，桑干河流域已经基本成为游牧地区。天兴元年（398），北魏迁徙山东六州民吏及徒何、高丽杂夷三十六万到大同盆地，配给耕牛，计口受田，重新将农耕经济导入这一地区。从这次"计口受田"是在繁畤这一传统农耕经济地区进行来看，这些"内徙新民"很可能最初安置在繁畤等灅南地区。

但是，北魏由一个游牧部落联盟转化为高度中央集权的国家这一过程是痛苦而艰难的，拓跋氏皇族摆脱部落时代的推举制度、兄终弟及和母后干政传统，就花了从道武帝到孝文帝的近百年时光。② 相应地，以拓跋部为核心的各部各族由原来的游牧和狩猎生活生产方式过渡到定居农耕，也必然是一个并不轻松的过程。同样，桑干河流域也经历了一个由畜牧、狩猎和农耕经济杂处逐渐过渡到以农耕经济为主的相当漫长的过程。与农耕经济相适应的，是桑干河流域的景观由牛羊被野、麋鹿成群到阡陌纵横、城郭相望的转变经历。

1. 北魏前期桑干河流域畜牧经济的发展和分布

拓跋鲜卑本是一个渔猎民族，迁入大漠以后，便以游牧为业。而归附于拓跋部，共同构成部落联盟的各部族，也同样是以游牧生活为主。在道武帝建立北魏之初，曾进行多次战争，迁徙了北方各部族的众多人口，俘获了大批牛羊等战利品，现列表2－2。

---

① 《魏书》卷2，第31—32页。
② 参见《北魏平城时代》。

表 2-2　　　　　　　　北魏平城时代俘获人畜情况

君主	俘获时间	战争敌方	俘获数量	材料出处
道武帝	登国三年（388）六月	库莫奚	杂畜十余万	太祖纪
	登国三年（388）十二月	解如部	男女、杂畜十数万	太祖纪
	登国五年（390）三月	高车袁纥部	生口、马牛羊二十余万	太祖纪
	登国六年（391）十一月	匈奴铁弗部	牛羊二十余万	太祖纪
	登国六年（391）十二月	匈奴铁弗部	名马三十余万匹，牛羊四百余万头	太祖纪
	天兴二年（399）二月	高车杂种	马三十余万匹，牛羊百四十余万	太祖纪
	天兴二年（399）二月	高车遗迸七部	获二万余口，马五万余匹，牛羊二十余万头	太祖纪
	天兴二年（399）二月	侯莫陈部	获马牛羊十余万头	太祖纪
	天兴五年（402）正月	黜弗、素古延等诸部	马三千余匹，牛羊七万余头	太祖纪
	天兴五年（402）正月	蠕蠕	铠马二千余匹	太祖纪
	天兴五年（402）二月	匈奴铁弗部	马四万余匹，骆驼、牦牛三千余头，牛、羊九万余口	太祖纪
	天兴五年（402）二月	没弈干	马四万余匹，杂畜九万余口	资治通鉴①
	太祖时	高车	生口、马牛羊二十余万	高车传
明元帝	永兴四年（412）七月	越勤倍泥部落	马五万匹，牛二十万头	太宗纪
太武帝	始光元年（424）七月	蠕蠕别帅	马万余匹	世祖纪
	始光四年（427）六月	夏	马三十余万匹，牛羊数千万	世祖纪
	神䴥二年（429）六月	蠕蠕	首虏及戎马百余万匹	蠕蠕传
	世祖时	高车	马牛羊亦百余万，皆徙置漠南千里之地	高车传
文成帝	和平元年（460）九月	什寅	畜二十余万	高宗纪
	和平五年（464）	蠕蠕	戎马器械不可称计	蠕蠕传

---

① 《资治通鉴》卷 112，第 3536 页。

这些俘获的牲畜，不会都安置到桑干河流域，相当一部分会迁徙到云中盛乐一带的牧场中去，但相信会有很大比例的牲畜转移到桑干河流域，以满足习惯于肉食、奶酪饮食的北魏贵族和"国人"的生活需要。比如《魏书·太宗纪》记载，永兴五年（413）：

> 秋七月己巳，还幸薄山。帝登观太祖游幸刻石颂德之处，乃于其旁起石坛而荐飨焉。赐从者大酺于山下。奚斤等破越勤倍泥部落于跋那山西，获马五万匹，牛二十万头，徙二万余家于大宁，计口受田。①

这些部落的财产，全都是马牛等牲畜。

另外，北魏时期，有大批游牧民族被迁入以大同盆地为核心的桑干河流域，据前田正名研究，天兴元年（398）从河北、山东迁徙约46万人，世祖时期从各地迁徙约50万人，4世纪末到5世纪中叶，这里成了"显著的人口密集的区域"，"可以推测大约有100万人"；到5世纪后半期，由于向关外流出和饥饿死亡，平城人口减少了一半。② 而李凭则推测，仅道武帝时期迁入雁北的人口即有150万，拓跋部落联盟迁入者约为80万，在以后的近一个世纪里，由于自然增长、内附内属、俘虏、外流、死亡等不确定因素，很难估计准确的数量，但"总量并无增长，一直处于动态的平衡状况"③。

可以想见，这些原游牧民迁徙到桑干河流域，所谓"分土定居"，恐怕未必就是从事农业，最多就是由原来的游牧转变为定牧而已。畜牧业是北魏前期的重要产业，贵族的财产往往会用牲畜来计算，比如道武帝时，王建因战功受赐"奴婢数十口，杂畜数千"④，就能说明问题。统治者在考虑经济问题时，也会首先想到畜牧业，比如明元帝泰常六年（421），"诏六部民羊满百口，调戎马一匹"⑤。又比如太武帝时，在讨

---

① 《魏书》卷3，第53页。
② 《平城历史地理学研究》，第85—86页。
③ 《北魏平城时代》，第353页。
④ 《魏书》卷30《王建传》，第709页。
⑤ 《魏书》卷110《食货志》，第2850页。

论讨伐赫连夏、蠕蠕谁为先时，长孙嵩建议："宜先讨大檀。及则收其畜产，足以富国；不及则校猎阴山，多杀禽兽，皮肉筋角，以充军实，亦愈于破一小国。"① 太武帝本人更是以牧民自居，曾当众说："国人本着羊皮袴，何用绵帛？"② 神瑞二年（415）平城地区发生大饥荒，在讨论是否迁都邺城时，崔浩建议"至春草生，乳酪将出，兼有菜果，足接来秋"③，认为不必立即迁都。可见奶酪是桑干河流域居民的重要食品。

事实上，重视畜牧业是北魏一贯的国策，《魏书·蠕蠕传》载："（正光）三年十二月，阿那瓌上表乞粟以为田种，诏给万石。四年，阿那瓌众大饥，入塞寇抄，肃宗诏尚书左丞元孚兼行台尚书持节喻之。孚见阿那瓌，为其所执，以孚自随，驱掠良口二千，公私驿马牛羊数十万北遁，谢孚放还。"④ 可见一直到北魏后期，北部边境一样存在繁荣的畜牧业。

2. 北魏前期桑干河流域狩猎经济的发展与分布

拓跋鲜卑原本就是一个狩猎民族，《魏书·序纪》追溯其祖先事迹时说："统幽都之北，广漠之野，畜牧迁徙，射猎为业。"⑤

狩猎，同时也是游牧经济的一种重要补充。北魏定都平城以后，狩猎经济与活动依然活跃，据黎虎研究，"北魏前期的狩猎经济，是拓跋鲜卑传统生产生活方式在新的历史条件下的延续。它除了具有军事的、游乐的目的之外，也还具有经济的意义，仍然是当时社会经济生活中一个必要的组成部分"⑥。下面将北魏定都平城后君主于桑干河流域内部狩猎的记录按时代顺序列表 2－3 比较：

---

① 《魏书》卷 25《长孙嵩传》，第 644 页。
② 《资治通鉴》卷 125，第 3948 页。
③ 《魏书》卷 35《崔浩传》，第 808 页。
④ 《魏书》卷 103，第 2302 页。
⑤ 《魏书》卷 1，第 1 页。
⑥ 黎虎：《北魏前期的狩猎经济》，氏著《魏晋南北朝史论》，学苑出版社 1999 年版，第 164 页。

表2-3　　　　　北魏平城时代君主于桑干河流域狩猎情况

君主	出猎时间	材料表述	材料出处	狩猎地点位置
道武帝	天兴六年（404）七月	筑离京于豺山，纵士校猎	太祖纪	㶟北
	天赐三年（406）正月	幸豺山宫，校猎，至屋孤山	太祖纪	㶟北
		田于白登山	于栗䃢传	㶟北
明元帝	永兴三年（411）	猎于西山	灵征志	㶟北
	永兴四年（412）	登虎圈射虎	太宗纪	㶟北
	永兴四年（412）七月	大狝于石会山	太宗纪、奚斤传	㶟北
	永兴四年（412）七月	田于善无川	太宗纪	㶟北
	泰常二年（417）十二月	田于西山	太宗纪	㶟北
	泰常五年（420）	幸东南乌卤池射鸟	崔浩传	㶟北
	泰常七年（422）九月	田于东苑	太宗纪	㶟北
	泰常八年（423）三月	出游于白登山东北……命左右射鸥	元干传	㶟北
		猎于㶟南（此事似在明元帝即位前）	王洛儿传	㶟南
太武帝	神䴥三年（430）八月	行幸南宫，猎于南山	世祖纪	㶟南
		幸豺山校猎	和跋传	㶟北
		田于崞山	穆崇传	㶟南
文成帝	太安三年（457）正月	畋于崞山	高宗纪	㶟南
	和平三年（462）二月	畋于崞山	高宗纪	㶟南
	和平四年（463）四月	幸西苑，亲射虎三头	高宗纪	㶟北
		苑内游猎	宿石传	㶟北
		又猎，亲欲射虎	宿石传	㶟北
献文帝	皇兴二年（468）二月	田于西山	显祖纪	㶟北
	皇兴二年（468）五月	田于崞山	显祖纪	㶟南
	皇兴三年（469）四月	田于崞山	显祖纪	㶟南
		猎方山	山伟传	㶟北
孝文帝		无		

通过上面的比较，我们能很清楚地看到，北魏平城时代，君主总体说来是热衷于狩猎的，而且很明显，前期狩猎活动要超过后期。从地域上来

看，其狩猎活动遍及大同盆地各地，可见足资猎取的动物遍布灅水南北，但位于灅南的狩猎活动远少于灅北。

北魏平城时代狩猎经济相当繁荣，从道武帝定都平城以来，就在大同盆地划分苑囿，蓄养禽兽，以资狩猎。《魏书·高车传》记载：

> 于是高车大惧，诸部震骇。太祖自牛川南引，大校猎，以高车为围，骑徒遮列，周七百余里，聚杂兽于其中。因驱至平城，即以高车众起鹿苑，南因台阴，北距长城，东包白登，属之西山。①

鹿苑范围之广大，杂兽之众多，都是惊人的。此苑到明元帝时，又进行了扩建，泰常六年（421），"发京师六千余人筑苑，起自旧苑，东苞白登，周回四十余里"②。

除了皇室之外，贵族和民间狩猎之风也相当兴盛，关于这个问题，黎虎《北魏前期的狩猎经济》中有系统论述，此不赘述。

3. 北魏前期桑干河流域畜牧经济和狩猎活动对农耕空间的挤占

如前所述，北魏平城时代，桑干河流域内部存在兴盛的畜牧和狩猎经济。从热量获取的角度来说，农业经济是获取植物食物中的热量，而畜牧业则是获取动物食物中的热量，在从植物到动物的转化中，热量会大量流失，再到生物链中最高级的人类，热量的传递呈金字塔型。所以从营养获取的角度来看，单位土地能供养的人口数量，农耕经济是要远远超过畜牧经济的，更遑论狩猎经济了。

正是因为北魏前期桑干河流域存在着兴盛的畜牧和狩猎经济，其结果必然会挤占农耕经济的资源。《魏书·古弼传》就记载了太武帝时期游猎的苑囿与农业的矛盾：

> 上谷民上书，言苑囿过度，民无田业，乞减太半，以赐贫人。
> 车驾畋于山北，大获麋鹿数千头，诏尚书发车牛五百乘以运之。
> 世祖寻谓从者曰："笔公（古弼）必不与我，汝辈不如马运之速。"

---

① 《魏书》卷103，第2308页。
② 《北史》卷1《魏本纪·太宗纪》（第33页）。按《魏书》卷3《太宗纪》作"周回三十余里"。因今本《魏书》多补自《北史》，故从前者。

遂还。行百余里，而弼表至，曰："今秋谷悬黄，麻菽布野，猪鹿窃食，鸟雁侵费，风波所耗，朝夕参倍。乞赐矜缓，使得收载。"①

苑囿如此，贵族高官的牧场一样会导致"民无田业"，比如临近京畿地区的肆州秀容郡领民酋长尔朱氏就"牛羊驼马，色别为群，谷量而已"，尔朱荣之父新兴"每春秋二时，恒与妻子阅畜牧于川泽，射猎自娱"②。今天的忻定盆地与桑干河流域一样属于农牧交错地带，宜农宜牧，农业之于畜牧业的优势并没有中原地区那样明显。由于作为统治集团的"国人"拥有悠久的畜牧传统，这一地区畜牧业占据了上风，农业自然没有发展的空间。

从生产关系上来看，被迁徙到京畿地区的农业居民，其地位是比较低下的，据唐长孺研究，除沦为奴婢（如原青齐居民）的"生口"和"百工伎巧"这些官私贱户外，那些"新民""在身分上并非完全自由"，一样要在"八部帅"的监督下从事农业劳动。唐长孺指出，当时"实质上已经接近徭役地租"，"政府的土地与富人的牛相结合构成对于农民生产资料的占有"③。据操晓理推测，剥削量可能是很高的。④

正是由于农业的不发达，使得京畿地区很难承受过高的人口压力。如前田正名和李凭推测，北魏平城时代大同盆地人口应在百万左右，而两汉雁门郡和代郡的口数总数分别为572208⑤和375188⑥。人口增加了一倍以上，但北魏时期却屡屡发生饥荒⑦，究其原因，除北魏时期气候比两汉时期寒冷外，最重要的就是农业不发达。

虽然如此，随着北魏统治的逐渐稳定，农耕经济逐步发展起来，农、牧、猎之间的矛盾日益剧烈。据黎虎研究，孝文帝即位之后，颁布了一系列政策和法令，罢除狩猎机构和官员，罢苑囿，弛山泽之禁，罢诸州禽兽

---

① 《魏书》卷28，第691—692页。
② 《魏书》卷74《尔朱荣传》，第1644页。
③ 唐长孺：《魏晋南北朝史论丛》，河北教育出版社2000年版，第213—217页。
④ 操晓理：《北魏平城地区的移民与饥荒》，《首都师范大学学报》（社会科学版）2002年第2期，第23页。
⑤ 《汉书》卷28《地理志》，第1621—1622页。
⑥ 《续汉书志》卷23《郡国五》，《后汉书》，第3525—3527页。
⑦ 参见《北魏平城地区的移民与饥荒》。

之贡，废除了传统的狩猎经济①，以为农业让出资源。

通过上述研究，我们可以找出导致北魏平城时代治所城市发展轨迹的原因。在北魏建立之初，由于以拓跋部为中心的各游牧部落进入桑干河流域，并占据了统治地位，与之相适应的，是畜牧业和狩猎业在该地区成为重要生产方式之一。道武帝时期实行的"离散诸部""息众课农"政策，更主要是为打散原来部落的血缘联系，成为北魏国家下的编户齐民。从道武帝到太武帝，由于战乱频仍，需要原草原骑射劲旅的战斗力，没有必要，也没有余暇改变原游牧民的生活方式，改从农耕。

所以，虽然从天兴元年（398）开始，北魏朝廷就迁徙数十万农业居民进入京畿，但农耕经济发展一直十分缓慢。直到孝文帝时期，力行汉化，弛山泽之禁，农耕经济才获得比较宽松的发展空间。因此，对北魏平城时代的农业和城邑建设进展程度不宜高估。这也是桑干河流域治所城市在太和年间得以增设的原因。

---

① 《北魏前期的狩猎经济》，第161—164页。

第三章　从军城到州县

——唐辽时期城市的重新发育与位置选择

经过六镇之乱到隋末的长期动荡、分裂局面（中间有北周至隋的短暂稳定），到唐代前期，恢复了统一的中央集权国家。但在桑干河流域，唐王朝前期却未像汉代一样广建郡县，探究其原因是本章的主要内容。盛唐以后，唐王朝在桑干河流域建设了一系列军城，其中一部分转变为治所城市，相应地就提出了哪些类型的军城会转变为治所城市，而那些最终未改为州县的军城又是出于何种原因的问题。唐末五代至辽，是桑干河流域治所城市发展的另一个高峰，本章拟通过对今天可以确定确切位置的军城与治所城市进行逐一复原，以求得城市发展的时间顺序与微观的地理位置，从而把握这一时代城市与地理环境、政治形势以及农牧业经济之间的关系。关于复原工作所使用的史料，唐代以《元和郡县图志》《太平寰宇记》等地理总志为主，而唐末与辽代的城市，由于《辽史》《金史》《元史》等典籍或水平不高，记载混乱，或记载简略，同时考虑到唐末至辽代的城址多沿用至明清，后世的记载也应有相当的可信度，本书会选择使用《大明一统志》《大清一统志》等后世地理总志。

需要指出的是，唐王朝灭亡后，中国进入辽、金、西夏、蒙元等少数民族政权与北宋、南宋并立的第二个"南北朝"时期，但正如李治安先生所指出的，在学术界广泛讨论"唐宋变革论"的语境下，北朝传统被忽视。① 而本书所研究的桑干河流域，在五代时作为"燕云十六州"的一部分，被割让给契丹，以后一直处于辽、金、蒙元等少数民族政权统治下，受两宋的影响不大。且其主要城市分布格局奠定于唐末五代至辽代这一时期，金代与蒙元时期则主要承袭这一格局，并无剧烈变动。所以本章以"唐辽"作为研究的时间范围，而未采用应用得更为广泛的"唐宋"这一词汇。

我们会发现，这一次城市发展的高峰时段，汉魏故城基本被弃而不用，本章会对这一现象进行分析。

第一节 隋唐时期桑干河流域的军镇化

北魏正光四年（523），柔然入侵六镇，怀荒镇民请求开仓取粮，武卫将军于景无理拒绝，镇民不胜忿恨，遂杀景，起兵造反。不久，沃野镇民破六韩拔陵亦聚众起义，杀镇将，改元真王。其余各镇，"华、夷之民往往响应"②，引发了北魏末年的大动荡，桑干河流域也遭受致命破坏，"孝昌之际，乱离尤甚；恒代之北，尽为邱墟"③。南北朝后期，突厥逐渐强大起来，多次进攻桑干河流域，或经桑干河流域入犯太原或河北地区，破坏极其严重，比如北周保定三年（563），北周遣杨忠与突厥合兵自北道攻打北齐，兵败，突厥在退兵途中纵兵大掠，"自晋阳至平城七百余里，人畜无遗"④。频繁的战乱导致政区机构迁徙、侨置频繁且跨度很大⑤，与之相

---

① 李治安：《两个南北朝与中古以来的历史发展线索》，北京大学历史学系编《邓广铭教授百年诞辰国际学术研讨会论文集》，2007年版，第595—596页。
② 《资治通鉴》卷149，第4675页。
③ 《太平寰宇记》卷49《河东道十：云州》，第1031页。
④ 《北史》卷11《隋本纪上》，第398页。
⑤ 据王仲荦《东西魏北齐北周侨置六州考略》考证，"北魏东魏先后于并肆汾侨置六州，以居六州鲜卑军士"，该六州为：恒州，寄治秀容郡城，今山西原平县西南楼板寨；燕州，寄治今山西寿阳县西二十五里南燕竹。云州，寄治今山西文水县西南云周村。朔州，寄治今山西介休县（现已改置介休市）界。蔚州，寄治并州邬县界，今山西平遥县西北二十五里。显州，寄汾州六壁城，今山西孝义县南十五里。……北齐在桑干河流域后侨置北边六州：北朔州，治马邑城，今山西朔县城关（现已改置朔州市朔城区）。北燕州，治怀戎，今河北涿鹿县西南七十里。北蔚州，治灵丘，今山西灵丘县城关。北恒州，治平城，今山西大同市。北显州，治石城，今山西原平县北崞阳镇。北灵州，治武州城，今山西繁峙县城关。氏著：《北周地理志》，第1146—1153页。可见政区迁徙幅度之大。

对应的，是区域内城镇的废弃①。

一 唐代前期桑干河流域的荒残局面

关于隋代桑干河流域的城市状况，据《隋书·地理志》记载，大业三年（607）以后，大同盆地共设马邑一郡，辖四县：善阳、神武、云内和开阳。宣化盆地设怀戎一县，归治所在燕山以南的涿郡管辖，不要说与汉代的兴盛景象，就是与北魏时期相比也显得相当萧瑟。

而到了唐朝初年，情况变得更加严重。据《新唐书·地理志》记载，天宝年间，桑干河流域仅设鄯阳（朔州）、马邑、云中（云州）、兴唐（蔚州）、怀戎（妫州）② 五县。而马邑与兴唐二县还是开元年间新设的，可见在唐代初期时，桑干河流域仅设三县而已，而且这种稀疏的分布格局一直延续到开元年间才得到一定程度的缓解（详见后文）。在桑干河流域的历史中是很少见的，无论是与前代的两汉、北魏，还是与后代的辽、金、元、明、清相比，同样作为统一王朝的隋代到唐代前期，都是桑干河流域治所城市发展史中的低谷。

这种治所城市的稀疏分布格局，是由唐代前期的边疆形势、御边政策、士兵来源、战争组织制度与农牧业发展情况所决定的。

（一）唐代初年的边疆形势与唐代边疆战略的演变

隋朝末年，爆发了波及全国范围的大规模战乱。东突厥汗国再次崛起，"控弦百余万，北狄之盛，未之有也，高视阴山，有轻中夏之志"③。一方面遣军队侵扰边境地带，另一方面扶植各割据势力，积极插手干涉中原事务，郭子和、梁师都、刘武周、薛举、窦建德、王世充、李轨等军阀纷纷向突厥称臣。唐高祖李渊在太原起兵时，也为了保障后方安全与战马的供应，采取了"联突厥以制群雄"的策略，向东突厥称臣以换取对自己的支持。

大业十三年（617）二月，马邑郡（治今山西朔州）校尉刘武周杀太

---

① 《资治通鉴》记："周杨忠拔齐二十余城，齐人守陉岭之隘。"可见北齐在勾注山以北，主要是大同盆地西部和右玉—平鲁黄土高原地带设置了二十多个城镇，可惜今天由于史料所限，已无法尽知，而且这些城镇在这次战争之后已经基本都被破坏殆尽了。《资治通鉴》卷169，第5297页。

② 《新唐书》卷29《地理志三》，第1006—1007、1022页。

③ 《旧唐书》卷194《突厥传》，第5153页。

守王仁恭，举兵作乱，北连突厥，自称定杨可汗①，占据整个大同盆地。并以此为基地向南进攻，甚至打下唐的起家之地太原。

武德三年（620）唐朝通过外交手段，促使东突厥处罗可汗出兵助唐平定刘武周，收复了太原。但（处罗可汗）"又留伦特勤，使将数百人，云助（并州总管李）仲文镇守，自石岭以北，皆留兵戍之而去"②。《元和郡县图志》记载，"石岭镇，在（阳曲）县东北七十里"③，也就是今天太原盆地以北的地区，包括大同盆地，都被突厥占领。

随着唐削平群雄，统一中原，逐渐损害了东突厥利用中原分裂战乱以猎取渔人之利的策略，东突厥汗国开始与唐关系恶化。多次率军攻唐，并扶植军阀苑君璋、高开道等势力作为其控制桑干河流域的代理人。由于唐与突厥之间的军事劣势，即使夺回马邑等重要据点，突厥骑兵依然奔驰在代北谷地，并多次进犯朔州、代州，争夺马邑，甚至屡次侵扰到太原。一直到武德九年（626），唐军只能采取守势。

武德贞观之际，东突厥爆发大规模内乱，原臣服于斯的铁勒等部群起反抗突厥统治，"武德九年（626），延陀、回纥等诸部皆叛，攻破欲谷设"④。贞观元年（627），"阴山以北薛延陀、回纥、拔也古等余部皆相率背叛，击走其欲谷设"⑤。贞观初，"突厥颉利可汗部落五月霜降"⑥。属部的叛乱与严重的自然灾害促使东突厥汗国开始解体，大乱不止。贞观元年五月乙丑，"常［恒］安贼帅苑君璋以众来降，拜隰州都督。君璋初为刘武周腹心，武周（死），又归突利可汗。后见颉利政乱，灾异屡起，知其必败，乃率所部来降。颉利遣兵追蹑，逆击走之"⑦。苑君璋降唐后，"封国公，邑三千户，赐帛四十匹"⑧，如此高的待遇，可见唐对代北地区军事价值的重视。

贞观三年（629），东突厥进一步土崩瓦解，唐太宗"诏游击将军乔

---

① 《隋书》卷4《炀帝纪》，第92页。
② 《资治通鉴》卷188，第5885页。
③ 《元和郡县图志》卷13《河东道二：太原府》，第375页。
④ 《旧唐书》卷109《阿史那社尔传》，第3289页。
⑤ 《旧唐书》卷194《突厥传》，第5158页。
⑥ 《太平御览》卷878《咎征部》，第3900页。
⑦ 《册府元龟》卷164《帝王部：招怀二》，第1982页。常安即恒安，为避宋讳而改。
⑧ 同上。

师望赍册书,拜夷南［男］为毗伽可汗,居大漠之北、俱伦水南"①,正式与薛延陀结盟。是年十一月,"以行并州都督李勣为通汉［漠］道行军总管、兵部尚书李靖为定襄道行军总管、华州刺史柴绍为金河道行军总管、灵州大都督任城王道宗为大同道行军总管简校幽州都督、卫孝节为恒安道行军总管兼管州都督、薛万彻为畅武道行军总管,分道出师以击突厥"②。其中李靖"率骁骑三千,自马邑出其不意,直趣恶阳岭以逼之"③,一举袭破东突厥牙帐,并俘虏颉利可汗,称雄一时的东突厥汗国就此覆灭。

贞观四年(630),在如何安置东突厥降户的问题上,唐廷内部进行了激烈的争论④。各方意见可以归纳为三种。一是主张将突厥人迁入内地,改变原来的生活方式,从事农耕,从而"化胡虏为农民,永空塞北之地"。二是严守华夷之别,主张将突厥降众遣回河北(黄河北河之北),任其自生自灭。第三种意见就是温彦博提出的,依照东汉初年故事,把突厥部落安置在河套地区。

从唐初的国势与周边形势角度来考虑,如果实施第一种意见,十万突厥人进入中原腹心地区,经济、文化和生活上的巨大转变势必会导致激烈的冲突⑤,唐朝政府必须花大力气监控和管理。

如果实施第二种意见,把突厥人赶回草原,那么必然要派重兵把守边境,以防止突厥人重新壮大后再次侵犯中原。"而且,从当时的实际情况来看,这种意见与客观形势也是相脱离的。在突厥最终破灭之前,以薛延陀为首的铁勒诸部已经完全控制了漠北,与唐朝建立了臣属的关系,如果将突厥余部迁回黄河以北、大漠以南的地区,必将会引起大漠南北形势的变动,导致新的战争"⑥。

这两种意见都必然导致两个严重后果:一是唐朝要派遣重兵,或监视

---

① 《册府元龟》卷964《外臣部:封册一》,第11337页。
② 《册府元龟》卷985《外臣部:征讨四》,第11564页。
③ 《册府元龟》卷350《将帅部:立功一〇》,第4236页。
④ 吴玉贵:《突厥汗国与隋唐关系史研究》,中国社会科学出版社1998年版,第227页。
⑤ 《旧唐书》卷194《突厥传》载,颉利被唐朝俘虏后"郁郁不得志,与其家人或相对悲歌而泣。帝见羸惫,授虢州刺史,以彼土多麋鹿,纵其畋猎,庶不失物性"。可见唐廷很清楚突厥人不适应中原气候和生活方式。第5159页。
⑥ 《突厥汗国与隋唐关系史研究》,第238页。

内迁的突厥人，或出兵大漠，扶植突厥余部抵御薛延陀的兼并和驱赶；二是无论突厥人被汉化为农民，还是重新回到草原，唐朝都势必无法得到这支强悍的骑兵。

突厥人虽然被唐朝打败，但作为游牧民，本身就是一支强大的武装力量。唐建国前后，周边先后崛起多个组织严密的国家政权，唐太宗必须考虑多线作战的需要，而如果采用第三种意见，唐朝的军队既不会被牵制在北方边境，又能有效地利用突厥的军事力量。这种全盘战略考虑可以追溯到隋炀帝时期：大业三年（608）四月，突厥启民可汗上表，请求"依大国服饰"，而隋炀帝"以为碛北未静，犹须征战"，希望突厥骑兵保持战斗力，而拒绝了启民可汗的要求①。

对温彦博的主张进行补充和明确化的，是李大亮于贞观四年（630）提出的建议："中国百姓，天下本根；四夷之人，犹于枝叶。……其自竖立称藩附庸者，请羁縻受之，使居塞外，必畏威怀德，永为蕃臣，盖行虚惠，而收实福矣。"② 李大亮的陈述将羁縻制度的出发点和目的都明确表达出来，也就是围绕保障"中国百姓"的利益这个中心，用"羁縻"的政策，使唐朝政府从突厥乃至所有周边族群处都能收到"实福"。

最后唐太宗采纳了温彦博的意见，将突厥余部安置到边疆的半农半牧地区，使其"不离本俗"，既保持突厥人的部落组织和传统的畜牧业生产方式，又可以将这支强大骑兵收归唐政府所用，平时替唐捍翼北部边境，牵制薛延陀等铁勒势力的扩张，需要大规模用兵时又可以随时调集。

从这一方针出发，自贞观四年开始，由突厥降众开始，唐朝先后设立了近1000个羁縻府州③，构成唐帝国边境地区的主要组成形式。

（二）唐初的士兵来源和战争组织方式

唐前期沿袭西魏北周的府兵制，府兵分隶各折冲府，"其府多因其地，各自为名，无鹰扬之号。凡五百七十四府，分置于诸州，而名隶诸卫及东宫率府"④。府兵的首要任务是宿卫⑤。所以在唐前期，府兵为中央兵

---

① 《隋书》卷84《突厥传》，第1874页。
② 《旧唐书》卷62《李大亮传》，第2388—2389页。
③ 刘统：《唐代羁縻府州研究》，西北大学出版社1998年版，第29页。
④ 《通典》卷29，中华书局1988年版，第810页。
⑤ 方积六：《关于唐代募兵制度的探讨》，《中国史研究》1988年第3期。

非地方兵。诸折冲府虽在诸道诸州，但不属于诸州①。

唐朝前期的军事制度是以平时体制与战时体制相分离为特征的。像府兵、禁军、镇戍这些军事组织主要是在平时发挥作用，遇有战争并不直接投入征战，而是以提供兵员的形式编入行军，行军则是战时的军队组织。仪凤年间以前，由于唐王朝国力强盛，而周边诸族相对衰落，唐王朝处于明显的优势地位，因此每当战略目标确定，就迅速抽调兵员，组成大规模行军，迅速组织战争，由临时任命的大总管指挥军队前往征讨。②一旦达到目的取得胜利之后，除留下部分兵力用于镇守外，旋即退军并解散行军。由于府兵以番上宿卫为主，所以唐代前期的大规模行军，其军队主体为召集的兵募与番兵。这一时期相继攻灭突厥、高昌、焉耆、于阗、龟兹、薛延陀、高丽、百济的军事胜利就是多次组织行军的结果。由于唐初战功辉煌，四处用兵，兵力已然不敷使用，羁縻部众也不堪调遣③，即使边境有警，也不过是依托险要地带组织防御反攻而已。这种战术的好处是有利于集中兵力，机动性强；缺点是一旦外围军事失利，边疆局势就不好收拾，内地防御压力极大。

正因为唐代每次军事行动的兵员来源，以兵募与番兵为主体，而州县无兵，与西汉各郡县都训练军队，战争时从全国各郡县抽调集中不同。而且唐代前期由于一连串辉煌的军事胜利，所以更重视机动性的主动军事打击，并不像西汉时期更重视依托层层防御体系组织边防。即使在后突厥汗国复兴，重新威胁唐王朝边境安全时，唐廷仍不倾向于在北部边疆工事建设上投入太大精力。《龙筋凤髓判》中提到这样一个判例：将军任季状称："于蔚州飞狐口累石墙，灌以铁汁，一劳永逸，无北狄之忧。"而驳回的判词为："昔汉屯上谷，未遑中权；秦筑长城，惟闻下策。乃欲出塞杜贼，闭碃防胡，累之以石墙，灌之以铁汁。长兹

---

① 王永兴：《唐代前期军事史略论稿》，昆仑出版社2003年版，第53页。
② 参见孙继民《唐代行军制度研究》，台北：文津出版社1995年版。
③ 马长寿引突厥《阙特勤碑》和《苾伽可汗碑》文中就透露出降唐的东突厥部众面对越来越多，路途越来越远的征讨命令的厌倦和不满。"突厥臣事大唐天子者凡五十年。为大唐天子先征东方之高丽王；次征西方，至于铁门，其间各地悉尊大唐天子而行其国之法度。突厥一般黑民（Kara budun）皆我之国民也。皆言我国安在？我等为何国征伐？我等乃自有其可汗之人民，今我可汗安在？我等所臣事之可汗为谁？彼等既有此悟心，遂起而与大唐天子为敌。既与为敌，遂宣告独立，但一再失败。唐国不只不助我等，且愿屠杀突厥人，绝其子孙。"马长寿：《突厥人和突厥汗国》，广西师范大学出版社2006年版，第59页。

贼气，沮我军容，生敌国之凶顽，示中州之怯懦。"① 这一判词阐明了唐中央的思路。

(三) 唐初桑干河流域的民族构成

据本书第一章分析，西汉建立之初就面对强大而统一的匈奴，匈奴单于是所有游牧民的统治者，"诸引弓之民，并为一家"②，由于国力上的差距，从汉高祖开始，对匈奴运用和亲、开关市等示好策略与徙民实边、建设城镇、边堡防御体系结合的方法，来尽量消除匈奴入犯的威胁。在西汉前期，桑干河流域始终在汉廷的控制之中，而且由于徙民实边的政策，当地居民始终保持在一定数量。

唐代情况有所不同。经过北魏末年和北齐时期的大破坏，桑干河流域的经济基础遭到严重打击，人口稀少，隋代马邑郡仅有4674户③，怀戎县所在的涿郡共统九县，84059户，平均下来一县约为9340户④，与安次、固安等河北平原上的城市相比，位于桑干河流域的怀戎县人口应该低于这个平均数字。与西汉雁门、上谷、代三郡总共165917户，689970口相比⑤，不啻天渊。

隋唐时期桑干河流域内国家控制人口如此稀少，除前面提过的战略考虑之外，另一个重要原因是隋唐两代中央政府将桑干河流域作为安置归附的游牧部众的地区之一，本地区内部有众多游牧部落居住，游牧经济占主导地位。

开皇七年（587）正月，"沙钵略遣其子入贡方物，因请猎于恒、代之间。又许之，仍遣人赐其酒食"⑥，桑干河流域成为突厥游牧民的牧场。唐代初期击败东突厥汗国后，统率众多游牧部落，桑干河流域更是安置降服诸部的场所，甚至勾注山以南也有突厥部落游牧。思结部落就是一个典型的例子。该部落有四万余众，在贞观四年（630）三月，由首领俟斤率

---

① （唐）张鷟撰，田涛、郭成伟校注：《〈龙筋凤髓判〉校注》卷3，中国政法大学出版社1996年版，第120页。
② 《史记》卷110《匈奴列传》，第2896页。
③ 《隋书》卷30《地理志》，第853页。
④ 同上书，第857页。
⑤ 《汉书》卷28《地理志》，第1621—1623页。按：三郡有几县不在桑干河流域范围内，但不影响整体结论。
⑥ 《隋书》卷84《突厥传》，第1870页。

领降唐，先安置在朔州，贞观五年（631）已辗转进入忻州，最后又转移到代州（今山西代县），直至贞观十五年（641）叛唐。① 突厥游牧部落进入桑干河流域的运动一直持续到唐高宗与武则天在位期间，史载"咸亨中（670—673），突厥诸部落来降附者多处之丰、胜、灵、夏、朔、代等六州，谓之降户"②。今天桑干河流域的大同、朔州和蔚县地区都是安置突厥降户的区域。开元三年（721），在后突厥汗国的压迫下，九姓铁勒入塞。"时突厥九姓新来内附，散居太原以北，嘉贞奏请置军以镇之，于是始于并州置天兵军，以嘉贞为使。"③ 太原以北，应该就是朔、代二州，也就是说，桑干河流域西部都成为九姓部落活动的范围。本地区具体的安置措施如下：

> （开元）六年（718）二月戊子，制曰：戢兵始于威武，扼险先于要害。以制憬俗，用绥远人。九姓等顷立勋庸，先除桀骜；列在蕃服，保其疆宇。然而犷戎颇近，寇盗时侵。虽文德未弘，武备素设；汉垣通于句注，夏屋枕于燕山；是称近胡，谅藉遮庌。固可节其万部，成犄角之形；屯我六师，示张皇之势。其蔚州横野军宜移于山北古代郡大安城南，仍置汉兵三万人，以为九姓之援。拔曳固都督颉质略等并望雄蕃绪，声振朔垂；戎略既昭，兵旅惟缉；各陈武列，分统军政。颉质略出马骑三千人，充横野军讨击大使。（同罗都督毗伽末啜出马骑二千人。充横野前军讨击大使。）同罗［霫］都督比言出马骑二千人，充横野后军讨击大使。回纥可汗都督移健颉利发出马骑一千人，充大将［武］军右［左］军讨击大使；仆固都督曳勒哥出马骑八百人，充大武军右军讨击大使。左萦右拂，先偏后伍；作捍云、代，指清沙漠。宣威料敌，度功藏务；咨尔庶士，称朕意焉。其五都督讨击大使各量给赐物一百匹，领本部落蕃兵。取天兵军节度其兵，有事应须讨逐、探候量宜追集；无事并放在部落营生。并使本军存

---

① 《突厥汗国与隋唐关系史研究》，第 254—255 页。
② 《旧唐书》卷 144《突厥传》，第 5168 页。
③ 《旧唐书》卷 99《张嘉贞传》，第 3090 页。

问，务使安辑，应修筑所及支运兵马粮等，所司亦与节度使商量处置。①

从上面所引诏书来看，九姓铁勒的部众仍然以部落为组织形式，其酋长虽然接受唐朝官职，受唐朝节制，但对部众的控制不受影响。

这一点可以从紧接着的另一件事得到证实：

> （开元）八年（720）秋，朔方大使王晙诛河曲降虏阿布思等千余人。时并州大同、横野等军有九姓同罗、拔曳固等部落，皆怀震惧。（张）说率轻骑二十人，持旌节直诣其部落，宿于帐下，召酋帅以慰抚之。副使李宪以为夷虏难信，不宜轻涉不测，驰状以谏，说报书曰："吾肉非黄羊，必不畏吃；血非野马，必不畏刺。士见危致命，是吾效死之秋也。"于是九姓感义，其心乃安。②

张说其时为并州大都督府长史、天兵节度大使③，对九姓铁勒却只能靠恩义手段笼络，说明唐廷不能对其部众进行垂直管理，游牧部落组织依然存在。

可以想见，如此众多的部落政权分布在桑干河流域内，很难给定居农业容留存在的空间。在其后很长一段时间内，盆地内将以游牧经济为主。《新唐书》记载宇文融等陷害张说时，曾提到"市权招赂，擅给太原九姓羊钱千万"④，太原九姓即安置在太原以北，以并州天兵军节制的九姓铁勒，"羊钱"，当即安置诸部的费用，钱与羊连写，无论以钱易羊，还是以羊来计算钱数，都足以说明当地的游牧经济状态。

总之，唐代初期袭破东突厥政权，取得了军事上的主动与一连串的战果，使得边疆形势并不紧迫。再加上唐代早期军事上以府兵制为主导，州

---

① 《册府元龟》卷992《备御》，第11651—1662页。据《移蔚州横野军于代郡制》校正，《全唐文》卷21，中华书局影印，1982年，第251页。括号内为《册府元龟》所遗漏，而据《全唐文》补充的词句。

② 《旧唐书》卷97《张说传》，第3052页。

③ 同上。

④ 《新唐书》卷125《张说传》，第4409页。

县无兵，军事行动以临时组织府兵、募兵和番兵行军为主要形式，并不重视边疆防御工事与体系的建设。同时，唐廷将降伏的游牧部落安置在桑干河流域，导致这一地区成为牧民驰骋纵横的畜牧地带。正是因为唐代与汉代不同的边疆形势、军事制度和御边政策，才使得同为统一帝国的中原王朝，与汉代城邑相望，阡陌纵横的景象迥异，唐代前期桑干河流域体现出相当荒残的状况。

二 桑干河流域军镇体系的建立

（一）形势的剧变与唐代御边体制的变化

调露元年（679）十月，（单于大都护府）"二十四州首领并叛"①，唐廷"令将军曹怀舜率兵往恒州守井陉……以备突厥"②，仍然不在桑干河流域布防。永淳元年（682）后突厥汗国成立，大举攻唐，大同盆地成为突厥骑兵纵横驰骋之地，战火甚至波及山西勾注山以南地区和河北平原。圣历元年（698），突厥大规模攻打唐朝，其中一路"自恒岳道"③，绕过蔚州飞狐县（今河北涞源），连下定、赵等州。④ 并"从五回道而去"⑤，依然取道蔚县盆地沿大同盆地而归。

随着边疆形势的紧张，旧有的临时行军制度已经越来越不适应御边的需要，在边境地区大规模驻军成为必然的选择。

王永兴先生指出："默啜为可汗之始，即侵犯唐疆，此后十五年（至景龙二年）是东突厥最强大也是对唐侵掠最严重的时期。在这样严峻的形势下，边防常驻军（定期番代）的朔方大总管体制（朔方节度前身）出现了。"⑥ 据《资治通鉴》记载，中宗景龙二年（708）三月丙辰，"朔方道大总管张仁愿筑三受降城于河上。……仁愿表留岁满镇兵以助其功，咸阳兵二百余人逃归，仁愿悉擒之，斩于城下"⑦。

---

① 《旧唐书》卷5《高宗纪》，第105页。
② 同上。
③ 《旧唐书》卷77《阎立德传》，第2680页。
④ 《旧唐书》卷6《则天皇后传》，第127页。
⑤ 《旧唐书》卷89《狄仁杰传》，第2891页。
⑥ 王永兴：《论唐代前期朔方节度》，氏著《唐代前期西北军事研究》，中国社会科学出版社1994年版，第299页。
⑦ 《资治通鉴》卷209，第6620—6621页。

唐长孺先生对这一转变做这样的评述:"唐代前期在边境要地设置军镇,改变了分散单弱的传统镇戍制度。为了适应新的边境形势,为了巩固边防避免调发之烦,需要有常备的边防军,还需要有常任的统率本地区诸军镇的军事长官。这类长官的名号不一,以后一律称为节度使。由分散而集中,从临时到久任,其演变过程就是大军区设置的经过。"①

从空间上来看,三受降城的建筑与军镇体系的设置,意味着唐廷改变了初期将农牧交错地带视为单纯的战场和安置归附部族地区的策略,开始在农牧交错地带建设以军镇节点的防御体系。具体到桑干河流域,就是突破了以往朔州—勾注陉—飞狐县(今涞源)—怀戎县这一防线,在桑干河流域内修筑军城,并依托军城设置郡县,建立永久的控御基地。

本书将逐一对唐代在桑干河流域内设置的军城和州县进行复原,以求探索这一时期城市发展的大势与规律的足够可靠样本。

需要指出的是,唐代在桑干河流域设置众多军、镇、守捉等边防军事单位,但很多已无法确定其位置,对于讨论城址的变迁并无帮助,所以下文中只陈列复原成功的城址,而非对唐代桑干河流域军城设置做一个整体的叙述。

(二)唐代桑干河流域军城的复原

1. 河东节度使所辖军城

(1)大同军城(马邑县城、天宁军城)

《唐会要》记载:"大同军,置在朔州,本大武军。调露二年,裴行俭改为神武军。天授二年,改为平狄军。大足元年五月十八日,改为大武军。开元十二年三月四日,改为大同军。"② 《元和郡县图志》则记载:"大同军,雁门郡北三百里,调露中突厥南侵,裴行俭开置,管兵九千五百人,马五千五百匹。"③

裴行俭在桑干河流域的活动,是从调露元年(679)年底开始的。是年,突厥阿史德温付反叛,唐廷派兵三十万平叛,俱受裴行俭节度,裴行俭先到朔州,最后于调露二年(680)三月,在黑山取得决战的胜利。裴行俭既为此次大规模行军的统帅,又以朔州为根据地,在朔州设置神武军

---

① 唐长孺:《魏晋南北朝隋唐史三论》,武汉大学出版社1993年版,第431—432页。
② 《唐会要》卷78《节度使》,上海古籍出版社1991年版,第1687页。
③ 《元和郡县图志》卷13,第362页。

是符合情理的。《唐会要》"调露二年，裴行俭改为神武军"和《元和郡县图志》"调露中突厥南侵，裴行俭开置"的两处记载有矛盾，很有可能是此军本就存在，但裴行俭将其改为神武军，并安置在了朔州境内。

关于大同军的位置，《唐会要》仅说它"置在朔州"，并不确知是否在州城，也就是汉魏马邑城——唐至明清的朔州城。武则天时期，宋祯任平狄军大使兼朔州刺史①，则此军当时似应置在州城内。《元和郡县图志》记载："马邑县，本鄯阳县地，开元五年，分鄯阳县于州东三十里大同军城内置马邑县。"② 从这条记载来看，至迟到开元五年（746），此军的军城就应该已建成。而开元五年是否有大同军之名，可能系后世追溯之语，不必细究。

今朔城区神头镇有马邑村，城址保存完好，今城系明代所筑，即明清马邑县城。根据实地考察观测，城墙完全为明代修筑，土质匀净，并非在古城址上翻建。马邑城址西南有一古城址，在下西关村东，与马邑城隔桑干河而望。根据实地踏勘的结果来看，城西南角最为醒目，呈锐角，西墙夯层可辨，地面上可拾取碎砖瓦。

据《大明一统志》记载，"马邑县……五代时，唐置寰州及寰清县，辽罢为马邑县，金置固州，元州废县存，本朝因之"③。《云中郡志》则载："寰州城，马邑县关西迤南。五代唐置寰州，辽改为县，城址具在。"④ 而《朔平府志》则云"古寰州城，在县西关迤南，五代唐明宗置寰州，辽罢州为县，即其旧址"⑤。嘉庆《大清一统志》则更明确了"寰州故城"的方位，"在朔州东马邑乡西关灰河南岸"⑥。寰州，《资治通鉴》胡注载："后唐明宗天成元年，以兴唐军置寰州，领寰清一县，隶应州彰国节度"⑦，《新五代史·职方考》有寰州，后唐明宗置，后晋入契丹⑧，与《大明一统志》相符。《辽史》《金史》《元史》的《地理志》

---

① 中国社会科学院考古研究所河南第二工作队：《河南偃师杏园村的六座纪年唐墓》，《考古》1986年第5期。
② 《元和郡县图志》卷14，第408页。
③ 《大明一统志》卷21，第2页。
④ 《云中郡志》卷2《方舆志：古迹》。
⑤ 雍正《朔平府志》卷3《方舆：古迹》。
⑥ 嘉庆《大清一统志》卷148《朔平府：古迹》。
⑦ 《资治通鉴》卷280，第9154页。
⑧ 《新五代史》卷60，第723页。

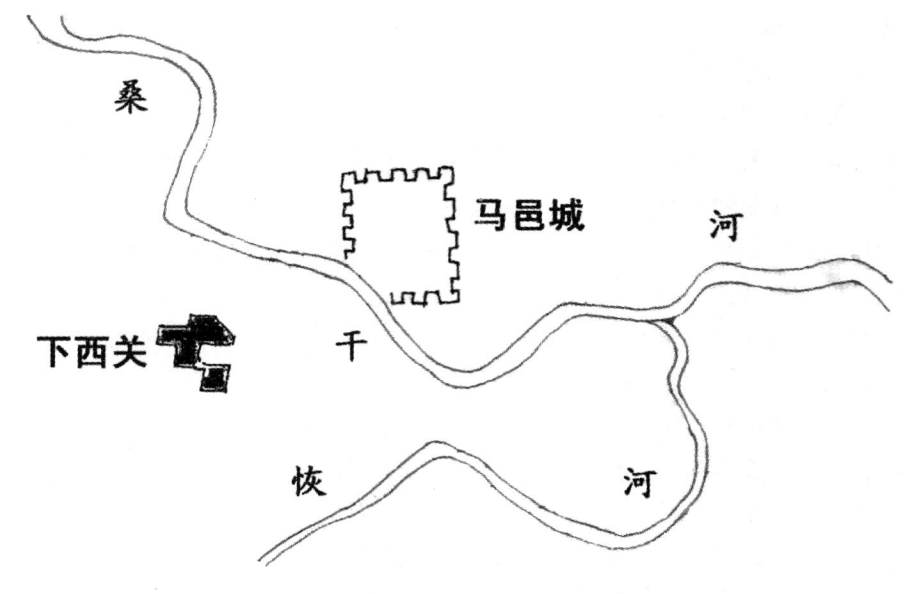

图 3-1　马邑与下西关城址位置图

都只有马邑县，属朔州管辖①，并无寰州与寰清县。辽统和四年（986），北宋大举攻辽，"连拔云、应、寰、朔四州"②，辽"寰州刺史赵彦章以城叛，附于宋"③，之后便无寰州的记载。则寰州系后唐明宗时置于马邑县无疑，辽统和后废州存县。

《宣大山西三镇图说》马邑城下记载"本城土筑于洪武十六年（1383）"，④ 则今马邑城应修筑于明代初期，这与考察观测所得相符。那么，下西关的"古寰州城"，应该就是开元五年之前修筑的大同军—马邑县城，此城沿用至元代，至明初废弃转移到今马邑城。

关于天宁军城，据《旧唐书·宣宗纪》载：大中十二年（858）闰二月，"以河东马步都虞候段戍为朔州刺史，充天宁军使，兼兴唐军沙陀三部落防遏都知兵马使"⑤，揭示了朔州境内天宁军的存在。

---

① 《辽史》卷41，第514页；《金史》卷24，第568页；《元史》卷58，第1376页。
② 《宋史》卷272《杨业传》，第9304页。
③ 《辽史》卷11《圣宗纪二》，第120页。
④ 《宣大山西三镇图说》，第314页。
⑤ 《旧唐书》卷18下，第644页。

贞元二年（786）所立的《张嘉宾墓志》中言及其子令贲任天宁军副将。《周望墓志》则载，长庆三年（823）"权窆于朔州天宁军城西北三里平原"。而《张宗谏墓志》则曰："天祐十年正月十九日，终于天宁私室。……天祐十三年□□□四月乙酉朔日，葬于军城之西北□五里，马邑县□□乡和戎里思马之原。"①

由上面三则墓志，我们能够知道，天宁军至迟贞元二年便已存在，至迟长庆三年便已位于朔州境内，而且一直到唐末的天祐十三年，都一直在朔州辖境范围中。军城西北五里即为马邑县某乡，则军城应在马邑县境内。颇疑天宁军即置于县城内。

元载《朔方河东河西陇右节度使御史大夫赠兵部尚书太子太师清源公王府君（忠嗣）神道碑铭》记载，"公始以马邑镇军。守在代北。……城大同于云中"②，则天宝年间，大同军已迁至云州。与墓志相对照，很有可能大同军迁走之后，天宁军进驻马邑县城。

（2）横野军城（蔚州治兴唐县城）

此城即后世之蔚州城，今天的蔚县城，而要弄清楚横野军城的情况与位置，必须从后世史料出发，向前逆推。

蔚州设立于唐代，历经沿用，发展为今天的蔚县。由于存世史料中并无关于唐至元代蔚州城具体地理位置的材料，而从明代至今的方志则明确记载今天的蔚县县城一直沿袭明清蔚州城，所以研究蔚州城的沿革，应从明代开始，向前代逆推。关于明代蔚州城的修筑，正德《宣府镇志》记载："蔚州卫城，……后周大象二年筑，洪武七年，指挥周房□旧重筑，砖石包砌。"③嘉靖《宣府镇志》记叙蔚州城修筑过程基本与正德《宣府镇志》相同，同时又有增补："国初，太傅徐公达遣都督张温统兵至境，元臣楚宝善全城归附。……岁壬子（洪武五年），德庆侯廖公允中辟土为城，方以里计者七。……甲寅（洪武七年）……卫指挥周房乃因旧址筑城。"④

综合这两部明代方志的记载，我们大体可以勾勒出明初修城的经过：洪武五年（1372），廖允中修筑蔚州土城；洪武七年（1374），周房在土

---

① 《隋唐五代墓志汇编》（山西卷），天津古籍出版社1991年版，第141、153、178页。
② 《全唐文》卷369，第3752页。
③ 正德《宣府镇志》卷五《城堡》，嘉靖增修本，线装书局2003年版。
④ 嘉靖《宣府镇志》，台北：成文出版社1970年影印本，第96页。

城基础上包砖。元代蔚州是否有城墙，史无明载，唯一可以肯定的，是明代蔚州城的位置，应该和元代重合。

元代以前的情况，排比《元史》《金史》《辽史》的地理志中相关内容①可知，元代蔚州（灵仙县），金代蔚州灵仙县、辽代蔚州灵仙县，依次相继，承袭自唐代蔚州附郭安边县。那么，今天的蔚县城，也就是明代的蔚州城，就应该是由唐代蔚州安边县城发展而来。

《元和郡县图志》记蔚州兴唐县沿革为：

> 兴唐县……本灵丘县也，开元十二年于州东北一百三十里横野军子城南置安边县，属蔚州，天宝元年改为安边郡，仍自灵丘移州理于安边城。至德二年改为兴唐郡，仍改安边县为兴唐县。②

按《隋书·地理志》，雁门郡灵丘县"后魏置灵丘郡③，后齐省莎泉县入焉。后周置蔚州，又立大昌县。开皇初郡废，县并入焉。大业初州废"④。《元和郡县图志》蔚州灵丘县下补充唐代沿革为"隋末陷贼，武德六年又置灵丘县，属蔚州"⑤。

由上面三则史料，我们可以梳理出灵丘县和兴唐县之间的关系：灵丘县自东魏天平二年（535）之前便已设立⑥，历经北齐、北周、隋、唐不变，从北周开始成为蔚州的州治所在。开元十二年（724），在灵丘县城东北一百三十里的横野军子城南置安边县，属蔚州。天宝元年（742），改蔚州为安边郡，把治所从灵丘县迁徙到安边县。至德二年（757），又把安边郡改为兴唐郡，郡治安边县改称为兴唐县。那么，《元和郡县图志》中所说的兴唐县，"本灵丘县也"，应是"本灵丘县地"之讹。而明清乃至现代

---

① 《元史》卷58《地理志》，中华书局1976年版，第1351页。《金史》卷24《地理志》，中华书局1975年版，第569页。《辽史》卷41《地理志》，中华书局1974年版，第512页。
② 《元和郡县图志》卷14《蔚州》，第405页。
③ 《魏书》卷106《地形志》系灵丘、莎泉二县于北灵丘郡下，灵丘郡、北灵丘郡俱于天平二年置，属恒州。《魏书》，中华书局1974年版，第2498页。
④ 《隋书》卷30《地理中》，第853页。
⑤ 《元和郡县图志》卷14《蔚州》，第405页。
⑥ 《魏书·地形志》载："灵丘，前汉属代，后汉、晋罢，后复属。"《魏书》卷106，第2498页。

方志中将蔚州城的筑城历史上溯到北周大象二年（580）①，应该也是受《元和郡县图志》把周宣帝设置的蔚州错误地记在兴唐县下的影响。②

关于横野军，《唐会要》记载："横野军初置在飞狐，复移于新州。开元六年六月二十三日张嘉贞移于古代郡大安城南。以为九姓之援。"③ 敦煌本《诸道山河地名要略》记载："蔚州……横野军在州东一百卅里。"④《通典》也记载："横野军，安边郡东北百四十里，开元中河东公张嘉贞移置。"⑤ 这里面提到的"蔚州"和"安边郡"，指的应该是蔚州原治所灵丘县。与前引《元和郡县图志》兴唐县下记载的"开元十二年，于州东北一百三十里横野军子城南置安边县"的史事相符。

综合上面的梳理与分析，我们可以清楚地知道，今天蔚县城的筑城历史，最早能追溯到开元六年（718），也就是横野军在此地设立的年代。

需要注意的是，明清方志只记载明初筑城后的城池情况，对明代之前，只谈政区沿革。所以在梳理蔚州城沿革过程之后，下一个需要解决的问题，就是从唐代到元代，这座城市的位置是否有过迁徙？前面所引开元六年《移蔚州横野军于代郡制》中提到："其蔚州横野军宜移于山北古代郡大安城南"，"代""大"音同，"大安城"疑即"代王城"，与位于代王城西南的今蔚县大体方位相符。

近年以来，在蔚县县城出土了一批唐代墓葬，为我们确定古城的位置，提供了切实有力的证据，现分别节录如下：

蔚县体育场出土：

> M1墓志："公贯代州雁门县人也……以贞元元年季春月甲午日终矣……权殡于蔚州城东南二里。"
>
> M2墓志："以兴元元年（784年）十月廿三日春……权殡蔚州

---

① 参见《蔚县志》，中国三峡出版社1995年版，第40页；韩立基：《历史文化名城——蔚州》，《文物春秋》1995年第2期；李秋香：《蔚州铁城》，《紫禁城》2008年第11期。

② 《元和郡县图志》卷14《蔚州》，第404页。

③ 《唐会要》卷78《节度使》，上海古籍出版社1991年版，第1687页。

④ 《诸道山河地名要略》，罗振玉《鸣沙石室佚书正续编》，北京图书馆出版社2004年版，第282页。

⑤ 《通典》卷172《州郡》，第4481页。

城东二里平原。"①

蔚县一中出土：

　　M3 墓志："唐河东横野军都虞候清河张公故夫人陇西李氏墓志铭并序：有唐会昌元年闰九月十五日，清河张公夫人陇西李氏寝疾，终于蔚州兴唐县郡居里。……以其月廿五日从家祲引，达于州南二里平原。"

　　M11 墓志："大中十年四月十三日，迁葬于安边郡州东南堡子村头陁庄东北三里平原……"②

前三座墓葬，安葬地点都是州城东、东南或南二里，蔚县一中 M11 号唐墓记为"州东南堡子村头陁庄东北三里平原"，可知州城应该也在该墓的西北方位，M11 与 M3 号墓相距不远，都在蔚县一中附近，安葬年代也接近，可见这四部墓志中提到的州城，其位置是一致的。墓葬与蔚县城位置关系见图 3-2。

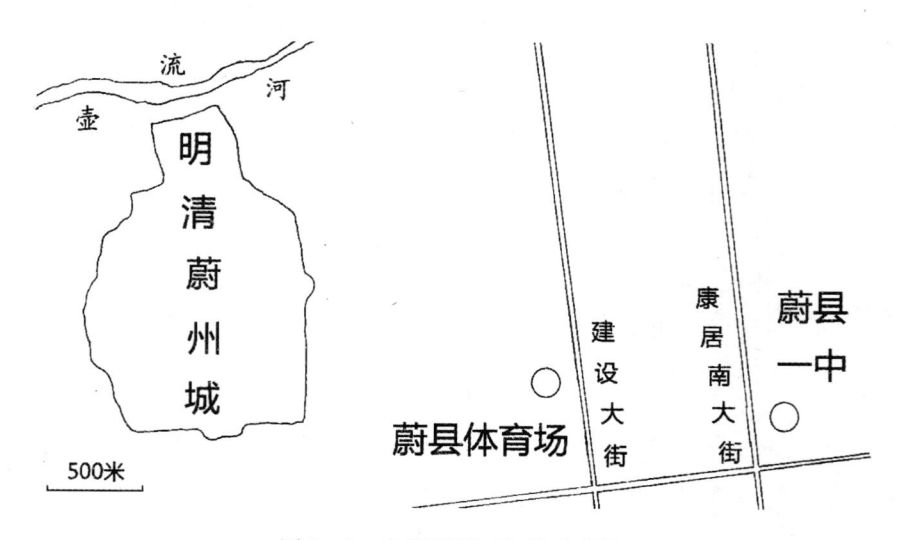

图 3-2　唐代墓葬区位置示意图

---

① 蔚县博物馆：《蔚县发现唐代墓葬》，杨海勇执笔，《文物春秋》2006 年第 3 期。
② 蔚县博物馆：《蔚县一中唐墓发掘简报》，《文物春秋》2007 年第 2 期。

由图 3-2，我们可以看到，两片墓葬地都在蔚县古城的东南方向，相距不远。"二里""三里"的数字或为当地墓志习语，不必细究，但大体方位是没有错的。从地形条件来看，蔚县城紧靠壶流河南岸，而壶流河北岸为低山丘陵区，并不适宜发育城市，也未有古城遗迹发现。那么北有河流限制，南有墓葬锁定方位，我们可以认定，今天的蔚县城，就是由这四座唐代墓葬的墓志中所提到的蔚州城发展而来。从唐代修筑横野军城和安边县城，到明代修筑蔚州土城并包砖，一直到今天，蔚州城的位置并未发生过转移。

静边军城

元载《朔方河东河西陇右节度使御史大夫赠兵部尚书太子太师清源公王府君（忠嗣）神道碑铭》有如下文字：

> 公始以马邑镇军守在代北，外襟带以自监，弃奔冲而麼国。河东乃城大同于云中，徙清塞横野，张吾左翼。朔方则并受降为振武，筑静边云内，直彼獯虏。巨防周设，崇墉万堵；开阳闭阴，拓迹爰土；藏山掩陆，磅礴固护。西自五凉，东暨渔阳；南并阴山，北临大荒。联烽接守，乘高掎要；塞风扬沙，绝漠起乌。悉数于瞬息，传致于晷刻。①

《资治通鉴》云：

> （天宝四载二月己酉）以朔方节度使王忠嗣兼河东节度使。……既兼两道节制，自朔方至云中，边陲数千里，要害之地，悉列置城堡，斥地各数百里。边人以为自张仁亶之后，将帅皆不及。②

又《新唐书·王忠嗣传》记载：

---

① 《全唐文》卷 369，第 3752 页。《金石萃编》卷 100，光绪十九年上海宝善石印本。
② 《资治通鉴》卷 215，第 6863—6864 页。

> 因上平戎十八策：……筑大同、静边二城，徙清塞、横野军实之，并受降、振武为一城，自是虏不敢盗塞。……自朔方至云中袤数千里，据要险筑城堡，斥地甚远。自张仁亶后四十余年，忠嗣继其功。①

《旧唐书·王忠嗣传》记载：

> （天宝）四载，又兼河东节度采访使。自朔方至云中，缘边数千里，当要害地开拓旧城，或自创制，斥地各数百里。自张仁亶之后四十余年，忠嗣继之，北塞之人，复罢战矣。②

对比上面四则材料，我们可以知道，王忠嗣于天宝四载（745）在北方边境进行了一次较大规模的防御体系修筑工程。根据《旧唐书》的记载，工程包括"开拓旧城"和"自创制"，而静边军城的修筑年代由于史无明载，我们可以认为至迟到此时已有城，是否筑于天宝四载，无法遽断。

关于静边军城的位置，《元和郡县图志》曰：在云州城西180里③，据考古工作者发掘，军城在今山西省右玉县右卫镇④，右卫城至今大同市的直线距离为78公里左右，与《元和志》记载大体相符。根据本书前两章的梳理，汉雁门郡治善无城即叠压在明清右卫城下，而北魏时的善无郡城亦沿用此城。那么，如果报道确实的话，静边军城应是在汉善无城基础上增筑沿用，只是究竟是沿用周长8000米的全城，还是就其中一部分增筑使用，尚未能确认。

静边军城修筑以后，一直是重要的军事据点。天宝十四载（755），叛军攻占静边城，同年，郭子仪充朔方节度使平叛，"举兵出单于府，收静边军，斩贼将周万顷"⑤。"大同兵马使薛忠义寇静边军，子仪使左兵马使李光弼、右兵马使高浚、左武锋使仆固怀恩、右武锋使浑释之等

---

① 《新唐书》卷133，第4553页。
② 《旧唐书》卷103，第3199页。
③ 《元和郡县图志》卷14，第409页。
④ 温作君、宋学阳：《破解千古之谜》，《太原晚报》2004年3月17日。
⑤ 《旧唐书》卷120，第3449页。

逆击，大破之，坑其骑七千。进围云中，使别将公孙琼严将二千骑击马邑，拔之，开东陉关"①，为唐河东军打通了交通路线。此战破坏了安禄山逾勾注，取太原，下永济，夹击关中的计划，一举扭转了河东战场的局面，为唐军日后下井陉、略河北扫清了道路。可见静边军位置之重要。

元和八年（813），"振武节度使李进贤不恤士卒，判官严澈，绶之子也，以刻核得幸于进贤。进贤使牙将杨遵宪将五百骑趣东受降城以备回鹘，所给资装多虚估；至鸣沙，遵宪屋处而士卒暴露；众发怒，夜聚薪环其屋而焚之，卷甲而还。庚寅夜，焚门，攻进贤，进贤逾城走，军士屠其家，并杀严澈。进贤奔静边军"②。胡三省引《唐末三朝见闻录》，记载乾符五年（878），沙陀兵变，李尽忠于正月"二十九日至静边军。三十日，筑却四面城门"③之事。可见静边军一直沿用至唐末，而且，既然李尽忠在静边军修筑城门，可见其必有城。自此之后，静边军一名不见于史籍，军城使用情况不详。

（3）天成军城

天成军，《新唐书·兵志》未收，《新唐书·宗室传》记载：德宗时，李说任职河东节度大使，"筑天成军，边备积完"④，则天成城应筑于德宗时期（780—805），天成军之设置应早于或与筑城同时。《新唐书·沙陀列传》还记载，景福初，"赫连铎众八万攻天成军"⑤，可见到唐末，天成军的建置仍在。

关于天成军城的位置，《元和郡县图志》载：云州"东至清塞城一百二十里，又东至天成军六十里"⑥；蔚州"北至天成军一百八十里"⑦。古人论里程，不可细究，我们能从史料中得到的信息是：天成军城与云州城和蔚州城距离大致相当，且西与云州城隔清塞军城，与清塞军城距离约为清塞军城与云州城距离的一半。

---

① 《资治通鉴》卷217，第6944页。
② 《资治通鉴》卷239，第7702页。
③ 《资治通鉴》卷253，第8198页。
④ 《新唐书》卷78，第3532页。
⑤ 《新唐书》卷218，第6161页。
⑥ 《元和郡县图志》卷14，第409页。
⑦ 同上书，第404页。

《辽史·地理志》记载：西京大同府"天成县……辽析云中置，在京北一百八十里"①；《金史·地理志》载："天成，辽析云中置。"② 明代于大同府以东筑天成卫城，即清代至今的天镇县城。除元代外，历代皆名为天成，其建置应该是稳定的。嘉庆《大清一统志》径云："天成军，今天镇县治"③，虽无法判断其根据，但因明代无"天成废县"的记载，也不云另筑新城，所以从逻辑上讲是合理的。

从方位上来看，今天镇县城西南距大同市直线距离约为80公里，南距蔚县城直线距离约74公里，西距今阳高县城约30公里④，与《元和郡县图志》记载相当符合。

2. 范阳节度使所辖军城

（1）清夷军城（妫州怀戎县城）

清夷军不见于《新唐书·兵志》中，《通典·州郡二》中记为："妫川郡城内。垂拱中，刺史郑崇述置。"⑤《唐会要·节度使》则记为："清夷军，垂拱二年，妫州刺史郑崇古奏置。"⑥ 比较这两则史料，郑崇述与郑崇古应系一人，清夷军的设置应该是在垂拱二年（686）。《太平寰宇记》与《旧唐书·地理志》有相同记载："（妫州）长安二年移治旧清夷军城。"⑦ 又《括地志》记载，"潘，今妫州城是也。"⑧ "上谷故城在妫州怀戎县东北百二十里"⑨。"釜山在妫州怀戎县北三里。"⑩ "阪泉今名黄帝泉，在妫州怀戎县东五十六里。……涿鹿故城在妫州东南五十

---

① 《辽史》卷41，第506页。
② 《金史》卷24，第565页。
③ 嘉庆《大清一统志》卷146《大同府：古迹》。
④ 《大清一统志》谓清塞军城在阳高县南，但并无材料佐证，故本书不予讨论。《中国历史地图集》将清塞军城置今阳高县城南侧相当接近的位置，不知是否另有所据。
⑤ 《通典》卷172，第4481页。
⑥ 《唐会要》卷78，第1691页。
⑦ 《太平寰宇记》卷71，第1427页。《旧唐书》卷39，第1519页。
⑧ 《史记正义》引以释《史记》卷1《五帝本纪》"代尧践帝位"句，《史记》，第44页。
⑨ 《史记正义》引以释《史记》卷57《绛侯周勃世家》"复击破绾军沮阳"句，第2071页。
⑩ 《史记正义》引以释《史记》卷1《五帝本纪》"合符釜山"句，第7页。

里。"① 按照这些妫州城周边的参照地物来看，唐初的妫州怀戎县城应是沿袭了汉代的潘县城，也就是今天涿鹿县的保岱城址，长安二年（702），妫州怀戎县迁徙到清夷军城，则清夷军筑城至迟在长安二年之前。

怀戎县，《辽史·地理志》云："可汗州……本汉潘县，元魏废。北齐置北燕郡，改怀戎县。……贞观八年改妫州。……统县一：怀来县。本怀戎县，太祖改。"② 金明昌六年改为妫川县③，元代又改回怀来县。④《大明一统志》追溯其沿革曰："辽改为怀来县，金、元因之。本朝洪武初县废，置守御千户所；永乐十五年改左卫，十六年改为怀来卫。"⑤ 嘉靖《宣府镇志》提到怀来卫城时也说是"本元旧城"⑥。则清夷军城及长安二年后的怀戎县城就在明清怀来县城的位置，该城于20世纪70年代被淹没在官厅水库下。

值得注意的是，秦汉上谷郡郡治沮阳县城（大古城遗址）就在清夷军城西南8公里处，而保岱城址至清夷军城则直线距离为48公里。从这样一个地理尺度而言，沮阳城和清夷军城处于同一个地域单元内，可以认为是同一个城市不同时期的选址，所差别不过是微观地理尺度而已，与横野军城未选择其东北7公里处的代王旧址情况类似，清夷军也未沿用现成的上谷郡城，而是在其附近的妫水北岸修筑了一座新城，后来作为治民的治所城市一直沿用到20世纪70年代。

---

① 《史记正义》引以释《史记》卷1《五帝本纪》"与炎帝战于阪泉之野"句，第5页。
② 《辽史》卷41，第511页。
③ 《金史》卷24《地理志》，第567页。
④ 《元史》卷58《地理志》，第1349页。
⑤ 《大明一统志》卷5。
⑥ 嘉靖《宣府镇志》，第90页。

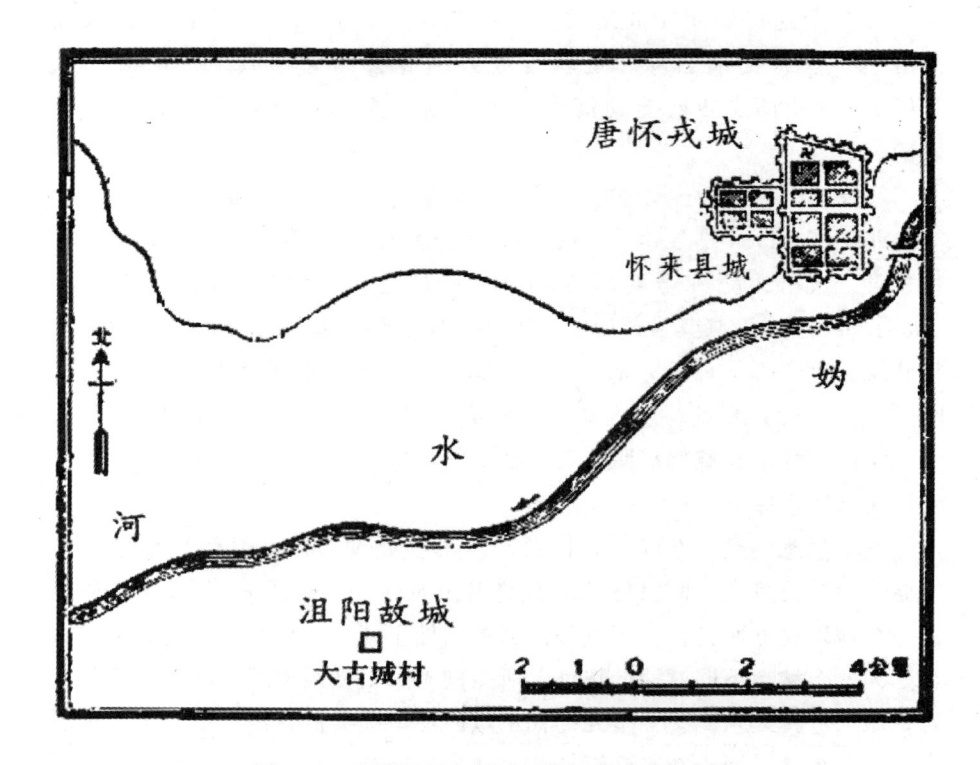

图 3－3　沮阳故城与怀戎城位置关系示意图①

(2) 广边军城

《通典·州郡》记载:"妫川郡……北至张说新筑长城九十里。"②《新唐书地理志》记载:"怀戎……北九十里有长城,开元中张说筑。……又北有广边军,故白云城也。"③ 唐长孺因为《新唐书·兵志》未收广边军目,所以推测该军的"当是肃宗以后增置"④。

《武经总要前集》卷二十二《北蕃地理篇:云州四面诸州》记载:"按《皇华四达记》,妫州北一百四十里至广边镇,一名白城;又东北五

---

① 据1955年安志敏所绘"古城址位置图"修改,《河北怀来大古城村古城址调查记》,第44—48页。
② 《通典》卷178,第4712页。
③ 《新唐书》卷39《地理志三》,第1022页。
④ 《唐书兵志笺正》,中华书局1962年版,第38页。

十里至赤城。"① 严耕望推测《皇华四达记》为唐贾耽书②。若此论不谬，则可以认为这段材料反映了唐代的情况。又《太平寰宇记》记载："妫州……北至张说新筑长城九十里，又云至广辽城旧名白云城一百八十里。"③

《资治通鉴》记后梁乾化三年（913），李嗣源与高行周追元行钦，至广边军，胡三省引宋白注曰："广边军在妫州北一百三十里。高行周兄弟本贯广边军雕窠村。"④

从上面几则材料，我们大致能得出广边军城定位的几个重要坐标，也就是妫州城（明清怀来县城）北九十里为张说所筑长城，北一百四十里（或一百八十里、一百三十里）为广边军城，广边军城东北五十里为赤城。古籍中里数不必细究，重要的是方位，也就是说，广边军城在妫州城的东北方位，张说长城与赤城之间。

张说长城的具体位置，史无明载，今长安岭上，有一道石砌的长城，东西走向。永乐十年八月己未，"敕边将：于长安岭、野狐岭及兴和迤西至洗马林，凡关外险要之地，皆崇石垣，深濠堑，以防虏寇"⑤。这道石砌长城今天仍在，但由于石砌城垣不似夯土城垣可辨识其形制与年代，颇疑张说长城或在此处，永乐石垣在此基础上修缮，聊备一说。

高行周兄弟的故乡广边军雕窠村是另一个重要线索，《旧五代史·高行周传》曰："（高行周）生于妫州怀戎军之雕窠里"⑥，《大明一统志》记载："雕鹗堡，在宣府城东北一百七十里，本元云州之雕窠，本朝初置浩岭驿，宣德中筑城堡。"⑦ 元代的云州即今河北省赤城县的云州乡附近，而明代修筑，至今沿用的雕鹗堡（今赤城县雕鹗镇所在地）就应是在元雕窠村的基础上修筑的，若此雕窠即五代的雕窠村，而雕窠村的位置没有改变，就是宣德年间修建的雕鹗堡或其西南不远的小雕鹗村的话，那么广边军应该在今雕鹗堡附近。

---

① 《武经总要》，《中国兵书集成丛书》，解放军出版社、辽沈书社1988年版，第1094页。
② 《唐代交通图考》，第1682页。
③ 《太平寰宇记》卷71，第1428页。
④ 《资治通鉴》卷268，第8769页。
⑤ 《明太宗实录》卷131，第1616页。
⑥ 《旧五代史》卷123，第1611页。
⑦ 《大明一统志》卷5。

《大清一统志》记载:"广边城在龙门县东雕鹗堡东,《唐书地理志》:怀戎北有广边军,故白云城也。宋白曰:'军在妫州北百三十里,近雕窠村。'按雕窠村盖即雕鹗堡。"① 言之凿凿,但宋白所论广边军近雕窠村之语句,不见于其他材料,不知其所据。而且《大清一统志》往往凡是古代有所兴置,便在"古迹"部记载一个城,未必靠得住。

2008年,李孝聪教授在雕鹗堡西1000米,今赤城县康庄村所在地以东200米处,353省道北侧,发现一唐代城址。2008年8月26日,北京大学历史地理与古地图研究中心对城址进行考察,确认此城址为一长方形,略向西北倾斜,东西宽约100米,南北长约80米,周长约为360米。城址为两重结构,城中西南角有小城。外城西南角夯层厚分别25厘米、30厘米、20厘米,残高292厘米;郭城北墙完整,夯层23—24厘米,北墙外有壕沟(见图3-4)。

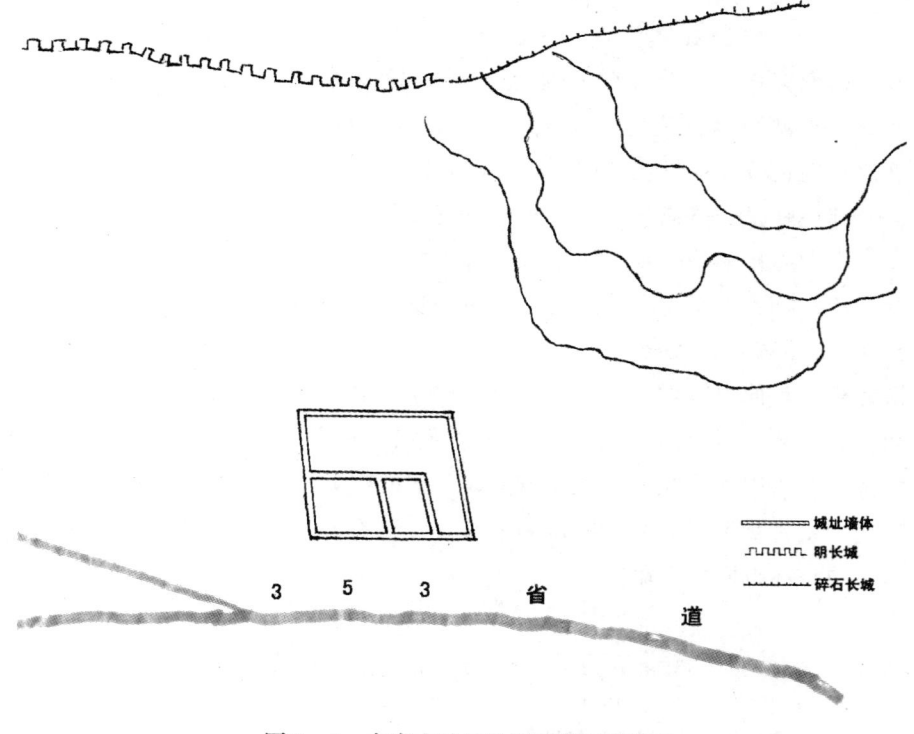

图3-4 康庄古城址地理环境示意图

---

① 嘉庆《大清一统志》卷40《宣化府三:古迹》。

此城处于由今龙关镇至雕鹗堡的山间隘道上,城南原有一条东流的河流,名红河,历史时期无论是商旅还是行军都应沿此河谷而行。城址东侧即为雕鹗堡隘口,向北沿白河河谷可达独石口,向西经龙关可至宣化盆地,向东南沿白河可抵今延庆县境,这样一个三岔口的交通位置,相当重要。所以此地历来就是中原王朝不可不防的要地,但由于地势狭隘,无法发展可资支撑治所城市的一定规模的农业,所以无论是西汉的上谷郡东部都尉驻地女祁县,还是明代的雕鹗堡,其主要功能都属于军事据点。城址北1900米处为明夯土边墙,城墙基厚185厘米。明长城东接有一道碎石长城,沿山脊东北延伸,无法判定其系何时修筑。

综合上述的考察结果和微观地貌环境的分析,该城址很可能就是唐广边军城。

图 3-5　康庄城址残墙（摄于 2008 年 8 月 26 日）

（3）雄武军城

《新唐书·兵志》曰:"横海、北平、高阳、经略、安塞、纳降、唐兴、渤海、怀柔、威武、镇远、静塞、雄武、镇安、怀远、保定:军十六,曰范阳道。"① 可知范阳道有雄武军。《旧唐书·安禄山传》载,"禄

---

① 《新唐书》卷 50,第 1328 页。

山阴有逆谋,于范阳北筑雄武城"①,《资治通鉴》系此事于天宝六载(747)。又《唐故云麾将军左威卫将军兼青山州刺史上柱国陇西李公(永宣)墓志》载,"至天宝伍载,节度使安公以公闲于抚理,差摄妫川郡太守兼知雄武城使"②,则雄武城至迟在天宝五载便已筑成。

关于雄武军城的修筑与迁徙,张建设《唐代雄武军考》③考证甚详,此处仅就张文并未论及的材料和问题讨论雄武军城的选址与迁徙。

近年以来,在宣化城附近陆续发现了唐代墓葬三十余座,其中三座的墓志有确切纪年,这就为分析雄武军及武州的设置时代提供了第一手的证据④。现根据墓志的记载,统计墓主情况并比较如表3-1:

表3-1　　　　　　　　　宣化唐墓墓主情况

墓主	身份	归葬时间	归葬地点	备注
杨䥽	前节度驱使,太常寺奉礼郎。后任衙前亲事,兵马使,桃林镇将,太中大夫,试殿中监	乾符六年(879)	军城东南之原,约三里	墓主为雄武军人,终于平州桃林镇私第
杨少愃	节度要籍,试太常寺奉礼郎,摄雄武军兵曹参军	大中六年(852)卒于雄武军	军城东南九百步	咸通十一年(870),合祔
苏子矜	雄武押衙云麾将军守左金吾卫大将军	会昌四年(844)	雄武军东三里原	会昌二年(842),终于幽州蓟县界卢龙坊之私第

---

① 《旧唐书》卷200上,第5369页。
② 《隋唐五代墓志汇编》(北京卷附辽宁卷)第一册,第194页。
③ 中国地理学会历史地理专业委员会《历史地理》编委会编:《历史地理》第十二辑,上海人民出版社1995年版,第208—211页。
④ 张家口市宣化区文物保管所:《河北宣化纪年唐墓发掘简报》,《文物》2008年第7期。

续表

墓主	身份	归葬时间	归葬地点	备注
王氏	苏子矜夫人	大和二年（828）	雄武军城东三里平原	元和九年（814）病死于广边军私第
苏全绍	幽州雄武军知军副使，试左武卫郎将。	乾符四年（877）	军东西北之原	苏子矜子
张庆宗	幽州雄武军马步都将、衙前散兵马使、银青光禄大夫、检校太子宾客兼监察御史	乾符四年（877）	□南□□村茔域	

这六部有明确纪年、归葬地点和出土地点的墓志，为我们提供了足够的信息来进行二重证据法的研究。这三座墓葬分别出土于宣化城东1200米、1300米和东南2300米处。既然墓志中都提到下葬地点是在军城东南，我们不难确定这里提到的雄武军城，就在今天的宣化城。根据宿白先生的研究①，今天宣化城是在唐武州城基础上，于明初向西北两方向拓展而成的，东南两道城垣系自原唐武州东南城墙延伸而来。那么，这六部墓志更证明了宿文的正确。

这六位墓主都是雄武军的上层人物，墓葬集中在今宣化城的东边，而且杨钊、苏子矜和王氏墓志都明确记载他们于他处逝世，却都选择葬在雄武军城附近，可见在其归葬年代，雄武军城已经成为这些上层人物的本贯所在地。六位墓主中下葬年代最早的，是大和二年（828）的王氏，既然墓志明确提到葬于"雄武军城东三里平原"，那么，我们可以断定，至迟在该年，雄武军城址已经在今宣化城。

另外，《古今图书集成·职方典》卷156《宣化府部汇考八：古迹》载："雄武军署，明正统间，葛峪人穴地见遗碣。谓其地为武川，唐曾建雄武军署于此。"② 今天出土的雄武军墓葬多集中在唐代后期，或许是天

---

① 宿白：《宣化考古三题——宣化古建筑·宣化城沿革·下八里辽墓群》，《文物》1998年第1期。
② 《古今图书集成》卷156《职方典》，中华书局、巴蜀书社1987年版，第9154页下。

宝时期，雄武军设于今葛峪堡，后迁至今宣化城址？又嘉靖《宣府镇志》记载："（唐）武宗会昌年置山北八军，武州曰雄武"[1]，似乎雄武军置于会昌时期（841—846），张建设用《新唐书·刘怦传》中大历（767—779）、建中（780—783）年间刘怦曾任雄武军使的材料驳斥，是有力的。而王氏墓志中提到早在大和二年（828）即已葬于"雄武军城东三里平原"，又可为一证。《辽史》《金史》《元史》中的《地理志》以及《大明一统志》都未记载武州设置的具体时间，只言及唐末而已。核对嘉靖《宣府镇志》的记载，或许是大和二年之前，雄武军即在宣化城址修筑，而会昌时期设武州于此。

三　唐代桑干河流域军城选址的着眼点与作用

若采用《大清一统志》对清塞军城位置的记述，则本书已复原了唐代桑干河流域内大同、天宁、横野、静边、天成、清塞、清夷、广边及雄武等九座军城的位置与使用情况。唐代的军本是边防军事单位，"夫所谓方镇者，节度使之兵也。原其始，起于边将之屯防者。唐初，兵之戍边者，大曰军，小曰守捉，曰城，曰镇"[2]，随作战任务的变化，其驻地也会相应转移，比如横野军就经历了由飞狐—新州—今蔚县城的迁徙过程。

我们首先探讨从军城主要居住群体的组织方式。《唐中宗即位赦》中有如下词句：

> 天下军镇，不要者多；转输艰辛，府库虚耗。事须改弊，不可循常。宜简内外官人有材识者，分遣充使，巡边按覆，须留镇遏及应减一事已上，并委使人共所管详度，还日具利害闻奏。其应支兵，先取当土及侧近人，仍随地配割，分州定数，年满差替，各出本州，永为格例，不得逾越。[3]

可见其军队来源仍然是上番的士兵，所谓"年满差替，各出本州"，虽然

---

[1] 嘉靖《宣府镇志》，第12页上左。
[2] 《新唐书》卷50《兵志》，第1328页。
[3] 《唐大诏令集》卷2，商务印书馆1959年版，第7页。

要求"先取当土及侧近人",但由于唐代前期在边境所设州县极为稀少,所以很难有"当土及侧近人",兵士虽然往往出自边州,但距离军镇所在,仍有很远的距离。张仁亶筑三受降城时,军队中便有"咸阳兵二百余人逃归"①,可见其军队成分。

既然军城的居住主体是以临时上番服役的士兵为主,并非于斯地土著耕种的编户齐民,也并不要求军镇在周边组织农耕,其供应应以"转输"为主。文献中记载多例在边州屯田之举,如贞观元年,代州都督张公瑾上表请置屯田以省转运。② 贞观初年,朔州刺史张俭"广营屯田,岁致谷十万斛,边粮益饶"③。这些屯田事迹恐怕都是超出常例的善政,故此史书中才会记载下来。从张公瑾上书请置屯田以省转运的记录来看,由后方"转运"才是制度和执行上的常态。

既然军城选址并不要求周围的农业环境,那么其着眼点自然就是单纯的军事功能。主要体现在以下几方面。

1. 囤积兵力,主动军事打击的前沿基地

张仁愿筑三受降城,"初,三城不置瓮门及却敌战具,或问曰:'边城御贼之所,不为守备,何也?'仁愿曰:'寇若至此,当并力出战,回顾望城,犹须斩之,何用守备生其退恧之心?'其后常元楷为总管,始筑瓮门,议者劣之。"④

张仁愿筑三受降城是唐代改行军制度为边境军镇制度的转折点,虽然以固定的军事据点代替了临时行军,但主动打击的精神却没有变化。总体来说,虽然天宝年间王忠嗣主持了代北地区和朔方节度使的防御工事建设,但从"筑大同、静边二城,徙清塞、横野军实之,并受降、振武为一城,自是虏不敢盗塞。……自朔方至云中袤数千里,据要险筑城堡,斥地甚远。自张仁亶后四十余年,忠嗣继其功"⑤ 的描述来看,这次唐代规模最大的修筑边城工程,不过是乘对后突厥汗国军事胜利之机,建设了若干孤立的军事据点,很难说连缀成线,更不要说形成一个稳固的防御体系了。

---

① 《旧唐书》卷93,第2982页。
② 《旧唐书》卷68《张公瑾传》,第2507页。
③ 《旧唐书》卷83《张俭传》,第2775页。
④ 《元和郡县图志》卷4,第117页。
⑤ 《新唐书》卷133,第4553页。

依托军城组织主动的军事打击,应该是唐代前期边疆防御的重要思路。所以军城的选址,处交通要道的"平川"处较多,而位于便于防守的"险固"处较少。

2. 统辖归附部族的政治象征与控御中心

如前文所揭,唐代前期,沿桑干河流域的南缘,即朔州—代州—飞狐城一线进行组织防线,而桑干河流域则成为安置归附游牧部族的地域。武周时,后突厥汗国崛起,桑干河流域成为游牧骑兵纵横驰骋之处。开元初,九姓铁勒叛突厥,唐廷决定将横野军遣往"山北",正式开始经营桑干河流域,在颁布的诏书中,唐廷宣布了横野军的职能:

> (开元)六年(718)二月戊子,制曰:戢兵始于威武,扼险先于要害。以制慓俗,用绥远人。九姓等顷立勋庸,先除桀骜;列在蕃服,保其疆宇。然而犷戎颇近,寇盗时侵。虽文德未弘,武备素设;汉垣通于句注,夏屋枕于燕山;是称近胡,谅藉遮房。固可节其万部,成犄角之形;屯我六师,示张皇之势。其蔚州横野军宜移于山北古代郡大安城南,仍置汉兵三万人,以为九姓之援。拔曳固都督颉质略等并望雄蕃绪,声振朔垂;戎略既昭,兵旅惟缉;各陈武列,分统军政。颉质略出马骑三千人,充横野军讨击大使。(同罗都督毗伽末啜出马骑二千人。充横野前军讨击大使。)同罗[霫]都督比言出马骑二千人,充横野后军讨击大使。回纥可汗都督移健颉利发出马骑一千人,充大将[武]军右[左]军讨击大使;仆固都督曳勒哥出马骑八百人,充大武军右军讨击大使。左萦右拂,先偏后伍;作捍云、代,指清沙漠。宣威料敌,度功藏务;咨尔庶士,称朕意焉。其五都督讨击大使各量给赐物一百匹,领本部落蕃兵。取天兵军节度其兵,有事应须讨逐、探候,量宜追集;无事并放在部落营生。并使本军存问,务使安辑,应修筑所及支运兵马粮等,所司亦与节度使商量处置。①

从这段文字中我们能够看出横野军迁徙的目的和职能,即"为九姓之

---

① 《册府元龟》卷992《备御》,第11651页。据《以蔚州横野军于代郡制》校正,《全唐文》卷21,中华书局1982年影印本,第251页。

援",亦即安置、统率和监视内附的铁勒部族。开元六年(718)置于横野军的汉兵就有三万人①,统率所辖七千"马骑"的铁勒各部武装,内附的铁勒各部按横野军和大武军进行编制,由天兵军节度。而天兵军远在太原府,不可能直接统领,平时应还是由横野、大武(即后来的大同军)二军来接触,所谓"使本军存问"。这些游牧民按部落组织在桑干河流域内从事畜牧业,军城自然成为其周边地区的控御中心所在,而内附部落民就会成为军城的"城傍"②,"有事"时以军城为中心组织起来,执行其"讨逐、探候"等职责。

另外,一座高耸于平川之上的军城,本身就具有象征意义和极大的权威性,对于标识对该地区的统治的合法性和培养内附部族的向心力具有重要的效力。

3. "峙兵积谷"——战略物资囤积基地

《新唐书·安禄山传》记载:安禄山"更筑垒范阳北,号雄武城,峙兵积谷"③。《旧唐书·安禄山传》记载略同:"禄山阴有逆谋,于范阳北筑雄武城,外示御寇,内贮兵器,积谷为保守之计。"④ 会昌元年(841),幽州雄武军使张仲武率军平叛,吴仲舒与李德裕分析中提到"幽州军粮并贮在妫州及向北七镇。若万一人未得,却于居庸关守险,绝其粮道,幽州自存立不得"⑤。可见直到唐代后期,储存战略物资仍是军城的重要职能。

通过以上分析,我们能够得出结论:唐代前期的军城,仅负担单纯的军事职能,即容纳士兵、军粮和战具,以依托军城组织主动的军事行动,

---

① 天宝元年列天下节度使,云:"河东节度与朔方犄角以御突厥,统天兵、大同、横野、岢岚四军,云中守捉,屯太原府忻、代、岚三州之境,治太原府,兵五万五千人。"胡三省注:"横野军……兵三千人。"从横野军城的规模来看,三千人的数字应属常态。《资治通鉴》卷215,第6849页。

② 关于城傍,参见李锦绣《唐代制度史略论稿》,中国政法大学出版社1998年版,第256—294页。

③ 《新唐书》卷225,第6414页。

④ 《旧唐书》卷220,第5369页。《安禄山事迹》文字同《旧唐书》,(唐)姚汝能:《安禄山事迹》卷上,上海古籍出版社1983年版,第12页。

⑤ 李德裕:《论幽州事宜状》,收于傅璇琮、周建国校笺《李德裕文集校笺》文集卷17,河北教育出版社2000年版,第322页。

并统率、控御周边的归附部落,并不一定强调凭险而守。所以,这也是桑干河流域目前能够复原的九个军城中,除推测中的前期雄武军城(葛峪堡)外,都位于平坦谷地之中的原因。

第二节 唐末—辽代治所城市的广泛设立及其选址规律

如前所揭,直到开元初年,唐朝在桑干河流域只设置了分布在盆地南缘的鄯阳(朔州治)、怀戎,以及孤峙大同盆地中心的云中县(云州)。之后的二百余年间,除了分别置于大同军城和横野军城的马邑、安边(蔚州治)二县外,别无州县设置。今天桑干河流域内部的诸多政区,则是在唐末五代与辽代陆续兴建的,现做复原工作如下。

1. 天成县

如前所揭,是辽代在天成军的基础上所设置的,县城应即原天成军城。

2. 长青县

《辽史·地理志》载:"本白登台地。冒顿单于纵精骑三十余万围汉高帝于白登七日,即此。辽始置县。……在(西)京东北一百一十里。"[1]《金史·地理志》载:"白登,本名长清,大定七年更。"[2] 此县废于明初,《云中郡志》载:"白登村在城南二十五里,乃白登县之遗。"[3]《大清一统志·大同府:古迹》云:"白登故城在阳高县南……明洪武二年,李文忠出朔州,败敌于白登,县寻废,《旧志》:今为白登村,在卫南二十五里。"[4] 按今阳高县大白登镇所在地大白登村在县城东南 9200 米左右,西侧有小白登村,二者应有其一为《大清一统志》所载白登村。《中国历史地图集》将长青县城定在阳高县城东南,白登河南岸,当据此。若《大清一统志》所言确实,则辽长青县城即在此,位于白登河南岸,吾其河冲积扇前缘的河川地带,周围地势相对狭窄。又大白登村东北

---

[1] 《辽史》卷41,第506—507页。
[2] 《金史》卷24,第565页。
[3] 《云中郡志》卷2《方舆志:古迹》,第9页。
[4] 嘉庆《大清一统志》卷146。

1760 米处有一正方形城堡,在谷歌地球上清晰可辨,周长约 790 米。2010 年 9 月 19 日,笔者对此城址进行踏勘,城址内并无居民建筑,城垣保存相对完整,南墙偏左处有一豁口,疑为城门所在。东墙最宽处达 7.6 米,北墙宽 6 米,城垣最高处为 5.2 米,最低亦有 2.6 米。城中地面见有唐代陶片等物品。此城址或为长青(白登)县故城,明代废弃迁至今阳高县城位置。

图 3-6　由大白登村古城址豁口向内审视

3. 奉义县

《辽史·地理志》载:"奉义县。本汉陶林县地。①后唐武皇与太祖会此。辽析云中置。"②《大清一统志》言:"奉义故城在大同县北"③,不知

---

① 桃林县不在此处,《辽史地理志考》与《大清一统志》都曾指出,详见张修桂、赖青寿《辽史地理志汇释》,安徽教育出版社 2001 年版,第 191 页。
② 《辽史》卷 41,第 507 页。
③ 嘉庆《大清一统志》卷 146《大同府·古迹》。

何据。按辽太祖阿保机与李克用会面且结为兄弟一事,各史都有记载。《旧五代史·唐书:武皇纪》记载:"天祐二年春,契丹阿保机始盛,武皇召之,阿保机领部族三十万至云州,与武皇会于云州之东。"① 《新五代史·庄宗本纪》则云:"会契丹阿保机于云中,约为兄弟。"② 同书《四夷附录》记载:"梁将篡唐,晋王李克用使人聘于契丹,阿保机以兵三十万会克用于云州东城。"③《辽史·太祖纪》则曰:"唐河东节度使李克用遣通事康令德乞盟。冬十月,太祖以骑兵七万会克用于云州,宴酣,克用借兵以报刘仁恭木瓜涧之役,太祖许之。易袍马,约为兄弟。"④《资治通鉴》记载为:"阿保机帅众三十万寇云州,晋王与之连和,面会东城,约为兄弟,延之帐中,纵酒握手尽欢,约以今冬共击梁。"《资治通鉴考异》引《唐太祖纪年录》谓:"太祖以阿保机族党稍盛,召之。天祐二年五月,阿保机领其部族三十万至云州东城,帐中言事,握手甚欢,约为兄弟,旬日而去。"⑤ 综合以上史料,李克用与阿保机会面当是在云州之东,既然《资治通鉴》提到二人在"帐中"宴会,则应该是在城外。云州治云中县,即北魏平城、北齐至唐初的恒安镇,也就是明清的大同城的位置。前述史籍有"云州之东"或"云州东城"的记载,北魏平城外郭城垣至唐末是否还完善,不得而知。考虑到阿保机率精骑数万前来,恐怕不会在云州城中相会,应是在城外不远。约于御河以东之地相会,更是便于契丹大军驻扎,所以《资治通鉴》中"云州之东城",疑为"云州城东"或"云州之东"之讹。按奉义县既析自云中县,当在今大同市及大同县范围内,但辽西京大同府本身就有大同、云中二附郭县,奉义县城距大同府城如此接近(2500米左右),不得不令人怀疑是辽史本身的舛误。

4. 怀仁县

《辽史·地理志》记载:"本汉沙南县。元魏葛荣乱,县废。隋开皇二年移云内于此。大业二年置大利县,属云州,改属定襄郡。隋末陷突厥。李克用败赫连铎,驻兵于此。辽改怀仁。在京南六十里。"⑥《辽史》

---

① 《旧五代史》卷26,第360页。
② 《新五代史》卷4,第38页。
③ 《新五代史》卷72,第887页。
④ 《辽史》卷1,第2页。
⑤ 《资治通鉴》卷266,第8679—8680页。
⑥ 《辽史》卷41,第507页。

这段叙述，简直是漏洞百出，《辽史地理志汇释》已经指出了这些错误，此不赘述。① 自辽历金、元至明，未闻有县城迁徙之事。唯《大清一统志》云："怀仁故城在今怀仁县治西，辽置县。因阿巴齐与晋王李克用会于东城，有怀想仁人之语，故县取名。金贞祐二年徙今治。"② 按李克用与阿保机会面，是在云州之东，似不应引契丹数万骑兵深入大同盆地内部。此处的结论明显是循"东城"之逻辑而来，很难取信于人。至于金贞祐二年（1214）事，《金史·地理志》记为："辽析云中置，贞祐二年五月升为云州"③，而不言县城迁徙。当然，明清之前地理总志多不叙及城池迁徙，但数百年后孤证无法成立，且今怀仁县城以西又无城址发现，故本书从《中国历史地图集》，定怀仁县于今怀仁县城。

5. 怀安县

《辽史·地理志》载："怀安县。本汉夷舆县地。历魏至隋，为突厥所据。唐克颉利，县遂废为怀荒镇。高勋镇燕，奏分归化州文德县置。初隶奉圣州，后来属。"④ 按高勋任辽南京留守是在应历（951—969）初年的事，那么怀安县的设置时间就应该是辽代。

《读史方舆纪要》直截了当地否定了这种观点，顾祖禹的依据应该是《新唐书·地理志》中所记"新州，领县四：永兴、矾山、龙门、怀安"⑤。据王鸣盛在《十七史商榷》中分析，《新唐书·地理志》中政区沿革当以天祐（904—907）为准。按新州置于光启（885—888）中，后唐同光二年（924）升威塞军⑥，作为燕云十六州之一被割让给契丹，辽太宗升为奉圣州。

《辽史》舛误实多，汉夷舆县城在今延庆旧县古城村，怀安县无论如何不可能在其县境范围内。但不能据此否认所有材料，如果《辽史·地理志》所载高勋设县一事确实的话，最有可能的情况就是新州置于唐光启中，而怀安县则设于辽应历中。抑或唐末设怀安县，辽省废，高勋复置。

---

① 《辽史地理志汇释》，第191—192页。
② 嘉庆《大清一统志》卷146《大同府：古迹》。
③ 《金史》卷24，第565页。
④ 《辽史》卷41，第507页。
⑤ 《新唐书》卷39《地理志三》，第1008页。
⑥ 张修桂、赖青寿：《辽史地理志汇释》，安徽教育出版社2001年版，第200—201页。

关于怀安县的位置，嘉靖《宣府镇志·城堡考》载："怀安旧城，在今怀安卫直东二十余里，遗垒尚在。"①嘉庆《大清一统志》载："怀安旧县在今怀安县东。……《旧志》：怀安故城在今怀安县东二十里，明废县为卫，移今治。"②乾隆《怀安县志·古迹》记载相同，并明言"怀安故城，县东二十里，相传唐时旧县，遗址犹存"。洪武二十六年（1393）二月辛巳，"置大同后卫及东胜左右、阳和、天城、怀安、万全左右、宣府左右十卫于大同之东……皆筑城，置兵屯守"③。按嘉靖《宣府镇志》，怀安城"洪武二十五年筑"，可见这一年所筑的怀安卫城，就是今天的怀安城，辽金元的怀安县城已经被废弃。旧怀安村就在怀安城东北十公里左右，辽金元怀安城应该就在旧怀安附近。

2008年8月28日笔者考察旧怀安村时，发现在洪塘河支流的高阶地上，坐落着一个正方形的堡城，城墙的形态非常明显，在整个村子的低矮建筑中显得高大突出。除南墙已荡然无存外，其他三道城垣都基本完好。东墙夯层厚23厘米，间层为砂石，夯层间极少陶片。今天旧怀安村的村民居住在堡城内，当地老人称这些城墙为"堡墙"。居住区向南扩展，形成倒"凸"字形，则南墙应为后世居住区扩大时拆掉。对照《怀安县志·堡寨》对此城的描述："治治正东十二里，长方形，周三里，高三丈，厚三尺，有一门，破坏，有一百零五户，土筑"④，此城应该是明清时期的村堡。

在此堡城北，由东墙延伸，有一段残留城墙，残高3米左右，夯层厚16—17厘米。城墙压在二级阶地东缘，整个二级阶地上（应为城内）遍布陶片，夯层内夹杂陶片和瓷片。东墙北端残迹位于村北二级阶地向西北转弯处，根据谷歌地球测算，长约100米，叠压在汉代城墙残迹上。据对承包遗址农田的村民的走访，东墙还要向北延伸。

这道残墙，则应是唐辽时期的建筑，从城垣的走向和夯层内密布的陶片来看，该城应该是叠压在西汉的托台亭城之上，并在汉城的基础上翻建的。而且，明清的村堡应该是依托这个城的南墙新筑的，与此城不构成叠

---

① 嘉靖《宣府镇志》，第87页。
② 嘉庆《大清一统志》卷40《宣化府三·古迹》。
③ 《明太祖实录》卷225，第3295页。
④ 《怀安县志》，民国三十三年刊本，民国景佐纲修，张镜渊纂，台北：成文出版社1968年版，第149页。

图 3−7　辽怀安县城东墙（摄于 2008 年 8 月 28 日）

压关系。也就是说，明代初期将"山后沙漠遗民"迁到北平府等地，洪武二十五年之后重新经营洪塘河谷地时，并没有沿用唐辽的故城。

综合以上分析，本书基本认定此城墙即为辽代怀安县城的城址，此城筑于唐末或辽初，沿用至明初。

6. 弘州永宁县

《辽史·地理志》弘州部分错漏极多，《辽史地理志汇释》逐一辩证，此不赘述。但"统和中，以寰州近边，为宋将潘美所破，废之，乃于此置弘州，初军曰永宁"① 一段，透露了此地设置的背景。永宁即弘州附郭，据《金史·地理志》，大定七年改为襄阴。②

《大明一统志》云："顺宁府领宣德、宣平、顺圣三县，本朝洪武四

---

① 《辽史》卷 41，第 507 页。
② 《金史》卷 24，第 565 页。

年，尽徙其民于关内，府县俱废。"① 据《嘉靖宣府镇志》，天顺四年，筑顺圣川西城。《大清一统志》记载："永宁旧县，今西宁县治。辽统和中置宏〔弘〕州，又置永宁县，为州治。金改县曰襄阴，元省入州。明初州废，天顺四年筑城，谓之顺圣川西城。……康熙三十二年改置西宁县。"② 西宁县即今阳原县，《大清一统志》同卷谓顺圣废县"明初县废，天顺中改筑顺圣东城"③，可见《大清一统志》此处对城邑的沿用与废弃有着清醒的认识，不可视作含混处理。故本书从《大清一统志》，弘州城址应在今阳原县城的位置上。

7. 顺圣县

《辽史·地理志》云："顺圣县，本魏安塞军，五代兵废。高勋镇幽州，奏景宗分永兴县置，初隶奉圣州。"④ 按高勋镇燕是应历年间事，此处"景宗"应为"穆宗"之讹。元至元年间，割隶宣德府⑤。期间未有治所迁徙的记载。

明初县废，天顺四年（1460），明礼部尚书倪谦《顺圣川新城记》载："天顺四年，修举马政，遣工部主事孟淮至宣府经理其事，时镇守太监王受、镇朔将军总兵官武强伯杨能，'恭承上命，偕诣是川，考求遗址，议以为川之东西相去百有余里，地界辽隔，遇警何以保障！且旧堡湫隘无水，亦难久居，宜于川中别筑大城为便。……诏报曰可'。"⑥ 于其附近兴筑新城，即今东城。而顺圣川东城以东4100米处，有旧东城堡，为元顺圣县旧城，在"东城东八里"⑦，明初迁沙漠遗民至山前地区，城遂废弃，直到今天，城垣还相对完好。天顺四年重新经营此处，但没有沿用这座现成的城堡。

8. 新州（永兴县）

《新唐书·地理志》河东采访使辖有新州，领四县：永兴、矾山、龙

---

① 《大明一统志》卷5《万全都指挥使司》。
② 嘉庆《大清一统志》卷40《宣化府三：古迹》。
③ 同上。
④ 《辽史》卷41，第507页。
⑤ 《元史》卷58《地理志一》，第1375页。
⑥ 嘉靖《宣府镇志》，第95页上左。
⑦ 康熙《西宁县志》卷二《城堡》。

门与怀安。① 《辽史·地理志》西京道下载：奉圣州，"本唐新州。后唐置团练使，总山后八军，庄宗以弟存矩为之。军乱，杀存矩于祁州，拥大将卢文进亡归。太祖克新州，庄宗遣李嗣源复取之。同光二年升威塞军。石晋高祖割献，太宗改升（节度使）"②。据《大清一统志》补充，"光启中改置新州，兼置永兴县，为州治，属河东道"③。《大明一统志》追溯保安州沿革时言："汉置涿鹿县，魏晋时地属北燕（州），唐改涿鹿为永兴县，置新州。五代唐置团练使，总山后八军，同光初升威塞军。辽会同初改奉圣州武定军。金大安初升德兴府。元初因之……至元初，以地震改保安州，领永兴一县。本朝初，州县俱废。永乐中复置保安州，直隶京师。旧治南山下，景泰二年，城雷家站，移州及卫治于此。"④ 《保安州志·建置》记载："景泰二年移州于州北雷家站（即今新保安），后由新保安改回旧州，而新保安仍设卫，志不载其详。"⑤ 《宣大山西三镇图说》有保安旧城"保安旧有城，永乐十三年重缮，故称旧城，以别卫城之有新城也，嘉靖四十五年始甃以砖……守备与知州共守之"⑥。

通过上面对史料的梳理，可知新州与永兴县设置于唐僖宗光启年间（886—888）设置，筑城年代也应在此前后，其城址即明清的保安州城。按清保安州城即今涿鹿县城，则新州永兴县城址即在今涿鹿县城。

9. 矾山县

《宣大山西三镇图说》"矾山堡"条下言"本堡，古县治也"⑦。而《大清一统志》记载："矾山故城在保安州东南六十里，本汉军都县地。唐末置县，属新州。辽属奉圣州，金初属宏〔弘〕州，明昌三年改属德兴府。元至元二年省入永兴，明置矾山堡于此。"⑧ 可见唐代所设置的矾山县城就在明代的矾山堡，也就是今天涿鹿县矾山镇所在地。

值得注意的是，矾山镇与汉代涿鹿县城，也就是矾山三堡城址相当接

---

① 《新唐书》卷39，第1008页。
② 《辽史》卷41，第510页。
③ 嘉庆《大清一统志》卷38《宣化府一：建置沿革》。
④ 《大明一统志》卷5。
⑤ 《保安州志》卷2。光绪三年（1877）据道光十五年（1835）刻版重印。
⑥ 《宣大山西三镇图说》，第190页。
⑦ 同上书，第192页。
⑧ 嘉庆《大清一统志》卷40《宣化府三：古迹》。

近，直线距离只有 2000 米左右。根据本书第二章的梳理，涿鹿县废自汉末，北魏道武帝和明元帝都曾"幸涿鹿"①，虽说其目的都在于祭祀黄帝祠，但不能排除涿鹿城仍有沿用的可能性。之后此城便不见于史籍，应该被彻底废弃。矾山三堡城址就是今天的黄帝城，城垣保持相对完整，从城东能修建古城水库来看，唐辽时期水源也应该不成问题。但唐末在此地区重建州县，建筑城市时，却没有继续沿用古城，而是在其东不远处新建城址。

10. 龙门县

《辽史·地理志》记载："龙门县。有龙门山，石壁对峙，高数百尺，望之若门。徼外诸河及沙漠潦水，皆于此趣海。雨则俄顷水逾十仞，晴则清浅可涉，实塞北控扼之冲要也。"② 据《大明一统志》，"龙门卫，在宣府城东一百二十里，本唐龙门县，属武州。后唐属毅州，辽属归化州，金属宣德州，元省入宣德县，本朝宣德六年建卫于此"③。康熙《龙门县志》记载，康熙三十二年（1693），改龙门卫为龙门县。④ 又其《城堡志》载，"龙门县城，明宣德六年建"⑤，龙门县城即今赤城县龙关镇，则唐末所置龙门县城在今龙关镇位置上。

11. 望云县

《辽史·地理志》："望云县。本望云川地。景宗于此建潜邸，因而成井肆。穆宗崩，景宗入绍国统，号御庄。后置望云县，直隶彰愍宫，附庸于此。"⑥

《大明一统志》记载："云州堡在宣府城东北二百一十里，古望云川地。辽开泰中置望云县，金属奉圣州，元于县置云州，后废县。本朝初置云州驿，宣德五年，于河西大路筑城堡，分兵守备。"⑦ 由此可见，今天在白河河西大路上所见的云州堡，是明代宣德五年（1431）所筑，并非辽代围绕景宗潜邸所形成城镇的望云县城。而《大明一统志》强调在

---

① 《魏书》卷2《太祖纪》，第36页；卷3《太宗纪》，第55页。
② 《辽史》卷41，第510页。
③ 《大明一统志》卷5。
④ 康熙《龙门县志》卷1《沿革》，第48页。
⑤ 康熙《龙门县志》卷3，第106页。
⑥ 《辽史》卷41，第510页。
⑦ 《大明一统志》卷5。

"河西大路"筑堡,似有透露原县城不在河西的意味。

据今天考古工作者的报告,望云县遗址位于云州东南,北沙沟正西1000米处。北倚山,南临沙河,坡地,长500米,宽750米,面积约375000平方米。① 《中国历史地图集》将望云县城置于白河以西②,今日云州堡的位置上,应是受"云州"一名之惑。

12. 归化州（文德县）

《辽史·地理志》记载:"本汉下洛县。元魏改文德县。唐升武州,僖宗改毅州。后唐太祖复武州,明宗又为毅州,潞王仍为武州。晋高祖割献于辽,改今名。"③ 根据张建设《唐代雄武军考》④ 和宿白《宣化考古三题——宣化古建筑·宣化城沿革·下八里辽墓群》,⑤ 此城即今宣化城,即唐雄武军城。

13. 儒州（缙山县）

《辽史·地理志》记载:儒州,"唐置。后唐同光二年隶新州。太宗改奉圣州,仍属"。"缙山县。本汉广宁县地。唐天宝中割妫川县置。"⑥ 《旧唐书·地理志》《新唐书·地理志》与《太平寰宇记》皆云妫州辖妫川一县,是天宝年间析自怀戎,《新唐书·地理志》与《太平寰宇记》载该县寻即省废⑦。《大明一统志》载:"唐末析置儒州,辽为儒州、缙阳军,治缙山县。金皇统初州废,以县属德兴府。元至元初省缙山入怀来县,寻复置,属奉圣州。后以仁宗生于此,升为龙庆州。本朝初,州县俱废。永乐十一年,诏复置州,改曰隆庆。"⑧《金史》《元史》中地理志记载与《大明一统志》相同。

从上述史料可知,天宝年间曾析置妫川一县,旋即废罢,唐末重置,

---

① 《赤城县志》,第485页。
② 《中国历史地图集》第六册,第11页。
③ 《辽史》卷41,第510页。
④ 中国地理学会历史地理专业委员会《历史地理》编委会编:《历史地理》第十二辑,上海人民出版社1995年版,第208—211页。
⑤ 宿白:《宣化考古三题——宣化古建筑·宣化城沿革·下八里辽墓群》,《文物》1998年第1期。
⑥ 《辽史》卷41,第511页。
⑦ 《旧唐书》卷39,第1519页。《新唐书》卷39,第1022页。《太平寰宇记》卷71,第1430页。
⑧ 《大明一统志》卷5。

并置儒州。历金元，政区几经更替，入明为隆庆州。据《隆庆州志》记载，州城"因元之旧，周围四里零一百三十步"①。嘉靖《宣府镇志》补充"金太和［泰和］中城之"②。若金元时期州治无迁移，则儒州缙山县治即在今延庆县城的位置上。

14. 蔚州定安县

《辽史·地理志》记载："本汉东安阳县地，久废。后唐太祖伐刘仁恭，次蔚州，晨雾晦冥，占，不利深入，会雷电大作，燕军解去，即此。辽置定安县。"③ 又《大明一统志》言："定安废县在蔚州东七十里。本汉代郡东安阳县地，唐末置此县。……金升为州，本朝省。"④ 关于县城的位置，嘉靖《宣府镇志》谓"今州城东北六十里"⑤，《大清一统志》言："在蔚州东北"⑥，可见明清时城址已经不甚了然了。按今蔚县城东北三十余公里，四十里坡台地东北，今常宁乡、桃花镇一带，属于河谷地带，地势开阔，定安县之设置，想来是这一区域农业有相当发展，需要、也有能力支撑一个县级单位的结果。

15. 蔚州广陵县

《辽史·地理志》记载："广陵县……后唐同光初分兴唐县置。石晋割属辽。"⑦《金史·地理志》则谓：广灵，"亦作'陵'，辽统和三年析灵仙置"⑧，而《辽史·圣宗纪》记：统和十三年正月甲寅，"置广灵县"⑨。前后抵牾，抑或后唐设县，后省废，而辽又复置？

《大清一统志》记载：广灵县，"唐为兴唐县地，五代后唐同光初析置广陵县，属蔚州，辽因之。金改曰广灵，仍属蔚州，元、明因之。本朝雍正三年，改属大同府"⑩。广灵县城，"后唐时土筑，明万历中甃砖，本

---

① 嘉靖《隆庆志》卷2，天一阁藏明代方志选刊。
② 嘉靖《宣府镇志》卷11《城堡考》，第88页。
③ 《辽史》卷41，第512页。
④ 《大明一统志》卷21。
⑤ 嘉靖《宣府镇志》卷11《城堡考》，第87页。
⑥ 嘉庆《大清一统志》卷40《宣化府三：古迹》。
⑦ 《辽史》卷41，第512页。
⑧ 《金史》卷24，第569页。
⑨ 《辽史》卷13，第146页。
⑩ 嘉庆《大清一统志》卷146《大同府：建置沿革》。

朝顺治六年修"①。

　　这样看来，广灵县城应筑于后唐同光（923—926）初年，后省废，辽统和十三年（995）重设县，历金、元、明、清不变，城址即在今广灵县城。

　　值得注意的是，汉平舒县城址就在今广灵县城西北约5公里的作疃乡平城南堡村②，该城址一直沿用至北魏，当在六镇乱后废弃。而后唐重新在壶流河上游谷地设治时却没有沿用旧城址。

16. 应州（金城县）

　　《辽史·地理志》记载："唐武德中置金城县，后改应州。后唐明宗，州人也。天成元年升彰国军节度，兴唐军、寰州隶焉。辽因之。"金城县。本汉阴馆县地，汉末废为阴馆城。隋大业末陷突厥。唐始置金城县，辽因之。③《大明一统志》金城废县下云："在应州城内，本汉雁门郡阴馆县，汉末废，唐始置金城县，为州治，辽、金、元因之，本朝省。"④《云中郡志》的记载相对更有价值：

　　　　应州城，唐天宝初，节度使王忠嗣创建，李克用父子世居之。至乾符间，克用父为大同节度使，因古城废塌，移筑于天王村，距旧城八里余。明洪武八年，知州陈立诚以旧城西北三面多旷地，遂就东南城墙改筑。⑤

《大清一统志》记载与《云中郡志》略同：

　　　　应州故城在今应州东。……《旧志》：金城故城在今城东八里，即故州治，唐天宝初，王忠嗣所筑。今治旧为天王村，乾符间，李国昌以故城颓圮，移筑于此，名金凤城。⑥

---

① 嘉庆《大清一统志》卷146《大同府：城池》。
② 《广灵县志》，人民出版社1993年版，第587页。
③ 《辽史》卷41，第513页。
④ 《大明一统志》卷21。
⑤ 顺治《云中郡志》卷三《城池》。
⑥ 嘉庆《大清一统志》卷146《大同府：古迹》。

《大清一统志》的文句比《云中郡志》要通畅得多，问题也得以梳理清楚：明清应州城，也就是今天的应县城，是由唐僖宗乾符年间（875—888），李国昌于天王村修筑的。而迁徙之前的金城县城，则是在今应县县城以东八里之地，据《云中郡志》与《旧志》记载，此城系天宝年间，王忠嗣所筑。对照《旧唐书·王忠嗣传》"（天宝）四载，又兼河东节度采访使。自朔方至云中，缘边数千里，当要害地开拓旧城，或自创制"①的记载，颇为相符。只是当时未必在此处设置州县而已。值得注意的是，如本书第一章复原，应县东张寨城址，亦即汉繁畤县故城，恰在今应县城东四公里处。②对照本书第二章，此城在北魏时地位相当重要，于六镇乱后被废弃，距此有二百余年时间，城垣似应并未彻底倾颓，或许王忠嗣于此旧城"开拓"而设，也颇与乾符年间李国昌嫌旧城"颓圮"之事相符。

17. 浑源县

《辽史·地理志》记载："唐置。"③康熙《浑源州志》追溯其沿革时谓："隋开皇间改平寇县，大业间复为崞县，唐因其旧。后唐徙筑今城，改浑源县，属应州。石晋割弃蓟雁一十六州赂契丹，属辽。金贞祐初升为浑源州，元降为恒阴县，隶西京，后复为浑源州，明因之。……国朝仍旧。"④同书《城池志》补充道："浑郡故城在州西二十里，横山左侧，峡水绕城环流，每值淫雨泛涨为患，浸没城隍，且土性湿卤，民不堪居。迨至后唐，相今形脉从东南来，结为立形如龟。东西高下可奠民居，遂徙筑焉，城肖其形，雉堞屈曲，宛若负书状。"⑤

按本书第一、二章的复原工作，汉崞县、北魏崞山县故城在今浑源县下韩村乡麻庄与南榆林乡毕村之间宽阔的低洼地，当地称为古城洼⑥，距离今浑源县城约为九公里。康熙《浑源县志》所记在"州西二十里"的"浑郡故城"，就其地势与周围的水系环境的描述来看，与麻庄城址非常接近，应该就是崞县故城。若此说成立，则唐代曾沿用崞县故城，具体时

---

① 《旧唐书》卷103，第3199页。
② 《应县志》，山西人民出版社1992年版，第553页。
③ 《辽史》卷41，第513页。
④ 《浑源州志》卷1《建置》，康熙元年（1662）刻本。
⑤ 康熙《浑源州志》卷1《城池》。
⑥ 《浑源县志》，方志出版社1999年版，第642页。

间不详，抑或如应州城，系王忠嗣所"开拓"之"旧城"。

18. 河阴县

《辽史·地理志》记载："本汉阴馆县地。初隶朔州，清宁中来属。"① 此县《太平寰宇记》未载，则应不是唐末五代所设。《金史·地理志》记载："本名河阴，大定七年以与郑州属县同，故更焉。贞祐二年五月升为忠州。"② 《大清一统志》叙述得更为详细："山阴故城在今山阴县西南。辽初为河阴县，《金史·地理志》：山阴本名河阴，大定七年以与郑州属县同，故更焉。贞祐二年升为忠州。《元史·地理志》：应州山阴县，至元二年并入金城，后复置。《旧志》：忠州故城在县西南十五里，元复置县时移治。"③ 乾隆《大同府志》则记载："山阴城，宋神宗时建，明永乐三年重筑。"④ 崇祯《山阴县志》则记载："忠州城，县南十五里，金筑，今废。"⑤ 雍正《山西通志》记为："山阴故城西南十五里即忠州城，金贞祐二年升山阴县为忠州，筑城。"⑥

今山阴县马营庄乡故驿村东北约0.5公里处有古城址，建于战国时期。现存残垣残迹。曾发现秦汉时的陶器、铜器、钱币、瓷片等。也发现辽金时期的器物和宋朝作为"岁贡"赠予北方的钱币，考古工作者认定此城址即为金忠州城。⑦ 联系到前述的史料，可以推测今天的山阴县古城镇，其城址是在辽代初建，金宣宗贞祐二年（1214）升为忠州，并迁至故驿村城址并筑城，元代先是废入金城县，复置后迁回原址。

关于金代县城迁徙之事，应与贞祐二年发生的蒙古大举入犯华北一事有关。"斡勒合打，盖州本得山猛安人。以荫补官，充亲军，调山阴尉。县当兵冲，合打率土豪官兵身先行阵。贞祐初，以功迁本县令。县升为忠州，合打充刺史。州被兵久，耕桑俱废，诏徙其民于太和岭南。"⑧ 蒙古军队的进攻最终导致忠州居民迁徙到了勾注山以南，可见城址迁徙是蒙古

---

① 《辽史》卷41，第513页。
② 《金史》卷24，第568页。
③ 嘉庆《大清一统志》卷146《大同府：古迹》。
④ 乾隆《大同府志》卷1《城池》。
⑤ 崇祯《山阴县志》卷2《古迹》。
⑥ 雍正《山西通志》卷58《古迹二》。
⑦ 傅振伦：《山阴县城南古城勘察记》，陈梦家、傅振伦等：《雁北文物勘查团报告》，中央人民政府文化部文物局1951年版，第30—32页。
⑧ 《金史》卷104《斡勒合打传》，第2302页。

军队侵扰的结果,很可能原山阴城被毁,只能向南迁徙,先迁到勾注山前,再迁民到陉南。

第三节 唐辽时期桑干河流域治所城市恢复的原因及其选址取向

前面两节对盛唐以来唐、幽州镇、沙陀集团与辽朝在桑干河流域建设城邑的情况进行了复原与梳理。有以下几个问题值得注意与讨论。

一 城市建设的高峰时段

根据前面的复原工作,我们可以将桑干河流域城邑的修筑时段列表3-2比较:

表3-2　　　　　　　唐至辽代城邑修筑时段

时段	城邑名称	今址	修筑时间	公元
唐前期	清夷军城（妫州怀戎县）	旧怀来县城,被官厅水库淹没	长安二年	702
盛唐中唐	大同军城（马邑县城）	朔州市朔城区神头镇马邑村	开元五年	717
	横野军城（安边县城）	蔚县城	开元六年—十二年间	718—724
	静边军城	右玉县右卫镇	天宝四年	745
	应州金城县旧城	应县南沿村镇张寨村附近	天宝四年	745
	雄武军城（葛峪堡）	宣化县东望山乡葛峪堡村	天宝五年	746
	广边军城	赤城县雕鹗镇康庄村东	肃宗以后	757
	天成军城	天镇县城	德宗时	780—805
	雄武军城（武州文德县）	张家口市宣化区	大和二年之前	828

续表

时段	城邑名称	今址	修筑时间	公元
唐末五代时期	应州金城县新城	应县城	乾符年间	874—879
	浑源县旧城	浑源县毕村、麻庄附近	唐代	
	怀安县城	怀安头百户镇旧怀安村	唐光启年间或辽应历年间	886—888 / 951—969
	新州永兴县城	涿鹿县城	唐光启年间	886—888
	矾山县城	涿鹿县矾山镇	唐末（光启年间）	886—888
	龙门县城	赤城县龙关镇	唐末	
	儒州缙山县城	延庆县城	唐末	
	广灵县城	广灵县作疃乡平城南堡村	后唐同光年间	923—926
	浑源县新城	浑源县城	后唐	
辽代	河阴县城	山阴县马营庄乡故驿村附近	辽初	
	长青县城	阳高县大白登镇附近	辽代	
	奉义县城	大同市区御河东	辽代	
	怀仁县城	怀仁县城	辽代	
	定安县城	蔚县桃花镇、常宁乡一带	辽代	
	顺圣县城	阳原县东城镇以东旧堡	辽应历年间	951—969
	望云县城	赤城县云州乡北沙沟村西	辽景宗以后	969
	弘州永宁县城	阳原县城	辽统和年间	983—1012

根据表3-2，我们能得出结论：本章复原的26座军城与州县城市，从设置时间来看，主要分布在三个时间段：盛唐中唐、唐末五代和辽代，这三个时间段分别修筑了8座、9座和8座军城或州县城市。其比例见饼状图3-8。

需要指出的是，州县城市由于有《新唐书》《太平寰宇记》《辽史·地理志》等系统材料，所以上表中已经囊括所有史料中提到过的州县治所，但军、镇、守捉等军事单位在唐代为数众多，且废置、转徙不定，史籍中记载互相抵牾之处比比皆是，本章只是就目前根据传世文献、碑刻材料、考古城址等材料可以复原其城址的进行了讨论。所以下面的饼状图只能代表一个大体的趋势，若按真正代表区域开发水平的治所城址来讨论的话，唐末五代与辽代的比重无疑还要更大。但盛唐时期的军城毕竟代表了唐王朝对桑干河流域的一定程度的经略，与唐前期对比无疑更加强烈，所以本书将这部分军城与州县城市纳入一个表中讨论，只为显示本区域开发的宏观走向。

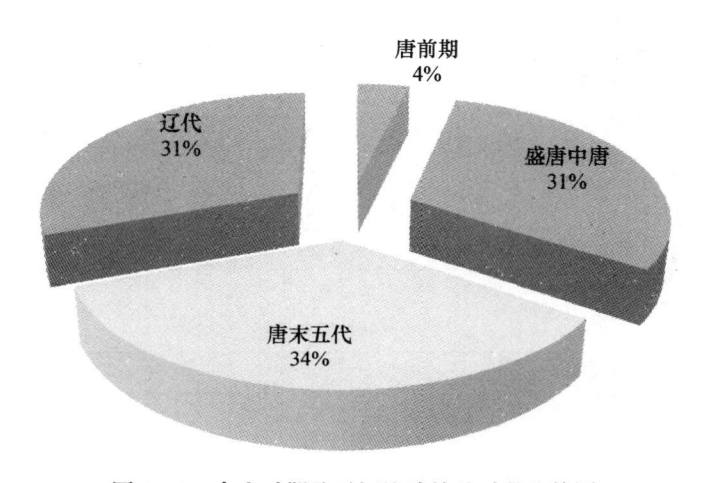

图 3-8 中古时期桑干河流域筑城时段比较图

二 桑干河流域治所城市增设的原因

从治所城市的设置情况，我们也能看出若干趋势：盛唐时期以及安史之乱后的中唐时期，所设城邑以军城为主。而到了唐末五代所设的治所城市，虽然带着时代的烙印，有军镇的色彩，但已全部为州县城市。而辽代所新设，则都为州县。造成这种变化趋势，有着深刻的时代背景，现分析如下。

（一）镇兵的土著化与军城的民治化

本章第一节曾分析了唐初至盛唐时期所设置军城的性质，属于完全意义的军事防御工事，居住者以番替的士兵为主，并非本城土著，制度上也不会保障家属在军城及附近地区居住。到了盛唐时期，这种情况发生了转变。

孟彦弘指出："鉴于战兵的职业化及其在数量和质量上已逐渐成为边地镇军中的主力和中坚，政府便在开元二十五年（737）五月对各地镇兵进行了彻底的改革，令各道节帅确定本道兵力，'取丁壮情愿充健儿长任边军者'充当镇兵。即将镇兵中的非战兵也按战兵的方式予以召募。同时，为避免往来劳弊，又采取了给田地屋宅、家口听至军州等措施。这使他们在职业化的同时又地著化了。"他又引次年正月的《亲祀东郊德音》中"别遣召募，以实边军，锡其厚赏，便令长住。今诸军所召，人数尚足，在于中夏，自可罢兵。……自今以后，诸军兵健，并宜停遣，其见镇兵，并一切放还"的声明，指出："从制度上，镇兵已完全都变成了终身的职业兵，即镇兵全部职业化了。"①

当然，在执行初期，镇兵未必会完全土著化，但随着时间的推移，职业兵制度成为唐代戍边的主要体制，家属随军也会成为常例。镇兵及其家属生于军长于军，其家庭在军城生息繁衍，必然导致军城居民的平民化。前面曾引用六部于雄武军城（宣化城）附近出土的墓志，这六位墓主都是雄武军生人，死后葬于雄武军城附近。值得注意的是，杨釗、苏子矜和王氏分别逝世于平州桃林镇、幽州城和广边军城，但无一例外地归葬于雄武军城附近。也就是说，此六人都以雄武军为自己本贯。可以想见，随着镇兵家庭人口的繁衍，在军城附近势必会开垦农田，形成村落，如上文提过的高行周兄弟，就是广边军雕窠村人。也正因为军城周边农业经济和村落的建设，军城的功能势必要由单纯的军事据点向民治的州县转化。而随着人口的增殖和农业经济的扩展，桑干河流域的控御中心，也必然由御边的军城转为理民的州县。

对照《新唐书·兵制》《通典》与两唐书的《地理志》，唐代在桑干河流域设置了许多军城，但其城址大多无考，且最终被废弃，如广边军城，也体现了军城职能转换之后城址选择着眼点的变化。

（二）唐代中期以后桑干河流域农牧经济的发展

安史之乱之后，今宣化盆地由"河朔割据型"藩镇——幽州镇占

---

① 孟彦弘：《唐前期的兵制与边防》，《唐研究》第一卷，北京大学出版社1995年版，第258页。（宋）宋敏求编：《唐大诏令集》卷73《亲祀东郊德音》，商务印书馆1959年版，第408页。

据①，而大同盆地则由唐直属的河东节度使管辖，唐末才分置代北镇。两地历史进程不同，所以下面分别讨论。

1. 代北地区

大同盆地是典型的半农半牧地区，隋唐时期由于大量招引归附的游牧民族入居，农牧交错的色彩更加强烈。

从隋代开始，朔州就是中原王朝在桑干河流域的控御中心，这是和其周围地区比较发达的农业生产水准相符合的。武德年间，高祖问以备边之策，（刘）世让答曰："突厥南寇，徒以马邑为其中路耳。如臣所计，请于崞城置一智勇之将，多储金帛，有来降者厚赏赐之，数出奇兵略其城下，芟践禾稼，败其生业。不出岁余，彼当无食，马邑不足图也。"②"芟践禾稼，败其生业"会导致"彼当无食"，可见周围农业是足以支撑这样一个重要的据点的。

另外，朔州地区存在大量汉族人口，也可以从另一个侧面反映朔州的农业经济情况。刘武周的经历可以作为一个例子：

> 刘武周，河间景城人。父匡，徙家马邑。匡尝与妻赵氏夜坐庭中，忽见一物，状如雄鸡，流光烛地，飞入赵氏怀，振衣无所见，因而有娠，遂生武周。骁勇善射，交通豪侠。其兄山伯每诫之曰："汝不择交游，终当灭吾族也。"数詈辱之。武周因去家入洛，为太仆杨义臣帐内，募征辽东，以军功授建节校尉。还家，为鹰扬府校尉。太守王仁恭以其州里之雄，甚见亲遇，每令率虞候屯于阁下。……见天下已乱，阴怀异计，乃宣言于郡中曰："今百姓饥饿，死人相枕于野，王府尹闭仓不恤，岂忧百姓之意乎？"以此激怒众人，皆发愤怨。武周知众心摇动，因称疾不起，乡间豪杰多来候问，遂椎牛纵酒大言曰："盗贼若此，壮士守志，并死沟壑。今仓内积粟皆烂，谁能与我取之？"诸豪杰皆许诺。与同郡张万岁等十余人候仁恭视事，武周上谒，万岁自后而入，斩仁恭于郡厅，持其首徇郡中，无敢动

---

① 张国刚指出唐代藩镇存在四种类型：河朔割据型、中原防遏型、边疆御边型和东南财源型。详见氏著《唐代藩镇研究》，湖南教育出版社1987年版。
② 《旧唐书》卷69《刘世让传》，第2523页。

者。于是开廪以赈穷乏,驰檄境内,其属城皆归之,得兵万余人。"①

刘武周的父母住在有庭院的房子里,说明他们过着定居的生活。他的哥哥刘山伯劝诫他的话,完全体现出中原汉族农业价值观,与刘太公对刘邦、朱温长兄对朱温的责备几乎如出一辙。从上述引文中"州里""乡间"等用语来看,当地应当存在成体系的农业社会。

《旧唐书》述刘武周死后,苑君璋继其控制隋马邑郡等地,联结突厥与唐对抗,"部将高满政谓君璋曰:'夷狄无礼,本非人类,岂可北面事之,不如尽杀突厥以归唐朝"。② 参见《资治通鉴》"初,君璋引突厥陷马邑,杀高满政,退保恒安。其众皆中国人,多弃君璋来降"③。可见刘武周的军队主要由汉族组成。

换句话说,隋代中央政府在朔州地区能控制的人口,应该以汉族为主。根据《隋书·地理志》记载,大业三年(607),马邑郡统县四,户四千六百七十四,若按每户五口计算,当有人口二万余人。但据上文,大业末年刘武周杀太守据马邑郡自立时,"驰檄境内,其属城皆归之,得兵万余人"。即使所有男丁都从军,其总人口也绝对不止二万,当然应该考虑到也许边境地区盛行大家庭,或有大量驻军的因素,但无论如何,《隋书·地理志》的户数难以反映当时大同盆地的人口情况,当地汉族人口绝对不在少数。

唐代虽然在大同盆地内设置大同、天成、静边、横野等军,以及朔州、马邑、蔚州等州县,但仍然招徕众多游牧民族入居,盛唐之前的情况在本章第一节中"唐初桑干河流域的民族构成"一段中已经说明。安史之乱以后,唐廷继续在大同盆地内安置内附的部族,据樊文礼研究,入居大同盆地的,有突厥、吐谷浑、六胡州胡人、契苾、达靼、奚、回鹘、党项、契丹等部族。④ 元和四年(811)六月,范希朝调任河东节度使,沙陀部族随之进入代北地区。⑤ 随着这些部族进入大同盆地,游牧经济自然

---

① 《旧唐书》卷55《刘武周传》,第2252—2253页。
② 《旧唐书》卷55《刘武周传苑君璋附传》,第2255页。
③ 《资治通鉴》卷192,第6035页。
④ 樊文礼:《唐末五代的代北集团》,中国文联出版社2000年版,第66—73页。
⑤ 《新唐书》卷219《沙陀传》,第6155页。

会进一步扩大规模①。天复二年（902），耶律阿保机"伐河东代北，攻下九郡，获生口九万五千，驼、马、牛、羊不可胜纪"②。可见畜牧经济的规模。

关于唐代后期大同盆地的农耕经济，由于材料限制，所知不多，但仍能看出若干蛛丝马迹。僖宗朝（874—888），大同军防御使卢简方就曾"大开屯田"③。后唐明宗时，由于击退契丹的进攻，使得"山北甚安，诸蕃不相侵扰。雁门之北，东西数千里，斗粟不过十钱"④。以粟米来衡量民生，以货币来计算价值，可见其农耕经济和商品经济已有相当的发展。

正因为唐代后期代北经济的缓慢发展，使得该地区人口增殖。辽圣宗统和四年（北宋雍熙三年，986），北宋大举北伐，以图收回燕云十六州。宋将潘美攻下代北的寰、应、朔、云四州，撤退时将四州的居民先迁入河东的并、代二州，后迁入河南，"徙者凡八千二百三十六户，七万八千二百六十二口"⑤。此四州在唐代为朔、云二州，人口峰值是在开元时期，共九千二百二十九户⑥。潘美徙民，事属仓促，应有相当人口滞留当地，可见即使唐代后期大批游牧部落入居代北地区，当地农业仍在缓慢恢复与发展。

2. 幽州镇所辖妫新儒武诸州地区

从第一代藩帅李怀仙开始，幽州镇就"招合遗孽，治兵缮邑"⑦，着力加以经营。为了维护藩镇的独立地位，也为了抵御奚、契丹等民族的进攻，以节帅为核心的幽州镇集团对居庸关以北的宣化盆地着力经营。张国刚指出，"许多史实表明，割据地区的许多节度使出于巩固自身统治的政治需要，也是注意改善统治手段，注意发展生产和均减赋税的；而残虐刻剥的藩帅则站不住脚。……河朔诸镇从维护自己切身利益出发，一面训兵

---

① 关于沙陀部族的经济形态，王义康引后唐明宗事迹，指出后唐时沙陀统治集团仍然以游牧民自居，可见其居代北时期的游牧经济色彩。王义康：《沙陀汉化问题再评价》，《陕西师范大学学报》（哲学社会科学版）1995 年第 4 期，第 134 页。
② 《辽史》卷 1《太祖纪》，第 2 页。
③ 《新唐书》卷 182《卢简方传》，第 5369 页。
④ 《旧五代史》卷 38《明宗纪四》，第 530 页。
⑤ 《续资治通鉴长编》卷 27《雍熙三年七月壬午》，中华书局 2004 年版，第 620 页。
⑥ 冻国栋：《中国人口史》第二卷，复旦大学出版社 2002 年版，第 232 页。
⑦ 《旧唐书》卷 143《李怀仙传》，第 3895 页。

整武，一面屯田积谷，恢复和发展生产，完全是情理中的事情"①。会昌元年（841）九月，幽州镇雄武军使张仲武于雄武军赴幽州平叛②，李德裕置疑张仲武事不成，吴仲舒言"幽州军粮并贮在妫州及向北七镇。若万一人未得，却于居庸关守险，绝其粮道，幽州自存立不得"③。可见在当时，张仲武凭借武（雄武军）、妫二州即可与幽州抗衡，除了出于抵御契丹、奚的需要，幽州镇军粮囤积于山后地区这一因素外，武、妫等州自身也要有足够的粮食供应能力才是，否则如何能"绝幽州粮道"？

王义康指出，唐代后期，幽州节度使在其辖区内普遍推行屯田。幽州镇例由州刺史兼军使、营田使。唐前期的缘边军镇虽兼有生产任务，但仍然以防御为主。妫、蓟、涿等边州刺史兼领军使、营田使，出现了军镇防御与生产作用并重的局面④。史料中可见曾主持宣化盆地屯田的，有逝世于广明二年（881）的"遥摄檀州刺史知雄武军营田等事"耿宗倚及其父"幽州节度使押衙、知雄武军营田等事"耿君用⑤，逝世于文德元年（888）的"妫州刺史充清夷军营田等使"刘铨⑥，以及曾于大和七年（833）前，"摄妫州刺史""知儒等州事"，并"摄广边军使兼营田等使"的高霞寓⑦。在这样的大力推动下，宣化盆地的经济自然发展起来。随着经济的发展，其屯田者的身份也发生了变化，郑学檬与王义康都指出，唐后期在一些地区以招募民户为劳动者的屯（营）田的土地所有制关系发生了变化⑧。正如《新五代史》所记载的，"距幽州北七百里有榆关，东临海，北有兔耳、覆舟山，山皆斗绝，并海东北，仅通车，其旁地可耕植。唐时置东西狭石、渌畴、米砖、长扬、黄花、紫蒙、白狼等戍，以扼契丹于此。戍兵常自耕食，惟衣絮岁给幽州，久之皆有田宅，养子孙，以

---

① 《唐代藩镇研究》，第125—126页。
② 《旧唐书》卷180《张仲武传》，第4677页。
③ 李德裕：《论幽州事宜状》，《李德裕文集校笺》文集卷17，第322页。
④ 王义康：《唐后期河北道北部地区的屯田》，《中国历史地理论丛》2002年3月。
⑤ 《耿宗倚墓志》，《全唐文补遗》第4辑，三秦出版社1997年版，第264页。
⑥ 《刘铨墓志》，《全唐文补遗》第4辑，三秦出版社1997年版，第268页。
⑦ 《高霞寓玄堂铭》，周绍良、赵超主编《唐代墓志汇编》下，太和〇六六号，上海古籍出版社1992年版，第2143—2144页。
⑧ 郑学檬：《试论隋唐的屯田和营田》，《厦门大学学报》1962年第3期。王义康：《唐后期河北道北部地区的屯田》，《中国历史地理论丛》2002年3月。

坚守为己利"①。而随着居民性质的转变，管理机构的职能也相应由单纯的主持军事转向理民，那么以军城构建的防御网络也自然最终转向由周边农业经济所支撑的城镇体系。

(三) 辽代桑干河流域农牧经济的盈缩与治所城市的关系

需要指出的是，辽代桑干河流域主要归属西京道管辖，但在经济史料方面，多燕云连称。我们知道，以幽州为中心的山前诸州属于河北平原地区，是传统的农耕地区；而云州、妫州等山后诸州则属于半农半牧地区。② 幽州地区的情况绝不能与山后地区等同。这就造成可用史料的更加匮乏。同样，从目前的研究来看，也多将燕云合并研究。本书此处所采用史料，尽量使用最为直接与准确者，以免混淆。

辽占据燕云十六州之初，由于唐末五代的连年战乱，包括桑干河流域在内的燕云地区破坏严重，颜亚玉估计"燕云人口丧失不少于二十万"③。随着局势的稳定以及辽太宗耶律德光采取"因俗而治"的政策，使得山后地区的经济逐步恢复起来。《辽史·食货志》记载："应历间，云州进嘉禾，时谓重农所召。"④ 这表明了辽朝政府重视发展农业的取向。为恢复发展农业经济，辽廷采取了若干休养生息的政策，统和十年（984），"免云州租赋"，"给复云州流民"，"朔州流民给复三年"。⑤ 统和十四年，"蠲三京及诸州税赋"，"诏安集朔州流民"⑥。这些措施都有利于农业生产的恢复。

在这种背景下，我们能看到传统农耕经济在桑干河流域逐步发展。嘉靖《宣府镇志·贡赋考》在（宋）真宗咸平三年（契丹统和十八年，1000）条下记载："北地节候颇晚，宜从后唐旧制，大小麦、豌豆，六月十日起征，至九月纳足。正税匹帛、钱、鞋、地、榷麴钱等，六月二十日

---

① 《新五代史》卷72《四夷附录一》，第892页。又：这段材料说的是山海关一带，但妫、武等州所在的桑干河流域一样是"地可耕植"，其任务一样是"扼契丹"，情况应该也是类似的。

② 史念海：《唐代河北道农牧地区的分布》，氏著《唐代历史地理研究》，中国社会科学出版社1998年版，第111—121页。

③ 颜亚玉：《契丹统治下的燕云农业经济》，《中国社会经济史研究》1989年第3期。

④ 《辽史》卷59《食货志上》，第924页。

⑤ 《辽史》卷13《圣宗四》，第142页。

⑥ 同上书，第147页。

起征，十月纳足。"① 足以证明辽代农业发展的普遍情况，也足以证明桑干河流域农耕经济的规模。随着农业的发展，桑干河流域能提供更多的产品，如开泰六年（1017），"南京路饥，挽云、应、朔、弘等州粟振之"②，人口和生产条件都不如河北平原的桑干河流域能够拿出余粮来赈济前者，如果农业经济没有达到起码的程度是不可能的。

可以看出，圣宗朝是辽代发展农业的重要时期，随着农业的发展，人口的增殖，居住地域的扩展，自然要析置州县，修筑城邑。桑干河流域辽代所设州县，年代可考者为应历中所设的怀安、顺圣二县与统和中所置的弘州永宁县，相信其设置是与经济发展合拍的。

虽然辽代在桑干河流域所筑城邑记载稀少，但在实地考察过程中，也能屡屡发现辽代筑城的信息，比如笔者曾在怀安城（明怀安卫城、清怀安县城）的城墙夯土中发现嵌有辽砖。另外在聚乐堡考察时，当地有"西城墙一千年，东城墙五百年"的口传记忆，并有耆老能回忆起旧东城墙的位置。按明聚乐堡筑于弘治十三年（1500）③，与"五百年"之说大体相符，而在此之前，英宗亲征瓦剌时就曾取道聚乐驿④，说明在此之前此堡就已存在。若当地记忆能反映历史事实的话，则聚乐堡的修筑最早能追溯到辽代，反映了辽金时期桑干河流域城堡型聚落的发展。

第四节 成本选择

——桑干河流域汉魏旧城的废弃与重新选址

根据本书第一章和第二章的研究，两汉时期，在桑干河流域边设郡县，广筑城邑，一片阡陌纵横，城郭相望的繁荣景象。汉末丧乱，北魏重新建设桑干河流域，其城邑以沿用汉代故城为主。但是，在本章所复原的25座军城与州县城市中，我们可以发现，沿用汉魏故城的现象非常少见。这种情况我们可以通过表3-3进行比较。

---

① 嘉靖《宣府镇志》卷14，第127页。
② 《辽史》卷15《圣宗六》，第180页。
③ 《宣大山西三镇图说》，第222页。
④ 《明英宗实录》卷180，正统十四年七月丁未条，第3493页。

表 3-3　　　　　　　　唐至辽代沿用汉魏故城情况

城邑名称	今址	附近汉魏故城	直线距离（米）
朔州城	朔州市朔城区	马邑城	0
云州城	大同市区	平城	0
静边军城	右玉县右卫镇	善无城	0
应州金城县旧城	应县南沿村镇张寨村附近	繁畤城	0
浑源县旧城	浑源县毕村、麻庄附近	崞县城	0
怀安县城	怀安县头百户镇旧怀安村	托台亭	0
矾山县城	涿鹿县矾山镇	涿鹿城	2000
弘州永宁县城	阳原县城	阳原西堡城址	3000
应州金城县新城	应县城	繁畤城	4000
广灵县城	广灵县城	平舒城	5000
清夷军城（妫州怀戎县）	旧怀来县城，被官厅水库淹没	沮阳城	7000
横野军城（安边县城）	蔚县城	代王城	7343
浑源县新城	浑源县城	崞县城	9000
望云县城	赤城县云州乡北沙沟村西	御夷镇城	10000
大同军城（马邑县城）	朔州市朔城区神头镇马邑村	阴馆城	16268
怀仁县城	怀仁县城	日中城	24480
雄武军城（葛峪堡）	宣化县东望山乡葛峪堡村		
广边军城	赤城县雕鹗镇康庄村东		
天成军城	天镇县城		
雄武军城（武州文德县）	张家口市宣化区		
新州永兴县城	涿鹿县城		
龙门县城	赤城县龙关镇		
儒州缙山县城	延庆县城		
河阴县城	山阴县马营庄乡故驿村附近		
长青县城	阳高县大白登镇附近		
奉义县城	大同市区御河东		
定安县城	蔚县桃花镇、常宁乡一带		
顺圣县城	阳原县东城镇东旧堡		

表3–3非常清晰地反映了唐辽在桑干河流域设置城市时，对汉魏故城的选择。在今天可以确认确切位置的16个城址中，朔州、云州、静边军、应州旧城、浑源旧城、怀安等都选择在汉魏故城重建；而矾山、弘州、应州、广灵、清夷军（怀戎）、横野军（安边）、浑源、望云等8个城址都在距离附近汉魏故城10公里的位置上新建城邑。而据后世研究，新州、龙门、儒州、长青等4城分别距下洛、女祁、居庸、高柳等汉魏故城也不超过10公里。① 另外河阴城内有秦汉遗迹，但该城址不能与《水经注》中汉县城联系起来，是否为汉代治所城市遗址尚无法认定。需要注意的是，静边军、应州旧城与浑源旧城都于唐末被废弃，到辽代，能稳定使用的汉魏故城，只有朔州、云州和怀安3城而已。

总之，继六镇之后的长期荒残之后，唐辽两代重新经略桑干河流域时，今天发掘的23个汉代城址中，只有3个被沿用至辽代，其中怀安县城在明初亦被废弃。而在唐辽新建的城邑中，即使在其周围10公里以内有汉魏故城，也并不沿用，而是重建新城。

需要指出的是，这些未被沿用的汉魏城址，本身并不一定不适宜继续使用。如代王城长期以来是蔚县盆地中的控制中心，曾做过汉代国国都和代郡郡治，历史悠久。且代王城规模宏伟，全城周长9265米，至今仍保留城垣，可谓基础良好（见图3–9）。《水经·㶟水注》中记载："《魏土地记》曰：城内有二泉，一泉流出城西门，一泉流出城北门，二泉皆北注代水。"② 从下图中我们能看出，代王城中有金波泉与密河两条河流流向壶流河，前者出北门，后者出西门，与《水经注》中提到的"二泉"方向一致，应该就是那两条泉水。直到明代，仍记载金波泉"味甚甘冽"③，既然如此，在唐代应该不会有变化，也就是说水源也不成问题。但唐代设置横野军和安边县时，均未考虑沿用代王城。

---

① 《中国历史地图集》第二册，第18、27页。
② 《水经注疏》卷13，第1166页。
③ 嘉靖《宣府镇志》卷8《山川考》，第70页。

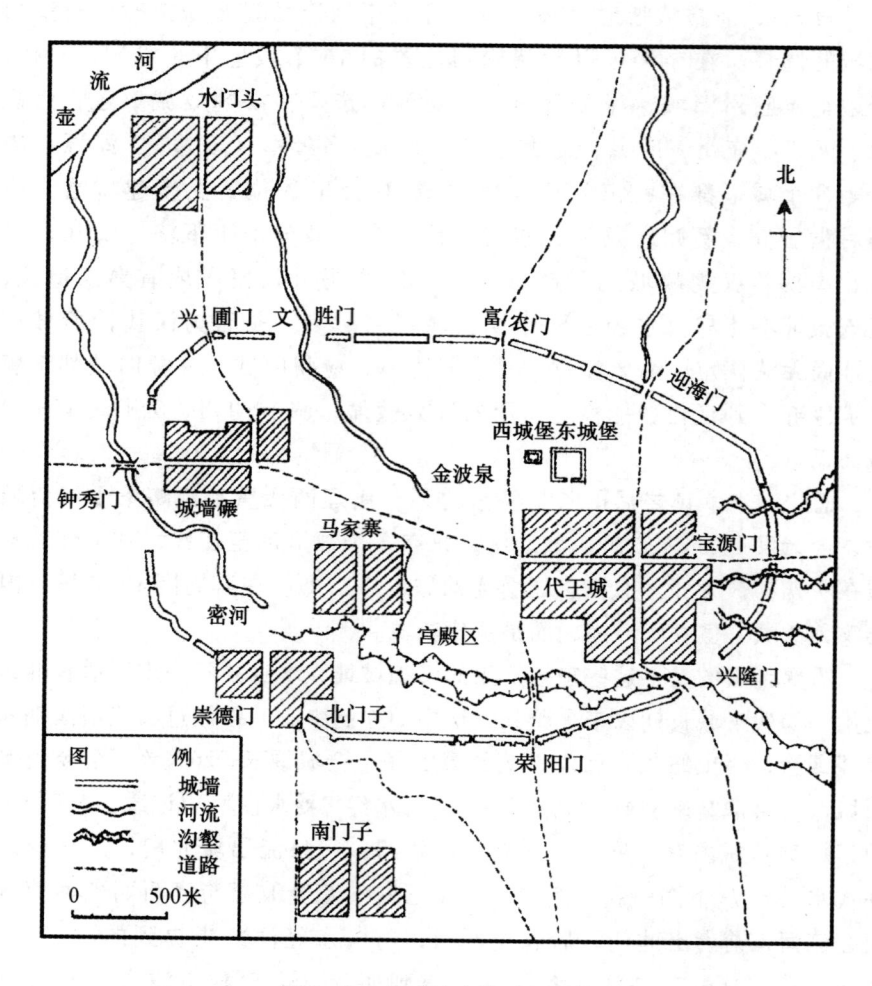

图 3-9 代王城古城平面图①

再如汉涿鹿城，即今"黄帝城"，城垣至今保存比较完好，其东侧即阪泉水，今为古城水库，既然可以修建水库，相信水源也不成问题。但唐末在此地区重建州县，建筑城市时，却没有继续沿用古城，而是在其东不远处新建城址。又如汉沮阳城，直至 1955 年安志敏考察时，城垣尚大体保持完好："除大城的北城墙部分被河水冲去外，其他部分尚保存有断续

---

① 《代王城城址调查报告》，第 21 页。

的成层的夯土城墙……城墙址高约 6 米，宽约 8 米，保存情况一般的还算完好。"① 但长安二年（702）设清夷军时，也未沿用现成的上谷郡城，而是在其附近的妫水北岸修筑了一座新城。

关于城址废弃的原因，学界多从自然环境角度考虑，比如本书第一章中提到的大同县东水地城址（汉平邑县城），郑公望等先生推测城址的废弃与那条南北贯穿城址的冲沟有关②；又如沮阳城，安志敏认为："它的废弃是在东汉的末叶，城内没有较晚时期的遗物。至于为什么废弃，还很难推测，不过从城墙北壁被河水冲掉，城内存在着一些大的淤积沙丘来看，沮阳城的废弃可能和妫水河的水灾有密切的关系。"③

事实上，每个城址的选择与兴建，都有其目的与成本。若是有居民世世代代居住，且一直沿用的城邑，遇到严重的自然灾害，比如水灾，也应以奋力加固城垣为对策，而非轻易放弃家乡。试想，对于城内居民来说，城市的迁徙，意味着他们生活的重大改变，其城内的家宅要放弃，其负郭的膏腴田地会失去④，其城邑附近的祖坟也要迁徙。所以说，迁徙的成本是非常高的。所以即使遇到难以抵抗的自然灾害，居民也往往会在附近避难，俟灾害过后重建家园。笔者于 2008 年 9 月 9 日赴大同县聚落堡考察，当地耆宿就曾言及其曾目睹多次山洪暴发，也曾冲溃城墙，但之后居民都进行重建。而近年来当地农村基层组织不力，城垣倾颓，故山洪导致损失颇大。本书所涉及的几个城垣被水冲溃的城址，除汉沮阳县城外，其冲沟或淹没处，都并非大型河流，不至有导致城址废弃的破坏力。换言之，若有不可抵抗的自然灾害导致居民暂时放弃城邑，在灾害过后也应返回重建家园才是。比如开封城，虽在明末经黄河决口覆盖，但清代依然在原址重建。若城址及周边环境破坏严重，无法居住，也应在附近不远处重新筑城居住。但迄今为止，并无此类事迹记载，或此类城址发现。也就是说，从自然灾害的角度来解释桑干河流域内部城市的废弃是不合理的。

我们能够看到，桑干河流域内今天发现的大多汉代城址，恰如安志敏

---

① 《河北怀来大古城村古城址调查记》，第 45 页。
② 《地貌学野外实习指导》，第 29 页。
③ 《河北怀来大古城村古城址调查记》，第 48 页。
④ 《史记·苏秦列传》记苏秦语："且使我有雒阳负郭田二顷，吾岂能佩六国相印乎？"《史记索隐》谓"负者，背也，枕也。近城之地，沃润流泽，最为膏腴，故曰'负郭'也"。《史记》卷 69，第 2262 页。

所言，废弃于东汉末叶。而导致城内居民放弃宅邸、田产和祖坟的，逃离故乡，并最终没有返回故乡重建家园的，不是毁天灭地的自然灾害，而是东汉末年的战乱。正是因为东汉末年政局动荡，政府失去对边郡的控制力，北方民族大举骚扰，居民的生命、安全、财产失去保障，才逼迫他们逃离，最终导致城址被废弃。对于居民来说，与上述几个因素相比较，固守城邑的代价变得无比高昂。

相反，对于相隔几百年后重新经略此地的居住者来说，其成本与世居此地的居民不同。在相同的地理单元内，可供筑城居住的微观地点很多，未必只有故城所在才可以。由于百年荒废，导致城垣倾颓失修，重新修筑的成本未必低于在附近新建一座城邑。比如本章第二节提到的顺圣县旧城，明初被废弃，天顺四年（1460）重建顺圣川东城，却未选择旧城，原因是"湫隘无水，亦难久居"。无水的原因是废弃已久，导致旧城取水系统破坏，还是自辽代建城以来便是如此，已经无从分辨。但即便是辽代以来便是如此，但从辽至元，这座城址也使用了几百年。想来辽金元时期居民必然要采取措施来解决水源问题，但即使是"湫隘无水"，辽金元时期也没有迁徙，居民一样在其中居住，自然是迁徙的成本要大于继续沿用。但从相隔近百年重新规划此地的角度出发，在更好的位置新筑一城则无疑是更好的选择，毕竟他们不必考虑搬迁的成本。

另外，由于政治、经济格局的变迁，城址的功能会发生变化。下面以取代代王城成为壶流河谷地控御中心的横野军城为例。

横野军城（蔚州城）位于壶流河谷地中，壶流河东北汇入桑干河，与坦荡的桑干河谷地相通，南部是飞狐谷口，直通华北平原。蒙古高原上的游牧铁骑，进入华北平原最便捷的通道之一，就是自今杀虎口入大同盆地，然后取道蔚县盆地，直扑飞狐口。

所以说，扼守飞狐口，是蔚县盆地最重要的战略任务，而蔚县盆地城市的选址，也必须符合这个任务的要求。正是因为地处中原王朝与草原行国犬牙互入的农牧交错地带，使得今天蔚县地区的城市布局一方面要服从国防建设的需要；另一方面，也受到边境地区军事、政治形势的深刻影响。

西汉时期，采取"徙民塞下"，广建郡县的策略。而汉武帝时出击匈奴，一举收复河南地，建立了朔方与五原郡，与云中、定襄等郡连成一线，建立起多层次的防御体系。匈奴昔日南越阴山，由今杀虎口，经桑干河谷地入犯代谷,并进犯飞狐口的传统路线,至此要经过层层防守。代城虽然仍然属于边郡,但并非直接临敌的第一道防线。

由于秦汉城市多沿袭先秦旧城址,而且代王城距离飞狐口虽然不是最近,但也不至于鞭长莫及。所以在秦汉帝国建立后,就没有进行迁徙,而是沿用了这座古城,并重新修筑①,形成今天能够看到的规模。

而横野军城的修筑,是在唐击退后突厥政权对北部边境的大规模侵扰,重新经略桑干河流域的背景下进行的,其职能在于扼守飞狐口与监督、统率内附的九姓铁勒,进而经略蔚县盆地乃至大同盆地东部,那么,横野军城最低限度的职能就是据守飞狐口的一个军事据点。而在整个蔚县盆地中,距离飞狐口最近,又能靠近壶流河,依河据守的地点,就是后来的蔚州城②。

至于代王城,虽然基础依旧保留,但作为单纯的军事驻防城堡来说,条件并不优越。关于横野军的军额,胡三省记载为:"横野军……兵三千人。"③《通典·兵志:守拒法》认为:"城有不可守者:大而人少;小而众多。"④ 代王城规模宏大,周长9265米,今天城内有代王城镇所辖代王城一、代王城二、代王城三、代王城四、代王城五、大水门头、小水门头、城墙碾等多个行政村,万余人口,考虑到今天代王城内尚有大片农田,其人口容量可想而知。对于三千兵额的横野军来说,据守这样一个大规模的城池,的确是"大而人少",若完全修复旧城,其成本至少不会低于在更靠近飞狐口的地方修建一座新的军城。

明清蔚县城,呈不规则"凸"字型,东西城门亦不相对。但仔细看来,其城址的南部,恰好形成一近似规则的正方形,内部街道形成规整对称的十字垂直相交,颇与唐代严整的坊市制相符。可以推测,图3-10中画黑线部分很可能就是唐代横野军城,而以外不规则部分则是后世城区向外发展,最后包甓而成。

---

① 《代王城城址调查报告》提到"现存于古代城东、南、西1—10华里处的63座汉墓及大量的遗迹、遗物表明,在春秋时古城建筑初见端倪,秦汉时达到鼎盛时期,到东汉之后日趋衰落",第26页。
② 今天蔚县城至飞狐口直线距离为12公里左右;而代王城至飞狐口距离为18公里左右。
③ 《资治通鉴》卷215,第6849页。
④ 《通典》卷152,第3893页。

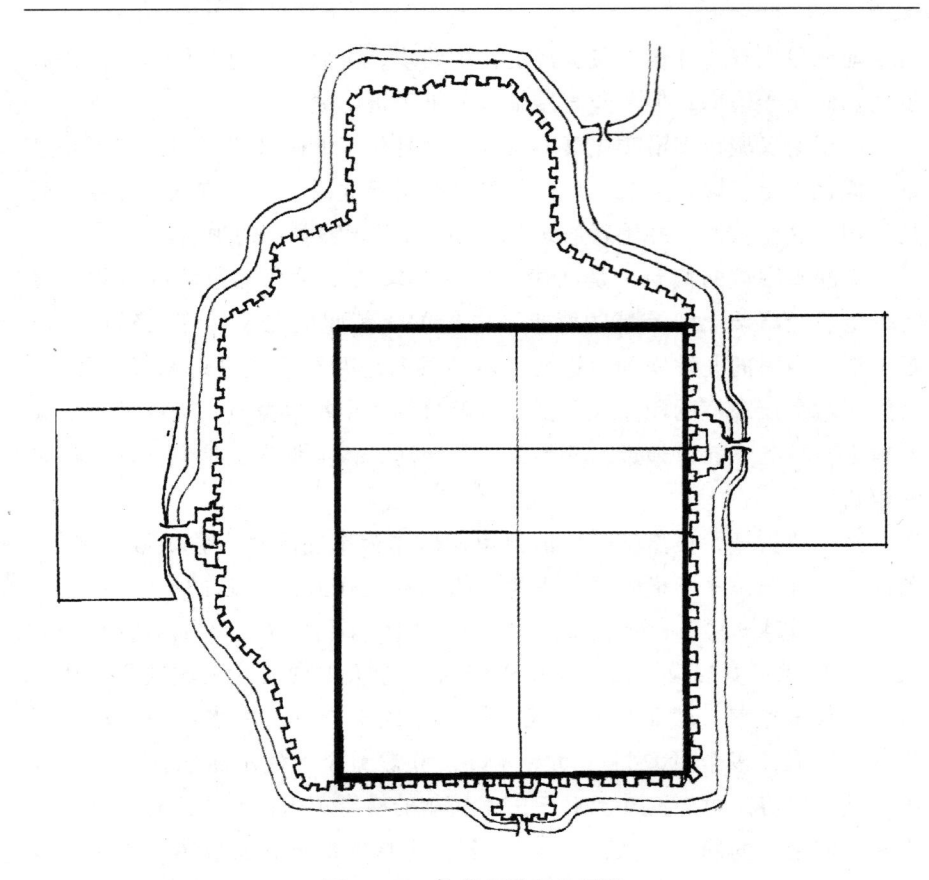

图 3-10　唐蔚州城想象图①

图中黑线所包围的部分，周长为 3000 米左右，与周长近 10 公里的代王城相比，更加符合军城、州城的规模和功能。这应该就是唐代在距离飞狐口最近的壶流河南岸修建了一座新城，而没有选择代王城的原因。

总而言之，在城址的选择与修筑方面，地理环境的确是最重要的因素之一。但这里所讲的地理环境，应指一个较大的地理尺度，在这一个面状的地理尺度内，并非只有一个微观的点状地理位置才可以修筑城邑。城邑的职能、选择与废弃，固然与自然条件有密切关系，但城市毕竟是一个人文地理形态，经济、政治、军事，乃至文化等各种因素都会影响城址的选择与废弃。

---

① 改绘自"蔚县城古城图"，《蔚县志》，中国三峡出版社 1995 年版，第 42 页。

第五节 小结

通过本章的分析，我们发现隋代至盛唐时期桑干河流域治所城市极端稀少的原因，是由隋唐王朝的边疆形势、御边政策、士兵来源、战争组织形式、经济形态、民族构成等各因素综合决定的。

通过复原盛唐时期桑干河流域内部部分军城的位置，我们分析了军城的职能，并指出军城选址的着眼点。唐末至辽代是桑干河流域治所城市设立的一个高峰时期，本章复原了18个此时期设立的治所城市的位置，纠正《中国历史地图集》的若干错误。并对桑干河流域唐末至辽代治所城市普遍设立的时代背景进行了分析。

最后，我们发现唐辽时期军城与治所城市多不沿用汉魏故城，而在附近建设一个新城的现象，并从成本与人文角度分析城址废弃与变迁的原因。

第四章　明代桑干河流域城镇的职能与分布

洪武元年（1368）七月，明将徐达连克河西务、通州，兵锋直指大都城下，元顺帝开建德门，由居庸关北走上都开平。八月，徐达进大都，改大都路为北平府。洪武二年（1369）正月，常遇春取大同。至此，桑干河流域全部收入明朝版图。

明朝政府虽然夺取了全国政权，但蒙古的军事力量却并未被彻底消灭，北部地带一直是明代边防的重点。洪武时期，就先后设置了大同都卫（山西行都司）和万全都司，统管桑干河流域的诸多卫所。定都北京以后，大同、宣府和蓟镇三地成为拱卫京师的屏障，正如王士性论及："前代都关中，则边备在萧关、玉门急，而渔阳、辽左为缓。本朝都燕，则边备在蓟门、宣府急……本朝土木后，也先驻牧，吉囊、俺答驻牧，皆在松、庆、丰、胜左右，则宣、大急。"① 随着明朝对蒙古的态势从洪武、永乐时期的战略进攻转到洪熙、宣德之后的战略防守，在北部边疆地区，明政府逐步修筑边墙，与边墙的修筑大体同步，兴修了诸多城堡，以加强防御力量。总体来说，宣大地区的城堡随着时间的推移，数目持续增多。其北边防御体系也由线状转为以北京为出发点与最终归宿，以镇城为中心，以参将驻地为节点，以长城边堡为边缘的横纵结合的伞状防御体系。而除都司卫所城堡外，一些府州县城市仍得以保留或重建，除大同府、大同县之外，全部分布于桑干河以南，形成以桑干河为界，河北以都司卫所为主，河南以府州县为主的分布格局，桑干河成为"极边"与"次边"的分界线。

关于都司卫所的性质，顾诚《明帝国的疆土管理体制》一文，在分

---

① 王士性：《广志绎》卷1《方舆崖略》，中华书局1981年版，第12页。

析不同类型卫所与疆土管理的关系的基础上指出，明代的整个疆土分为六部—布政司—府—县、五军都督府—都指挥使司—卫（守御千户所）—千户所两大系统，卫所同样是明帝国疆域的一种管理制度。①而周振鹤则用"军管型政区"来定义中国历史上以军事机构管理地方行政的特殊地方行政区划类型，明代都司卫所制度便是其中最为典型的一类。②在前贤的基础上，郭红在《中国行政区划通史·明代卷》中直接将"都司卫所"作为"非正式政区"，与"两京及布政使司政区""总督巡抚辖区"并列讨论，指出"军管型政区不是明代专有的现象，但历代类似性质的政区皆不如明代都司卫所制度之完善、严密及分布之广泛"。③

由于都司卫所统辖的是卫籍人口，情况相当复杂，本身又带有浓厚的军事色彩，所以并非所有都司卫所都可以看作完整闭合的"非正式政区"。郭红将明代的卫所分为实土、准实土与无实土卫所三种，其中准实土卫所"主要分布在沿海和内陆边疆地区，名义上在府州县境内，但又占有大量的土地、人口，足以同府州县相颉颃。山西行都司永乐元年后的云山[川]卫、大同左卫、大同右卫、玉林卫、天城卫、镇虏卫、阳和卫、高山卫、平房所、威远卫都属此类"④；而无实土卫所则指"卫所治地有府州县，且后者的土地和人口占有绝对优势"⑤，按郭红的定义，明代的桑干河流域，像朔州卫、山阴守御千户所、安东中屯卫、蔚州卫都属于无实土卫所，地方民事由州县管理。⑥

郭红对都司卫所的分类是基于其当地是否有府州县等行政区划存在而定，但实际上，由于桑干河流域地处边疆，担负着防御蒙古势力的重任，所以明朝在此设置重兵，军士、军余、家属等军籍人口庞大，所谓"准实土卫所"，虽然地处山西布政司大同府境内，但在其集中分布的桑干河以北地带，大同府只辖大同、怀仁二县，无论是实际管辖地域还是统辖民

---

① 顾诚：《明帝国的疆土管理体制》，《历史研究》1989 年第 3 期。
② 周振鹤：《体国经野之道——新角度的中国行政区划史》，中华书局（香港）有限公司 1990 年版。
③ 周振鹤主编，郭红、靳润成：《中国行政区划通史·明代卷》，复旦大学出版社 2007 年版。
④ 《中国行政区划通史·明代卷》，第 260 页。
⑤ 同上书，第 261 页。
⑥ 同上书，第 289 页。

籍人口，都相当有限，而郭书所列的"云川卫、大同左卫、大同右卫、玉林卫、天城卫、镇虏卫、阳和卫、高山卫、平虏所、威远卫"，其对周边地区与人口的管辖应该是单一而闭合的，在这一意义上，它们应该属于实土卫所。

所以本书在讨论城市时，将桑干河流域的实土卫所与"准实土卫所"驻地城市都作为卫所城市讨论，而"无实土卫所"因为与府州县同城，则当作府州县城市对待。

事实上，虽然都司卫所与府州县在职官、管辖人口与赋税体系等方面都有不同①，但就其驻地城市来说，基本功能相差不多，儒学、文庙、市场，甚至书院等普通府州县城市具备的设施，桑干河流域的实土与准实土卫所城市基本都具备，如嘉靖《宣府镇志》就记载有万全都司学、怀来卫学、开平卫学、万全左卫学、龙门卫学、怀安卫学、保安卫学、万全右卫学。② 至于佛寺、道观等宗教建筑，卫所城市中更是比比皆是。从城市的基本功能来看，实土与准实土卫所城市和府州县等普通治所城市大体一致。所以本书将实土、准实土卫所城市与府州县城市都作为治所城市进行研究。

有明一代，先后在边地设置了北平、福建、湖广、四川、陕西和山西六行都司，以及辽东、万全和大宁三实土都司。其中位于桑干河流域的万全都司与山西行都司，其政区设置与其相邻的山西雁门关以南地区及北直隶存在着显著的差别。我们可以看到，在万全都司与山西行都司管辖范围内，桑干河以北固然以实土卫所为主，但在桑干河以南，州县也大多有卫所与其同城，如朔州与朔州卫、应州与安东中屯所、蔚州与蔚州卫、保安州与保安卫、永宁县与延庆左卫等。而在山西雁门关以南地区与北直隶，则往往只在重要地点设置卫所，而大多数府州县并无卫与守御千户所与其同城，实土卫所更是相当稀少。另外，由于未经历山后地区的大规模移民迁出活动，所以其治所城市以沿用前代驻地为主，这与桑干河以北地区新建了一批卫所城市产生了强烈的对比，体现出桑干河流域作为边防重地的

---

① 都司卫所隶属五军都督府管辖，统辖的是卫籍人口，其职官属于武官系统，征收屯田子粒；而府州县则隶属六部——各布政司管辖，统辖的是民籍人口，其职官属于文官系统，征收田赋。

② 嘉靖《宣府镇志》，台北：成文出版社影印，1970年，第185—193页。

特殊性。

除都司卫所外，明代在桑干河流域陆续修筑了大量的城堡，这些城堡由于修筑背景不同，其职能、选址都不尽相同。由于这些城堡同样承担着对周边地区的管理、防御等功能，也存在着一定程度的辐射与聚集效应，而非纯粹的乡村形态，最后的归宿也因其职能与选址而有所不同，所以本章将桑干河流域的官堡作为基层城镇，纳入研究范围。

关于桑干河流域州府、卫所和堡寨的情况，应该说不同时期不尽相同。《宣大山西三镇图说》提供一份颇为详尽且统一的明代后期资料，使得我们能够根据这些材料绘制若干幅确定年代的城镇地理的横切面。本章以《宣大山西三镇图说》为主，参以《明实录》《寰宇通志》《大明一统志》、正德《宣府镇志》、嘉靖《宣府镇志》《宣大山西三镇图说》万历《山西通志》《整饬大同左卫兵备道造完所属各城堡图说》[①]、顺治《云中郡志》、康熙《新续宣府志》等明代与清初史料[②]，制作《明代桑干河流域筑城情况表》与《明代宣大二镇城堡情况表》（见附录），从修筑时间、所处区域与职能等方面进行比较。

第一节　治所城市的选址特征

一　洪武时期"徙山后民"与元代府州县体系的终结

洪武元年（1368），徐达兵进大都，元顺帝北走上都开平。次年，明军分别攻下大同、开平。洪武三年（1370）二月，下云州、武州、朔州等地，桑干河流域被纳入明朝统治范围。

洪武三年，郑州知州苏琦上书言三事，其中第二条即为"宜选股肱重臣，才兼文武，练达边事，分镇要害，以统制诸番。若其来归也，待之以诚，怀之以德；其叛也，喻之以义，示之以威，专明恩信，远示绥怀，勿启边衅，以疑远人。勿连兵祸，以劳中国。其沙漠非要害之处，当毁其城郭，徙其人户于内地"。明太祖指示中书省："琦言有可采者，其参酌行之。"[③]

---

① 绘本地图，藏于中国科学院国家科学图书馆。
② 本章其他表格，也基本出自上述史料，下不赘注。
③ 《明太祖实录》卷50，洪武三年（1370）三月丁酉条，第977—978页。

十二月，中书省回复建言："西北诸虏归附者，不宜处边；盖夷狄之情无常，方其势穷力屈，不得已而来归，及其安养闲暇，不无观望于其间，恐一旦反侧，边镇不能制也。宜迁之内地，庶无后患。"

明太祖当时的批复是："凡治胡虏，当顺其性。胡人所居，习于苦寒；今迁之内地，必驱而南，去寒凉而即炎热，失其本性，反易为乱。不若顺而抚之，使其归就边地，择水草孳牧，彼得遂其生，自然安矣。"① 但从后来的事实看，明太祖还是采纳了徙山后民的建议。洪武七年（1374）更正式下令："其塞外夷民，皆令迁入内地"②；"官属送京师，军民居之塞内"③。

桑干河流域地处燕山以北，同属迁徙地区，洪武初期，曾多次迁徙本地军民入北平屯居。但大同地区与宣府地区情况略有不同，下面分别叙述。

（一）宣府地区

洪武四年（1371）三月，中书右丞相魏国公徐达称："山后顺宁等州之民密迩虏境，虽已招集来归，未见安土乐生，恐其久而离散。"遂"徙顺宁、宜兴州沿边之民皆入北平府州县屯戍，仍以其旧部将校抚绥安集之，计户万七千二百七十四、口九万三千八百七十八"④。六月，魏国公徐达驻师北平，"以沙漠既平，徙北平山后之民三万五千八百户、一十九万七千二十七口，散处卫府。籍为军者给以粮，籍为民者给田以耕"。"达又以沙漠遗民三万二千八百六十户屯田北平府管内之地"⑤。洪武五年（1372）七月戊辰，"革妫川、宜兴、兴、云四州[县]，徙其民于北平附近府州县屯田"⑥。

上述三次大规模移民涉及地域很广，涵盖燕山以北的广大地域，宣府地区也包括在内。移民总数超过32万人，宣化盆地的民户恐怕所剩无几。正因为此，明朝一举废掉了该地区的所有民治政区。嘉靖《宣府镇志》记载为："（洪武）二年，征虏将军常遇春兵至开平，都督汪兴祖兵至兴

---

① 《明太祖实录》卷59，洪武三年十二月丙辰条，第1147页。
② 《明太祖实录》卷88，洪武七年四月辛酉条，第1571页。
③ 《明太祖实录》卷88，洪武七年四月乙巳条，第1569页。
④ 《明太祖实录》卷62，洪武四年三月乙巳条，第1199页。
⑤ 《明太祖实录》卷66，洪武四年六月戊申条，第1346页。
⑥ 《明太祖实录》卷75，洪武五年七月戊辰条，第1385页。

和，元主乃奔应昌，遂取之，因置开平卫指挥使司，兴和、怀来俱守御千户所。三年，命平章汤和取宣德，参政华云龙取云州，左副将军李文忠取应昌，诸郡县皆附。因徙其民如居庸关，诸郡县废。特遣将卒番守之，名宣德曰宣府。"①

这一举措在《大明一统志》中也有相应的明确记载，如表4-1所示。

表4-1　　　　　　明初省废宣府地区州县

元代政区	明初情况	卷次	页码
龙庆州及所辖怀来县	本朝初，府州县俱废	5	第12页左
保安州及附郭永兴县	本朝初，府州县俱废	5	第16页右
顺宁府领宣德、宣平、顺圣三县	洪武四年，尽徙其民于（居庸）关内，府县俱废	5	第19左

（二）大同地区

明朝初年，同样废罢了元代设在大同盆地的若干政区建置。

天城县：《大明一统志》记载："天城废县在府城北一百八十里，本云中县地。后魏置广牧县，辽改曰天城，金属大同府。"②《明史·地理志》云："天城卫，元天成县，属兴和路。洪武四年五月改属大同府，县寻废。"③

白登县：《大明一统志》载："白登废县在府城东北一百三十里，辽置长清县，金改白登，本朝省。"④《明史·地理志》云："阳和卫，元白登县，属大同路，洪武初县废。"⑤

金城县：《大明一统志》载："应州……唐置金城县，以县置应州。以龙首、雁门二山南北相应，故名。五代时唐置彰国军节度，辽、金仍旧。元仍为应州，本朝因之，以金城县省入。"⑥

定安县：《大明一统志》记载："定安废县在蔚州东七十里。……唐

---

① 嘉靖《宣府镇志》卷1，第14页。
② 《大明一统志》卷21。
③ 《明史》卷41，第972页。
④ 《大明一统志》卷21。
⑤ 《明史》卷41，第972页。
⑥ 《大明一统志》卷21。

末置此县……本朝省。"①

除金城县外，其余四县的废罢是与其人民被迁走相一致的。②《明太祖实录》记载：洪武六年（1373）十月丙子，"上以山西弘州、蔚州、定安、武、朔、天城、白登、东胜、澧［丰］州、云内等府州县北边沙漠，屡为胡虏寇掠，乃命指挥江文徙其民居于中立府，凡八千二百三十八户，计口三万九千三百四十九"③。

大同地区与宣府地区不同，虽然有此四县被废，但大同府、朔州、马邑、应州、山阴、浑源、怀仁、蔚州等府州县依然沿用，主要的治所城市架构未被撼动。主要是因为没有发生类似宣府地区的大规模移民迁出事件。

二 宣大地区卫所的普遍设立与明初的筑城运动

明代初期的洪武、永乐二朝，中央政府逐渐在宣大地区恢复并新设了府州县与卫所等行政区划，与此同时，明政府在宣大地区大举兴筑城郭，可以称为明初的筑城运动。这一时期所修筑的城市，以卫所、府州县等治所城市为主，所以本节的讨论对象，有的会延续到洪熙、宣德二朝。

为方便对比，我们根据附录中的《明代桑干河流域筑城情况表》与《明代宣大二镇城堡情况表》，列表4-2对比明初筑城修城情况如下。

表4-2　　　　　　　　　明初筑城修城情况

时间	公元	筑城修城事件	级别	今址	属镇
洪武二年	1369	依元旧城修筑怀来城	县、卫	20世纪70年代后淹没于官厅水库中	宣府
洪武三年	1370	砖建朔州城	属州	山西省朔州市城区	大同
洪武五年	1372	增筑砖包大同旧土城	都卫、府	山西省大同市城区	大同
洪武七年	1374	砖包蔚州城	属州、卫	河北省蔚县县城	两属
洪武八年	1375	因应州故城	属州、卫	山西省应县县城	大同

---

① 《大明一统志》卷21。
② 金城县是应州的附郭县，省入应州，属于常规的政区调整。
③ 《明太祖实录》卷85，第1516页。

续表

时间	公元	筑城修城事件	级别	今址	属镇
洪武十六年	1383	筑广灵城	县	山西省广灵县县城	两属
		设怀仁城	县	山西省怀仁县县城	大同
		筑马邑城	县	山西省朔州市朔城区神头镇马邑村	大同
洪武二十五年	1392	筑怀安城	卫	河北省怀安县怀安城镇	宣府
		筑良田屯堡	普通城堡	河北省怀来县沙城镇良田屯村	宣府
		筑东八里堡	普通城堡	河北省怀来县东八里乡驻地	宣府
		筑西八里堡	普通城堡	河北省怀来县西八里镇	宣府
		筑麻峪口堡	普通城堡	河北省怀来县王家楼回族乡麻峪口村	宣府
洪武二十六年	1393	土筑万全右卫城	卫	河北省万全县万全镇	宣府
		土筑万全左卫城	卫	河北省怀安县左卫镇	宣府
洪武二十七年	1394	筑宣府城	塞王驻所、卫	河北省张家口市宣化区	宣府
洪武三十一年	1398	砖创阳和城	卫	山西省阳高县县城	大同
		砖建天城城	卫	山西省天镇县县城	大同
永乐年	1403	建宁远站堡	普通城堡	河北省张家口市桥东区老鸦庄镇宁远堡村	宣府
永乐初	1403	筑土木堡	普通城堡	河北省怀来县土木镇	宣府
永乐二年	1402	砖包万全右卫城	卫	—	宣府
永乐三年	1405	因山阴故城土筑	县	山西省山阴县古城镇	大同
永乐七年	1409	设（大同）左卫城	卫	山西省左云县县城	大同
		设（大同）右卫城	卫	山西省右玉县右卫镇	大同
永乐九年	1411	筑长安岭堡	所	河北省怀来县王家楼回族乡长安岭村	宣府
永乐十三年	1415	重修保安州城（旧城）	州	河北省涿鹿县县城	宣府
永乐十五年	1417	筑永宁城	县	北京市延庆县永宁镇	宣府
永乐二十年	1422	展怀来城北面，半倚高冈	县	—	宣府

根据上表，我们能看出，在洪武二十六年以前，除洪武二年（1369）在元代旧城基础上修筑的怀来城（置守御千户所）外，所有修城的事件都发生在大同地区，宣府地区仅怀来一例。而且，大同地区也以增筑、修复前代旧城为主。洪武二十五年以后，宣府地区方大举修城。在洪武末造到永乐朝，大同地区也修筑了天城卫城、阳和卫城、山阴县城、大同左卫、大同右卫等城池。值得注意的是，洪武二十五年以后的修城，以卫所城为主。

洪武二十六年（1393），明政府开始在山后地区广置卫所，并修筑城邑。是年二月辛巳，"置大同后卫及东胜左右、阳和、天城、怀安、万全左右、宣府左右十卫于大同之东，高山、镇朔、定边、玉林、云川、镇虏、宣德七卫于大同之西，皆筑城置兵屯守"①。

明廷在洪武初年即已攻占山后地区，却直至洪武二十五年（1392）方大举进行城镇建设，是由明初北部边疆政治、军事形势决定的。

虽然元朝政府和军队被逐出中原，但军事实力仍然强大，正如谷应泰在《明史纪事本末》中分析概括的：

> 顺帝北出渔阳，旋舆大漠，整复故都，不失旧物，元亡而实未始亡耳。于时忽答一军驻云州，王保保一军驻沈儿塔，纳哈出一军驻金山，失喇罕一军驻西凉，引弓之士，不下百万众也，归附之部落，不下数千里也。资装铠仗，尚赖而用也，驼马牛羊，尚全而有也。假令蹲林祭纛，大举报仇，田单一鼓而下齐，申胥七日而救楚，岂得云惰归之气，没世不复欤！②

在洪武二十二年（1387）北元分裂之前，北元的政治中心一直在大漠中部克鲁伦河—呼伦贝尔一带。与此相应，当时明廷在北部边疆的控御中心是北平和太原，主要的军事体制是大将镇守体制。③ 洪武六年（1373）四月，"淮安侯华云龙镇守北平，遣使言：'塞上诸关，东自永平、蓟州、密云，西至五灰岭外，隘口通一百二十一处，相去约二千二百里。其王平

---

① 《明太祖实录》卷225，第3295页。
② （清）谷应泰：《明史纪事本末》卷10，故元遗兵条，中华书局1977年版，第149页。
③ 《明代九边军镇体制研究》，第41—42页。

口至官坐岭口关隘有九，约去五百余里，俱系冲要之地，并宜设兵守之。若紫荆关及芦花山岭尤为要路，宜设千户所守御'。从之"①。《明史·兵志》于此事后记载："又诏山西都卫于雁门关、太和岭并武、朔诸山谷间，凡七十三隘，俱设戍兵。九年敕燕山前、后等十一卫，分兵守古北口、居庸关、喜峰口、松亭关烽堠百九十六处，参用南北军士。十五年又于北平都司所辖关隘二百，以各卫卒守戍。诏诸王近塞者，每岁秋，勒兵巡边。"② 可见此时明军主力在勾注陉、军都山以南。另一个例子发生在洪武五年（1372）正月：

> 甲戌，命祭告太岁、风云雷雨山川、旗纛等神。遣征虏大将军魏国公徐达、左副将军曹国公李文忠、征西将军宋国公冯胜等率师征王保保。上戒之曰："卿等立请北伐，志气甚锐。然古人有言，临事而惧、好谋而成。今兵出三道：大将军由中路出雁门，扬言趋和林，而实迟重，致其来，击之，必可破也。左副将军由东路，自居庸出应昌，以掩其不备，必有所获。征西将军由西路出金、兰，取甘、肃，以疑其兵，令虏不知所为，乃善计也。卿等宜益思戒慎，不可轻敌。"达等遂受命而行。③

这是明军继洪武三年克定应昌之后的一次决定性战役，明太祖希望借此一举解决北元余患，但事与愿违，除西路军冯胜部取得局部胜利外，作为主力的中路军和东路军都遭到惨败。同时我们也能看到，明代在华北地区的兵力部署还是在居庸关和雁门关以南，这一线以北的山后地区，虽然于洪武四年（1371）正月丁未设置了大同都卫④，并保留了元代的朔州、马邑、应州、浑源、怀仁、蔚州、广灵等府州县，但仍相当空旷。

洪武二十年（1387）三月，冯胜等率师由通州出松亭关，筑大宁、

---

① 《明太祖实录》卷81，洪武六年四月辛丑条，第1465—1466页。
② 《明史》卷91《兵志三》，第2235—2236页。
③ 《明太祖实录》卷71，第1322页。
④ 《明太祖实录》卷60，第1181页。按：当时的大同都卫设在白羊城，洪武八年十月癸丑，改大同都卫为大同行都司，并于洪武二十五年迁至大同府城。《明太祖实录》卷101，第1711页。

宽河、会州、富峪四城，遂提兵驻于大宁。① 六月，降服纳哈出。次年四月，蓝玉大破元廷，北元君臣内讧，不复对明构成威胁。明太祖兴奋地对诸将说："元运既终，天命归朕，于今二十余年，而残胡无知，犹立王庭，欲为不靖，故命尔诸将征之。尔等克用朕命，以底成功，漠北遂空，边庭无警，民息转输之劳，军无战伐之苦，四海晏然。尔等可以坐享富贵矣。"② 从明太祖的表述中可以看出他并无吞并漠北的意图，所以远征北元，其目的在于使"边庭无警"。所以在取得对北元的决定性胜利后，他随即着手建立北边的防御体系，东起辽阳（辽东行都司），向西为大宁（北平行都司）、开平卫、兴和守御千户所、大同，再到山西边外的东胜城十六卫。宣大地区的诸卫所，就是在这一背景下建立的。

明初筑城运动的另一个背景，是元代城墙的倾颓。

大安三年（1211）春，元太祖铁木真亲统大军攻金。蒙古军主力由金西北路边墙突入，大破金军三十万于野狐岭（今河北万全膳房堡北），"死者蔽野塞川"，史称"金人精锐尽没于此"。术赤、察合台、窝阔台率领另一军队由西南路边墙进入金境，攻掠净州、丰州（今内蒙古呼和浩特东白塔镇）、云内（今内蒙古托克托东北）、东胜（今托克托）、武州（今山西五寨北）、朔州等城。大安四年（1212），蒙古乘胜攻取宣德（今河北宣化）、德兴（今河北涿鹿），并继续攻取西京等山后诸州。

1213年，成吉思汗会集大军再入野狐岭，进至怀来，与完颜纲、术虎高琪率领的金军激战，获胜，追击至居庸关，歼敌无数。蒙古大军继续攻略华北平原诸州，"凡破九十余郡，所过无不残灭。两河山东数千里，人民杀戮几尽，金帛、子女、牛羊马皆席卷而去，屋庐尽毁，城郭丘墟矣"③。可以想见，山后地区一样遭到严重破坏，只是史料不足征罢了。

关于元代筑城、毁城的问题，成一农指出："元代禁止筑城的政策持续到至正十二年，随着农民起义的爆发，元政府才不得不下令要求全国普遍筑城。……由于当时处于战乱时期，政府的诏令已难以执行，再加上战

---

① 《明太祖实录》卷181，洪武二十年三月丁亥条，第2731页。
② 《明太祖实录》卷193，洪武二十一年四月戊辰条，第2899—2900页。
③ 《建炎以来朝野杂记》卷19，"鞑靼款塞"条。

争期间地方财力、人力的困乏，因此实际上修筑城墙的城市数量较为有限。"①

正是因为元代政府疏于筑城，所以很多城市的城墙已经倾颓，比如元人张德辉《岭北纪行》记载："（怀来）县之东有桥……桥之西有居人聚落，而县郭芜没。"②陈孚《怀来诗》："人言古妫州，残城无乃是。民家坐土床，嬉笑围老稚。"偰斯《登怀来县古城诗》："落日开平路，怀来古县城。数家唯土屋，万乘有行营。"③ 由于材料的稀缺，我们很难了解其他治所城市城池的情况，但很有可能元代桑干河流域多数城邑的城墙已经残破不堪，明代重新经营这一地区时，必须从头修筑城隍。

需要指出的是，洪武二十六年（1393）设宣府等卫时，宣府地区的卫所尚由山西行都司管辖。而宣府地区正式成为独立的政治地理单元，则是从谷王入镇宣府开始的。同时，由于宣府城成为塞王镇守之所，也导致其形态与格局上的重大变迁。

三 明代桑干河流域治所城市的选址特点

通过表4-2"明初筑城修城情况"，我们可以发现，明初在桑干河流域所修筑的城市，以卫所、府州县等治所城市为主。其中有对前代旧城的沿袭，也有另辟新址的情况，试分析其选址规律如下。

一般来说，在大同地区，以沿袭前代府州县城市为主，大同府、朔州、山阴县、应州、浑源州、蔚州、怀仁县等城址保持不变，天城卫也沿用前代的天成县城。而在宣府地区，除宣府城、怀来城、保安州、隆庆州沿袭前代旧址之外，都另择新地建城。

（一）卫所城市选址的地理特征

明洪武、永乐时期在宣大地区广设卫所、府州县，以充实边防。府州

---

① 成一农：《中国古代城墙史研究综述》，《中国史研究动态》2007年第1期。另：关于元代毁城与筑城，还应参见史卫民《元代社会生活史》，中国社会科学出版社1996年版。陈正祥：《中国文化地理》，生活·读书·新知三联书店1983年版。李逸友：《内蒙古元代城址所见城市制度》，《中国考古学会第五次年会论文集》，文物出版社1988年版。成一农：《宋、元以及明代前中期城市城墙政策的演变及其原因》，中山圭尔、辛德勇《中日古代城市研究》，中国社会科学出版社2004年版，第145—183页。

② 贾敬颜：《张德辉〈岭北纪行〉疏证稿》，氏著《五代宋金元人边疆行纪十三种疏证稿》，中华书局2004年版，第337页。

③ 同上。

县自然属于理民的行政区划，而都司卫所属于疆土管理的非正式政区单位，所以其驻所城市的职能并不等同于纯粹的军事城堡，其选址规律也有其不同于普通府州县城市与军事城堡之处。

都司卫所的职能，在于管辖军士、余丁及家属群体等卫籍人口，组织屯田或其他耕种方式，并承担作战、防御等军事职能。简言之，与卫所制度相配套的，是卫籍制度与军屯制度，由于卫籍人口情况相当复杂①，但军屯制度在明初是得到严格执行的，可以以此作为参照分析卫所城市选址的规律。

明初之所以在边镇组织军士屯田，是为了节省从内地转输的消耗，就地补给，以巩固边防，并减轻人民负担。正如明成祖朱棣所言："若只教那穷乏的百姓供给安生的军士，百姓转见艰难，军士转见骄惰了。倘若百姓供给不全，军士也只得坐受饥饿，两下都不便当。因此上着恁每官军依着定的分数下屯。"② 早在元顺帝至正十六年（1356）七月，朱元璋称吴国公，即在辖区内开始"以军士屯田"③。随着他逐步削平群雄，北驱元廷，军屯制度也在全国推广开来。洪武八年（1375），山西大同都卫屯田就达到二千六百四十九顷。④ 洪武二十六年（1393），明太祖朱元璋下诏："那北边卫分都一般教他屯种，守城军的月粮，就屯种子粒内支"⑤，在全国建立起边屯体系。

正是因为卫所本身是统辖卫籍人口，并组织军士屯种的行政单位，而非单纯的军事单位，所以其驻地城邑并非单纯的军事堡垒，这就决定了卫所城市的选址也必须符合农业经济的需要。比如宣府城位于洋河东岸的河谷平川地带，自元代时就"原地沃衍，多农民。又宜蓝淀草，颇有工染者，亦善地也"⑥。而万全右卫城，也是"坐设平川"⑦，"东北面河，西

---

① 顾诚：《谈明代的卫籍》，《北京师范大学学报》（社会科学版）1989年第5期。
② 潘潢：《请复军屯疏》，陈子龙等《明经世文编》卷198，中华书局1962年版，第2049页。
③ 王毓铨：《明代的军屯》，中华书局1965年版，第27页。
④ 查继佐：《罪惟录》卷96：一月丁丑，北京图书馆出版社2006年版。
⑤ 《请复军屯疏》，《明经世文编》，第2049页。
⑥ 贾敬颜：《周伯琦〈扈从诗前后序〉疏证稿》，氏著《五代宋金元人边疆行纪十三种疏证稿》，中华书局2004年版，第372页。
⑦ 《宣大山西三镇图说》，第40页。

南平坦"①,具有发展农业的较好条件。

怀安卫位于洪塘河上游的丘陵地带,周围是一个比较宽敞的盆地,而其"直东二十余里"的唐怀安县城②,则处于洪塘河狭隘河谷中,相比之下,周围就要局促很多(见图4-1)。

从周边农业经济的角度来看,据民国《怀安县志》评论,"本县疆域面积虽足九千余方里,而山川约占八千余方里"③,可见其可耕区域的不足。全县可分为五块农耕区域:第一区县城附近、第二区左卫附近、第三区强地堡附近、第四区王虎屯附近与第五区柴沟堡一带④,怀安卫城为其中之一,周围是一块比较开阔的农耕地带。

图4-1 鸟瞰怀安城镇周围地理环境(摄于2003年8月13日)⑤

---

① 《读史方舆纪要》卷18《北直九》,第801页。
② 旧怀安城址,见本书第一章与第三章。
③ 景佐纲修,张镜渊纂:民国《怀安县志》卷1《疆域志:土质》,民国二十三年(1934)铅印本,台北:成文出版社影印,1968年,第28页。
④ 民国《怀安县志》卷1《疆域志:土质》,第27—28页。
⑤ 李孝聪教授拍摄并惠赐。

再如万全左卫城,该城位于今怀安县左卫镇所在地,怀安县城东偏北25.5公里处①。左卫"城及卫皆与右卫同建,砖包于正统元年"②,则该城于洪武二十五年(1392)土筑,永乐二年(1402)移左卫镇守此城,砖包的年代要比右卫(永乐二年)为晚,自然是因为右卫位置更加靠近前线的缘故。关于左卫城的规模,《三镇图说》的记载是"九里一十三步,节因军民逃窜,城大难守,嘉靖四十二年,裁撤而小之,方六里三十步",而《嘉靖宣府镇志》的说法则是"十里"③,这是因为"裁而小之"的年代晚于《嘉靖宣府镇志》的写作时代。左卫城的形制略呈梯形,北墙长1150米,南墙长1200米,西墙长1600米,东墙长1650米,周长为5600米,则两部史料的记载都与实际相符。缩小后的左卫城周长为3500米,也与记载相符。④ 内缩后的左卫城内由两条主街垂直相交,构成十字街的格局,但横街偏北,纵街偏西。横街连接东门,曰迎恩;纵街连通南门,曰永安。⑤ 如果就内缩前的大城来观察的话,两条主街和两个城门都处于正中的位置,可见虽然北墙、西墙内缩,但城门和城内的主干街道并未改动。

从周边的环境来看,万全左卫城地处河流交汇处,水源丰富,土地肥沃,今天仍为怀安县的主要产粮区之一。⑥

即使是把守长城隘口的开平卫城(独石口),一样具备农耕条件,宣德元年(1426)十二月庚午,阳武侯薛禄奏备边五事中就提到,"环州、威虏诸堡正当冲要,而地远势孤,若仍修筑,工费浩繁。开平官军家属众多,月给为难,宜于独石筑城,毡帽山塞关,移置开平卫于此,俾其人自种自食。精选本卫及原调守备官军二千人,分为两番,每番千人,自带粮料,往开平戍守,既免馈送之劳,亦得备御之固"⑦。可见与开平城所在的内蒙古高原地区相比,独石口所在的白河谷地的农耕生

---

① 《张家口地区地名录》,第293页。
② 《宣大山西三镇图说》,第50页。
③ 嘉靖《宣府镇志》,第93页。
④ 乾隆《怀安县志》卷二《城池》记载为"方五里二百步"。又记"崇祯八年,复修"。
⑤ 嘉靖《宣府镇志》,第93页。
⑥ 《怀安县志》,第56页。
⑦ 《明宣宗实录》卷18,第477页。

产是可以保障当时军士的需要的,也可以从中一窥卫所城市选址对农耕条件的要求。

从另一方面来看,都司卫所本身又是明代最基本的军事单位,明初在边境地区广设都司卫所,在桑干河流域更是建立大同行都司、万全都司等实土都司,其主要目的,自然是进行军事防御,所谓"边卫之设,所以限隔内外,宜谨烽火,远斥堠,控守要害,然后可以警服胡虏,抚辑边氓"①。

既然宣大地区都司卫所的主要职能是防御蒙古势力的侵扰,其驻所城邑的选址就带有明显的军事防御的色彩。我们还注意到,宣大地区的卫所城市不单集中在桑干河以北,而且明显向内蒙古高原南缘山地的冲积扇带靠近,且多位于沟通内蒙古高原与桑干河流域的交通要道位置上。在明代史料中屡屡提到"极冲""贼路"等词,反映了卫所城市选址的军事着眼点,现列举分析如下。

1. 开平卫(独石城)

开平卫(独石城)是一个典型的例子,其军事防御色彩极为浓厚(见图4-2)。

图4-2 在独石城北山上烽燧处向南俯拍②

---

① (明)陈建撰,岳元声订:《皇明资治通纪》卷七,洪武壬戌(十五年)十月条,《四库禁毁书丛刊》影印北京师范大学图书馆藏明刻本,北京出版社1995年版,第141页。

② 岳奇琳拍摄并惠赐。

独石城是卫城,但"北至边墙十里",之间并无城堡,已经属于长城边堡的范畴。卫城与长城如此接近,宣大二镇只有开平卫与大同右卫,可见这一段长城关口的重要性。顾祖禹评论道:"《边防考》:'宣镇三面皆边,汛守特重,而独石尤为全镇咽喉。其地挺出山后,寇犯宣、蓟,往往出没于此。'土木之变,议者欲弃独石不守。于忠肃曰:'弃之,不独宣、大、怀来难守,即京师不免动摇。于是命将出龙门,克复旧境,寇始不敢为大患。时科臣叶盛亦曰:独石、马营不弃,则六师何以陷土木?紫荆、白羊不破,则朔骑何以薄都城?盖以独石城为藩篱重地也。盖京师之肩背在宣镇,而宣镇之肩背在独石也。"①

正是因为独石口位置的重要,所以在宣德五年(1430),将开平卫迁到此处,"初,筑独石、云州、赤城、雕鹗城堡完,上命兵部尚书张本往独石与阳武侯薛禄议守备之方,敕禄曰:'一切边事,卿与本共熟筹之,必有益于国、有便于人,可以经久。'至是,本还上所议,请以兵护送开平卫、所印信及军士家属,置于独石等城堡,且屯且守。……皆从之"②。

从卫城所处的微观地貌来看,独石、猫儿峪、云州、赤城等城堡都处于崇山之中的白河狭窄河谷中,蒙古军队入犯自然也要沿此河谷南下。嘉靖《宣府镇志》记该城实有官军四千三百四员名③,《宣大山西三镇图说》记为二千九百七十二员名。如此庞大兵力,其作用不可能仅仅为保障交通路线,保护附近军民及其财产,甚至也不可能单纯为"应援"他处,而应该是据守此处的白河河谷隘口。正因如此,独石城址选择在白河河道变阔处,西沿白河,东沿另一条河流(不知名),将白河河道占尽,由于白河西岸地形狭窄,紧挨山峦,不利大规模行军,所以外敌南犯,必须要攻克此坚城才可保障其顺利进军。独石城东北方向,沿河谷直通另一长城关口——栅子口,所以将卫城修筑于此处,是最大限度发挥大规模城堡阻遏敌军前进功能的例子。从白河河谷的长城关口——北栅子,直到云州堡,沿途白河谷地中,能容纳如此规模城堡的,也只有此处。

---

① 《读史方舆纪要》卷18,第809页。
② 《明宣宗实录》卷67,宣德五年六月癸酉条,第1574—1575页。
③ 嘉靖《宣府镇志》,第232页。

第四章　明代桑干河流域城镇的职能与分布　221

正因为卫城必须选址于此地，所以两条河流约束了城堡的形制，出于更好地限制敌军活动空间的目的，独石城的东西两道城垣都贴着河流修筑，所以形成了梯形的形状。

也正是因为独石城的北城墙要切实发挥阻遏敌军的功能，所以卫城只设三座城门，"东曰常胜，西曰常宁，南曰永安"①，城门是城墙防御最薄弱之处，而北墙无河流可资防守，所以不设城门。需要指出的是，宣大二镇城堡多不开北门，但只有此处是切实能发挥军事作用的，其他小城堡不开北门的意义不能与此一概而论。也正因为建城之时未设北门，所以城内的十字型街道本来是垂直相交，但到今北墙豁口以南不远处却转向西北，这自然是后世为交通方便计而自发形成的路线。若建城时便规划好北门，则交通道路一定是出北门后才会发生偏转（见图4-3）。

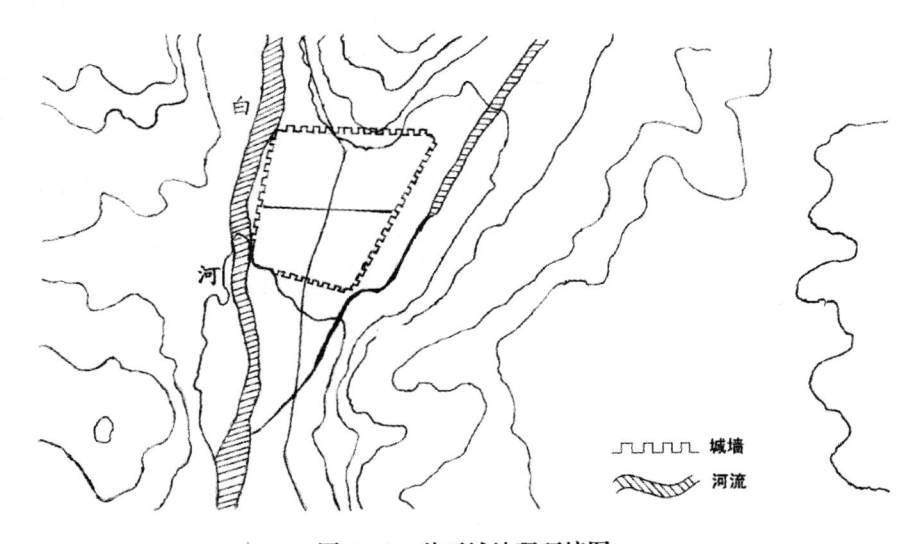

图4-3　独石城地理环境图

2. 万全左卫城

关于万全左卫城的战略地位，杨时宁指出："本城为京都云晋往来通衢，东蔽镇城，西北应援怀安、右卫，亦要地也。迩来军士疲于奔命，逃亡过半。"② 从地理位置来看，万全左卫城位于西洋河与洪塘河交汇的三

---

① 嘉靖《宣府镇志》，第91页。
② 《宣大山西三镇图说》，第50页。

角地带，交通非常便利。东为宣府镇城，向北沿清水河可至张家口，向西溯西洋河可达柴沟堡，向西北可援洗马林，向西南逆洪塘河可抵怀安卫城。正是因为其四通八达的便利位置，左卫在宣府镇西部长城防御体系中，扮演着居中策应的重要角色。

3. 大同右卫城

大同右卫城即今右玉县右卫镇，原本是洪武二十六年（1393）设置的定边卫城，永乐七年（1409）后迁大同右卫治此①。右卫城距离杀虎口边墙直线距离为20.27公里，其设置自然是为扼守沧头河河谷，杨时宁认为，"黑嘴子等口极冲，边外大松树、旧玉林城一带，虏酋哈喇、托托儿、扯布等部落驻牧，本城孤悬西北，密迩虏巢，往岁虏骑不时入犯"②，地位相当重要。嘉靖三十六年（1557）九月至次年四月，蒙古重兵围困大同右卫城，情势相当危险。据《明世宗实录》的记载：

> 虏自去年九月入犯边分，留部众于右卫四周。三五为队，阻关行旅。比松松寨来降，又闻参将尚表运饷入城，乃移大营内收。俺答驻右卫城西南，黄台吉驻东南，脱脱驻西北，各去城三舍许。由是内外断绝，斗粟束刍不能复进城。而城中亦无一人匹骑得出重围者。……被围久，粮草匮竭，则诱谕富民，劝借得杂粮若干。既尽，则括牛马等畜，食之。樵采不通，民间尽撤屋而爨。③

右卫城被困之时，明君臣对大同右卫城的战略地位和存废进行了讨论：

> 既虏围右卫急，上屡问计于大学士严嵩，嵩意欲弃之，而难于发言，则对："本兵许论前总督宣大，知彼中事状甚明，请降谕问之。"论遂言："右卫远在大同西北，深入虏地。异日所以得安，由东西堡

---

① 永乐七年四月，敕镇守大同江阴侯吴高曰："……所奏欲徙前大同左、右二护卫于定边、镇朔备御，可即行之。"（《明太宗实录》卷91，永乐七年四月戊子条，第1196页）五月，"改大同左、右二护卫为大同左、右二卫"。（《明太宗实录》卷92，永乐七年五月己亥条，第1225页）

② 《宣大山西三镇图说》，第338页。

③ 《明世宗实录》卷458，第7748页。

寨联终策应之也。今墩堡悉毁于虏，遗一孤城于极塞外，固虏一围困，即声问隔绝。"①

嘉靖三十七年（1558）四月，蒙古兵解围而去，《明实录》用"右卫不守，即大同亦将为虏巢矣"②的词语来描述此役的重要性，同时也是右卫城的重要战略地位。正因为大同右卫城要担负控扼杀虎口这一重要陉道的职能，所以要选择这样一个靠近陉口的位置建城（见图4-4）。

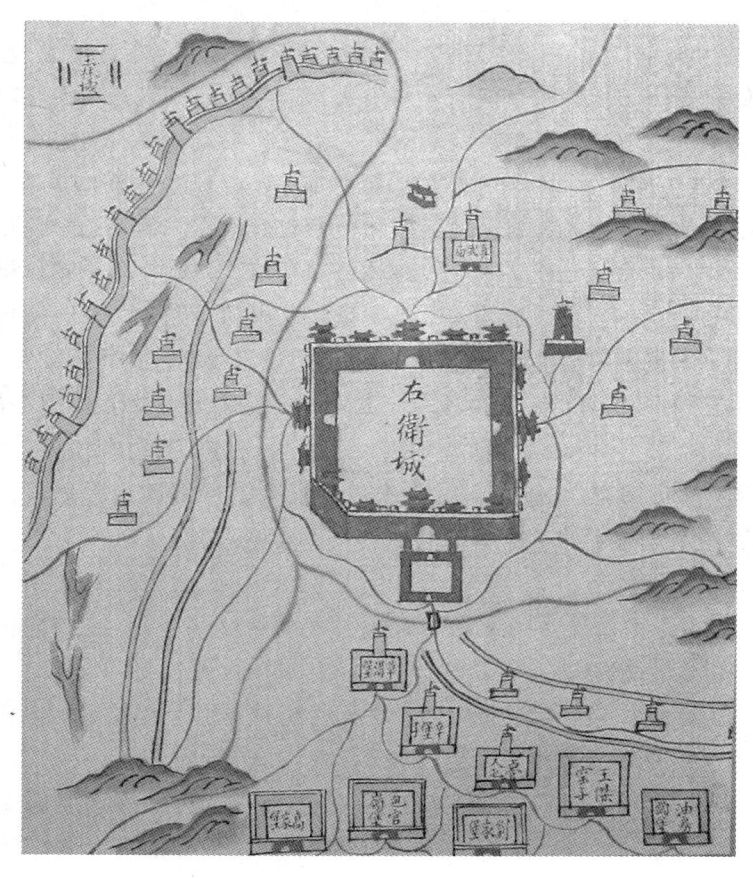

图4-4 大同右卫城与沧头河、边墙之间的关系③

---

① 《明世宗实录》卷458，第7749—7750页。
② 同上书，第7750页。
③ 《大同右卫城图》，《整饬大同左卫兵备道造完所属各城堡图说》。

4. 大同左卫城

大同左卫城的情况与大同右卫城相似，洪武二十六年（1393）设镇朔卫，建城，永乐七年（1409）迁大同左卫治此。关于此城的战略地位，杨时宁评论道：本城"分边沿长一十四里三分，边墩二址四座，火路墩五十二座，内黑龙王墩、水泉儿墩俱极冲。边外威宁海子等处，酋首狗儿哥、耳六等部驻牧。本城东蔽镇城，西控右卫，联络沿边诸堡，实为云西重障"①。"边外玉林城，虏酋哈台吉巢穴，势甚强盛。嘉靖间，一由猪儿窊入，一由吴家口入，直掠平阳，取道境内，莫撄其锋。"② 大同左卫城位于十里河南岸，扼守十里河河谷与沧头河河谷之间的洪涛山系陉口，向西可驰援大同右卫；向东距高山卫城（今左云县张家场乡旧高山村）直线距离约13.5公里，共同防守十里河谷地。十里河北岸阶地平坦开阔，水分条件好，适宜草木生长，对游牧民族来说颇具吸引力。而北边宁虏堡、威虏堡与灭虏堡一带属于低山地带，即使修筑边墙，防御也很困难。更重要的是，蒙古骑兵一旦突破边墙，南抵十里河北岸的猪儿洼一带，便可向南侵扰朔州、马邑，甚至进而扣阳方口、雁门关进犯太原。成书于嘉靖二十年（1541）前后的《广舆图》就在其中《大同外三关边图》中绘出了"猪儿洼贼路"。

嘉靖时期，由于"俺答封贡"事件，发生了严重的边疆危机，蒙古军队屡次攻破边墙，进入十里河谷地：

（嘉靖）二十年（1541）七月，北虏入寇……由左卫猪儿窊入，掠马邑、朔州，遂入杨武峪，抵太原，复掠灵丘诸处。③

（嘉靖二十八年九月）宣府等处巡抚都御史李良谋报，虏酋俺答率众入边，结营东向，历左卫诸城二百里间。④

（嘉靖）三十一年……虏复引二千骑寇我云中。威虏堡指挥使王恭御于平川墩，战死。参将张腾驻兵助马堡，相去两舍许，闭垒不

---

① 《宣大山西三镇图说》，第336页。
② （明）王士琦：《三云筹俎考》卷3《险隘考》，华文书局影印明万历刊本，1969年。
③ 《三云筹俎考》卷1《安攘考》。
④ 《明世宗实录》卷352，嘉靖二十八年九月辛巳条，第6360—6361页。

出。虏遂由高山城砖窑儿南下，大掠怀仁石井村而去。①

（嘉靖三十三年六月）癸酉，大同总兵岳懋率所部兵巡边，驻灭虏堡。会虏万余骑犯五堡、左卫、威宁等处，懋迎击之。深入至青圪塔，陷虏伏中，我军大溃，懋力战而死。②

猪儿洼、平川墩、青圪塔等处，都位于十里河北岸，洪武二十六年（1393）在十里河上游筑镇朔卫城与高山卫城，其防守重点也应该在此。高山卫很快就遭到废弃，一直未曾沿用，直到天顺六年（1462）筑高山城（今大同市南郊区），此区域的防务都由大同左卫负担，具体态势见下面所附的《大同左卫城周边防御形势图》（图4-5）：

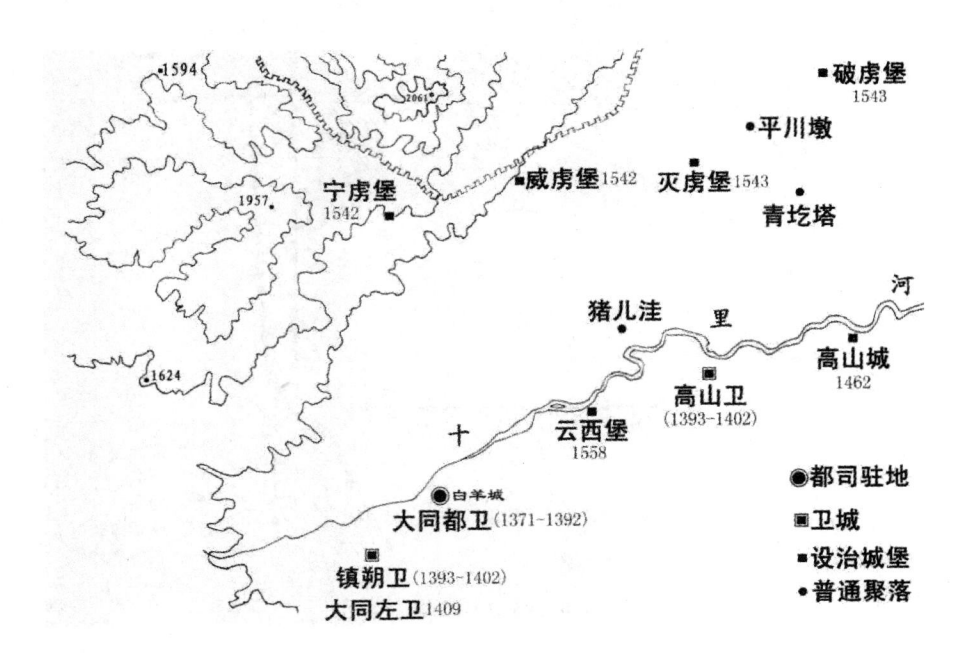

图4-5　大同左卫城周边防御形势图（自洪武四年至万历二十四年）③

――――――

① （明）瞿九思：《万历武功录》卷7《三边·俺答列传中》，《续修四库全书》第436册，上海古籍出版社1995年版，第436页下。
② 《明世宗实录》卷411，嘉靖三十三年六月条，第7158页。
③ 据《左云县图》改绘，《山西省地图集》，第63页。

5. 高山卫城

与大同左卫城共同负责防御十里河谷地的，是高山卫城，2008 年 9 月 11 日，北京大学历史地理与古地图研究中心组织了对高山卫城的考察，现利用实地考察的 GPS 卫星定位数据与谷歌地球卫星图片相对照，绘制该城的实测图如下：

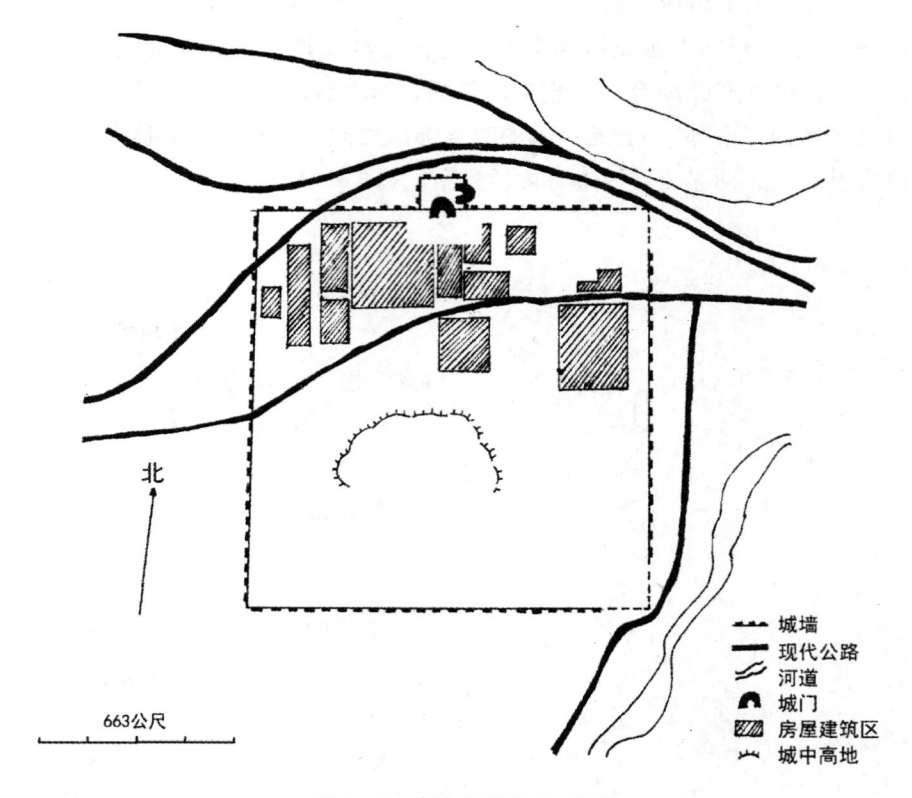

图 4-6　高山卫城址示意图

根据现场实地考察，发现卫城为正方形大城，边长约为 1400 米，根据谷歌地球测算和《左云县志》的介绍，高山卫城周长超过 6000 米。城墙残高 8 米，瓮城残高 3 米，西南角与北墙高差为 27 米。东墙夯层：分别测出 16 厘米、19 厘米、20 厘米。

城墙和城内地面有沙。墙内侧有沟，多卵石，沟深 2—3 米，冲断北墙东北角。沟南侧阶地裸露大量砾石，夹杂于黄土之中。北墙夯层中夹杂大量砂砾，说明建城时已经有河，筑城时就地取土。西墙除几处豁口外，基本完整保存，无法判断城门位置，疑为今大豁口处。北门现存瓮城，为方形，东西长约 20 米，南北宽约 18 米，瓮城有东门，现有交通道路。

城址周围地势开阔，以黄土阶地、台地地貌为主，水源也不成问题，适宜农耕。在十里河两岸的谷地中，可供修筑如此规模卫城的，只有大同左卫周边与此地，这也应该是当时城址选择此地的原因。

高山卫城置于洪武二十六年（1393），但在建文四年（1402），高山卫就被调到保定府屯驻。① 从这一意义上来看，高山卫城的使用时间非常短暂。到了洪熙元年（1425），朔州卫军士白荣言："大同、蔚、朔古云中之地，西北皆沙漠。国朝设行都司于大同，又设东胜、高山等十卫缘边守御。建文中，诸卫皆入内地，惟留安东中卫于朔州，乞以高山等十卫仍旧守边，则虏寇不敢窥伺。"宣宗谓行在兵部臣曰："天下无事，边防正当严饬，况西北尤为切要，但军士安居既久，一旦遽迁，恐人情不便，其会五府六部官计议以闻。"② 并于同年将高山卫迁至阳和卫城（即今阳高县城），同时迁徙的还有玉林卫迁至大同右卫城（右玉城），云川卫迁至大同左卫城（左云县城），镇虏卫迁至天城卫城（今天镇县城）。就本次实地考察来看，城内除北部区域有聚落痕迹外（今天北部多数房屋已废弃），城内大部分区域并无包括房基在内的使用痕迹，似可证明高山卫并未真正在此驻屯。天顺六年（1462）明廷重新在此区域修筑城堡时，并未沿用现成的卫城，而是在其东 6 公里的山麓坡地上修筑了周长"四里三分"（1714 米）的高山城（今大同市南郊区高山镇），这应该是防御体制与军事组织发生了变迁的缘故。

6. 天城卫城

参照本书第三章第一节天成军城部分的考证，天城卫城应即唐代的天成军城，位于南洋河南岸，距镇宁堡（今榆林口村）处的谷口直线距离为 9180 米。"分边沿长六里，边墩一十座，火路墩三十一座，内水峪口、寺儿墩极冲，通大虏。边外麻地沟等处，酋首敖卜燕等部落驻牧。本城极

---

① 《明太宗实录》卷 12，洪武三十五年九月丁巳条，第 223 页。
② 《明宣宗实录》卷 5，洪熙元年七月条，第 141 页。

冲，嘉靖二十七等年，虏大举，由此入犯，攻掠甚惨。"①

7. 阳和卫城

据本书第三章第二节长青县部分的复原，元代的白登县在今阳高县城南，白登河南岸的大白登村附近，明代将卫城迁徙到位于冲洪积扇前缘的今县城位置，距离守口堡所在的谷口直线距离为8600公里，其目的，应是既要保证能够就近防御该沟谷方向的道路，又要仍位于较宽敞的平川中，以使周围有较多的可耕之地，供军士、余丁及其家属等耕种。阳和城一样要扼守几个重要的南犯路线：本城"分边沿长一十九里，边墩三十八座，火路墩二十八座，内杏园儿、神峪沟、天蓬沟极冲，通大房，白沙滩稍次之。边外二十余里鹅沟等处，兀慎台吉、男朝台吉、酋首几力哥、倘不浪等驻牧。嘉靖间，大房从此入犯，曾有覆军殒将之祸"②。在根据《广舆图》《大同外三关边图》中，阳和卫城与天城卫城之间，白登河南岸标有"铁果门贼路"，"铁果门"于史无载，应为"铁裹门"，关于这个蒙古南犯要冲，《明实录》记载，嘉靖二十四年八月，"虏以数万骑犯大同中路铁裹门等处……又犯鹁鸽峪"③。嘉靖二十五年二月，"总督宣大山西侍郎翁万达奏：大同东路自阳和口暗门起，至宣府李信屯堡红山台边界止，延长一百三十余里，中有铁里（裹）门、鹁鸽峪、瓦窑口等处，悉通贼要路"④。瓦窑口是长城边堡，在边墙附近，而鹁鸽峪也是边墙的冲要，由镇门堡防守（见图4—7），那么铁裹门也应在边墙一线。当时主持宣大军事的总督翁万达认为："阳和居宣、大中，其铁裹门、水峪口、鹁鸽峪，非得勇将守之不可"⑤，可见铁裹门应在阳和城以北，《广舆图》所绘主要在强调这一路线。

---

① 《宣大山西三镇图说》，第266页。
② 同上书，第263页。
③ 《明世宗实录》卷303，嘉靖二十四年九月丙戌条，第5750页。
④ 《明世宗实录》卷308，嘉靖二十五年二月己丑条，第5800页。
⑤ （明）翁万达撰，朱仲玉、吴奎信点校整理：《纪鹁鸽峪之战》，《翁万达集》，上海古籍出版社1992年版，第693页。

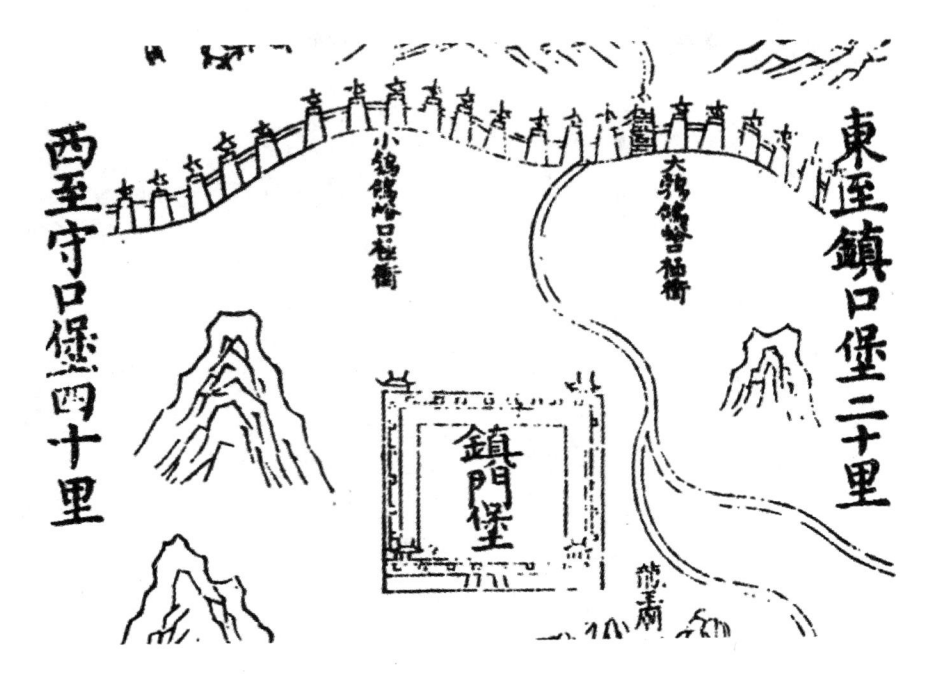

图 4-7 鹁鸽峪位置图①

  铁裹门、鹁鸽峪一线的重要意义在于如果蒙古军队突破此处，就可以南渡白登河，溯吾其河，而此处确有一隘口位于连绵的低山之间，越此隘口即可直通桑干河谷地。如同翁万达所述"今有犯，必阳和志洪、蔚也"。洪即元代的弘州，也就是明代的顺圣川西城，蔚也就是蔚州。所以，把守这一隘口，防止蒙古军队南下，沿桑干河向东侵扰宣府地区，应该也是阳和城的重要职能之一。

  通过上面对宣府城（万全都司）、万全左卫城、万全右卫城、怀安卫城、开平卫城（独石口城）、大同左卫城、大同右卫城、高山卫城、阳和卫城、天城卫城等明代前期都司卫所城的选址与职能的分析，我们可以发现，正是因为都司卫所同时担负军事防御与管辖卫籍人口、组织农耕生产的双重职能，所以其驻地城市都位于一块比较宽敞的可供农业生产的平川谷地中，而且向内蒙古高原南麓的冲洪积扇带靠拢。沿着这一冲洪积扇

---

① 由《镇门堡图》剪裁而成，《宣大山西三镇图说》，第 271 页。

带，都司卫所城市呈线状分布，构成东西方向的联系，也形成了沿这一地带的交通路线。

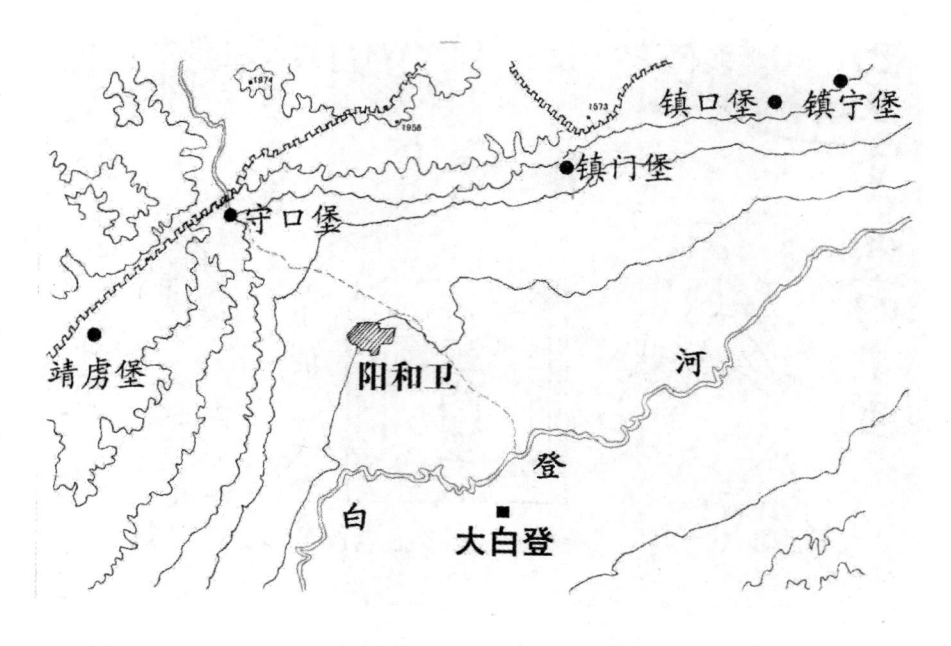

图 4-8　阳和卫城地理环境示意图①

由于大同右卫、大同左卫、高山卫诸城的驿站史无明载，所以这条东西向的交通路线未被学术界纳入明代驿路体系中②，但至少在明初，它是存在的，我们从台北故宫博物院收藏的一幅《太原至甘肃驿铺图》③能证实这一点（见图 4-9 和图 4-10）。该图编号为"平图 020799"，彩绘纸本长卷，54.5 厘米×664 厘米；卷首破损，卷尾仅到东胜左、右卫（今内蒙古托克托）为止。此图无图题，名称为民国十五年（1911）京师图书馆（国立北平图书馆前身）编目时所拟。此图有很高的史料价值，如图中绘制了大同左护卫与大同后卫，因史料缺失，一直未能确认其位置④，如《明史·地理志》载大同后卫"洪武二十五年八月置，与

---

① 据《阳高县图》改绘，《山西省地图集》，第 69 页。
② 杨正泰：《明代驿站考》（增订本），上海古籍出版社 2006 年版。
③ 李孝聪教授购置副本并惠赐。
④ 《中国行政区划通史·明代卷》，第 280、284 页。

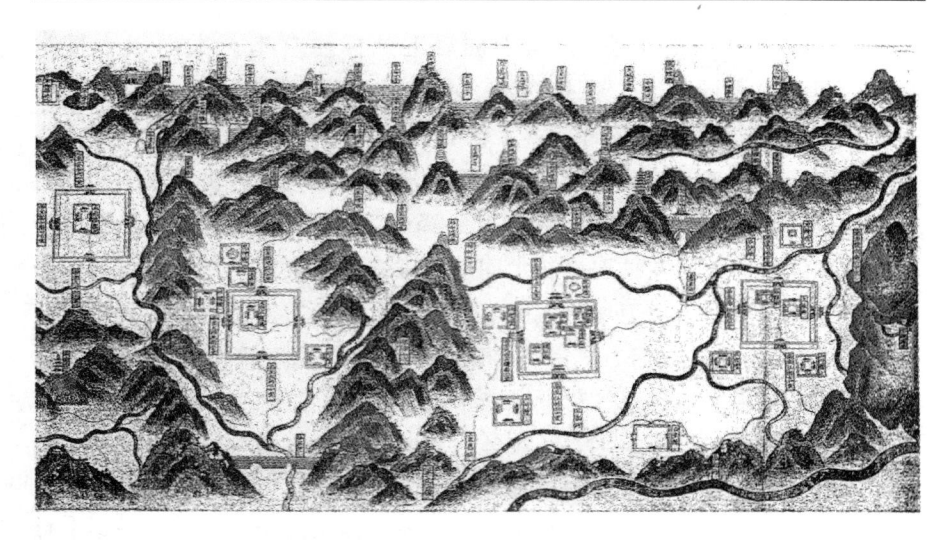

图 4-9 《太原至甘肃驿铺图》部分Ⅰ：天城卫—阳和卫—大同左护卫—大同后卫（右向左）

图 4-10 《太原至甘肃驿铺图》部分Ⅱ：高山卫—镇朔卫—定边卫（右向左）

行都司同城，寻罢。二十六年二月复置，治行都司东，后仍徙于行都司城"①，但从此图来看，此图中所绘制的大同左护卫城在孤店口以北，

---

① 《明史》卷41《地理志二》，第971页。

并标注"南至大同七十里",而大同后卫处标注"南至大同六十里",则此二卫当在大同以北,各有卫城,填补了传世史料之不足,也为了解明初山西行都司的调控布局提供了新的资料。

从交通角度来看,此图分别描绘了由雁门关至大同和由天城卫至东胜左、右卫的驿路①。其中后者所表现的驿铺,由东向西分别为:天城卫城—阳和卫城—大同左护卫城—大同后卫城—高山卫城—镇朔卫城—定边卫城—玉林卫城—云川卫城—镇虏卫城—东胜左、右卫城。洪武三十五年(1402,建文四年)九月,"命都督陈用、孙岳、陈贤移山西行都司所属诸卫官军于北平之地设卫,移屯种云川卫于雄县、玉林卫于定州、高山卫于保定府、东胜左卫于永平府、东胜右卫于遵化县、镇朔卫于蓟州、镇虏卫于涿州、定边卫于通州。其天城、阳和、宣府前三卫仍复原处"②。可见此图绘制至迟于洪武三十五年之前,而在此前,由天城卫城至定边卫城(后来的大同右卫城)的交通路线便已形成,这一交通路线在图上明确绘制出来。

正统朝以后,蒙古瓦剌、孛来、毛里孩等诸部相继南下骚扰,由于塞外的东胜诸卫相继内迁,山西行都司的西南防线空虚。为加强这一地带的防御,明朝陆续设置了威远、平虏二卫与井坪守御千户所。由于军事态势的变化,这三个卫所城市的选址着眼点已与明初设置的卫所城市有所不同,为使对比具有针对性,本书在此集中讨论。

8. 威远卫城

威远城设置于英宗正统三年(1438)三月,"丙戌,设大同威远卫。先是,行在刑部尚书魏源、总兵官左都督陈怀等言:'大同净水坪系鞑贼出没要地,宜设军卫。'事下行在兵部议行。适巡按监察御史陈谷奏平定州、蒲州二守御所军有全伍,今又增寄操军千四百六十余人,宜调补他处。兵部遂请以二所多余军调净水坪立威远卫。从之"③。威远卫城位于沧头河的河流谷地中,可以提供起码的农耕条件,但从设置该卫的动机来看,主要还是从军事角度考虑的。杨时宁提到了威远城所防御的几个重要隘口:"分边沿长一十五里三分,边墩一十六座,火路墩四十五座,内大羊

---

① 刘凤:《台北故宫博物院藏明代驿路图初探》,未刊稿。
② 《明太宗实录》卷12,洪武三十五年九月丁巳条,第223页。
③ 《明英宗实录》卷40,正统三年三月丙戌条,第769—770页。

坡、双山儿、小羊坡俱极冲，通大房。边外酋首海不洼下部落打喇兔等在泥河儿等处驻牧。"①《大同镇图说》也主要从军事角度来评述该城，"嘉靖九年，虏由黄榆山入，后由腊鸡屯入，直犯怀、应地方，大肆抢掠。四十三年大举，参将崔世荣死之。最称冲要，与右卫、平虏辅车相依"②。

9. 平虏卫城

成化十七年（1481），因"大同地方自威远城历老军营、奶河堡以至老营堡，俱路当要冲"，"设山西平虏卫"。③ 正因为设置的主要背景在于填补这一地带的军事空白，所以城址选择在当地连绵的冈阜之上，地理条件并不好。"本城北面邻山，凭高之势，险与虏共之，东西邻冈，勾杆易及也。地固随在皆冲，而大水口等处更甚，边外汾水河一带，酋首小四台吉等部落驻牧，通板升。嘉靖间岢岚、应、朔之变，俱从此溃入。"④ 顾祖禹引《边防考》评述为："其地寒苦瘠薄，兵弱戍寡，而寇盗充斥，几无宁岁云。"⑤

10. 井坪守御千户所城

成化二十年（1484）七月，"设山西井坪守御千户所。初，总督军务户部尚书余子俊奏：'偏头关东路地名井坪堡，北至平虏六十里，南至朔州五十里。于此设千户所，不惟与平虏、朔州声势连络，而乃河、老营等堡有急亦可相援。'事下兵部议，从之"⑥。正是因为该城"内屏雁、代，东障朔、应，为西路之险"⑦ 的重要军事地位，所以从万历四年（1576）之后，将朔州参将移至井坪城驻扎。⑧

这三座明代中期以后设置的实土卫所，由于军事色彩相对浓厚，所以在选址时，考虑便于防御甚过周围的农业条件。但既然是实土卫所，周边就会有一定数量的卫籍人口耕牧，据《读史方舆纪要》记载，云石堡设有市场，"密连市口，转输之资，藉于威远"⑨，可见威远堡周围还是存在

---

① 《宣大山西三镇图说》，第388页。
② 《三云筹俎考》卷3《险隘考》。
③ 《明宪宗实录》卷213，成化十七年三月戊戌条，第3709页。
④ 《宣大山西三镇图说》，第322页。
⑤ 《读史方舆纪要》卷44《山西六》，第2021页。
⑥ 《明宪宗实录》卷254，成化二十年七月乙丑条，第4288页。
⑦ 《读史方舆纪要》卷44《山西六》，第2042页。
⑧ 《宣大山西三镇图说》，第298页。
⑨ 《读史方舆纪要》卷44《山西六》，第2028页。

一定规模的农耕经济，可以提供一定数量的物资。

（二）府州县城市选址的地理特征

从本书附录二《明代桑干河流域筑城情况表》来看，明代在宣大二镇所增筑城邑以卫所以及军堡为主，前代的府州县保留下来的，则基本没有进行大规模的迁徙活动。无论是城址沿用不变的，还是发生迁徙的，其动机主要是从经营周边农业地区来着眼，下面通过几个府州县城市的例子来说明。

1. 永宁县城与隆庆州城

永宁县与隆庆州同时设置，其设置与选址就很值得玩味，永宁城位于今北京市延庆县永宁镇所在地，距离县城19.2公里。今城垣多已不存①，但就卫星图片与20世纪70年代的地形图对照来看，今永宁镇建成区仍沿原永宁城拓展，街道格局也没有太大变化。该城周长为3867米，两条垂直相交的十字形主街构成了城内街巷的骨架。

永宁城是宣府镇东路参将驻扎地，据《明太宗实录》记载，永乐十二年（1414）三月丁丑，"设隆庆州并永宁县，隶北京行部。隆庆，古缙云氏所都之地，金置缙山县，元仁宗生于县东，改为龙庆州。国初，移其民入关内，州遂废。至是，上以其当要冲，而土宜稼穑，改为隆庆州。又于州东团山下设永宁县，隶焉，而以有罪当迁谪者实之"②。《明史·赵羾传》则记载赵羾于永乐九年（1411）下狱，"寻得释，使督建隆庆、保安、永宁诸府州县，抚绥新集民安其业。十五年丁母艰"③。从时间来看，赵羾督建隆庆州、保安州和永宁县应该与此三府州县设置同时，也就是永乐十二年前后，这个时间点应该是永宁筑城史的开端。

《明太宗实录》记载：永乐十四年（1416）十二月丙子，"设永宁卫，以统屯戍口北长安岭等处刑徒"④。

《宣大山西三镇图说》记载："故永宁卫，肇于永乐十五年。而延庆左卫则宣德元年自居庸关徙者，五年复加砖甃，并以永宁县于此。"⑤

---

① 据《延庆县志》记载，当时残存北城墙50米、东城墙500米。《延庆县志》，第391页。
② 《明太宗实录》卷149，第1736页。
③ 《明史》卷150，第4159页。
④ 《明太宗实录》卷183，第1973页。
⑤ 《宣大山西三镇图说》，第160页。

嘉靖《隆庆志》记载："永宁县，旧治团山下，无城。宣德五年三月，侯薛禄奉命统兵至境，相地筑建于今所，周围六里十三步，高三丈五尺，池称之。辟四门：东曰迎晖，西曰镇宁，南曰宣恩，北曰威远。正统间以砖石甃砌完固。"①

根据以上史料，隆庆州与永宁县的情况已经非常清楚了，洪武初期迁徙"山后民"，府州县遂废，永乐时恢复了隆庆州并新设了永宁县。隆庆州的城址在本书第三章"儒州（缙山县）"中已讨论清楚，其设置，固然是因为其地理位置"当冲要"，但也是出于恢复发展当地经济的原因，即"土宜稼穑"，关于隆庆州的农业条件，元人周伯琦《扈从诗前后序》记载："缙山乃轩辕缙云氏山，山下地沃衍，宜粟，粒甚大，岁供内膳。"②

永宁县与永宁卫最初设在团山下，当是为方便"统屯戌口北长安岭等处刑徒"，宣德五年（1430），北边防御系统建设完备后，永宁县则趁筑城的时机，选择了一个周边农耕区域更为宽敞的地点作为城址。

2. 马邑县城

具体论述见本书第三章唐马邑县城部分，唐大同军—马邑县城原在今朔城区神头镇马邑村西南的下西关城址，洪武十六年（1383）修筑今马邑城，原城址废弃。下西关与今马邑城属于同一个地域单元内，不过是将城址由桑干河以西迁徙到河东，地理环境没有太大差别，明初也保留了县级政区的建置，可见并未有大规模的移民，迁徙原因只能暂且存疑。

其余府州县，大多并未发生迁徙，而得以继续沿用从其周边的地理环境来看，大多处于宽敞的河流谷地，如山阴城虽然"兵寡土碱，无险可恃，防守不易，耕植颇艰"③，但毕竟地处平川，黄水河流经④，水源丰富，有发展农业的基础。应州"本城地势平衍，虏马易驰"⑤，城址周边

---

① 嘉靖《隆庆志》卷1。
② 《周伯琦〈扈从诗前后序〉疏证稿》，第357页。
③ 《宣大山西三镇图说》，第312页。
④ 《山阴县志》，第36页。
⑤ 《宣大山西三镇图说》，第308页。

的城关镇、下社镇、南河种镇、镇子梁乡等地今天尚为应县主要产粮区。① 这些记载都说明由于府州县政区大部分分布于桑干河以南，在防御上属于次边，军事任务并不突出，主要的职责应该还是普通的理民，因此府州县的设置，必须有一块宽敞的农业区域支撑，府州县城的选址也往往在这块区域的中心地带。

（三）治所城市的规模

关于宣大地区治所城市的规模，下面主要根据《宣大山西三镇图说》的资料列表 4-3 比较：

表 4-3　　　　　明代宣大地区治所城市规模比较②

城堡	周长	级别	今址	今天级别③
宣府城	二十四里	都司、总兵	河北省张家口市宣化区	县
大同城	十三里	都司、总兵	山西省大同市城区	地
万全右卫城	六里三十步	卫、参将	河北省万全县万全镇	建置镇
万全左卫城	六里三十步	卫	河北省怀安县左卫镇	建置镇
怀安城	九里零一十三步	卫	河北省怀安县怀安城镇	建置镇
高山卫城	6000 米④	卫	山西省左云县张家场乡旧高山村	行政村

---

①　《应县志》，第 17—40 页。

②　《宣大山西三镇图说》主要论述三镇的军事形势，所以谈到各城堡的设官，以实际行使职能的总兵、道、参将、副将、操守等镇戍制下的职官为主。但因为大多数府州县、都司卫所在筑城时定位为治所城市，故表 4-3 只以府州县、卫所作为其级别的比较依据。又参将驻地是当时军事防御的中心，地位相当重要，本表将其驻地城堡一并统计，以比较府州县卫所城市与参将所驻军事城堡之间的区别。

③　中华人民共和国行政区划大致为省、自治区、直辖市、特别行政区—县、市、自治州（辖县）—乡、镇，县、市本不存在统属关系，但目前的实际情况是"设区的市"辖县，代管"不设区的市"，故本表以"设区的市"为"地"级，市辖区、县、"不设区的市"为"县级"，以便比较。

④　根据实测而得。

第四章 明代桑干河流域城镇的职能与分布　237

续表

城堡	周长	级别	今址	今天级别
蔚州城	七里一十二步	州、卫	河北省蔚县城	县
独石城	六里二十步	开平卫	河北省赤城县独石口镇	建置镇
龙门城	四里五十六步	卫	河北省赤城县龙关镇	建置镇
永宁城	六里一十三步	卫、县、参将	北京市延庆县永宁镇	建置镇
延庆州	四里一百八十步	州、所	北京市延庆县城	县
怀来城	八里（包括西关）	卫	清至新中国怀来县城，20世纪70年代淹没于官厅水库	—
保安新城	七里有奇	卫	河北省怀来县新保安镇	建置镇
保安旧城	四里一十三步	州	河北省涿鹿县城	县
浑源城	四里二百二十步	州、所	山西省浑源县城	县
阳和城	九里一分	卫	山西省阳高县城	县
天城城	九里有奇	参将、卫	山西省天镇县城	县
朔州城	六里三分	州、卫	山西省朔州市	地
应州城	六里一十八步	州、所	山西省应县城	县
平房城	六里三分	参将、卫	山西省朔州市平鲁区凤凰城镇	建置镇
大同左卫城	十一里三分	卫	山西省左云县城	县
大同右卫城	九里八分	参将、卫	山西省右玉县右卫镇	建置镇
威远城	五里八分	参将、卫	山西省右玉县威远堡镇	建置镇
龙门所城	四里有奇	守御千户所	河北省赤城县龙门所镇	建置镇
长安岭堡	五里一十三步	守御千户所	河北省怀来县王家楼回族乡长安岭村	行政村
四海冶堡	三里	守御千户所	北京市延庆县四海镇	建置镇
广灵城	二里七分一十五步	县	山西省广灵县城	县
井坪城	四里九分	参将守御千户所	山西省朔州市平鲁区	县
怀仁城	四里二分	县、所	山西省怀仁县城	县
山阴城	四里三分	县、守御千户所	山西省山阴县古城镇	建置镇
马邑城	三里五分零四十步	县、守御千户所	山西省朔州市神头镇马邑村	行政村
得胜堡	三里四分有奇	参将	山西省大同市新荣区堡子湾乡得胜村	行政村

续表

城堡	周长	级别	今址	今天级别
柴沟堡	七里一十三步	参将	河北省怀安县城	县
葛峪堡	四里二百五十步	参将	河北省宣化县东望山乡葛峪堡村	行政村
助马堡	二里四分	参将	山西省大同市新荣区郭家湾乡助马堡村	行政村

通过表4-3统计，我们能够发现，明代前期的治所城市按级别不同，在规模上有比较明显的等差顺序。山西行都司驻地大同城与万全都司驻地宣府城规模都远迈其他治所城市，这两座都司城市规模宏大，另一个原因当是因为成为代王与谷王镇守之城，正因如此，大同城继承了前代的西京城①，而宣府城则向西北方向成倍扩大②。与此相对比，卫、州级别的城市周长一般在四里至十里之间，以超过六里为常见。而县与守御千户所这一级别的城市，其周长则不超过五里。这一等级差别似乎也能说明明初之所以在元末内缩的城址上，而非基础良好的秦汉、北齐马邑城城址上修筑的原因。

另外，我们能够发现，与治所城市不同，作为统"兵"的参将驻地城堡，规模则无规律可言，大多数非治所城市的参将驻地规模偏小，表明参将驻地并非理民的行政区划，其职能以军事为主，也说明了都司卫所作为准行政区划的职能。

而且，府州县、都司卫所城市经过清代的沿用③，在今天大多为市区、县城或建置镇，表4-3所列的35个府州县与都司卫所城市，除怀来城淹没在官厅水库外，在今天为2地级市、12县级单位、13建置镇与3行政村，其比例见图4-11。可见大多数治所城市在今天都沿用为较高的行政单位，承担着作为区域中心的城镇功能，而非乡村形态。这应该是与府州县、都司卫所城址多选择可供支撑农耕经济的开阔谷地有关。

而参将驻地则情况不一，有后来成为县城的，但单纯的参将驻扎城堡

---

① 《魏都平城考》，第18—65页。
② 参见《宣化考古三题》。
③ 大部分实土卫所到清代被改为府州县，详见本书第五章。

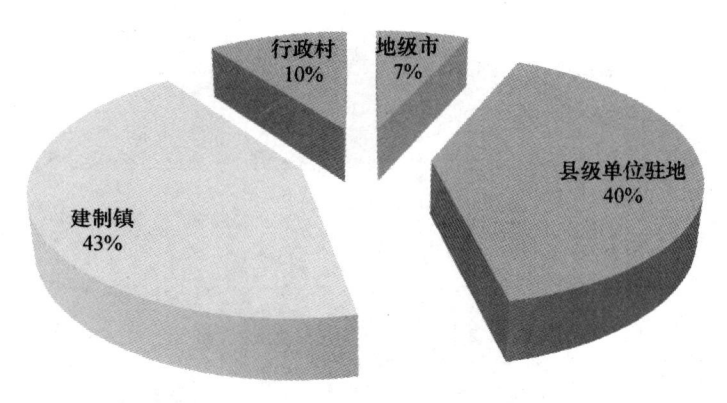

图 4-11　明代桑干河流域治所城市今天使用情况比例比较

在今天则以行政村为主，也说明了军事城堡的选址，其着眼点并不以经济功能为重。

（四）治所城市的形制

一般来说，卫所、州县等治所城市的外部形态以方形、长方形为主，其内部由垂直相交的十字街构成主要格局，十字街交叉处或设钟鼓楼，或设玉皇阁，作为瞭望与公共信息空间（如图 4-12 所示的怀安卫城）。但也有若干治所城市外部形态并不规整，或在前代基础上有所调整，下面将专门讨论。

1. 朔州城

朔州城的具体论述见本书第一章第一节汉马邑城部分，《云中郡志》记载："元至正末，右丞相孛罗帖木耳驻兵大同，使其将姚副枢省去西北，筑东南一隅以便守备，未完而弃。洪武三年，指挥郑遇春奉敕开设朔州卫，依姚副枢所筑旧址修完，砖券四门，并立门名。"① 依前所述，汉、北齐马邑城遗址在明代保存尚相当完整，而元末所缩筑的西、北城垣"未完而弃"，但明代依然在元末的城垣基础上"修完"，可见元末所缩筑的城垣自有其存在的合理性，抑或元末主要官署、仓库等建筑当在汉、北齐马邑城的东南部分，为城市重心所在，可惜无文献记载佐证。汉、北齐的马邑城都是中原王朝控御大同盆地，进而向阴山一带地区经略的前沿基地，位置相当重要。而唐末设代北镇，大同成为代北地区的政治军事中心，辽、金、元时期又一直作为西京道的中心，朔州的地位已经被大同取

---

① 《云中郡志》卷3《城池》。

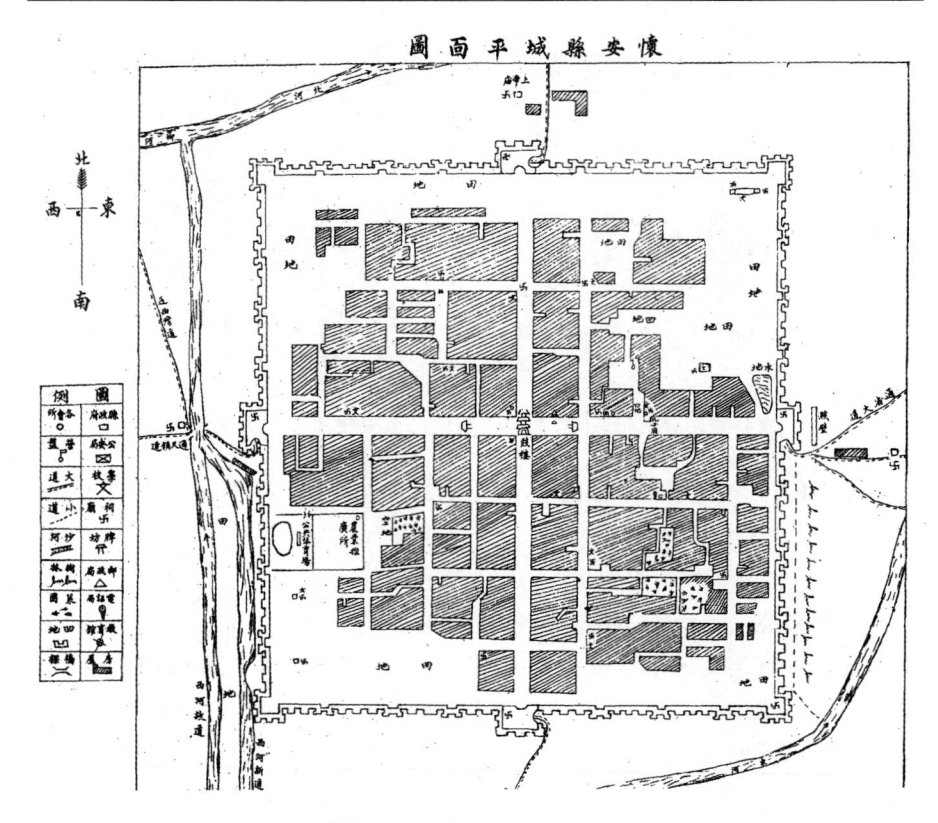

图 4-12　怀安卫城平面图

代。明初在朔州设朔州卫，作为一个属州和卫的驻地，其城垣规模与其地位职能相符，应该也是筑城时的考虑之一。

2. 蔚州城

蔚州城沿革见本书第三章横野军城部分。今天蔚县故城尚有部分残留，大体呈"凸"字型，在以规则方形为主的北方边防城镇中显得十分突出。以历代地图相对照，可知自明代洪武五年（1372）筑城，七年包砖之后，蔚州城就一直呈现"凸"字形态（见图4-13、图4-14、图4-15、图4-16）。《嘉靖宣府镇志》明言："岁壬子（洪武五年），德庆侯廖公允中辟土筑城，方以里计者七……甲寅（洪武七年）初……卫都指挥周房乃因旧址筑城。"① 可知今天所见的蔚县城垣，系明

---

① 嘉靖《宣府镇志》，第96页。

初新筑。那么，为什么明初要修筑这样一个不规则的卫城呢？

图 4-13 《九边图》中的蔚州城形象①

---

① 引自曹婉如等编《中国古代地图集》，文物出版社1994年版。

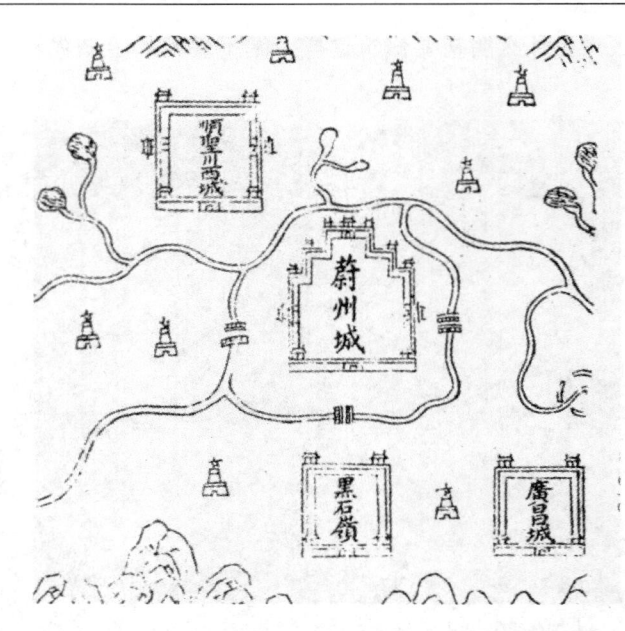

图 4-14 《宣大山西三镇图说》中的蔚州城形象①

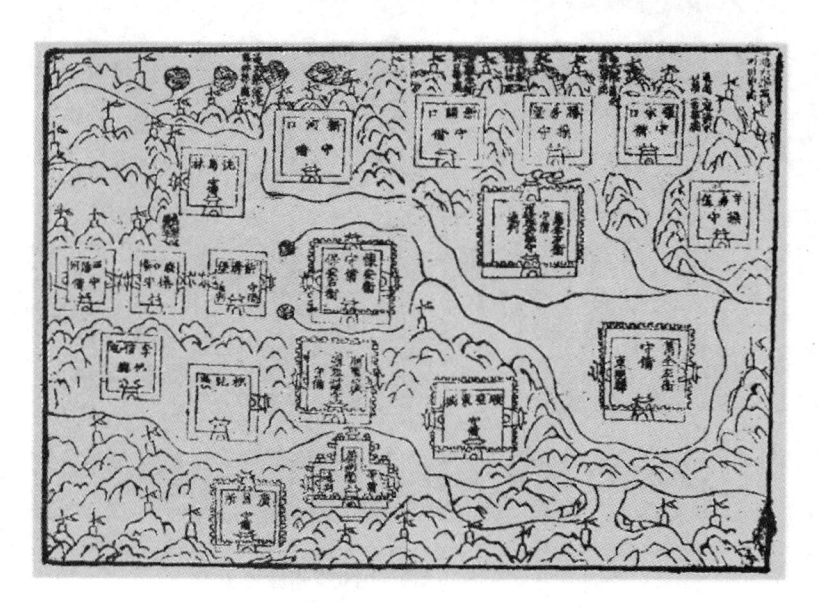

图 4-15 嘉靖《宣府镇志》中的蔚州城形象②

---

① 《宣大山西三镇图说》，第 70 页。
② 嘉靖《宣府镇志》，第 9 页。

第四章　明代桑干河流域城镇的职能与分布　243

图 4-16　《云中郡志》中的蔚州城形象①

　　通过谷歌地球审视，可以发现蔚州城的城墙与护城河之间的距离相当紧凑，二者之间，必有制约关系。从历代志书来看，迭有整修城墙的记录，却无改变护城河道的记载，也没有改变城垣走向的记录，也就是说，从洪武五年（1372）廖允中"开辟壕堑"，洪武七年（1374）周房"撤旧更新甃石"②时开始，城垣与护城河之间的相对位置就已如此了。

　　从顺治《蔚州志》所附的《蔚州山川图》，我们可以看到，蔚州地区各河流都源自北、南、西三侧山地，汇入壶流河；而护城河的海拔基本都在 900 米以上，高于壶流河的海拔③，也就是说护城河的水源并非壶流河

---

①　采自顺治《云中郡志》卷 1《方舆志》《云中郡总图》。
②　顺治《蔚州志·建置志：城池》。
③　杨震亚《蔚县县城街巷形势略图》上描绘，东护城河北端有一河道通向壶流河，应该不是自壶流河引水，而是为平衡水位，防止溢出护城河而设。

等自然河流。

但凡是护城河都需有自然水源补给才对，例如怀安城就引附近河流形成护城河。本书以为，蔚州城的护城河水源，当与附近的涌泉有关。

壶流河谷地南北两侧山地普遍发育向内季节性河流或山洪，形成规模宏大的连绵冲积扇群，而壶流河两岸则地势平坦，地下水丰富，处处有泉水涌出。至今当地有诸多带"泉"字的村庄乡镇地名，如三泉庄、大泉坡、暖泉镇、北水泉镇、东水泉、大饮马泉、小饮马泉、金泉、南水泉、涌泉庄乡、柳家泉、泉子涧等。蔚县城附近也是如此，2008年8月28—29日在蔚县实地考察时，当地耆宿曾告知解放初护城河中尚有泉水上涌现象。可以推测，蔚州城的护城河很可能是依托城址周围的泉眼，开凿连接而成的。因为泉眼分布并不规则，导致护城河形状不可能是规整的四方形。而为了贴近护城河，以资战守，也就形成了蔚州城今天的凸出处。从蔚州城的布局来看，其主要建筑及官署等设施都位于推测唐城的范围内，而城北凸出处直至今日仍是洼地，鲜少居民居住，不似因城区扩散后筑城包纳。

其次，从地势上来看，除城内鼓楼附近外，玉皇阁南是全城最高点（海拔912米左右），北城墙外800米处即为壶流河凹岸，易产生水患，在此处修筑城垣，既占尽整个高地，靠近壶流河，以利防御，又防止壶流河水患。由于河流的摆动，壶流河多次冲破南岸，1982年文物普查时，曾发现1937年杨震亚所绘制的《蔚县新志图》，现存蔚县博物馆。其蔚县城图中，壶流河南岸筑有李公堤以约束河流，见图4-17《蔚县县城街巷形势略图》。光绪《蔚州志·名宦记》中记李培仁事迹云："李培仁，字乐山，奉天人。其为政务实惠，亲民瘝如疾痛之在己。乾隆初，连岁大水，城南辛落塔、城西下官庄诸村田卢半没。培仁力请于大府，振其灾黎。随兴帑工，发库款，筑堤以卫之，邑赖以无流亡。"[①] "李公堤"很可能就是乾隆时李培仁所筑。

[①] 光绪《蔚州志》卷19。

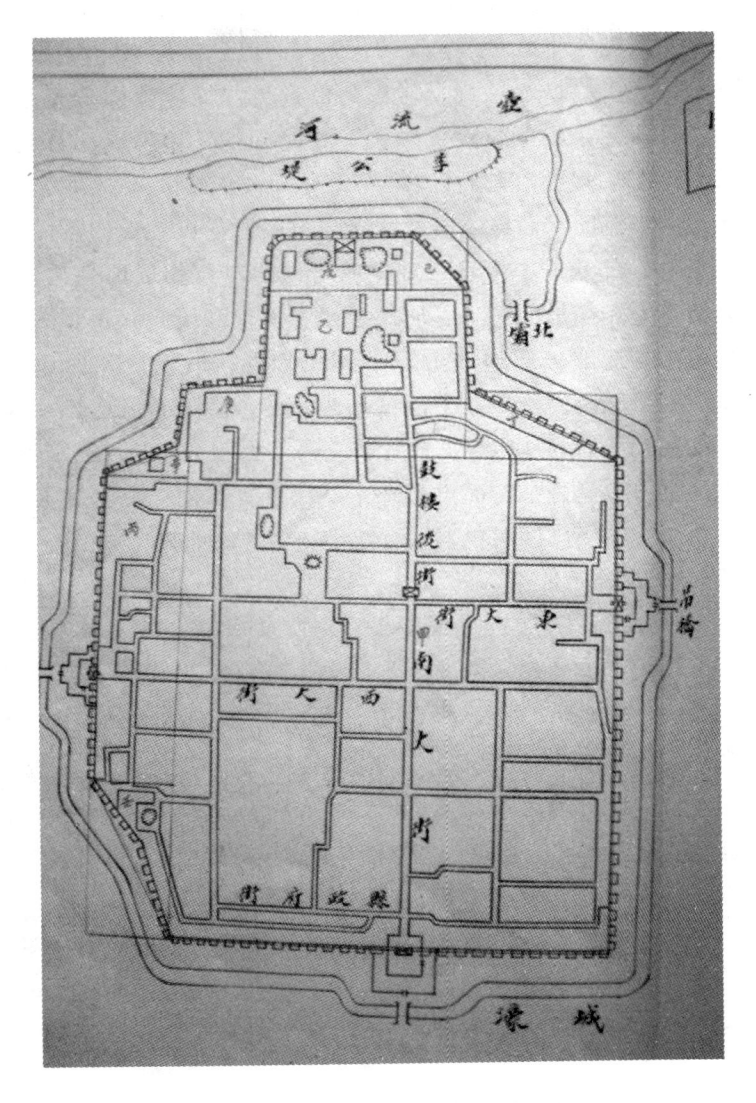

图 4-17 蔚县县城街巷形势略图①

另外，还存在一种可能。在本书第三章第四节中，已推测唐横野军城很可能就是明清蔚州城的东南部分，则今天所见的不规则部分，则是明代

---

① 杨震亚：《蔚县新志图》。

扩建而成。明清蔚州城西墙距离横野军城西墙有一段距离，很可能是辽金元时期街区扩展到原城墙之外，而明代筑城将其包括进来。因为元代并不强调修筑城墙，所以城墙毁废，居民街区逸出原城墙范围是完全有可能的。明初，保留元代的蔚州建置，并于洪武三年（1370）正月庚子置蔚州卫。① 邓庆平通过比较碑刻材料中姓氏与所属乡村村名，认为"明前期蔚州因当地人口流动，而导致居民姓氏与村庄原住民姓氏的不同"，但也承认"由于材料的缺失，笔者很难把明清蔚州村庄的居民姓氏发展演变情况勾勒清楚，尤其是明初土著居民迁走、军户和民户移民进入蔚州后，对原有村庄结构造成怎样的冲击"②。本书以为，既然蔚州的建置保留，那么就应该保留起码的民户，不应该如顺宁、奉圣等州县建置彻底取消，人口被迁徙到北平府等地区。若此论成立，那么明初包甃城墙，就应将已形成的街区全部包甃进来，而不似怀来、保安等州面对已经废弃的城址，可以不理会原有的居民区形制，重新建设一个规整的方形城邑。

3. 宣府城

前面"治所城市的规模"中指出，治所城市呈这种规模差序格局分布，是由于明代"城市规划制度上要求向传统礼制复归"③，从而无论是在改筑旧城，还是修建新城的过程中，都根据城市的级别，按礼制等级进行规划。宣府城的扩建与城市平面结构的变化，是最为典型的一个例子。

宣府镇城是明代北边体系的重镇，明朝初年在元代宣德府城的基础上大规模拓展，嘉靖《宣府镇志》卷十一《城堡考》记载："本元宣德府城，洪武二十七年，上谷王命所司展筑，方二十四里有畸。南一关，方四里。"④ 并引正统五年（1440），罗亨信《（宣府镇）城记》⑤，记载宣府城外部形态的变化如下：

---

① 《明太祖实录》卷48。
② 邓庆平：《州县与卫所：政区沿边与华北边地的社会变迁——以明清蔚州为中心》，博士学位论文，北京师范大学，2006年，第90—91页。
③ 李孝聪：《历史城市地理》，第385页。
④ 嘉靖《宣府镇志》，第88页。
⑤ 嘉靖《宣府镇志》卷11《城堡考》载"正统庚申，都御史罗亨信疏请砖石包甃，制甚宏敞"。嘉靖《宣府镇志》，第88页。

（洪武）癸酉（1393年），又命谷王来治焉，捍外卫内之意益严矣。旧城凑隘，不足以居士卒。甲戌（1394年），展筑土城，方二十有四里，辟七门以通耕牧，东曰定安，西曰泰新，南曰昌平、曰宣德、曰承安，北曰广灵、曰高远。岁次己卯（建文元年、1399年），太宗文皇帝举靖难之师，（谷）王遗城还京，时止留四门，其宣德、承安、高远并窒之，以慎所守。①

关于这个"凑隘"的旧城，根据宿白先生考证，就是金元的宣德城，自唐武州城、辽归化州城发展而来。旧城的范围，北面自西向东，沿今皇城桥东街、鼓楼西街、鼓楼东街、大东街至东门；西面自北向南，沿今皇城桥南街、新开路至西马道；东面自北向南，即今东城墙北路与东城墙南路；南面自今新开路与西马道交叉处向东，沿西马道、东马道至东城墙南路与东城墙相交。②

洪武二十七年（1394）展拓宣府旧城，一方面固然因为驻扎重兵"（洪武）二十五年诏定本镇兵额：宣府兵额共官军一十二万六千三百九十五员名，镇城五万六千一百五十二员名"③，导致"不足以居士卒"；另一方面也是因为洪武二十六年，在宣府城修建谷王府④，关于王府的大小，明代有明确的规定。"（洪武）十一年定。亲王宫城，周围三里三百九步五寸，东西一百五十丈二寸五分，南北一百九十七丈二寸五分。"⑤我们可以根据《明史·舆服志》"王城之外周垣，四门、堂库等室在其间"的记载，发现明代王城是重城结构，"在王城之外有一重城墙，开四门，王府的各个官署建筑在两重城墙之间"⑥。

---

① 嘉靖《宣府镇志》，第89页。
② 《宣化考古三题》，第45页。宣化城区今地名参考《张家口地市标准地名图集》，张家口地区行政公署地名办公室，1985年。
③ 嘉靖《宣府镇志》，第230页。
④ 《明太祖实录》卷230，第3370页。
⑤ 《大明会典》卷181《工部一：亲王府制》，江苏广陵古籍刻印社1989年版，第2484页。
⑥ 孙靖国：《明代王城形制考》，《社会科学战线》2009年第2期。

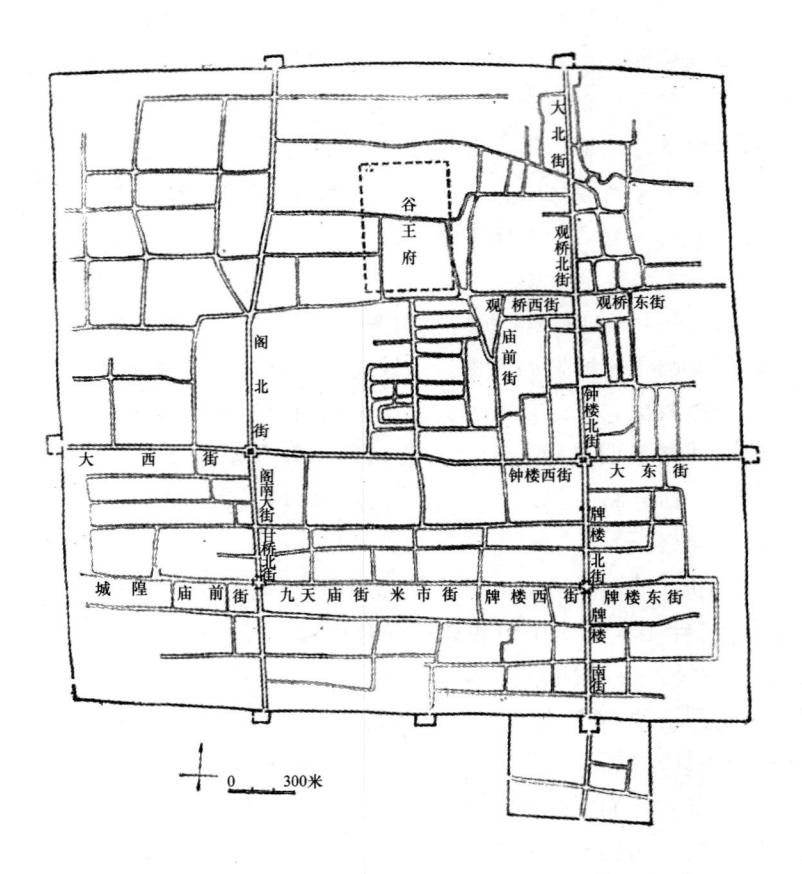

图 4-18 《中国城市建设史》所附《河北宣化城图》①

所以，从城市平面布局的需要出发来复原谷王城，复原的对象应该是谷王城外垣，其规模不受《明史·舆服志》中"周围三里三百九步五寸"的规定限制。《中国城市建设史》中所画《河北宣化城图》，就是囿于"周围三里三百九步五寸"的记载，于是将谷王府置于一个非常窄仄的位置。

关于谷王府的范围，今宣化城中尚保留皇城墙南街、皇城墙东街、皇城墙西街这三条街道的名字，据宿白先生考证，皇城墙南街自与皇城墙东西街交汇的十字路口向南，经今新开路，与南城墙交汇处，即为初

---

① 董鉴泓：《中国城市建设史》，中国建筑工业出版社 1989 年版，第 113 页。

建时开设的宣德门。那么，上面三个街道的交汇处，应该就是谷王府南门的位置。皇城墙西街、东街属于泰新门—定安门的东西横干道上，谷王府南壁应与这条干道重合。昌平门—广灵门、承安门—高远门这两条南北纵街是宣化城内的两条南北干道，谷王府的东西两壁应限于这两条大街。

又据《新续宣镇志》记载："宣府西草场之东及十字口之北，旧名皇城，又十字桥之西名西皇城，以明武宗尝幸此，携宫眷驻跸，因是得名，或曰王城街，明初谷王建府于此。即今西草场也，讹王为皇耳。"① 十字口即钟楼所在的十字路口，也就是定安门—泰新门大街与广灵门—昌平门大街交会的十字路口。西草场的位置，据《乾隆宣化府志》记载，"二十四桥……一在玉皇阁之东，草场西南隅"②，又嘉靖《宣府镇志》记载："西草场，宣府右卫后"③，康熙《宣化县志》记载："草场西桥，在玉皇阁之东"④，可知明代西草场的位置，即今天的烈士陵园。据记载，直到嘉靖年间，谷王府尚有废垣⑤，所以嘉靖《宣府镇志》的记载是可靠的。这样，谷王府的东壁应与钟楼北至广灵门大街，即今钟楼北街重合；西壁应与今烈士陵园东墙走向大致重合。但这样的话，谷王府东西两壁按宣德门南北轴线来衡量就严重不对称了，考虑到宣府城西北大部都是全新规划建立起来的，不存在旧街巷建筑的约束，设计时又严格按照礼制规划，所以王府沿南北轴线左右对称应该是规划中的重要原则。而西草场兴建于永乐三年（1405），这时谷王已被改封到长沙，可能会占用谷王府的部分用地。而前引嘉靖《宣府镇志》只言"宣府西草场之东"，并未明言西草场东界之东。所以谷王府西壁也有可能沿今阁北街。

谷王府的北壁没有明确记载，但可以大体推测复原。谷王于洪武二十八年（1395）三月就藩，此前谷王府就应已修好。到建文元年（1399），

---

① 引自乾隆《宣化府志》卷41《杂志》，乾隆八年修，二十二年订补刊印，台北：成文出版社影印，1970年，第791页。
② 乾隆《宣化府志》卷8《城堡》，第175页。
③ 嘉靖《宣府镇志》卷12《宫宇考》，第105页。
④ （清）陈坦：《宣化县志》卷7《城堡志》，康熙五十年刻本。
⑤ 嘉靖《宣府镇志》卷12《宫宇考》，第101页。

燕王朱棣起兵，谷王逃奔南京，永乐元年，改封到长沙①，之后谷王府的功能就终止了。宣德三年（1428），在今朝玄观西修建了宣府左卫衙②；宣德九年，复建了元代的朝玄观，大学士杨荣记载了这件事："城之北，旧有朝玄观，毁于元季，芜废有年矣。"③ 既然在元代朝玄观的旧址上重建，那么谷王府的北壁应该没有把朝玄观包括进去，而宣府左卫衙又在朝玄观西，两个东西并列的建筑的修建，距离谷王改封不过三十年的时间，王府外垣的倾颓和废弃不应如此快速。那么，我们有理由推测谷王府外垣的北壁应该在今朝玄观南，沿今观桥西街—观口街至与今烈士陵园东壁相交。

在谷王逃奔南京之前，宣府城已粗具规模，一些官署陆续设立，有洪武二十五年（1392）设立的宣府前卫和洪武二十六年（1393）设立的宣德仓。

据嘉靖《宣府镇志》记载，洪武二十六年设社稷坛，洪武二十七年（1394）设本城风云雷雨山川城隍坛。但据《正德宣府镇志》，社稷坛位于城西北百步许，风云雷雨山川坛在城东南一里，且明言此二坛"宣德初总兵官谭广建"。而洪武年间规定："凡王国宫城外左立宗庙，右立社稷。社稷之西，立风云雷雨山川神坛；坛西立旗纛庙……仍命诸王国于外城东南立先农坛。"④ "诏诸王国山川、社稷坛俱建于端礼门外之西南。"⑤ 可知明制，社稷坛和风云雷雨山川坛都应在王城外垣内。则上述二坛都应该是宣德年间重筑或移筑。而城隍庙位于"城西南隅"，则可能是洪武年间所筑。

综合上面所分析，我们可以绘制宣府城复原示意图。（见图 4-19）

---

① 《明史》卷 118《谷王传》，第 3603 页。
② 嘉靖《宣府镇志》卷 12《宫宇考》，第 105 页。
③ 嘉靖《宣府镇志》卷 12《祠祀考》，第 168 页。
④ 《明太祖实录》卷 103，第 1737—1738 页。
⑤ 同上书，第 1810—1811 页。

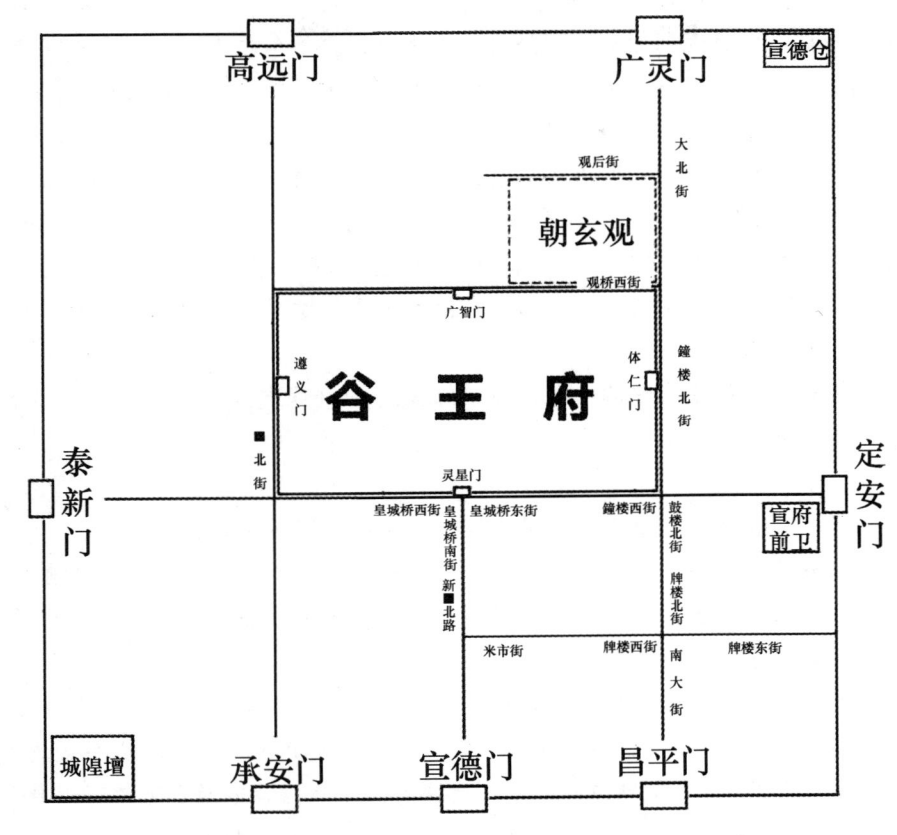

图 4-19　宣府城复原示意图（洪武三十一年，1398）①

从示意图中我们可以清楚地看到：由于宣府城大部分是在一片空地上规划建设的新城，其职能定位又是塞王镇守的边疆重镇，所以严格地试图按照礼制进行规划。全城有一条基本等分全城的南北轴线，王府就压在这条轴线上，并通过这条轴线直通正南门。沿王府左右外垣构成两条南北大道，分别沟通两座北门和南门。东西二门正对，构成东西主干道，王府南垣正好压在这条主干道上。这样，王府就控制了宣府城的所有主要道路。

在规划上，这种严整的平面布局应该是明代理想中的礼制城市的标准范型。

---

① 斜体为今天街道名称。

由于这一时期宣府城内的各种机构还未齐备，所以看不出当时城市的重心所在。但就规划而言，似是将城市重心置放于东西大街与三条南北大街的交叉处，尤以谷王府南门至宣德门大街与东西大街交叉处为重，以东西大街与宣德门大街为两条最主要干道。

但是这种规划中的城市布局并未成为现实，建文元年（1399），燕王朱棣起兵"靖难"，谷王朱橞逃奔南京，"时止留四门，其宣德、承安、高远并室之，以慎所守"。这样，两条南北大道都失去了意义，昌平门—广灵门南北大街与定安门—泰新门东西大街成为城内十字相交的干道，城内的交通轴线向东偏移。

需要指出的是，终明一代，宣府城虽然中轴线向东偏移，但城西北、西南却并非荒僻之地。康熙《新续宣府志》记载：

> 明初镇城人烟凑集，里宅栉比，不独四门通衢为然。虽西北、西南两隅、僻街小巷，亦无隙地。盖驻防官军既不下二万，而宣府前左右三卫、兴和一所，自指挥以下，官八百余员。合计官军户口，不下三万有余。而绅衿士民商贾杂处其中，尤不可数计。迨至隆、万已后，人烟里宅渐非昔比。至启、祯时，师旅频出，饥馑洊臻，流离死徙之余，遂致西北半城几同旷野。于是居人稍稍耕作其间，历年久远，渐成湮没。然当时各街、祠庙、碑碣及附近官，姓名尚有可考而知者：北门西顺城街又西，李镇抚街南至朝元（玄）观、观音寺、马神庙后，皆宣府左卫地。其中房屋雕檐鸱吻，半属指挥百户所居。天启时，尚有门楼或厅事一二进者。至己巳、辛巳两次饥荒，世禄阙给，卫职遂有行乞者，其屋多毁，后渐犁为园。今之民居，皆本朝康熙年建造。
>
> 左卫之西关帝庙，北至观音堂，西至开（关）王庙，南至草场后街、养济院之东，为李百户，东为张千户，又东为赵百户，又东为詹千户之宅，皆顺治初拆卖。自草场墙东至首座寺，西及北皆系世官屋宅，拆废为畦，其民屋仅有存者。草场西北自五岳禅林，南至玉皇阁，其东西街皆店铺房屋。此街原名菜市街，前明盛时为畦□市卖蔬菜之地。崇祯二年饥荒，街道房屋尽行拆毁，十三年庚辰大荒，遂无片瓦存者，后□为田。
>
> 自五岳禅林北至十方院西，至子孙庙，又西至西城墙，南至西仓后，多宣府右卫世职聚居。亦因崇祯年饥荒，人民流散，卫中官军援

辽不归，遗居毁弃。其宗戚变卖为园。

　　草场前街自书院东街槐枕一带，园畦旧属右卫地方。明末饥荒后，半多残毁。又顺治己亥，抽兵驻防京口，挈家南去者多此地军人。遂将所居拆卖，废为园囿。

　　北门顺城街之东，除官草场及窑外旧为右卫地，易代之后，世官□革，及军丁死亡迁徙，尽行拆卖□□见城北阡陌成行，□麦被野，以为私种无粮之地。不知皆当日屋基也。①

可见直至今日，宣化城的西北仍颇为荒僻，并非明代旧规，更不是城门堙塞，导致交通线东移之故，而是明清之际战乱所致。明代交通线东移，既不是完全因为其城市重心在东南部，也不是因为城西北、西南较不发达。之所以只开四门，是因为洪武时亲王位高权重，"冕服车旗邸第，下天子一等。公侯大臣伏而拜谒，无敢钧礼"②。王城开七门，应是亲王规制"下天子一等"的体现。谷王移镇长沙后，作为普通城邑的宣府自然在礼制上要有所削减。

　　4. 怀来城

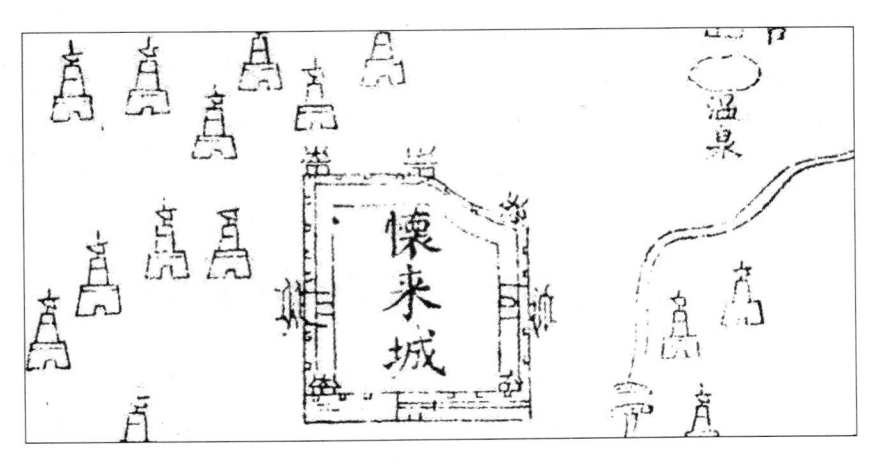

图 4-20　《宣大山西三镇图说》中的怀来城形制

---

①　乾隆《宣化府志》卷 41《杂志》，第 791—792 页。
②　《明史》卷 116《诸王传》，第 3557 页。

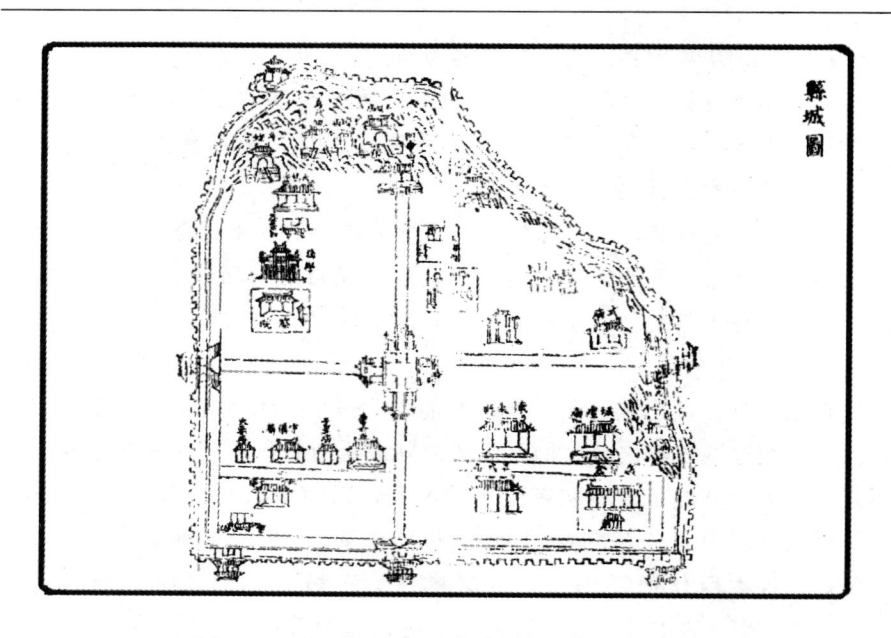

图 4-21　光绪《怀来县志》中的怀来县形制①

《宣大山西三镇图说》中记载："本城即妫川，盖县治也，洪武初年依元旧城修筑，永乐二十年展北面，半倚高冈。"② 由于怀来县城今已淹没于官厅水库中，所以无由获知其详细情况，但核对上图与"半倚高冈"一句，可以推知其展拓城墙，是为了占尽地势，防止敌人从高处窥知城内虚实，这种情况在明代宣大地区的城墙形制中比较普遍，如马营堡、长安岭堡等都是如此。

第二节　城堡体系的逐步完善及其职能

一　洪、宣时期北部战线的内缩与宣府镇长城边堡的修筑

"靖难之役"对明代北边军事体制的影响极其重大。在燕王南下进攻南京的战争中，北方驻防的军队被燕王裹挟南下，北方防线收缩。

---

① 光绪《怀来县志》，第 2 页。
② 《宣大山西三镇图说》，第 174 页。

建文元年，文帝起兵，袭陷大宁，以宁王权及诸军归。及即位，封宁王于江西。而改北平行都司为大宁都司，徙之保定。调营州五屯卫于顺义、蓟州、平谷、香河、三河，以大宁地畀兀良哈。自是，辽东与宣、大声援阻绝，又以东胜孤远难守，调左卫于永平，右卫于遵化，而墟其地。先是兴和亦废，开平徙于独石，宣府遂称重镇。①

关于大宁弃守，顾炎武认为："大宁初设，未有人民，但立北平行都指挥司及大宁、营州、兴州、会州等一十六卫。自燕府拔之而南，遂为空城，及转战三年始下南京，而大宁已弃之，后不能复置，因徙卫于山南。"② 达力扎布指出："除了大宁一时难以恢复之外，还有战略上的原因。""大宁的地理位置偏远，孤悬边外，与辽东和开平都有山岭阻隔，很难与其他卫所连成一气，不易防守，而且道路遥远，粮饷运输困难，故明成祖收缩防线，放弃了大宁。这与后来放弃开平的情形大体相同。"③

正是因为以上分析的原因，宣德元年七月，"阳武侯薛禄奏：'雕鹗、赤城、云州、赤、独石诸站皆在边野，开平老幼余丁亦于此种田，猝有虏寇，无城可守。况开平与独石相距五站，城垣不坚，且使命往来，道路荒远。若移开平卫于独石，令镇守宣府都督谭所领官军筑城守备，寔为便益'"④。宣德元年五月丙午，"行在户部主事王良言：'开平极边之地，岁运粮给之，而军士戍守者皆有妻、子，粮不足以赡其家，乞简精锐者更番守城，令其妻子入赤城、云州，立堡居之。'"⑤ 关于开平难守的议论，在宣德五年之前比比皆是，成为朝廷上下内外讨论的重要话题，可见当时农牧分界线，就在内蒙古高原南缘一线，以南的赤城谷地可以自种自食，而以北的开平则必须要坝下地区挽输接济。

大宁、开平、兴和等迤北卫所被放弃后，宣府地区就直接成为面对蒙古势力的第一道防线。更重要的是，永乐迁都北京，宣府一跃而为京师咽喉，其战略地位遂为最重。

---

① 《明史》卷91《兵志三：边防》，第2236页。
② 顾炎武：《昌平山水记》卷下，北京古籍出版社1980年版，第34页。
③ 达力扎布：《明代漠南蒙古历史研究》，内蒙古文化出版社1997年版，第10页。
④ 《明宣宗实录》卷4，第110页。
⑤ 《明宣宗实录》卷17，第460页。

> 本镇形势，紫荆控其南，长城枕其北，居庸左峙，云中右屏，内拱陵京，外制胡虏，盖屹然西北一重镇焉。①

《九边图说》评论宣府镇战略地位说：

> 臣等谨按，宣府自东徂西，边长一千余里，雄据上谷，藩屏陵京，譬则身之肩背，室之门户也，肩背实则腹心安，门户严则堂奥固，其关涉岂细细哉？在昔经略诸臣咸谓彼中山川纷斜［纠］，地险而狭，分屯建将，倍于地处，号称易守。自今观之，乃亦有不尽然者。虏越永宁，则南山之迫切可畏；龙门失守，则金、马之戒备当先。考之往事，若撞道横岭之驱，疾如风雨，浮图、紫荆之溃，祸及郊圻。耳目睹记，历历可鉴，是岂可以易守言哉？近驻督府于怀来，设专官于本路，防护南山，可谓至矣。第其间犹有一二可虑者。礁炮等处界在两镇，蓟、宣稍有推诿，修设未免单薄。今虏且掠车夷去矣，山后险易此辈盖稔知之，长虑却顾，兹其可缓乎？该镇本色素称匮朒，设遇连俭［险］，或由居庸取道，或自桑干通运，皆事势不可已者。然陆运盖尝行之，舟驼则自芦沟以达彼中，未有能详其说者，其可不为之讲求乎？若夫重北路之哨探，扼南渡之要津，虏东犯已得其行，虏深入先据其胜，此又不独宣镇之利，尤蓟之所必不可无者也。②

正因如此，为巩固宣府地区的防御，明代政府在宣府的北部边境修筑了长城，并沿长城兴修了诸多边堡。

宣府地区修筑长城，是从永乐朝开始的。永乐十年（1412）八月己未"敕边将于长安岭、野狐岭及兴和迤西，至洗马林，凡关外险要之地，皆崇石垣，深濠堑，以防虏寇"③。这也就是《明史·兵志》中所记载的"帝于边备甚谨。自宣府迤西迄山西，缘边皆峻垣深濠，烽堠相接。隘口

---

① （明）杨时宁：《宣大山西三镇图说·宣府镇图说》，玄览堂丛书影印明万历癸卯刻本，台北：正中书局1981年版，第19页。

② （明）兵部编：《九边图说》，《玄览堂丛书》初辑005，台北："国立中央图书馆"1981年版，第124—125页。

③ 《明太宗实录》卷131，第1616页。

通车骑者百户守之，通樵牧者甲士十人守之"①。

长安岭是大海坨山的重要峰峦，在今赤城县与怀来县交界处，兴和即今张北，洗马林在今万全县洗马林镇。

为巩固以边墙为主的防御体系，从永乐九年（1411）开始，一直到正统五年（1440），明廷先后修筑了长安岭堡、张家口堡、独石城、葛峪堡、常峪口堡、青边口堡、大白杨堡、小白杨堡、龙门所城、君子堡、新开口堡、新河口堡、洗马林堡、西阳河堡等边堡，并修筑了赵川堡、龙门关堡、雕鹗堡、柴沟堡等居中或后距应援之城。这些城堡一般来说距离边墙不远，以便驰援，但由于此时明代边疆防御的主要组织形式还是以都司卫所为主，所以这些城堡大多还位于沟谷出山处的平川之地，以平衡守御边墙与组织屯田之间的关系。

在大同地区，同样经历了防线的内缩，明成祖也放弃了大同边内外的诸多卫所，洪武三十五年（1402，建文四年）九月，"命都督陈用、孙岳、陈贤移山西行都司所属诸卫官军于北平之地设卫，移屯种云川卫于雄县、玉林卫于定州、高山卫于保定府、东胜左卫于永平府、东胜右卫于遵化县、镇朔卫于蓟州、镇房卫于涿州、定边卫于通州。其天城、阳和、宣府前三卫仍复原处"②。永乐七年四月，明成祖敕镇守大同江阴侯吴高曰："……所奏欲徙前大同左、右二护卫于定边、镇朔备御，可即行之"③，重新利用了定边与镇朔旧城，奠定了以后山西行都司的防御架构。

从这次调整来看，除了洪熙、宣德时期蒙古东西交恶，明朝占据主动地位，"天下无事"之外，还可以看出明朝在宣大地区更着力建设长城沿线的防守，而对桑干河谷地这样"稍近腹里"的地区则相对放松。一直到英宗和世宗时期，蒙古两次大举入犯，腹里地区也遭到严重摧残，明朝才在上述地区加强防卫，先后修筑了聚落、高山、顺圣川西城、东城、保安新城等居中应援之城与云西、云冈、许家庄等屯堡。

二 土木之变后居中应援之城的修筑与此类城堡的功能与选址

正统十四年（1449）八月的"土木之变"是明朝前所未有的大惨败，

---

① 《明史》卷91《兵志三》，第2236页。
② 《明太宗实录》卷12，洪武三十五年九月丁巳条，第223页。
③ 《明太宗实录》卷91，永乐七年四月戊子条，第1196页。

"六军大溃，死伤数十万"①，皇帝被俘，京师被围困，瓦剌"所获盔甲器械金银锦段牛羊骡马等动物数十万，到处搜山，杀掳军民男妇亦数十万"②，对于明朝君臣来说，是一段不堪回首的记忆。

但是我们也能发现，虽然明朝打了败仗，但除了正统十四年十一月丙辰被瓦剌攻破紫荆关以外，宣大地区的其他卫所城堡，也先、脱脱不花和阿剌没有在任何一次围城攻坚战中取得胜利。紫荆关还是因为"副都御史孙祥与之相持四日，虏潜由他道入，腹背夹攻，关破，祥死之"③，才被攻破的。同样，阿剌知院围独石、马营和龙门，明军弃守独石、马营，他才"伤了几处小边城"④。整个战争期间，蒙古军队围赤城，数犯大同，屡围宣府，都没有攻破城堡。虽说也先有欲利用英宗进行讹诈，以致贻误战机的因素，但也能看出坚城的作用。

我们能够看到，在土木之变之后的景泰、天顺时期，明朝陆续修建了一些城堡，兹列于下表4-4：

表4-4　　　　　　　　　明代中期修建城堡情况

年代	公元	所筑城堡	级别	周长	属镇	今址
景泰二年	1451	保安新城	卫、守备	七里有奇	宣府	怀来县新保安镇
景泰四年	1453	青泉堡	防守官	二里六十四步	宣府	赤城县云州乡清泉堡村
天顺三年	1459	聚乐堡	守备	三里三分	大同	大同县聚乐堡乡驻地
天顺四年	1460	顺圣川西城	守备	五里一百三十五步	宣府	阳原县城
		顺圣川东城	守备	四里一十三步	宣府	阳原县东城镇
天顺六年	1462	高山城	守备	四里三分	大同	大同市南郊区高山镇
天顺八年	1464	四海冶堡	守备、守御千户所	三里	宣府	延庆县四海镇

这些城堡除了四海冶堡与青泉堡属于长城边堡之外，都地处腹里，位于交通要道上，位置重要，下面择要逐一分析。

---

① 《明史》卷328《瓦剌传》，第8500页。
② 《明英宗实录》卷182，正统十四年九月壬午条，第3544页。
③ 《明英宗实录》卷184，正统十四年十月丙辰条，第3627页。
④ 《明英宗实录》卷181，正统十四年八月乙亥条，第3523页。

1. 保安新城

保安卫本在原保安州城，也就是今天的涿鹿县城，土木之变后，"本城景泰二年土筑，与保安卫，美峪所同改移者，天顺八年砖包，惩己巳之变也。……地之肥饶，俗之殷盛，与旧城比隆焉。本城南捍矾山，北抵龙门，设卫置守，岂不称善。但适当孔道，东西迎送，困惫极矣。本城西有鸡鸣驿，东有土木驿，相去止一站耳，奈何复与之共劳役乎？此所当调停而严为禁止者也"①。所谓"惩己巳之变"，并不完全是考虑到保安新城周边环境的优越，最重要的恐怕还是其"适当孔道"。

关于保安新城的交通位置，可以从自辽至明北京到蒙古草原交通路线的变迁来考察。

五代时人胡峤《陷辽记》中记录其由幽州赴辽上京路程，在本书讨论地域范围内一段为：北口—可汗州—新武州—鸡鸣山—永定关—归化州—登天岭。②

元人王恽于中统二年（1261）二月由燕京赴开平，其在宣化盆地中路程为：北口—棒棰店—榆林驿—怀来县—统墓店—雷氏驿亭—鸡鸣山—宣德州—青麓—黑崖子。③

元定宗二年（1247），张德辉应忽必烈召赴其衙帐，备顾问。记其在宣化盆地内行程为："出（居庸）关之北口则西行，经榆林驿、雷家店，及于怀来县。……西过鸡鸣山之阳，有邸店曰平舆，其巅建僧舍焉。循山之西而北，沿桑干河以上，河有石桥，由桥而西，乃德兴府道也。北过一邸曰定防。水经石梯子，至宣德州。复西北行过沙岭子口，及宣平县驿。出得胜口，抵扼胡岭。"④

元顺帝至元十二年（1352），周伯琦以监察御史扈从顺帝巡幸上京，东出西还，其回程路线在宣化盆地中的部分为："得胜口南至宣平县十五

---

① 《宣大山西三镇图说》，第184页。
② 贾敬颜：《胡峤〈陷辽记〉疏证稿》，《五代宋金元人边疆行纪十三种疏证稿》，中华书局2004年版，第14—16页。
③ 贾敬颜：《王恽〈开平纪行〉疏证稿》，《五代宋金元人边疆行纪十三种疏证稿》，中华书局2004年版，第317—320页。
④ 贾敬颜：《张德辉〈岭北纪行〉疏证稿》，《五代宋金元人边疆行纪十三种疏证稿》，中华书局2004年版，第336—338页。

里,小邑也。……又前至沙岭①,沙深,车马涉者甚艰。又五十里至顺宁府,本宣德府也,比年因地震,改今名。原地沃衍,多农民。又宜蓝淀草,颇有工染者,亦善地也。……岭路参互,四十里至鸡鸣山。叠嶂排空,绵亘二十余里。……又南二十里,乃平地,曰雷家驿,京尹所治也。雷家驿之西北十里,纳钵曰丰乐。丰乐二十里,阻车纳钵。又二十里至统幕,则与中路驿程相合。而南历狼居胥山,至怀来县。……南则榆林驿……自怀来行五十五里,至妫头。又十里入居庸关。"②

《明英宗实录》卷180、卷181详细记录了正统十四年明英宗亲征路线。现列表4-5于下,颇可与上述几条材料相印证。

表4-5   土木之变前英宗行程

时间	甲午夜	乙未	丙申	丁酉	戊戌	己亥
地点	唐家岭	龙虎台		居庸关	榆林站	怀来城西
时间	庚子	辛丑	壬寅	癸卯	甲辰	乙巳
地点	雷家店	宣府	鸡鸣山	万全峪	怀安城西	天城西
时间	丙午	丁未	戊申	己酉	庚戌夜	辛亥
地点	阳和城南	聚落驿	大同		双寨儿	滴滴水
时间	壬子	癸丑	甲寅	乙卯	丙辰	丁巳
地点	洪州方城	白登	怀安城西	万全峪	阳和北沙岭	宣府
时间	戊午	己未	庚申	辛酉		
地点	滞宣府	雷家店		土木		

由上述史料,我们可以知道,辽代时,由今北京赴蒙古草原的路线还要取道新(武)州,即明保安旧城。至迟从元代开始,雷氏驿(雷家店)取代了前者的地位,而路线也发生改变,明显向北偏移,依大海坨山、燕然山南麓而行。而无论北去得胜口,还是西去大同,都不再取道保安旧城,雷家店的交通节点地位愈加重要。最明显的例证就是英宗往返都要经过雷家店,想必也先自大同东袭宣府,进逼土木,也要途经雷家店。为了控制这一交通要道,所以明廷才会在土木之变后痛定思痛,将已不在交通

---

① 应为张家口东南沙岭子镇。
② 《周伯琦〈扈从诗前后序〉疏证稿》,第372—376页。

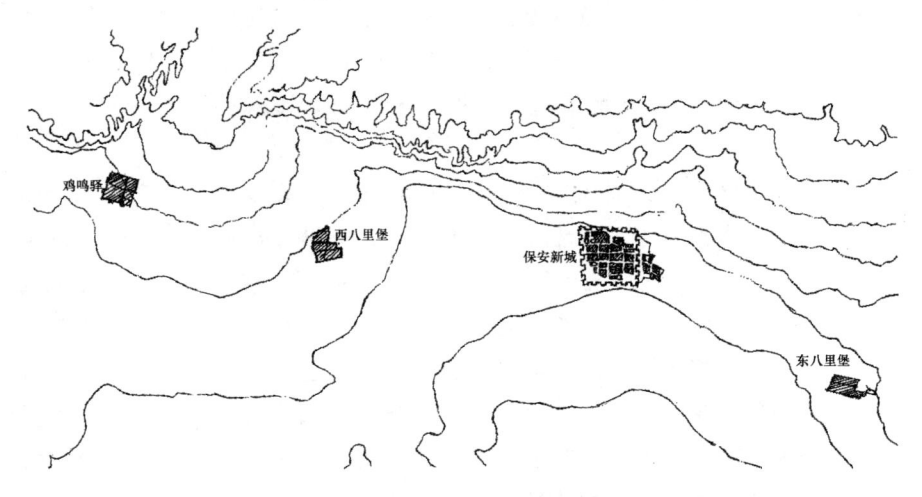

要道上的保安卫迁徙到这里,并筑城防守,以遏其冲。

图 4-22　保安新城地理环境示意图

2. 顺圣川西城

顺圣川西城位于今阳原县政府驻地西城镇所在地,桑干河在今阳原县境内自西向东流过,形成一个比较宽敞的河川地带,因辽金元时期在此设置顺圣县,所谓"顺圣川",即指此地,顺圣川西城、东城均位于此处。从西城来看,由于地处腹里,而且交通便利,是一个典型的居中应援之城,杨时宁评论说:"本城为南路极西,与大同镇之天城、阳和接壤,虏逾西镇犯该路,此其要害也。况一吐泉等处无险可恃,故参将所以驻扎此中者,原为预应援而便拒堵也。若应援不前,拒堵稍后,纵虏而南,直抵蔚州之川矣。捍西北,卫东南,所关匪细,守御戒备,何可以腹里缓图之哉?"① 土木之变时,就有蒙古军队"三万人马过顺圣川洪州堡,欲侵犯京师"②,可见此处防御空虚的危害。

城堡"天顺四年土筑"③,"成化二十一年,参将高升重修"④,"嘉靖

---

①　《宣大山西三镇图说》,第74页。
②　《明英宗实录》卷184,正统十四年十月壬子条,第3621页。顺圣川西城即辽弘州城址,故明代史料中多称其为弘州城、洪州堡等。
③　《宣大山西三镇图说》,第74页。
④　正德《宣府镇志·城堡》。

二十四年，参将杨钺重修"①，"万历二年砖包"②。从 20 世纪 50 年代实测图来看，顺圣川西城由两道城墙构成，南边是一个平行四边形的城堡，每道城墙长约 600 米；北边是一个长方形的城堡，东西长 700 米，东西长 120 米，南墙与南边城堡北墙重合。据民国《阳原县志》记载③：

> 本弘州（原文此处作宏州，系避清讳，故改正，下同）旧城，辽统和中建，金、元因之。明洪武初废，天顺四年修复，每面长一里十三步。……旧为门三：东曰定远，西曰镇远，南曰朝阳……北城别为镇朔楼。成化二十一年，始穿门筑北关城，周二里八十步，南属于城，东西各赢于城者三十七步。南关城本旧址，周一里八十步，北属于城，东西各缩于城者二十七步，其东西月城外别为墙，直北与关城齐，谓之东关、西关，亦旧址也。形如卧牛，故相传为弘州卧牛城。嘉靖二十四年重修，万历二年始甃以砖，而南北关土城如故。④

有了这段叙述，一切都很清楚了。50 年代尚存的南边城堡，就是天顺四年（1460）在弘州城基础上修复的顺圣川西城，600 米相当于"一里十三步"，正德、嘉靖两部《宣府镇志》中记该城周围"四里十三步"⑤，应该就是指的这个城，而未包括南北关城。《三镇图说》中提到的"周五里一百三十五步"，应该是包括南北关。

从民国《阳原县志》所附《阳原县县城平面图》中，我们可以看到在县城北部，有一条与东西大街平行的街道，标为"顺城街"—"东顺城街"，即《张家口地市标准地名图集》中所标的政府街。既然名"顺城街"，应该沿一段城墙才是。再审读西城的格局，可以发现顺城街以南区域，恰为一略扁的平行四边形，今东街、西街、南街、北街构成此区域的中轴线，我们有理由认为这一区域才是最初的顺圣川西城，即有可能为辽弘州的遗址范围。既然天顺四年修筑的西城"每面长一里十三步"，符合

---

① 嘉靖《宣府镇志》，第 95 页。
② 《宣大山西三镇图说》，第 74 页。
③ 按康熙五十一年曾刻《西宁县志》，但民国《阳原县志》相关内容与《西宁县志》相同且有大量增补，故采用《阳原县志》。
④ 《阳原县志》，民国二十四年铅印本，台北：成文出版社影印，1976 年，第 70 页。
⑤ 正德《宣府镇志·城堡》。嘉靖《宣府镇志》，第 95 页。

后世阳原县城的情况，那么展拓就应该是在这一次修筑中完成。也正是由于天顺四年在原弘州城基础上向北拓展，才形成了由一条南北主街与两条东西主街将城内分为几乎均等的六部分的格局（见图4－23）。

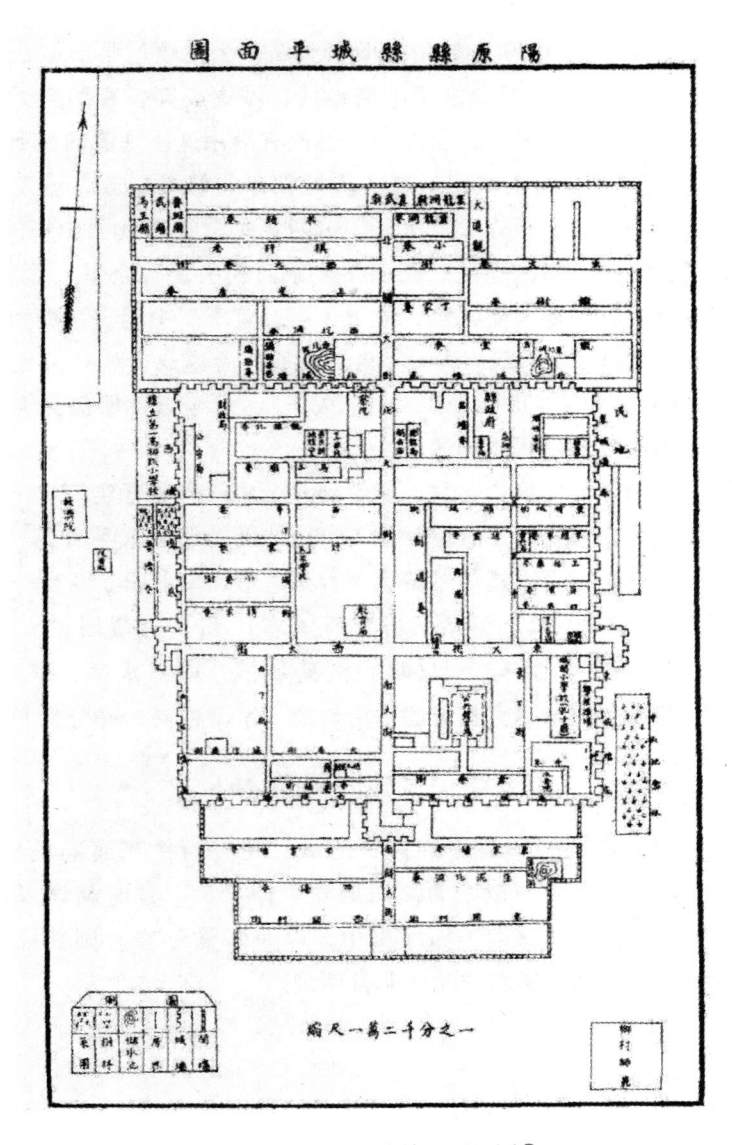

图4－23　阳原县县城平面图①

————————

① 民国《阳原县志》，第17页。

3. 顺圣川东城

顺圣川东城位于今阳原县东城镇所在地，阳原县城东偏北30公里处①。该堡"创建于天顺四年，嘉靖四十三年重修，万历四年始砖包之"②。

顺圣川东城以东4100米处，有旧东城堡，为元顺圣县旧城，在"东城东八里"③，明初迁沙漠遗民至山前地区，城遂废弃，直到今天，城垣还相对完好。天顺四年重新经营此处，但没有沿用这座现成的城堡。据明礼部尚书倪谦《顺圣川新城记》载，天顺四年，修举马政，遣工部主事孟淮至宣府经理其事，镇守太监王受、镇朔将军总兵官武强伯杨能，"恭承上命，偕诣是川，考求遗址，议以川之东西相去百有余里，地界辽隔，遇警何以保障！且旧堡湫隘无水，亦难久居，宜于川中别筑大城为便。诏报曰可"④。于是兴筑新城，即今东城，顺圣县治遂成废墟。可见顺圣县城未被沿用的原因是"湫隘无水，亦难久居"，从今日此堡仍无人居住来看，这个原因应该是站得住脚的。

对照卫星图片与实测图，我们能看到北街中心的显著建筑物，这就是玉皇阁，走访群众可知，北城墙就在玉皇阁北面的那条东西横街，而其他三道城墙的痕迹则相当明显。堡城呈平行四边形，南北长510米，东西长635米，周长约2300米，与《正德宣府镇志》和《三镇图说》所记的"周围四里一十三步"相符。⑤ 堡城设三座城门：南曰永盛、东曰锦云、西曰宝顺，城内由两条垂直相交的主街构成十字型格局，并分别与三座城门连接。

4. 聚落堡

土木之变后修筑的"居中应援"之城，在宣府镇当属顺圣川西城、东城与保安新城，在大同镇则为高山城与聚落堡，"是时朝议以镇城孤峙，旁无辅卫，乃东城聚落，西城高山，以为两翼云"⑥。则其控御交通要道，以填补防御体系漏洞的职能非常明确。

---

① 《张家口地区地名录》，第47页。
② 《宣大山西三镇图说》，第78页。
③ 康熙《西宁县志》卷二《城堡》。
④ 嘉靖《宣府镇志》，第95页。
⑤ 《正德宣府镇志》《城堡》，《宣大山西三镇图说》，第76页。
⑥ 《云中郡志》卷7《武备：边堡》。

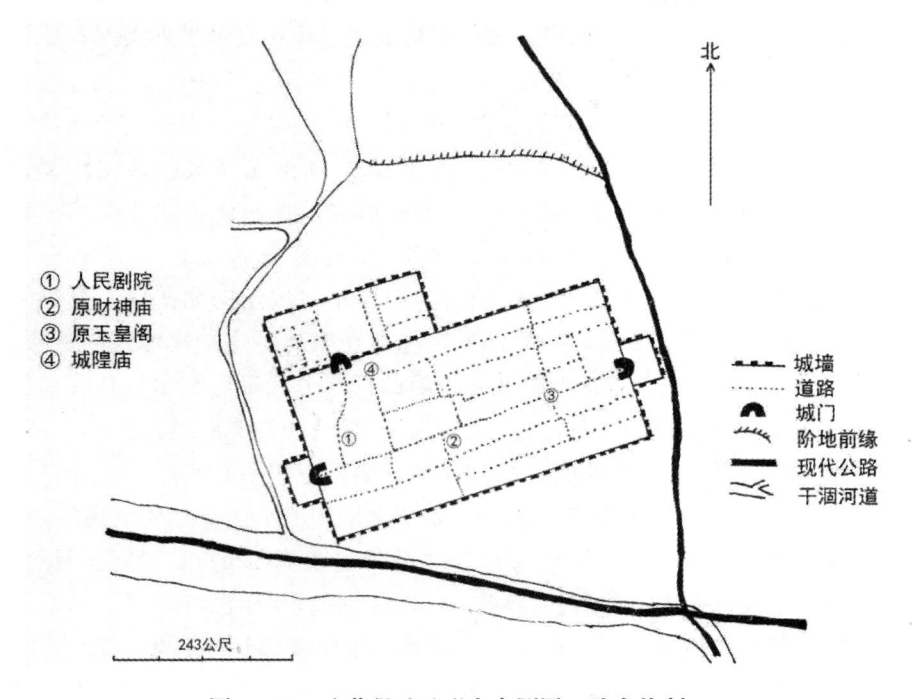

第四章　明代桑干河流域城镇的职能与分布　265

图 4 – 24　聚落堡城址形态实测图（骆文绘制）

聚落堡位于今大同县聚乐堡乡驻地。通过对城址的考察和与当地耆宿访谈，我们了解了如下情况：聚落堡坐落在一个阶地上，阶地高差约有1米，地势西高东低，堡城西侧、南侧有河流过，南侧河流相当宽阔（见图4–24）。

堡城城垣今天保存仍较完好，城墙残高约有10米，城墙基为条石，四面有城壕，南北墙有马面，城砖的大小为39厘米×8厘米。据当地耆宿回忆，当年东城墙有马道，在东门南侧。城开东西二门，与《宣大山西三镇图说》上所绘聚乐堡城图相符。据当地耆宿提及，早年间二门都有瓮城，瓮城城门都叫朝阳门。西瓮城至今仍有残留，其残存西垣至西城门约45米。测量西瓮城夯层两处：分别为17厘米和18厘米。城北为仓城，仓城有一门，朝南开，名"重庆"。堡城以玉皇阁为全堡中心，玉皇阁形似钟鼓楼，有四面门洞，周围有四面牌楼，西门有单牌楼。今人民剧院原为大寺庙，内有奶奶庙，财神庙东面曾经是衙署所在地。村里流传有这样的俗谚：西城墙一千年，东城墙五百年，当地耆宿王庙祝指出玉皇阁所在的南北主街，当年就有城墙痕迹。这样，很可能主街以东部分是后世扩建而成，玉皇阁可能是原来东城门改建而成，类似宣府城的情况，因城址展拓而改变原城的轴线与中心。

关于聚落堡的修筑，《宣大山西三镇图说》记载为"本城创于弘治十三年，隆庆六年砖包"①。但顺治《云中郡志》和道光《大同县志》都记为天顺三年筑，弘治十三年展筑。②《云中郡志》进一步记载"弘治十三年因增展北面，添设仓场以备屯兵之用"。可见修筑工作从天顺三年（1459）开始③，弘治十三年（1500）的工作是将城堡向北扩建，可见今天重庆门以北，两道城墙之间的部分，包括仓城就是这一次修筑的成果。图4-24，即如果此次考察没有观测疏漏的话，那么很可能增筑的夹城的东部已倾颓。另外，《云中郡志》还提到，"嘉靖间，樊继祖复筑"。

城堡的规模，《云中郡志》的口径是"周围三里一百三十步，高三丈一尺"。《宣大山西三镇图说》的口径是"周三里三分，高三丈七尺"。根据谷歌地球测算，城堡周长为1570米，两处记载基本相符；考察队目测，今天城墙残高约有10米，但对解决两部典籍中的歧异没有意义。如果不是某一典籍记载错误的话，也许是计算时包括女墙与否的结果？

《云中郡志》还记载了两个城门的名字："东曰镇安，西曰远说。"现在村民已没有人知晓了，耆宿王庙祝告诉我们东西两个瓮城的城门都叫朝阳门，也许到了清代，瓮城门取代了城门的地位。

关于聚落堡修筑的动机以及这座城堡的战略地位，史籍记载如下：

> 本城为大同左辅，与高山城称两翼。且云中云东肩摩毂击，聚落适当其中，险巘见于西北，坦夷见于东南，固屯伏夹应之所也。虏一过此，方轨连营，垂涎四掠不难矣。故缮城设备，此为尤急。且当四通之衢。④

古人很准确地点出了聚落堡的重要性。从五万分之一地图上我们可以

---

① 《宣大山西三镇图说》，第222页。
② 《云中郡志》卷七《武备：边堡》；《大同县志》卷六《关隘》。
③ 《明英宗实录》卷324提到："天顺五年春正月己未，筑大同聚落、高山二站城。从巡抚右副都御史王宇言也。"很可能天顺五年是二城建成的年代。
④ 《宣大山西三镇图说》，第222页。

看出，聚落堡坐落于采凉山山前的冲积扇上，正好扼守住南北大路。蒙古军队突破长城防线后，要进犯大同城，聚落城是必经之地。明朝军队要北上抗击蒙古，此地也是重镇之一，明英宗北伐，就曾取道聚落驿。①

5. 高山城

高山城位于今大同市南郊区高山镇，根据现场考察，城址呈方形，周长约1714米，设东西两门，皆有瓮城，两城门不相对，西门靠南侧，东门靠北侧。城址地势由北向南逐渐升高。城墙目前有部分遭到破坏，北墙被十里河（武州川）冲垮不可见，现代国道从北面经过。东南角楼保存较好，仍有包砖，残高略高于西南角楼，目测10—12米。东墙可见马面，东墙残墙豁口处厚9米，东门洞厚15米。城东墙外有由南下来的冲沟，筑城时应该考虑到了山洪的因素，所以将东墙修筑在冲沟一侧。

关于高山城的修筑，顺治《云中郡志》和《宣大山西三镇图说》中各有叙述（《三云筹俎考》及《整饬大同左卫兵备道造完所属各城堡图说》记载与《宣大山西三镇图说》基本一致，此不赘述）：

> 高山堡，府西六十里。天顺三年筑，周围三里十步，高三丈一尺，门二，设站马戍兵。是时朝议以镇城孤峙，旁无辅卫，乃东城聚落，西城高山，以为两翼云。②

> 本城天顺六年建置，嘉靖十四年改建今城，万历十年砖包。周四里三分，高连女墙四丈二尺。……本城密迩镇城……东与聚落为左右两翼，而仓廒积贮视左右诸卫等诚重之也。城滨于河，冲决浸渍渐至倾颓，大为可虑。近筑河堤，颇足捍御。……地当孔道。③

关于修筑年代的问题，与聚落堡情况相同，应该是天顺三年开始修筑，天顺六年（1462）建成。但"四里三分"和"三里十步"的差别却无法弥合。根据谷歌地球测算，以今天残存三面城墙为基础的正方形周长即为1600米左右。参考《宣大山西三镇图说》与《整饬大同右卫兵备道造完所属各城堡图说》中所附地图，再参照五万分之一地图中的20世纪70年

---

① 《明英宗实录》卷180。
② 《云中郡志》卷7《武备：边堡》。
③ 《宣大山西三镇图说》，第330页。

代高山堡平面图。最大的可能是，两幅明清地图中高山堡的北面凸出部分为后来增筑而成，《宣大山西三镇图说》中所谓"嘉靖十四年改建今城"，很可能即为增筑之意。

从宏观位置来看，高山城位于南北两座山体夹峙而成的一条陉道的东端，陉道中有十里河（武州川）穿过，经行于高山城的北端。下面所附明清地图也非常形象地将这种地理形势描绘出来。由于北岸山体对十里河产生顶托作用，导致河流往往会向南在狭窄的陉道中摆动，所以十里河岸很难形成稳定的交通道路，《宣大山西三镇图说》中提到"城滨于河，冲决浸渍渐至倾颓，大为可虑"，所以经过此地的交通道路只能选择沿山坡向东延伸，而高山城也建筑在山坡之上，由南向北倾斜。一方面是势所必然，另一方面也为是扼守这一险要的孔道。

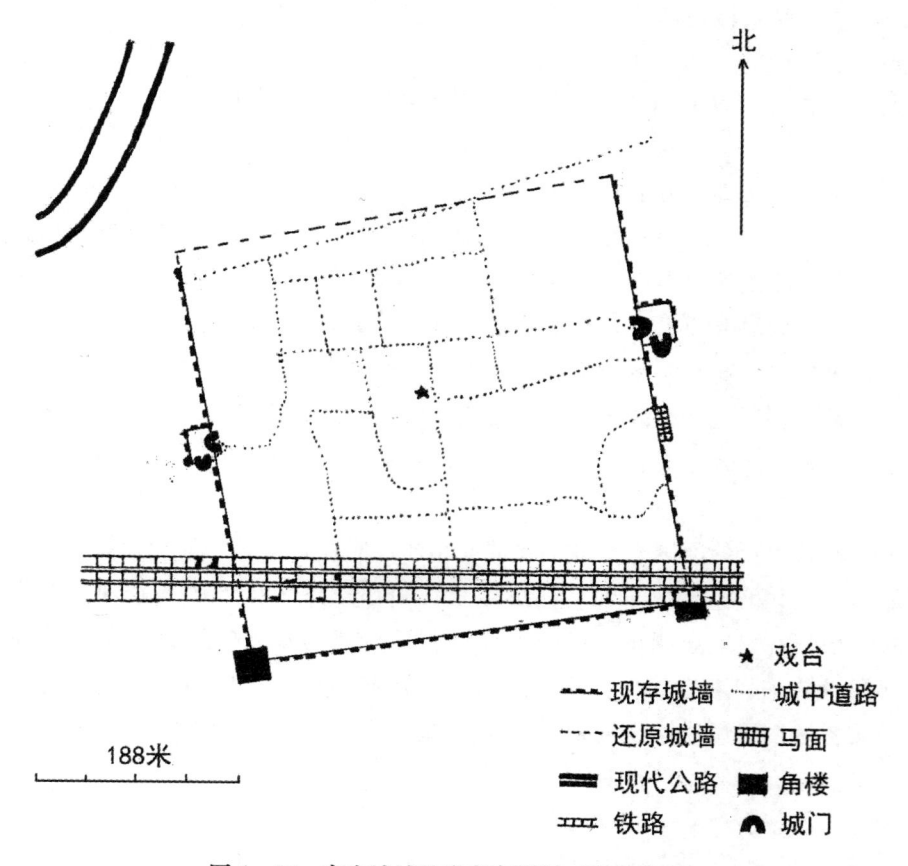

图4-25 高山城城址形态实测图（骆文绘制）

图 4-26 高山城图①

总体来看，除青泉堡与四海冶堡两个边堡之外，土木之变后修筑的几个城堡规模都不小，且到今天都是乡镇以上的政区驻地，这也是由于此类居中应援城堡需要控扼交通要道，所以都选址于平川之地的缘故。

---

① 《高山城图说》，《整饬大同左卫兵备道造完所属城堡图说》。

三　明朝中期以后长城边堡的普遍修筑及其选址特征

（一）宣大地区长城的继续修筑与完善

成化年间，蒙古达延汗崛起，驻牧大同近边，威胁明北疆安全。成化十九年（1483）七月到九月，达延汗大举侵犯大同、山西与宣府，"大同总兵官许宁等奏：'虏酋小王子于本月十一日率三万余骑寇边，东西连营五十余里，我军仅万余。……连战二日一夜，生擒一人，斩首一十七颗。……我军亦阵亡五百八十六人，被伤一千一百一人，射死马一千七十'"①。成化二十一年（1485），总督大同宣府军务兵部尚书余子俊奏："去岁受命行边，即以曩在延绥曾修边墙事宜，建议闻奏，蒙赐允行，适岁歉而止。今会大同、山西、宣府一带边关内外文武守臣随方经略，躬率士马，遍历边境，登高履险，凡四十余日，度地定基，东自四海冶起，西至黄河止，长竟一千三百二十里二百三十三步，旧有墩一百七十座，内该增筑四百四十座，每座高广俱三丈，宣府二百六十九座，宜甃以石"，"上然之，即敕所司预备器物，俟明年四月即工"②。相信此一工程是出于对达延汗势力膨胀的因应。

弘治九年，达延汗又因"赏薄生怨"，犯大同、宣府边境。十一年后年不入贡，双方之间直接的贡市贸易中断，此后右翼蒙古各部频年抢掠明朝宣、大、延绥、固原、甘肃等边境地区。嘉靖二十年（1541），右翼蒙古首领俺答派遣使者至大同请求通贡贸易，明廷屡次拒绝，俺答遂兴兵入犯。

嘉靖二十年（1541）八月，俺答与其兄吉囊各率数万骑由大同平房卫附近入边，深入山西中部太原、石州一带。"杀掠无算"③，山西副总兵丁璋战死；同年九月，俺答再次由平房卫附近入边，进犯朔州等地。嘉靖二十一年（1542）七月，俺答再次率十万余骑自大同左卫入边，深入太原、平阳、泽、潞一带，"残县道四十，掠杀男女二十万，杂畜二百万，衣幞金钱称是，焚公私庐舍八万区"④，甚至连京师亦不得不

---

① 《明宪宗实录》卷242，成化十九年七月丙辰条，第4091—4092页。
② 《明宪宗实录》卷268，成化二十一年七月壬戌条，第4530—4531页。
③ 谈迁：《国榷》卷57，嘉靖二十年八月甲戌条，中华书局1958年版，第3616页。
④ 《国榷》卷57，嘉靖二十一年七月丙寅条，第3630页。

宣布戒严。嘉靖二十三年（1544）十月，俺答又从宣府附近的万全右卫溃墙而入，大掠蔚州、广昌等地，前锋直抵河北完县，京师再度宣布戒严。

为应对日益严峻的边疆危机，明廷着手在宣府镇与大同镇修筑边墙。嘉靖二十一年至二十九年（1542—1560），翟鹏、詹荣、翁万达先后总督宣、大，挑修边墙千余里。其中以翁万达功绩最大，他先是于嘉靖二十五年（1546）修筑大同镇所属阳和开山口一带与宣府镇所属西阳河、洗马林、张家口一带边墙，共202里。① 次年又修筑"大同西、中、北，宣府中、北、东各三路"边墙"几八百里"②。

为配合边墙的防御，从嘉靖中期开始，明朝沿边墙修筑了一系列长城边堡。关于边墙与边堡的关系，明代史料中鲜少记载，雍正《山西通志》追溯此事为"初，总督翟鹏议凿长堑。后抚镇渐筑城垣，及增筑靖鲁［虏］五堡、灭狐［胡］九堡、镇羌四堡，大同西北号为重障。（嘉靖）二十五年，总督翁万达集都御史詹荣、总兵周尚文议曰：堑可填渡，且不利拒守，故必城长城。长城必有台，利于旁击，台必置屋，以处戍卒。近城必筑堡，以休伏兵，城下留数暗门，以便出哨。创新凡三百余里，敌台、暗门称是，增筑保安堡，设兵戍守。又多筑土堡于内，以屯伏兵。后又计李信屯道里，及宣大援兵，节度行之"③。这一则史料指出了长城边堡与边墙的关系，所以，与修筑边墙同时，大同镇的长城边堡也普遍修筑起来，其情况见表4-6：

---

① 《明世宗实录》记载此时为："总督宣大侍郎翁万达等修筑大同东路之天城、阳和、开山口一带边墙一百三十八里，为堡七，为墩台一百五十有四；宣府西路之西阳河、洗马林、张家口堡一带边墙六十四里，为敌台十，斩崖削坡五十里。"《明世宗实录》卷313，嘉靖二十五年七月甲戌条，第5868—5869页。

② 《明世宗实录》卷323，嘉靖二十六年五月戊寅条，第5998—5999页。

③ （清）觉罗石麟撰，储大文修：《山西通志》卷11《关隘》，雍正十二年（1734）刻本。

表 4-6　　　　　　　　　　大同镇长城边堡修筑时间

年代	公元	所筑长城边堡	今址	备注
嘉靖二十一年	1542	设宁房堡	左云县三屯乡宁鲁村	
		设威房堡	左云县管家堡乡威鲁村	曾为威鲁堡乡驻地
嘉靖二十二年	1543	设灭房堡	左云县管家堡乡驻地	
		设破房堡	大同市新荣区破鲁堡乡驻地	
嘉靖二十三年	1544	设灭胡堡	不详	
		筑迎恩堡	朔州市平鲁区阻虎乡迎恩堡村	
		创败胡堡	朔州市平鲁区高石庄乡败虎村	
		筑阻胡堡	朔州市平鲁区阻虎乡驻地	
		筑破胡堡	右玉县李达窑乡破虎堡村	曾为破虎堡乡驻地
		设杀胡堡	右玉县右卫镇杀虎口村	
		设残胡堡	右玉县李达窑乡残虎堡村	
		设威胡堡	不详	
嘉靖二十四年	1545	筑镇羌堡	大同市新荣区堡子湾乡镇羌堡村	
		设拒墙堡	大同市新荣区堡子湾乡拒墙堡村	曾为拒墙堡乡驻地
		设助马堡	大同市新荣区郭家窑乡助马堡村	
		设保安堡	左云县管家堡乡保安村	
		筑拒门堡	大同市新荣区郭家窑乡拒门堡村	
嘉靖二十五年	1546	筑守口堡	阳高县龙泉镇守口堡村	
		筑靖房堡	阳高县长城乡镇宏堡村	
		筑镇门堡	阳高县罗文皂镇镇门堡村	
		筑镇口堡	天镇县谷前堡镇水磨口村	
		设新平堡	天镇县新平堡镇	
		筑平远堡	天镇县新平堡镇平远堡村	
		设保平堡	天镇县新平堡镇保平堡自然村	1990年堡内仅余4处院落①
		设马堡	右玉县李达窑乡马堡村	
嘉靖二十七年	1548	筑得胜堡	大同市新荣区堡子湾乡得胜村	
嘉靖四十四年	1565	设镇宁堡	天镇县谷前堡镇榆林口村	
嘉靖四十五年	1566	筑乃河堡	朔州市平鲁区下水头乡下乃河村	
		设威平堡	右玉县威远镇威坪堡村	

---

① 《天镇县村镇简志》，内蒙古人民出版社 2005 年版，第 2285 页。

宣府镇上北路，也就是今赤城县的长城修筑要晚于边堡，直到隆庆二年（1568），宣大总督方逢时分巡口北，"亲行塞外，自龙门盘道墩以东至靖湖［胡］堡，山梁一百余里，形势联络，叹曰：'此山天险。若修凿，北可达独石，南可援南山，诚陵京一藩篱也。'及赴阳和，道居庸，出关见边务修举，欲并遂前计。上疏曰：'独石在宣府北，三面邻敌，势极孤悬。怀、永与陵寝止限一山，所系尤重。其地本相属，而经行之路尚在塞外，以故声援不便。若设盘道之险，舍迂就径，自龙门黑峪以达宁远，经行三十里，南山、独石皆可朝发夕至，不惟拓地百里，亦可渐资屯牧，于战守皆利。'遂与巡抚吴兑经营修筑，设兵戍守"①。此段长城即北路龙门所外边，起龙门所之盘道墩（今河北赤城县东），迄靖虏堡之大衙口（今河北崇礼县东南），将独石堡围在长城以内。万历以后，全部包砖。

（二）长城边堡的选址、形制与功能

随着大同镇边墙和宣府镇上北路、下北路边墙的修筑，长城边堡与边墙成为严整的防御体系的组成部分，彼此紧密相连。沿两镇边墙，横向分布着几十个长城边堡，成为宣大两镇官堡中数量最多的一类，本书特编制"明代宣大地区长城边堡情况表"，以比较此类城堡的选址、形制，见附录四。

通过比较，我们可以发现，长城边堡与边墙之间的距离，不同地区并不一致，如大同镇边堡距离边墙就比较接近，多不超过十里，这应该是因为边堡与边墙基本同时同期修建的缘故，而宣府镇的情况就相对复杂。但也与当地地形或防御形势有关，如宣府镇下西路的洗马林堡、渡口堡、西阳河堡，其分守边墙在山上，附近无可筑堡之地。且宣府镇边堡修建、设置时代多在明代前期，当时兵制仍以卫所制为主，故宣府镇边堡仍多选择在平地修筑，决定了其距离边墙不会太近。但一般来说，同一路的边堡，与边墙的距离是接近的，也反映了长城沿线横向防御体系的思路。

宣府镇与大同镇长城边堡与边墙之间距离的差别，我们可以通过下面的两组柱状表来进行对比（见图 4-27 和图 4-28）。

下面就若干边堡进行个案研究，以分析其选址特点与功能。

---

① 《明史》卷 222《方逢时传》，第 5845—5846 页。

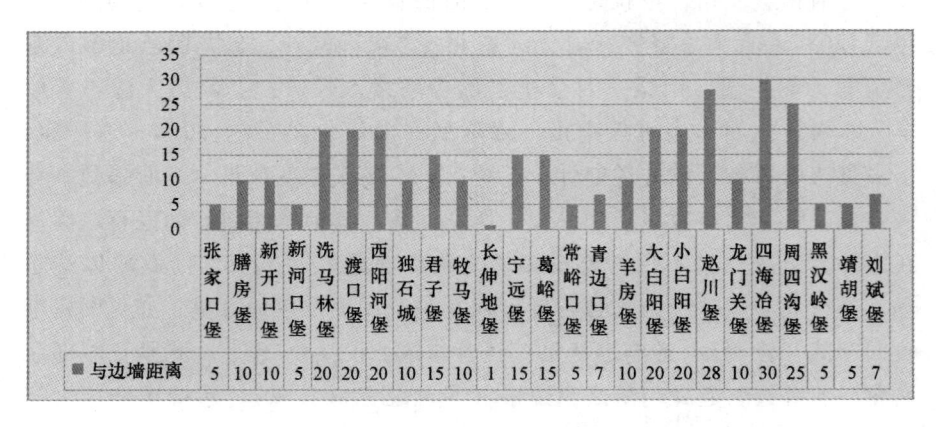

图 4-27　宣府镇长城边堡与边墙距离（单位：里）

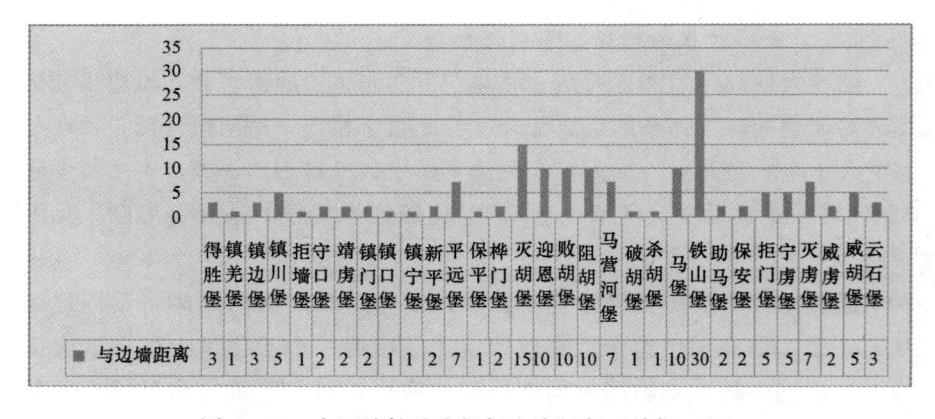

图 4-28　大同镇长城边堡与边墙距离（单位：里）

我们首先讨论宣府镇的几个长城边堡。

1. 新开口堡

新开口堡位于万全县膳房堡乡新开口村。该堡"宣德十年筑，嘉靖七年，守备丁璋展修"①；"隆庆四年，始议砖包"②。关于城堡的规模，《宣大山西三镇图说》记载为"周二里零二十三步，高三丈四尺"；而嘉靖《宣府镇志》则记为"高二丈五尺，方一里三百四十步"③。根据20世

---

① 嘉靖《宣府镇志》，第95页。
② 《宣大山西三镇图说》，第46页。
③ 嘉靖《宣府镇志》，第94—95页。

纪50年代的地形图测算，当时的新开口堡周长为1300米，与《三镇图说》记载相符。从堡内布局来看，南北主街偏东，西街以西部分很可能是嘉靖七年（1528）"展修"而成，若此推测成立，则西街以东的"原堡"周长为1100米，所以嘉靖《宣府镇志》所记很可能是"展修"之前的数据。

从形制上看，新开口堡呈长方形，东西宽400米，南北长250米。整个城堡偏向西北，这是因为该堡地处山区，东北方向有一季节性河流沿东北—西南方向流经城北，与西北方向流来的菜山沟在城西北角处汇合为西沙河，沿西墙南流，即《宣大山西三镇图说》图中所绘之河流。城堡位于这两条河流形成的冲沟河谷中，故城墙恰与河流方向平行。

新开口堡在50年代开一南门，偏西。《三镇图说》上也绘有一座南门，但嘉靖《宣府镇志》则记载该堡有"门楼二"[1]，若前面推测不错，新开口堡于嘉靖七年曾拓展城垣，则有新旧二门，或堵上原门，新筑一门有楼，而原门楼尚存，也不无可能。

根据《宣大山西三镇图说》记载，新开口堡"北至本堡边十里"[2]，与实测情况相符。"分边一十八里零，内石砌一十四里零，斩崖三里零，高二丈，边墩二十二座，火路墩二十一座。内宁远、德胜、镇胡等台俱极冲。边外榆林庄一带，俱青把都、毛明暗台吉驻牧。未款前，房数大举入犯，左、右卫动遭荼毒，其他窃掠无虚日。"[3]

镇胡台，应即今天的正虎台，但从方位来看，应由新河口堡防卫；而新河口所防御的水沟台[4]，则可沿今菜山沟直通新开口堡，两台之间隔重山，不应舍近求远。而且《宣大山西三镇图说》附图中的新河口堡与水沟台之间的方位与现实不符，很可能是《宣大山西三镇图说》的错误。就地理方位而言，新开口堡既然位于两条季节性河流的交汇处，自然要防卫来自这两道沟谷的攻击。

2. 新河口堡

新河口堡位于万全县新河口乡所在地，万全县城（孔家庄镇）北偏

---

[1] 嘉靖《宣府镇志》，第95页。又道光增刻乾隆本《万全县志》记载与嘉靖《宣府镇志》相同，明显是全盘抄录自该书，所以本书当作同一则史料处理。

[2] 《宣大山西三镇图说》，第45页。

[3] 同上书，第46页。

[4] 同上书，第47页。

西26.2公里处。① 该堡"宣德十年筑，嘉靖六年，守备周堂增筑南关"②，"隆庆五年，砖包"③。从《三镇图说》附图和50年代地形图来看，并无南关痕迹，不知道嘉靖《宣府镇志》所据何来。

关于城堡的规模，《三镇图说》和嘉靖《宣府镇志》都记载为"二里二百二十步"，而实际测算为1400米，与记载相符。从形制上看，新河口堡为一规整的长方形，南北长800米，东西宽600米，略向西北方向倾斜。城堡开一南门，名"迎恩"④。城堡内并排分布两条南北主街，多条小巷与主街垂直相交，形成规整的棋盘状格局，南门即开在偏东的主街上。

新河口堡地处崇山之间的平川地带，多条冲沟发源自西北和北方，在城堡周边经过，在堡南汇成河流。如古城河自长城外南流入塞，沿堡东墙外南流。沿这条沟谷北出边墙，即镇胡台（今正虎台）。作为长城边堡，这都应是新河口堡的主要防御方向。正像《宣大山西三镇图说》中所描述的：

（新河口堡）分边沿长二十六里……边墩三十一座，火路墩一十九座。内水沟、平安等台俱极冲。边外牛心山、甜水海子等处，酋首明暗台吉部落驻牧。本堡坐落平川，西北两面皆边，最称孤悬。先年虏犯右卫，迤北俱由此入。⑤

3. 洗马林堡

洗马林堡位于万全县洗马林镇所在地，万全县城（孔家庄镇）西北偏南23.3公里处。⑥ 该堡"创建于宣德十年，隆庆五年始甃以砖"⑦。"门二：南曰承恩，西曰观澜。"⑧ 城堡呈不规整的正方形，西墙为650米，其余三墙都为550米，周长2300米，与《三镇图说》和嘉靖《宣府

---

① 《张家口地区地名录》，第254页。
② 嘉靖《宣府镇志》，第95页。
③ 《宣大山西三镇图说》，第48页。
④ 嘉靖《宣府镇志》，第95页。
⑤ 《宣大山西三镇图说》，第48页。
⑥ 《张家口地区地名录》，第234页。
⑦ 《宣大山西三镇图说》，第60页。
⑧ 嘉靖《宣府镇志》，第94页。

镇志》所记载的"周四里零六丈"和"方四里五十三步"相符。堡内由两条垂直相交的主街辅以诸平行街巷，构成棋盘庄格局，两条主街分别与南门、西门连接。主街相交处有建筑物。堡城偏向西北，是受沿西墙东南流的洗马林河河道的约束而成。

关于洗马林堡的战略地位，《宣大山西三镇图说》评论道："边多平坦，危而难守。……未款前，嘉靖三十八年，黄酋从此入犯，由柴沟、怀安侵至洪、蔚等处，抢掠经月，其他出没不时可知。边外有大谎堆、桂栢山等处，通大房、明暗等酋部落驻牧。虽系互市之夷，史为门庭之寇。旁有旧堡，今虽砖包，颇可收保，防御之计更当严慎焉。"①

大谎堆位置已不可确知②，桂栢山又名"怪柏山"，位于今张北县西南，洗马林堡东北二十里处③。洗马林堡位于洗马林河河川中，洗马林河发源自尚义县甲石河乡，在杏园沟村一代东南流入边墙，此处自然是洗马林堡防御的重中之重。

洗马林堡的选址，是受这一带长城沿线的地貌环境决定的，洗马林河河谷并不宽广，无法建筑一个能容纳"所领见在官军一千二百一十三员名，马、骡四百四十五匹、头"④，周长为2300米的大型城堡，只能将城堡建在河流出山处。洗马林堡恰好建在洗马林河东侧，将所有平川地带占尽，应具备阻遏沿河谷南犯之敌的功能。

4. 渡口堡

渡口堡位于今怀安县渡口堡乡所在地，怀安县城（柴沟堡镇）西偏北11.3公里处。⑤ 城堡"弘治九年土筑，万历五年砖包"⑥，又据正德《宣府镇志·城堡》，"旧属柴沟堡，弘治十一年添兵戍守，领以操守官"⑦。城堡接近正方形，南北墙长300米，东西墙长350米，周长1300米，与《宣大山西三镇图说》所记载的"周二里五十七步"大体相符。

---

① 《宣大山西三镇图说》，第60页。
② 按晋北地区多称大型土冢为"谎堆"，也许是古代封土所在，聊备一说。
③ 《口北三厅志》卷二《山川》乾隆二十三年（1758）刻本，成文出版社1968年影印，第26页。
④ 《宣大山西三镇图说》，第60页。
⑤ 《张家口地区地名录》，第57页。
⑥ 《宣大山西三镇图说》，第62页。
⑦ 正德《宣府镇志·城堡》。

通过地图，我们能看到堡内由两条垂直相交的主街构成，构成十字型的骨干格局，辅以两条与主街平行的街巷，把城堡分成"井"字型。正德《宣府镇志·城堡》记载："东南二门"，而从《三镇图说》附图来看，渡口堡有东、南、西三门，而50年代实测图上绘制了南门和西门，东门的位置上有一个豁口，也许是城门后世毁圮所致。城堡的东西两边各有一个城堡，应该是后世展拓的结果。因为渡口堡南北都是山区，主要交通方向是沿西洋河，西通新平堡，东至柴沟堡乃至宣府城，故此建成区沿东西方向扩展，形成类似"城厢"的区域，后世修筑城垣，将该区域括入。

渡口堡"分管边墙一十四里，边外守口夷人驻牧"，"北至本堡边二十里"。但"本堡虽号冲，本易守，沿边如牛心、大尖等山独多险峻，墩台联络，林木稠密，从来虏无由此入犯者。其物力丰盛，比新河、新开堡犹过之"。①

正因为渡口堡易守难攻，土地肥沃，利于发展农业。所以清代撤销了此堡的驻守官兵，今日也维持乡驻地的建置。

5. 西阳河堡

西阳河堡，位于今怀安县渡口堡乡驻地西偏南8.2公里处，西洋河村所在地。② 该堡"正统五年，都指挥文弘广因旧基修筑，次年，都指挥李徽完工。成化十年，兵部尚书余子俊展筑"③，"万历三年，始砖包"④。

今天的城堡呈规整的长方形，东西墙长700米，南北墙长450米，周长2300米。方向略偏向西北。堡内由一条纵贯南北的主街与两条与其垂直相交的横街构成主要交通格局，另有若干与主街平行的街巷。南北主街通北门，一条偏南的东西主街连通东西二门。

关于西阳河堡的规模，不同史籍有不同的口径，正德、嘉靖两部《宣府镇志》都记为"周围一里八十二步"，而《三镇图说》则载"周四里八十步"。仔细观察堡内街巷布局，我们能够发现偏北的横街以南，南北主街西边的街巷以东，构成一个近似规则正方形的区域，周长为1400米。南北主街与偏南的横街恰好构成这一区域的两个中轴线，而东门与南

---

① 《宣大山西三镇图说》，第61—62页。
② 《张家口地区地名录》，第233页。
③ 嘉靖《宣府镇志》，第94页。
④ 《宣大山西三镇图说》，第64页。

墙的城门豁口恰在居中位置。可以推测，50年代实测图中能看到的城堡，周长为2300米，与《三镇图说》的数据相符，应该是最后一次"展拓"的结果。而两部《宣府镇志》的记载，则应该是成化十年"展筑"的最后成果，但上面提过的正方形区域的周长为1400步，超过了"周围一里八十二步"的规模。那么，如果两部《宣府镇志》的记载没有数字错误的话，最大可能是，"一里八十二步"是正统年间"因旧基修筑"的堡城，正方形区域是成化十年展筑的堡城，两部《宣府镇志》误将旧数据记在新城下。而万历三年（1575）那次包砖的同时伴随着扩城，最终形成"周四里八十步"的规模。另外，既然是"因旧基修筑"，则此处原本就有城堡，只是不清楚是民堡还是元代的官堡了。

正德、嘉靖《宣府镇志》都记载有"门二，东曰宣武，南曰永安"。但从《三镇图说》附图来看，该堡有东、西、南三座城门，而50年代实测图上保留有北、东、南三座城门，南门无存，但城墙在主街南端有豁口，应该是南门毁圮所遗留。按情理推测，两部《宣府镇志》所记载的，是万历三年修城之前的形制，万历三年拓城后，置三门，是否以东墙和南墙为基础向西、北两方向拓展，原东墙和南墙、东门与南门是否保留，还应该留待实地考察进一步确证，但从经验来看，很有可能是在原城墙基础上加高、加厚，并保留城门。至于北门，应是后世为方便计所开。

西阳河堡属于沿长城边堡，"北至边墙二十里"，西至长城不到一公里。所谓"两面皆边，与虏抗衡，最称冲要。如永平台、镇靖台等处，酋妇五兰波儿素等部落驻牧。先年未款之前，虏酋兀慎、黄台吉部落尝由此窃入抢掠"①。西阳河堡位于山前洪积扇的前沿阶地上，向西北3500米处即为马市口，从马市口沿沟进山，翻过长城，即为内蒙古自治区兴和县。正因为这条道路的重要，所以在西阳河堡西2公里处，又修筑了平远堡，属大同镇管辖，就在马市口西不远，设平远头墩台，自是为避免因属边界而左右掣肘，贻误军机。

下面，我们再分析几例大同镇的长城边堡。

1. 云石堡

云石堡位于右玉县丁家窑乡云石堡村，西到长城直线距离约为1200米。该堡"设自嘉靖三十八年，故土筑也，万历十年因山高无水，离边

---

① 《宣大山西三镇图说》，第63—64页。

尚远，不便市场，故改建于王石匠河，砖包焉"①。旧云石堡位于今马堡东北，运用谷歌地球测算，距离边墙直线距离为 8300 米左右。事实上，尽管今天云石堡一带地势略为低缓，便于取水的地方也不在少数。但推想起来，之所以迁徙到王石匠河的新址，最主要的原因应该还是为了靠近边墙和马市口。即杨时宁所谓"密迩市口，防御抚处虽视旧为便"。

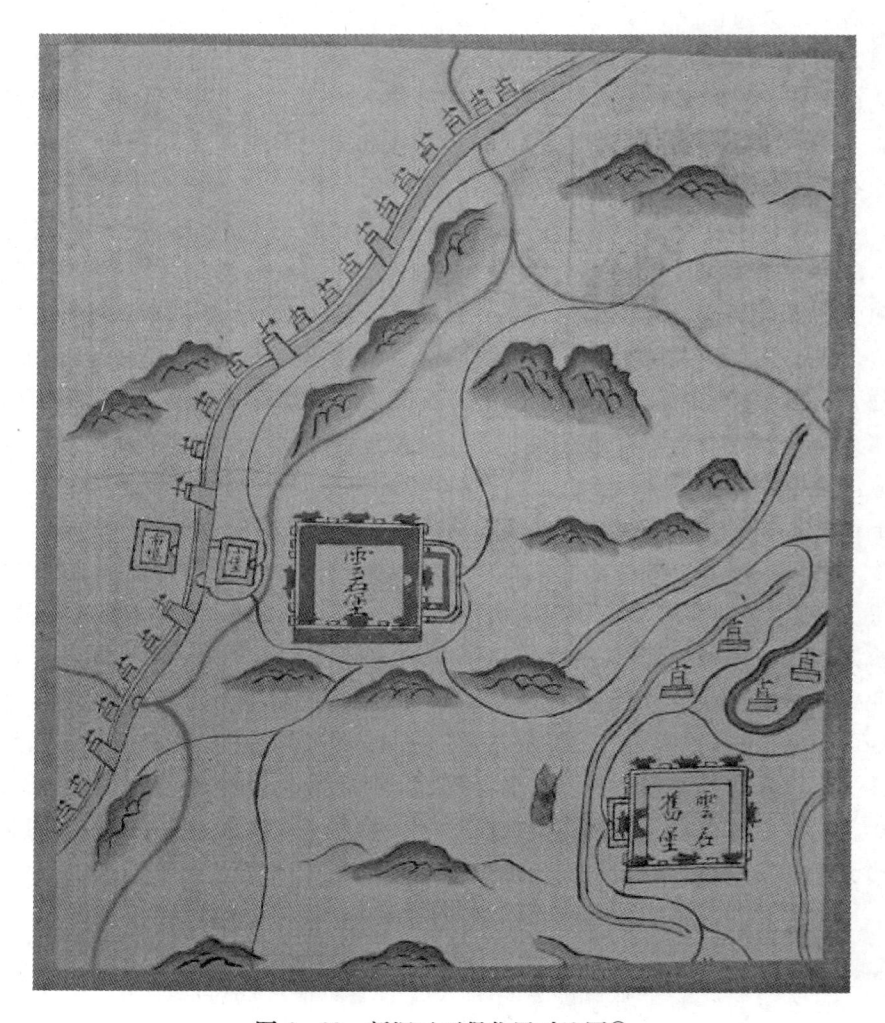

图 4-29 新旧云石堡位置对比图②

---

① 《宣大山西三镇图说》，第 392 页。
② 《云石堡图说》，《整饬大同左卫兵备道造完所属各城堡图说》。

2. 桦门堡

桦门堡位于天镇县新平堡镇红土沟村所在地东侧 250 米处。地处中低山区，坐落于海拔 1735.9 米处的梁峁上，三面环山，峰坡汇于红土沟，向北倾斜成一沟涧。西距长城 500 米。堡城南北长 130 米，东西宽 55 米。东墙筑瓮城，南北长 45 米，东西宽 40 米。

该堡水利条件极差，仅有堡内水井一口。驻兵一般多到红土沟、黄羊沟汲取泉水。周围并无开发农业的条件，纯粹为防守边墙而设。桦门堡驻兵撤于清初，归属瓦窑口汛。民国初，弃为空堡。①

3. 杀胡堡

杀胡堡位于今右玉县右卫镇杀虎口村，该堡"设自嘉靖二十三年，万历二年砖包"②。由于杀胡堡处于沧头河出边墙之处，北距边墙只有一里，所以位置相当险要（见图 4-30）。"本堡设在右卫北，当西北之极边"③，"相距房巢最近，兔毛河直通塞外，川流平衍，房易长驱，昔年大举，往往从此入犯"④。杀胡堡边墙设有市场，为了便于防御蒙古犯边及洪水等突发事件，万历四十三年（1564），又在其南修筑了平集堡⑤。如《整饬大同左卫兵备道造完所属各城堡图说》所叙述："夏潦冲击，铁栅俱损，防守不易，今复修垍墙二道，堡南修筑土堡一座，周围二里，又增筑关厢。两腋土墙因低矮，加帮高厚，砖包。……且众商携货集于弹丸之堡，内外交易司者隐忧焉。设防驾御系合镇之机局，真第一冲口也。"⑥

---

① 《天镇县村镇简志》，第 2332—2334 页。
② 《宣大山西三镇图说》，第 344 页。
③ 《杀虎堡图说》，《整饬大同左卫兵备道造完所属各城堡图说》。
④ 《宣大山西三镇图说》，第 344 页。
⑤ 雍正《朔平府志》卷 4《建置志：城池》。
⑥ 《杀虎堡图说》，《整饬大同左卫兵备道造完所属各城堡图说》。

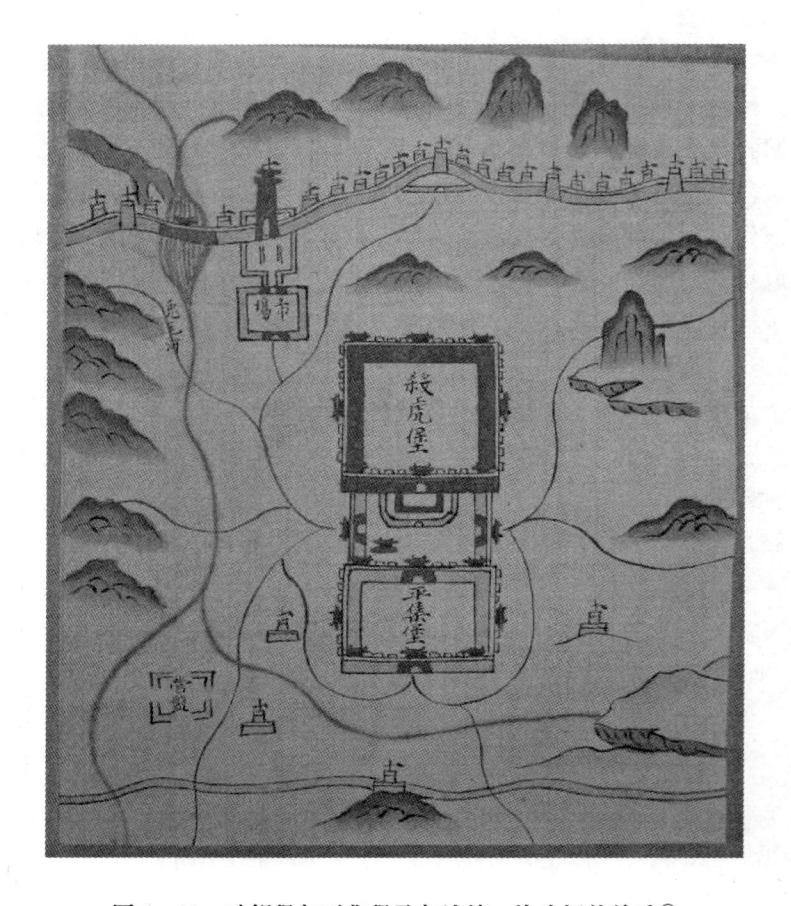

图 4-30　杀胡堡与平集堡及与边墙、沧头河的关系①

通过本节的分析，我们可以大体得出结论，除"孤悬塞外"、直接沿边的开平、大同右卫、平房、阳和等卫城外，大多数长城边堡规模不大，多在三里以下，相当多的堡城不过周长一里，尤其是明代后期修筑的边堡，多在山间，以方便就近驰援边墙，这样的城堡，只有单纯的军事驻防功能，并不利于居民居住与生产、生活，在今天多已成为远离行政村中心的自然村居民点，甚至有些已经废弃。

---

① 《杀虎堡图说》，《整饬大同左卫兵备道造完所属各城堡图说》。

四 嘉靖中期城堡防御体系的完成与屯堡的位置与职能

嘉靖二十九年（1550）的"庚戌之变"，俺答入大同，进犯京师，"纵横内地八日，诸军不敢发一矢"①，撤军时，"诸府州县报，所残掠人畜二百万"②。此后的几年，明朝又陆续修筑了十余个城堡，其中以腹里城堡为主，兹列于下表4-7：

表4-7　　　　　　"庚戌之变"后修筑城堡情况

年代	公元	修筑城堡	属镇
嘉靖二十八年	1549	筑宁远堡	宣府
		筑三岔口堡（本民堡）	宣府
嘉靖二十九年	1550	筑靖胡堡	宣府
嘉靖三十年	1551	筑岔道城（砖甃）	宣府
嘉靖三十一年	1552	筑黑汉岭堡	宣府
嘉靖三十七年	1558	筑瓦窑口堡	大同
		设永嘉堡	大同
		筑云阳堡	大同
		筑牛心堡	大同
		设红土堡	大同
		设黄土堡	大同
		设云西堡	大同
		筑云冈堡旧堡	大同
		改样田堡为官堡	宣府

---

① 《明史》卷204《丁汝夔传》，第5352页。
② （明）冯时可：《俺答前志》，《中华文史丛书》114，台北：华文书局股份有限公司1969年版，第246页。

续表

年代	公元	修筑城堡	属镇
嘉靖三十八年	1559	设铁山堡	大同
		设云石堡	大同
嘉靖三十九年	1560	更许家庄堡为官堡	大同
嘉靖四十年	1561	筑西安堡	大同
嘉靖四十一年	1562	设祁家河堡	大同
嘉靖四十四年	1565	设镇宁堡	大同
嘉靖四十五年	1566	筑乃河堡	大同
		设威平堡	大同

这一时期所修筑的城堡，虽然也有铁山堡、云石堡、镇宁堡等长城边堡，也有瓦窑口堡、永嘉堡等沿边的后距应援之城，但多数还是居于腹里，起保障交通、保护居民与军储等作用，一般称为"屯堡"，这类屯堡在洪武永乐时期就有设立，如东八里堡、西八里堡、土木堡、宁远站堡等。但数目稀少，且分布有限，主要职能是为保障京师与宣府之间的交通畅通。

下面对几个城堡进行个案研究，从而综合分析这类城堡的功能与形制。

1. 宁远站堡

宁远站堡位于今张家口市桥东区老鸦庄镇宁远村。该堡"建自永乐年，初设防守站官，原属镇城。嘉靖四十一年，被虏攻毁。万历六年，因当张家口之冲，递送市夷，转输市货，皆关涉右卫，始改属右卫参将，更设操守官一员，并议砖包焉"①。嘉靖四十二年（1563）正月，俺答攻打宣府镇，官军败绩，南掠永宁，宁远站堡"被虏攻毁"，应该指的这次入犯。

从形制来看，堡城呈正方形，周长为1400米，与《三镇图说》所记载的"周三里二十六步"相符。堡墙向西倾斜约30度，是因为宁远站堡

---

① 《宣大山西三镇图说》，第52页。

坐落于清水河的冲积扇上，受其方向制约。一纵二横三条垂直相交的主街构成堡内的主要干道，纵街略偏东，直通南门。北边的横街连接东门，《三镇图说》附图中未绘此门，很可能是后世所开。

宁远站堡从驿站发展而来，其"北至张家口堡，东至葛峪堡，西至万全右卫城，南至宣府城"的地理位置决定了它的职能类似于鸡鸣驿和土木堡等腹里城堡，功能在保障交通路线的畅通以及行旅的安全。正如《宣大山西三镇图说》所论："平时接递尚艰，遇变岂能防御？倘房寒盟，逾张家口而南，未有不以此为鱼肉者也。近万历二十七年于刘平寺湾新置土墩一座，周围建瓮城以翼之，往来行旅庶可恃无恐焉。"①

2. 桃花堡

桃花堡位于蔚县桃花镇所在地桃花村，县城东北偏南44公里处。②今天堡墙已荡然无存，由于建成区的发展，街巷也难以辨认出原来堡墙的痕迹。《宣大山西三镇图说》记载："本堡原系土筑民堡，嘉靖四十四年始设防守统领之，隆庆六年设仓置递，万历十二年砖修女墙。周五百九十五丈。"③

桃花堡地处山地与丘陵结合地带，农业发达④，并非有险可恃之地，加上地处腹地，所以其功能与沿边堡垒不同。对此，《宣大山西三镇图说》有准确的表述：

> 本堡适蔚州、保安往来中路，相距一百八十里，非是堡则行道之人究日无驻足之处。本堡地极沃衍，民多错杂，无险可恃，应援难及。正东与保定之马水口、昌镇之白羊口相对，议者谓屯兵于此，足封两关之南牧，并扼本镇之东驰。顾此弹丸地见在官军止一百五员名，马骡四十七匹头，偏隘势难屯聚。欲屯兵，不于易州之马水，当在昌镇之白羊，委积厚而藏盖易，兵马终将赖焉。筹边者当熟计之。

---

① 《宣大山西三镇图说》，第52页。
② 《张家口地区地名录》，第205页。
③ 《宣大山西三镇图说》，第80页。
④ 《蔚县志》，第46页。

很明显，这样一个小规模的堡寨，是无法应援他地的，其功能应仅限于保障交通的畅通和居民、行旅的安全方面。但也正是因为它处于"正东与保定之马水口、昌镇之白羊口相对"这样一个四通八达的交通节点位置上，所以虽然是"弹丸之地"，又"无险可恃，应援难及"，但依然要驻兵"屯聚"。

3. 深井堡

深井堡位于宣化县深井镇驻地，宣化县城南27公里处。该堡"正德五年，操守指挥余宣筑；嘉靖己未，操守指挥王汉修"①；"万历七年砖包"②。城堡呈不规则的四边形，周长约1750米，与两部《宣府镇志》和《宣大山西三镇图说》中记载的"三里六十四步"相符。当地以堡内十字横街分为南街村和北街村③，可见城堡之规模。

深井堡地处深井高寒盆地中，地势平坦，过去因低洼积水，素有"深井海子"之称④。《宣大山西三镇图说》记载："本堡坐高山之窝，四山环绕，中独洼下，积潦经年不涸。谚云：'镇城西南十里，积水汪洋不见底'，故名深井云。"

深井堡位于群山之间的平川地带，向各个方向都有便利的道路，交通位置相对优越，很早就是县内四大集镇之一⑤，但距比较重要的据点都有一定的距离，属于一个小区域中心。所以于此设堡，其功能应在凭险防御，凭借"四百七十九员名"的兵力恐怕难以起到应援、后距的作用。正如《宣大山西三镇图说》所论"本堡在镇城之南，多山险，似可守，顾虏由西路而东南，则本堡适当其冲，嘉靖丙辰，殷家梁之变可鉴也"。所谓"殷家梁之变"，指"嘉靖三十五年，寇尝由此入犯保安州之殷家梁"⑥。

4. 云冈堡

关于云冈堡，文献记载如下。

---

① 嘉靖《宣府镇志》，第97页。
② 《宣大山西三镇图说》，第82页。
③ 《宣化县志》，第211—212页。
④ 同上。
⑤ 同上。
⑥ 《读史方舆纪要》卷44，第2052页。

> 本堡土筑，自嘉靖三十七年后，以地形卑下，北面受敌，议于本堡北崖创筑一堡，移官军处其内，仍存旧堡以便行旅。新堡亦土筑，女墙砖砌，通高三丈五尺，周一里四分零。……本堡东迄镇城，西通左卫，为云西孔道。未款前，虏骑驰入，道路为梗。新堡既筑，有险可据。且镇城万姓所用煤炭，皆仰给于此，有警据险固守，亦足保障云。①

> 建自明嘉靖三十七年，土城。周围九分二厘，身高二丈三尺，女墙五尺。……东至大同镇城，西至高山城各三十里。……新堡增设而旧堡并存，平时听其营业，有急令其据守，此亦该堡两利也。近因旧堡北面受敌，新堡缺水，议于新旧二堡间筑联墙二道，中有敌台、铺房，上用砖包女墙，与旧堡一例，修筑坚厚，计称便矣。②

从上面的明代及清初文献记载可知，嘉靖三十七年（1558）应该是修筑新云冈堡的年代，旧云冈堡应更久远。使用谷歌地球测算，新云冈堡周长约为648米（不包括瓮城），这样来看，《宣大山西三镇图说》中"周一里四分零"的数字更为符合情况。据当时观测，旧堡还有残墙存留，可惜未能进行进一步考察。但就地理环境而言，旧堡北为石崖山体，南为十里河，设置自然是为了控制这一山河之间的交通孔道。从上述两条材料都提到"北面受敌"的情况来看，旧堡与山崖之间必然有一段距离，方可使蒙古军队得以在北面展开进攻。

旧堡地处交通孔道上，却无法承受军事压力，最终要迁到缺少水源的山崖上去，这一事件非常有利于我们理解明代沿边小型城堡的功能，应该只限于收聚居民、少数驻军和物资，并不能组织防守或遏制敌军。

---

① 《宣大山西三镇图说》，第382页。
② 《云冈堡图说》，《整饬大同左卫兵备道造完所属城堡图说》。

图 4-31　新旧云冈堡图①

关于这类屯堡的功能,《宣大山西三镇图说》在提到和云西堡同批设立的红土堡时,记载为:"往右卫被围,去左卫仅七十里,声援阻绝。故立各堡以备往来接济。"②《三云筹俎考》中载:"云阳堡……此与云西堡

---

①　《云冈堡图说》,《整饬大同左卫兵备道造完所属城堡图说》。
②　《宣大山西三镇图说》,第 358 页。

为左卫两翼。①"又《整饬大同左卫兵备道造完所属城堡图说》载："云阳堡……东蔽左卫，为驻援掎角。"②嘉靖三十六年（1557），蒙古大军围困大同右卫城达8个月之久，次年，兵部侍郎吴嘉会提议修筑这一带的墩堡，原因是："各屯堡为虏所毁，未能尽复，其最要者若牛心站、黄土坡、单家等堡，皆运道所经、兵马必由之处，宜亟修理。""屯营久废，军士无所得食。宜谨斥堠、慎收保。"③从《整饬大同左卫兵备道造完所属各城堡图说》中的记载，我们可以知道，左卫城—云西堡—高山城—云冈堡—大同城，各自距离为三十里，由此可见明代对十里河河谷平原东西交通路线控制据点的规划，也说明了这类堡寨在保障交通路线方面的意义。

宣大总督杨博在提请新建云西堡等城堡的上疏中，还提到了城堡对于保障居民安全、财产，维护生产的意义：

> 臣等议得左卫以达镇城，官路东西，尽皆膏腴之田。近因虏患频仍，无人耕种。今既议添墩堡，合无令各该官军尽力开垦，所有屯粮，姑免追纳。候年岁丰裕，另行议处。闲暇之日，将原设墩台低薄不堪者逐渐修理。其地方一应人等果有随堡住种者，听从其便。④

根据《三云筹俎考》记载，大同左卫道辖北西路这一带"未设堡之初，该路原为沙漠，无边可限。助马边外马头山群虏住牧，每乘高窥伺左卫一带，零掠暗劫，行旅不通，耕樵失所。虽有更番按伏之兵，无济防御自拓地置戍。"⑤

而在修堡之后，这一带则逐渐呈现出"茂稼力田""商旅云集""边氓安业"的局面。可见，这些堡城的设立不仅加强了边境地区的军事防守，也带动了边地的农业开发和商业活动。

---

① 《三云筹俎考》卷3《险隘考》"云阳堡"条。
② 《云阳堡图说》，《整饬大同左卫兵备道造完所属城堡图说》。
③ 《明世宗实录》卷457，嘉靖三十七年三月己未条，第7728页。
④ 杨博：《右卫路通乘时以图后效疏》，陈子龙等辑《明经世文编》卷275，中华书局1962年版，第2903页。
⑤ 《三云筹俎考》卷3《险隘考》。

第三节 小结：明代宣大地区城镇体系结构分析

通过本章的分析与复原，我们可以通过分析不同职能城镇发展的时间顺序与城址选择的地理因素，对明代桑干河流域的城镇体系及其演变进行总结。

第一，明代初期的洪武、永乐二朝，由于对蒙古的军事优势，明廷北驱元廷，将防线推进到大宁—开平—兴和—东胜城一线，宣大地区成为第二道防线，洪武二十五年（1392）以后在该地区广设卫所，徙民实边。由于卫所要兼顾军事防御与政区管理职能，所以卫所城市一般选择在靠近北部边缘一带的宽敞河谷谷地中。而相应的，府州县城市多分布在桑干河以南地带，尤其在大体保留了元代府州县政区体系的大同地区，桑干河南北这种不同类型政区城市的分布态势更加明显。

在这一时期，我们能够看到，卫所城市之间距离相对较远[①]，呈点状分布，虽然也修筑了良田屯堡、东八里堡、西八里堡、土木堡、宁远站堡等居中屯堡，以保障交通的畅通，但主要是维系今北京与宣府之间的交通，都司卫所之间设堡还很少。

第二，洪熙朝至土木之变之前，由于宣府镇长城的修筑，以及明弃守大宁、开平和兴和，宣府直接边敌，所以宣府镇的长城边堡普遍修筑，沿边墙的横向防御体系开始建立起来。

第三，土木之变之后，明廷惩于惨痛的教训，修筑起诸多位于交通要道上、规模较大的居中应援城堡，以顺圣川西城、顺圣川东城、高山城、聚落堡等为代表，开始形成以镇城为中心，向各个方向延伸的放射状防御体系，以保障每个方向，每条重要道路的安全。

第四，成化以后，由于达延汗驻牧于大同边外，对明态度强硬。嘉靖以后，俺答求贡不得，屡屡兴兵侵犯宣大地区，严重威胁明北疆安全。明

[①] 据《大明一统志》，万全左卫在宣府城西六十里，万全右卫在宣府城西八十里，怀安卫在宣府城西一百二十里，怀来卫在宣府城东南一百五十里，开平卫在宣府城东北三百里，龙门卫在宣府城东一百二十里，龙门守御千户所在宣府城东北二百四十里。《大明一统志》卷5《万全都指挥使司》。而根据《太原至甘肃驿铺图》，天城卫西至阳和卫六十里，阳和卫西至大同左护卫六十里，大同左护卫西至大同后卫三十里，大同后卫西至高山卫七十里，高山卫西至镇朔卫四十里，镇朔卫西至定边卫七十里。

廷开始着手建设大同镇与宣府镇上北路的边墙，并完善长城边堡体系。

第五，嘉靖中期，俺答屡次犯边，二十九年（1550）犯京师，三十六年（1557）围困大同右卫达6个月之久。此役之后，明廷惩于"往右卫被围，去左卫仅七十里，声援阻绝。故立各堡以备往来接济"的教训，又修筑了诸多城堡，其中重点是保障大同左卫、右卫之间交通与居民生聚的云西、红土、牛心、云阳等堡。

至此，宣大地区已完成以镇城为中心，以卫所、府州县等治所城市与部分参将驻地以及重要的居中应援之城为主要节点，以腹里屯堡贯穿起来的放射型纵向城堡体系，再加上横向分布的长城边堡与边墙，整个防御体系呈扇形分布。具体到北边任何一路，也都能形成以参将驻地为中心的扇形防御体系。

另外，从具体的城市选址角度来看，由于城镇设置的时代背景、职能的不同，导致不同类型的城镇其规模、微观地理位置以及归宿都不相同。由于本章是以时代为线索，分析各类型城镇的产生与功能以及选址规律，但不同类型城镇的出现并非可以按照时间先后截然分开，所以此处再做一个总结。

1. 治所城市：包括府州县等政区与实土、准实土卫所等"非正式政区"的驻地城市，府州县城市的功能是纯粹的民治政区中心，所以其选址主要着眼于发展周边的农耕经济，故此明代设置的府州县，其治所多沿用前代旧址。而都司卫所由于要兼顾军事职能与统辖卫籍人口、组织屯田等准政区职能，故此大多在靠近内蒙古高原南缘的冲积扇带选择一处开阔的农耕区域筑城。

2. 居中应援城堡：这类城堡是在都司卫所与府州县城镇体系奠定后，因为卫所城市之间距离较远，存在军事防御的空白区域而设置的，比如采凉山东麓的聚落堡、十里河河谷中部的高山、顺圣川的顺圣川西城、东城都是如此。由于这类城堡处于交通要道，担负各方应援的责任，所以大多周围地势平坦开阔，适宜农耕，且驻军较多，规模较大。

3. 长城边堡：桑干河流域边墙的修筑大体贯穿了明代的始终，与边墙修筑前后，长城边堡也逐步修筑起来，尤其是在嘉靖时期，由于边境危机，边墙体系得到完善，边堡与边墙相配合的思路，也促使边堡大量出现。不同时期、不同地理单元的长城边堡其规模与选址也不尽相同。但总体来说，由于长城边堡军事色彩浓厚，所以规模普遍不大，且越到后期，越靠近边墙，往往处于山峦之中。

4. 屯堡：在明朝初年，以确保交通联系为目的的小型城堡就已出现，但这类城堡的集中修筑，却是在边境危机的背景下，以保障交通，保护军民，填补主要城镇之间防御缺环。最典型的例子就是嘉靖三十六年（1557）的大同右卫城之困，痛感声闻不通的明廷在大同城—大同左卫城—大同右卫城一线修筑了多个小型的城堡，以收"收保"之效。

正是由于不同类型的城镇职能不同，其归宿也具有一定规律。实土、准实土卫所城市由于具备"非正式政区"的职能，在清代大多转为府州县城市，到今天也大多为市、县、区等政区单位驻地；居中应援城堡由于处于较优越的位置，在今天也主要是乡镇以上政区的驻地。而后两种城堡由于规模较小，功能单一，在今天大多成为乡村。尤其是军事色彩浓厚的长城边堡，由于地理位置不佳，很多成为自然村，甚至遭到废弃。

第五章　由边镇而腹里

——清代以来城镇职能的转变

经过从努尔哈赤开始的几代人的努力，蒙古各部依次被纳入清朝的统治范围，长城内外同属清中央政权管辖。桑干河流域也由明代的边疆成为内地，在这一显著而深刻的变化背景下，桑干河流域的城市职能与性质都发生了极大的变化。都司卫所制度被府州县等政区体系取代，原来林立于桑干河以北的卫所城市大多转化为府州县的治所城市；而由于边疆形势的缓和，原本密布于长城沿线与交通要道的官堡在清政府的整顿下，一方面逐渐转化为民堡；另一方面其职能也由单纯的军事戍守向兼理治安转变。在清帝国经略西北的进程中，桑干河流域作为前线重要后勤补给基地的战略意义得以凸显，城镇的各项职能中，军事防御比重下降，而商业节点的意义得到强化，尤其是杀虎口和张家口，作为沟通内地与蒙古草原的孔道与节点，商业相当兴盛，跻身清代长城沿线地区最重要的商业都市之列。清末至民国初年，京张、张绥铁路的先后修建，改变了桑干河流域原有的旅蒙交通路线，铁路沿线的城镇得到发展，张家口作为沟通桑干河流域东西路线与长城内外的交通枢纽，经济规模和政治地位得到巩固和发展，最终取代了宣化的地位，成为桑干河流域两大中心城市之一。铁路沿线地区的县域中心也向铁路靠拢，柴沟堡、孔家庄和岱岳镇取代了怀安城、万全镇与山阴城，成为怀安、万全与山阴三县的县城。同时，铁路的发展也导致了一些未在铁路沿线的传统城镇的衰落，比如杀虎口等。本章通过分析在重大政治格局与交通体系变迁下城镇职能的变化与发展的盛衰，致力于揭示今天桑干河流域城镇格局形成的历史背景。

第一节　北部边疆形势的变化

后金建国之后，就着力解决蒙古问题。早在天启四年（1624，天命九年）二月庚子，蒙古科尔沁部首领奥巴就与后金缔结了军事同盟，承认努尔哈赤为"威震列国，臣民慑服，普天共主之圣明皇帝"，并表示"嫩江水滨科尔沁贝勒等俱钦服"①。崇祯五年（1632，天聪六年）与八年（1635，天聪九年），后金两次大举攻伐蒙古察哈尔部，林丹汗死于甘肃，部众尽归后金，"四十万部落尽摄于东人矣"②。崇祯九年（1636，崇德元年）四月，皇太极受尊号，建国号"大清"，改元"崇德"，其中就有漠南蒙古十六部领主四十九名参与，上尊号"博格达·彻臣汗"于皇太极，漠南蒙古彻底臣服于清。同年，清廷设蒙古衙门，专管蒙古地区事务③。关于这一重大历史事件，明朝方面也早有察觉，崇祯九年（1636）十二月二十八日，宣大总督卢象升上言："当年□与插并峙称雄，又有三十六夷及卜酋与河套吉囊等虏，虽顺逆无常，尚借款贡羁縻之术作我外藩。故东□即强，但攻辽左，而不及蓟、宣、云、晋诸边。三五年来，□日益强，并属夷，并卜、插，并吉囊，遂使建州小□，东自鸭绿，西至贺兰，绵亘五六千里。"④清朝入关以后，经过康熙、雍正与乾隆几代人的努力，游牧于大漠南北的蒙古各部逐步被清朝收服，长城已不再是限制胡汉的界限，桑干河流域也不再是直接面对敌对势力的国防前线。由于边疆形势的变化，清朝开始着手对桑干河流域的政区、城堡与边防进行调整。

关于这一深刻而显著的时代变化，在清代当地著述中被普遍强调并称颂，如康熙五十一年（1712），西宁县知县张充国在《西宁县志》中就曾说："前明止分军卫，诚以密迩旃裘，讲兹屯牧。月明砂碛，防秋之刁斗千群；风肃旌旗，征马之嘶鸣万里。虎头燕颔，谁为作赋之才？铁马金

---

① （清）阿桂：《皇清开国方略》卷8，天命九年二月庚子条，沈云龙主编《近代中国史料丛刊》第十四辑，台北：文海出版社1967年版，第190页。
② 《明史纪事本末》补编卷3《西人封贡》，第1572页。
③ 赵尔巽等：《清史稿》卷115《职官二》，第3300页。
④ （明）卢象升：《卢象升疏牍》卷6《密陈边计疏》，浙江古籍出版社1984年版，第140页。文中"□"为清代涂抹之处，想来不外是"虏""夷"之类。

戈，终歉登临之胜。以故记载莫考，志乘阙如。聿自昭代，声教四讫，烽燧无虞，改军屯为郡县，化刀剑为农桑。"① 雍正六年阳高县儒学教授，朔州人苏之菜在其撰写的《阳高县志》序言中，就做了这样的总结：阳高"明兴，以为北门重地，设总制衙门，统重兵以弹压，其要冲也。迨国家车书统同，裁去重兵，止设卫官一员，以征收赋税而已。今上御极之三年，改为县制，规模又为一新"②。乾隆年间宣化府知府王芥园撰写的《蔚州志补》序言中，同样谈到"夫蔚在有明三百年之间，介居北鄙，人方奔命不遑。今者狼居胥之远，尽列门庭，紫塞沙漠，青冢黄昏，人烟辐辏，皆我赤子。而蔚之为治腹内也，不啻天中矣"③。当然，方志撰写者多为当地官员，其言辞多有溢美之处，但其间所反映的当地居民对该区域巨大变化的感觉与认知，却是清晰可辨的。

顺治元年（1644）六月，宣府巡抚李鉴启的建议一样很准确地反映了清政府整顿宣大地区建置的背景和动机：

> 上谷一府，在明朝为边镇，在我朝为腹里。前定经制，兵多而员冗，今宜急议裁汰。……至于冗员，如宣府城内有万全都司，有管屯都司，又有巡捕都司。今宜照大同例，改设知府，而以征收屯粮之事归并于府官，则管屯之都司可裁也。在城管粮同知加以缉捕一衔，则巡捕都司又可裁也。保安、延庆两州，斗大一城，既有州官，又设守备，似宜裁去守备，而以城守之务专责正印官料理。若永宁县，距柳沟止二十里，而有两参将，尤属滥冗，似宜裁去永宁之参将，专其责于县官。东路一隅，设总镇，又设两协，其间宜留宜汰，尤宜急议。怀来一城内有道有厅，又有参将、守备，亦属赘疣，似宜裁去参将而留守备，以司城守，若援营之兵有名无实，不如简其精壮者付之守备，而以道厅为之提挈。兵马既减，钱粮出纳有数。其旧设同知、通

---

① （清）张充国纂修：康熙《西宁县志·张充国序》，清康熙五十一年（1712）刻本。

② （清）房裔兰修，苏之菜纂：雍正《阳高县志·苏之菜序》，清雍正七年（1729）刻本，民国铅印，台北：成文出版社影印，1966年，第6—7页。

③ （清）杨世昌修，吴廷华、杨大猷纂：乾隆《蔚州志补·王芥园序》，第5—6页右，清乾隆十年（1745）刻本。

判多员,亦宜量加裁减、归并。下所司议行。①

正是因为蒙古各部并入清朝的统治范围,所以顺治元年(1644)六月,大同总兵姜瓖投降清朝之后,桑干河流域长城内外成为同一个政权下的统治区域。除了顺治五年(1648)十一月,发生蒙古喀尔喀部二楚虎尔犯边一事②,引起摄政王多尔衮的重视外③,并无其他的边疆危机。所以即使清朝初年战争仍很频繁,但已经开始着手整顿卫所与城堡。

第二节　清代前期对宣大地区城堡与卫所的整顿

一　清初以来对基层城堡的裁撤

关于清代裁撤城堡、边墩的情况,由于史料记载的关系,并不十分确切。幸运的是,保存至今的《整饬大同左卫兵备道造完所属各城堡图说》可以给我们提供足够多的信息,以了解关于顺治年间对大同镇部分城堡的裁撤。

《整饬大同左卫兵备道造完所属各城堡图说》,绘制者不详,现收藏于中国科学院国家科学图书馆。绫纸,挖镶蝴蝶经折装,开本为26.3厘米×33.1厘米,版心为24.2厘米×20.5厘米。蓝色封面封底,封面居中题帖:"整饬大同左卫兵备道造完所属各城堡图说"。图三十二幅,说二十九,其中"三路总图"(图5-1)及各路总图共四幅,各占两叶,"三路总图"所附"云西地里图说"亦占两叶,各路总图无图说,其余各城堡右图左说,各占一叶。地图为彩绘,图中表现了大同左卫兵备道所辖地区的山脉、河流、城堡、边墙以及城堡之间的交通路线。图中继续沿用或作者认为应该沿用的城堡绘为蓝色,而已经废弃或作者认为应该废弃的城堡或建筑绘为黄色。

《图说》中并未明确其写作及呈送时间,但我们可以从其中下列几点信息中判定其大体年代。

---

① 《清世祖实录》卷5,顺治元年六月戊寅条,中华书局影印,1985年,第63—64页。
② 《清世祖实录》卷41,顺治五年十一月癸未条,第331页。
③ 按:多尔衮如此重视此事,派重兵前往,其用意恐怕不在二楚虎尔,而在解决姜瓖问题。

图 5-1　三路总图

1. 《图说》中屡屡提到"明某年",城堡名中所带"胡""虏"字样,都已改为"虎"与"鲁",可见其为清人所作。

2. "左卫城图说"中提到"左、云二卫","右卫城图说"中提到"右、玉二卫"。而云川、玉林二卫分别于顺治七年十月归并于大同左卫和右卫①。可见《图说》至少应著于顺治七年(1650)十月之前。

3. 开篇"云西地里图说"中提到,"自逆闯蹂躏以来,搜括捐助,紊乱营伍,云西一带遂极萧条。恢云而后,问死存孤,百尔安集,遗黎稍稍复业。然以东翼云,为大同之右臂;以南控晋,为偏、老之后门。今闯贼虽灭,余氛未烬,豕突狼奔,犹虞窃发。一切固圉,视昔宜饬焉"。文中频频提到大顺政权在此地的兴废,可见此图写作时间,应在大顺政权倾覆之后不久,更重要的是,我们知道大顺政权在占领大同地区期间,并未发生大规模战争,而此后发生的清政府镇压以大同总兵姜瓖为首的反清武装,则几乎波及山西全省,造成严重的破坏。② 关于"姜逆"之乱造成的巨大灾难,清代山西志书中普遍记载,但《图说》中并未置一词。则此《图说》应作于顺治五年(1648)十二月姜瓖反清之前,很有可

---

① 《清世祖实录》卷50,顺治七年十月癸卯条,第400页。
② 参见顾诚《南明史》,中国青年出版社1997年版。

能是在顺治元年六月，姜瓖投降清朝之后，清朝派官吏赴大同整饬边备所绘制。

关于《图说》的绘制背景与动机，"云西地里图说"中透露了一些信息：

> 尝考右卫北十五里即为边界，且孤悬隔远大同。于是设兵备一员，与左卫路参将同住左卫。此云西一道所由昉也。其所辖则右卫与助马、威远三路，左、云、右、玉、威远五卫及高山等二十八城堡。继奉文将红土、马营二堡裁革兵马，俱归并右卫城所辖共二十六城堡，后定经制，将马堡、残虎、铁山、黄土、云阳、三屯、威平、祁家河、云西九堡守操议裁，各设坐堡一员，守门军各十五，专司启闭。今奉文坐堡议裁，止留兵丁看守门禁。惟是诸城堡延袤四百余里，沿边一带东起拒门，西尽威虎，凡二百四十余里，其兵马、边垣、钱粮仍隶本道。向卜部、哈部市口卖马，塞人得安耕牧。自逆闯蹂躏以来，搜括捐助，紊乱营伍、云西一带遂极萧条。恢云而后，问死存孤，百尔安集，遗黎稍稍复业。然以东翼云，为大同之右臂；以南控晋，为偏老之后门。今闯贼虽灭，余氛未烬，豕突狼奔，犹虞窃发。一切固圉，视昔宜饬焉。今着本道分隶四路，城堡图各系一说，庶一览而云西形胜在目前矣。

由上文可以看出，此前已"奉文"裁革掉了红土堡与马城堡，继而将马堡等九个城堡的守操官（明代多称操守官）撤掉，只留下"坐堡一员，守门军各十五，专司启闭"。这次行动，则将"坐堡"官吏一并裁革，事毕后，绘制《图说》，以汇报自己这次工作的成果，与方便上级衙门了解"云西形胜"，其呈送的上级衙门，很有可能是兵部。

在《图说》中，作者在相应位置提到了裁撤城堡的原因与归宿，并在多处提到自己的建议：

> 铁山堡：裁归右卫城守卫所辖。……地处山狭，堡小力孤。
> 残虎堡：裁归破虎堡守备所辖。
> 马堡：裁归破虎堡守备所辖。
> 红土堡：归并入右卫城管理。本堡正当右卫东来孔道，迤东则黄

土、牛心、云阳，亦往来接济处也，权宜议裁，似失设堡之初意。

云阳堡：裁归牛心堡操守所辖。

三屯堡：裁归左卫城守备所辖。……本堡在黑龙王山下，堡狭军少，势难御防。或以通近左卫，逼警，归并可也。

马营堡：归右卫统属。本堡当右卫、杀虎之中，因为有警而设，后因款而裁。则兵少力薄，恐徒饵敌，故耳。

云西堡：裁归高山城守备所辖。……本堡虽近腹里，为通镇城孔道，素称繁苦，无分边防守之责，故近议归并焉。

威平堡：裁归威远城守备所辖。……本堡当威远、平鲁之交，南北应援，所系亦重。然稍近腹里，亦无分边防守之责，故近议归并焉。

祁家河堡：裁归威远城守备。……本堡西接威远，东蔽左卫。往来声援收保，重有赖焉。

以上十个城堡，是清初两次裁撤的对象。参见附录二《明代桑干河流域筑城情况表》，这些城堡主要修筑于嘉靖中期以后，正值因拒绝俺答求贡所导致边疆危机最严重的时期，这十个城堡中，铁山堡、残虎堡与马堡属于长城边堡，其他七个城堡都属于腹里地区的应援与屯堡，其设置背景，是嘉靖三十六年（1557）蒙古大军围困大同右卫城达8个月之久，而大同左卫与大同镇城的明军却无法应援，右卫一带居民的安全和财产也受到极大的威胁。有惩于此，嘉靖三十七年（1558），俺答解围以后，明政府在大同右卫城经左卫城至大同城一线修筑了一批城堡，包括云阳堡、牛心堡、红土堡、黄土堡、云西堡、旧云冈堡，以及隆庆三年（1569）修筑的三屯堡；另外，在平房卫城与威远卫城之间、威远卫城与大同左卫城之间，也分别修筑了威平堡与祁家河堡。这些城堡修筑年代较晚，规模也都不大，位于腹里地带，其职能主要是保障交通、储藏物资与保护周边地区的军民而已。而到了清代，由于漠南蒙古各部已归清政府管辖，所以即使清初政局动荡，戎马倥偬，清政府依然着手裁撤大同地区的城堡。

关于这次裁撤，其他文献中虽然没有明确记载，但仍可梳理出若干信息，以彼此参照，如《清世祖实录》记载：顺治六年（1649）九月，更定宣大官兵经制。

宣大总督标兵二千名，分二营。中军副将一员，兼管左营事。中军守备一员、右营游击一员、中军守备一员、旗鼓守备一员、掌印都司、管屯都司、巡捕都司各一员，俱移驻阳和。阳和副将、中军守备、右卫副将、中军守备各一员，兵各一千名。阳和道、分守道、中军守备各一员，兵各二百名。

大同城操守一员，驿兵一百名。

平鲁、井坪、天城、威远、得胜、助马、新平等路参将、中军守备各一员，兵各四百名。右卫、山阴、应州、马邑、高山、聚落、怀仁等城守备各一员，兵各二百名。宏赐、镇川、拒墙、镇边、破虎、灭虎、镇羌、将军会、杀虎、迎恩、破鲁、保安、拒门、威虎、镇门、镇宁、灭鲁、镇鲁、保平、守口、牛心、西安、乃河、云岗、镇口、败虎、阻虎、平远、威鲁、宁鲁、云石等堡，大水、瓦窑二口，操守各一员，兵各一百名。

宣府镇总兵一员、旗鼓守备一员，兵二千四百名。分三营：中营中军游击一员、管中营事中军守备一员，左营游击一员、中军守备一员，右营游击一员、中军守备一员，抚标、旗鼓守备一员。兵一千二百名。分二营：左营中军游击一员，管左营事，中军守备一员。右营游击一员、中军守备一员、东南城守、西北城守、守备各一员，兵八百名。

独石、西城、怀来、右卫、柴沟、龙门所、葛峪等路，参将、中军守备各一员，兵各五百名。蔚州、万全左卫、怀安、龙门等城守备各一员，兵各三百名。新保安守备一员，兵二百五十名。赤城、屯牧、怀来等道标中军守备各一员，兵各二百名。洗马林、西阳河、滴水崖、周四沟、四海冶、长安岭、东城、旧保安、广昌等城，深井、膳房、镇安、云州、矾山、靖安等堡，张家、新开、新河、大山等口，永宁、柳沟二路，守备各一员，兵各二百名。宣府驿操守一员，兵二百名。鸡鸣驿、土木、榆林二堡，操守各一员，兵各一百五十名。延庆州操守一员，兵一百名。桃花、马营二堡操守各一员，兵各八十名。雕鹗堡操守一员，兵六十名。黑石岭、青边口、大白阳、小白阳、镇宁、清泉、君子、赵川、长伸地等堡操守各一员,兵各五十名。①

这段材料所记载的驻兵城堡,与《宣大山西三镇图说》的记录相比较,除了《整饬大同左卫兵备道造完所属各城堡图说》中所提到的十一个城堡(也直接证实了《图说》的年代)之外,其余城堡中,大同镇只裁撤了许家庄堡、王家庄堡、镇河堡、永嘉堡、黄土堡等五个腹里收保屯堡和靖鲁堡、桦门堡两个长城边堡。宣府镇几无裁撤。

用雍正《朔平府志》、乾隆《宣化府志》、嘉庆《大清一统志》分别与《整饬大同左卫兵备道造完所属各城堡图说》和《宣大山西三镇图说》对照,可以发现明代的官堡,到清代鼎盛时期基本没有太大变化,除了前面分析过的明代大同左卫道所辖的中路、北西路和威远路以外,基本都沿袭了明代万历时期的体系。可见顺治年间的这次裁撤,基本奠定了直到清代中期的桑干河流域官堡体系。

到了清代中期以后,情况逐渐发生变化,由于缺乏系统的数据,我们只能从零星的材料中窥到一鳞半爪的信息。

乾隆《天镇县志》中罗列了县境内的几座"城池",包括新平、保平、平远、瓦窑口、镇宁、桦门、镇口诸堡,其中只有桦门堡,"今仅存遗址"②,其余还都沿用。

到光绪《天镇县志》,则记载"县在前明为极边,东路七堡、新平四堡,皆屹然重戍也。国家承平日久无事,秋防备巡徼者,今存二堡一口:新平堡……新平路参将驻之。……马市口。……瓦窑口堡……天城营外委把总驻守"③。除此之外的几个城堡何时废罢,史料不足征,已无法确定。

另外,北京大学图书馆藏有一幅清代地图,纵55厘米,横63厘米,单页,彩绘,传统画法。有方位标,上北下南。图中描绘了新平堡及其周边地区,包括南北两边的山脉、洋河及其支流,以及边墙与马市口。原图无图题,北大图书馆著录为《新平堡图》。

---

① 《清世祖实录》卷46,顺治六年九月丁丑条,第368页。
② 乾隆《天镇县志》卷2《疆域·城池》,乾隆四年(1739)刻本。
③ 光绪《天镇县志》卷2《关隘志》,光绪十六年(1890)刻本,民国二十四年(1935)铅印,台北:成文出版社影印,1968年,第243—246页。

其中新平堡内贴红写有："新平堡，参将一员、中军守备一员、把总一员、外委把总三员、额外外委把总二员，马、战兵七十一员名、步战兵八十五名、守兵六十二名，营马七十六匹。"与光绪《天镇县志》中记载的大同镇新平路参将官署相比，官员数额一致，但军队与马匹数量都要比光绪年间的略多，而比雍正年间的略少。① 光绪《天镇县志》中提到历代军额，自雍正元年（1723）之后依次裁汰递减。而且与所列最后的同治十年相比，《新平堡图》中的军额仍有不足，若该路军额确系按时代递减，则该图绘制的年代很可能是同治十年（1871）以后，光绪十年（1884）之前。

图上另一处贴红，是在保平堡的位置上，写有："保平堡，至新平八里，系民堡，并无设文武官员。"可见至迟此时，保平堡的官署已经裁撤，成为民堡。

二 基层城堡职能的转变

本书第四章已经指出，卫所因为属于"非正式政区"，管理辖下的卫籍人口以及若干民籍人口，同时负有屯田，征收子粒之责，所以其城址大多位于开阔的河川地带或冲积扇上，周围有一块可资负担其消耗的农业区域。而其他城堡，无论是长城边堡，还是居中应援或屯堡，都主要承担军事职能，由于城堡职能的单一性，所以虽然参将所驻守的城堡驻军远远多于其下属城堡，但规模却并不一定比后者大。明代因为面临草原上蒙古各部的强大军事压力，所以不单在边境地区修筑了长城，还修筑了诸多城堡，这些城堡军事色彩浓厚，相当一部分，尤其是大同镇的长城边堡直接修筑在山峦之上，以便靠近边墙，随时驰援。

入清以来，北部边境局势得到极大改观。经过康熙皇帝多次努力，清政府平定了准噶尔部的分离势力，将内外蒙古纳入自己的统治范围，北部边疆问题得到解决。在此背景下，宣大地区由明代的边境地带变为内地，城堡虽然还在一定时期保留，但职能已经有所转变。

根据雍正《朔平府志》，我们可以对朔平府所辖的城堡进行比较，见表 5-1。

---

① 光绪《天镇县志》卷3《营制志》，第25页。

表 5-1　　　　　　　　　朔平府城堡设官情况①

属县	城堡	设官	备注
右玉县	杀虎堡	税部、驿道、巡检司、副将、都司、守备	
	破虎堡	把总	
	铁山堡	把总	国初奉裁，雍正十年新设官兵
	威远堡	巡检司、千总	
	云石堡	把总	
左云县	威鲁堡	千总	
	宁鲁堡	把总	
	高山城	巡检司、都司	
	保安堡	把总	
	破鲁堡	把总	
	助马堡	参将、守备、千总、把总、巡检司	
	拒门堡	把总	
平鲁县	井坪城	巡检司、都司	
	威虎堡	把总	国初裁，雍正十年新设
	大水堡	把总	
	败虎堡	把总	
	迎恩堡	把总	
	阻虎堡	千总	
	乃河堡	把总	

从表 5-1 我们可以看出，除了参将、副将、守备、千总、把总、都司等军事职官以外，清政府在一些城堡设置了税部、驿道、巡检司等行政职官，巡检司的设置最为普遍，可以作为切入点，来分析清代基层城堡职能的转变。

巡检作为官称，大体始于中晚唐②，至宋代正式纳入职官序列③，盛于元代，至明代发展到高峰。吕进贵指出，"明代立卫所以护县，巡检司

---

① 《朔平府志》卷 4《建置志：城池》，第 14—15 页。
② 刘琴丽：《五代巡检研究》，《史学月刊》2003 年第 6 期。
③ 苗书梅：《宋代巡检初探》，《中国史研究》1989 年第 3 期。

正是因应卫所不足而添设"①，所以在"凡在外各府州县关津要害处俱设"②的规定下，由于其属于行政体系，所以宣大地区的实土卫所范围内并无巡检司，但在桑干河以南的州县地区还是有分布，比如山西朔州小堡子村就设有巡检司，景泰二年（1451），因衙门"毁于兵火，又不临要害"而被裁革。③

清代巡检的职能是"掌捕盗贼，诘奸宄。凡州县关津险要则置。隶州厅者，专司河防"④。其上司机关可以是京城，可以是府州县厅，也可以是河道、盐政、土司。总而言之，巡检司属于地方行政系统，而非军事体系。既然是"关津险要则置"，那么作为弥补州县鞭长莫及之处而设置的基层政区，其分布与选址具有十分重要的地理意义。

前面根据《朔平府志》列举了朔平府设巡检司的城堡，本书研究范围的其他地区，大同府设在桑干河流域的巡检司有3个：浑源州属王家庄、应州属安东⑤与山阴县岱岳站⑥。宣化府先后在桑干河流域设置过的巡检司有4个：延庆州属永宁、怀来属沙城⑦、宣化属化稍营、怀安属柴沟堡⑧。再加上嘉庆元年（1796）因为废马邑县为乡所置的马邑巡检，清代在桑干河流域先后共设置了13个巡检司。我们可以发现，这些巡检司的设置，是由其驻地的交通位置所决定的，如王家庄位于浑源县所在的浑河河谷与灵丘县所在的唐河河谷之间的山间沟谷中，控制两地交通要道，明代杨时宁评论为："本堡设浑、灵之间，相离窎远，时有盗警，防御为难。故设官治兵，以图扼塞，有事固可阻防，无事亦可弭盗，地方重有赖焉。"⑨ 其他也大致如此，如岱岳站位于洪涛山东麓交通要道、高山城位于十里河河谷、沙城位于大海坨山南麓大道、化稍营位于桑干河河谷、柴

---

① 吕进贵：《明代的巡检制度》，明史研究小组《明史研究丛刊》，台北：乐学书局2002年版，第40页。
② 《明史》卷75《职官志四》，第1852页。
③ 《明英宗实录》卷209，景泰二年十月戊辰条，第4488页。
④ 《清史稿》卷116《职官志三：外官：巡检》，中华书局1977年版，第3359页。
⑤ 《光绪会典事例》卷28，第360页。
⑥ 《清高宗实录》卷612，乾隆二十五年五月上条，第885页。
⑦ 《清世宗实录》卷147，雍正十二年九月条，第825页。
⑧ 此二巡检分别由宣化县鸡鸣驿丞和怀安县万全驿丞改置而来，《清宣宗实录》卷87，道光五年八月丁卯条，第395页。
⑨ 《宣大山西三镇图说》，第228页。

沟堡位于洋河河谷中，也正是体现了"关津险要则置"的标准。

同时，我们可以发现，在这 13 个巡检司驻地中，除了化稍营和岱岳站之外，全都是采用了明代修筑的官堡，而且在这 11 个官堡中，威远城、应州（安东中屯卫）是卫城，井坪城、柴沟堡、永宁城、助马堡是参将驻地，马邑是县城，可见清代虽然废掉了一些城堡的卫、参将或县的建置，但受其地理形势决定，这些城堡的位置还是相当重要的。而且，由负责边境防务的军事城堡转为兼营"掌捕盗贼，诘奸宄"的政府机构驻地，本身也反映了边境形势的缓和与基层城镇职能的转化。

三 由都司卫所到府州县——康雍时期城市职能的变迁

明代的桑干河流域，存在府州县与都司卫所两套系统，以及相应的两套管理体制与地方官员的编制体系。山西省大同府所辖州县与北直隶的隆庆州、保安州属于行政系统，其管理系统为六部—布政使司（直隶府、州）—府（直隶布政司的州）—县（府属州），其地方官属于文职系统，由中央任命。而山西行都司与万全都司属于军事系统，其管理系统为五军都督府—都指挥使司（行都指挥使司、直隶都督府的卫）—卫（直隶都司的所，一般称守御千户所）—千户所[①]，其官职属于武职系统，分为流官与世官两种，前者"以世官升授，或由武举用之，皆不得世"，后者"皆有袭职，有替职"[②]。关于都司、卫所的性质，顾诚以解释明前期耕地数字出现不同记载这一现象为切入点，指出明代全国土地分属于行政系统和军事系统的观点，即明代军事系统的都司、卫所在绝大多数情况下也同行政系统的基层组织——州县一样是一种地理单位，管辖不属于行政系统的大片明帝国疆土，包括军事的屯田和代管民籍人口耕种的土地，也管辖着不属于军籍的大量民户。[③] 但即便都司、卫所属于"军事性质的地理单位"，其对所统辖的地域与人群的管理体制仍与普通的州县行政单位有很大区别。卫所征派的不是田赋和差役，而是屯田子粒，征收的单位也不是州县的里甲，而是管屯官，包括都司的管屯都司佥书与卫所的

[①] 参见顾诚《明帝国的疆土管理体制》，《历史研究》1989 年第 3 期，第 136 页。

[②] 《明史》卷 72《职官志一》，第 1751—1752 页。

[③] 顾诚：《明前期耕地数新探》，《中国社会科学》1986 年第 4 期；《明帝国的疆土管理体制》。

管屯百户、总旗、小旗。其对辖区内的军、旗、舍、余征收的子粒同行政系统的州县征收的赋税在数量上和方法上都相距甚远。屯田由于是国家授予军户的，由国家发给牛具、种子，因此屯田子粒的征收科则普遍重于民田，多是民田的数倍①。比如康熙十年广东巡抚刘秉权言："粤东屯田有荒地三千五百余顷。查屯地科米每亩三斗，较之民田殆多数倍。民畏粮重，不敢承认开垦。请照民田一例起科，则屯亩早辟，屯赋不致虚悬。"②

正因为如此，清入关后，对于明代已经逐渐失去军事职能的卫所采取了暂时维持现状的办法。从全国来看，卫所作为同州县类似的地方管辖单位在清代大约存在了八十年。在此期间，都司、卫、所经历了一个轨迹鲜明的变化过程。其特点是：第一，都司、卫、所官员由世袭制改为任命制；第二，卫所内部的"民化"、辖地的"行政化"过程加速；第三，最后以并入或改为州县使卫所制度化作历史陈迹，从而完成了全国地方体制的基本划一。③

在裁撤卫所的时间方面，宣府地区要早于大同地区乃至全国大部分地区。早在顺治七年（1650）九月，就裁直隶延庆右卫归并怀来卫，延庆左卫、永宁后所、四海冶所归并永宁卫，保安右卫归并怀来卫④。顺治十年（1653），又裁宣府左、右二卫与兴和一所入宣府前卫⑤。值得注意的是，这两次归并都是同城卫所，并未削减治所城市的数量。裁减卫所城市是从顺治十一年（1654）开始的，是年，裁美峪所，并入保安卫⑥，十六年（1659）十月，裁云州守御所和龙门守御所千总。⑦

康熙三十二年（1693）是万全都司体制变动最剧烈的一个年份。

是年二月癸未，吏部、兵部议覆直隶巡抚郭世隆疏言：宣府所

---

① 顾诚：《卫所制度在清代的变革》，《北京师范大学学报》1988年第2期。王毓铨：《明代的军屯》，第196页。
② 《清圣祖实录》卷35，康熙十年二月丙午条，第474—475页。
③ 《卫所制度在清代的变革》，第15页。
④ 《清世祖实录》卷50，顺治七年九月己未条，第399页。
⑤ 康熙《畿辅通志》卷2《建置沿革：宣府》。
⑥ （清）允禄等监修：《大清会典》（雍正朝）卷116《兵部六》，《近代中国史料丛刊三编》第78辑，第776册，文海出版社1995年版，第7515页。
⑦ 《清世祖实录》卷129，顺治十六年十月戊戌条，第999页。

属六厅俱系佐贰,十卫俱系武弁,予以临民,似为未协,宜裁六厅、十卫,改设一府八县,应设知府一员、同知一员、通判一员、知县八员、教职九员、县丞二员、典史八员、驿丞七员、经历一员、司狱一员、巡检一员。又东城等六驿地处偏僻,差使无多,均宜裁去。应如所请,从之。①

文中提到"十卫俱系武弁",所以"予以临民,似为未协",也正说明了经过明代卫籍人口的"民化",卫所的职能已经基本"州县化"了,所以才有清代的改制。文中提到的"一府",即宣化府,"八县"为宣化、怀安、赤城、万全、龙门、怀来、西宁和蔚县。具体情况见表5-2。

表5-2　　　　康熙三十二年宣化府撤卫所改州县情况②

原卫所/城堡	改置州县	并入单位	今天位置
宣府前卫	宣化县	保安州地、宣化府驿、深井堡	张家口市宣化区
怀安卫	怀安县	万全左卫、柴沟堡、西阳河堡	怀安县怀安城镇
赤城堡	赤城县	开平卫、龙门所、滴水崖堡、云州堡、镇安堡、马营堡、镇宁堡	赤城县城
万全右卫	万全县	张家口堡、膳房堡、新河口堡、洗马林堡	万全县万全镇
龙门卫	龙门县	葛峪堡、赵川堡、雕鹗堡、长安岭堡	赤城县龙关镇
怀来卫	怀来县	保安卫(保安新城)及土木、榆林二堡	淹没于官厅水库
顺圣川西城	西宁县	顺圣川东城	阳原县城
蔚州卫	蔚县	广昌所	蔚县城

大同地区裁撤卫所相对较晚,顺治七年(1650)十月,"裁并大同后卫于前卫,高山卫于阳和卫,镇鲁卫于天城卫,云川卫、聚落中左所于左卫,玉林卫、高山城中右所于右卫"③。十一年(1654)裁威远卫④,十六年又裁掉了分别与应州、朔州、怀仁县、山阴县和马邑县同城的安东中

---

① 《清圣祖实录》卷158,康熙三十二年二月癸未条,第738页。
② 根据乾隆《宣化府志》卷2《地理志》整理。
③ 《清世祖实录》卷50,顺治七年十月癸卯条,第400页。
④ 《大清会典》(雍正朝)卷116《兵部六》,第7542—7543页。

屯卫、朔州卫、怀仁所、山阴所和马邑所。①

到了雍正时期，经过清初近百年的恢复与发展，局势稳定，雍正帝在地方行政方面实行了改卫所为州县与改土归流两大举措，清代大部分卫所是在这一时期改为州县的。雍正二年（1724）闰四月：

> 兵部等衙门议覆："条奏内改并各卫所归于州县管辖一条，查得各处军民户役不同，未便归并；且武官科甲出身人员专选卫所守备、千总，若尽裁卫所，必致选法壅滞，应无庸议。"得旨："此事部议所见甚小，滇、蜀两省曾经裁减卫所，未闻不便。今除边卫无州县可归，与漕运之卫所，民军各有徭役，仍旧分隶外，其余内地所有卫所悉令归并州县。"②

虽然雍正帝强调"边卫无州县可归"者"仍旧"，但实际上，大同地区政区变动最大的年份就在雍正三年（1725）五月。该月：

> 设山西朔平、宁武二府。改右玉卫为右玉县，左云卫为左云县，平鲁卫为平鲁县。并割大同府属之朔州、马邑县，俱隶朔平府管辖。……改天镇卫为天镇县，阳高卫为阳高县，移原驻阳高通判驻府城，俱隶大同府管辖。……右玉等九县设知县九员、典史九员。……裁……右玉等卫守备十员。……从原任山西巡抚诺岷等请也。③

截止到雍正三年，今天雁北地区卫所已经全部改为州县。我们可以发现，由于大同地区明代就存在着大同府与山西行都司两套管理系统，以桑干河为界分布，北以实土卫所，南以州县为主，所以大同盆地的卫所城市不似宣化盆地数量多，分布广，改县时基本没有导致城镇等级下降的现象。唯一的例子是威远卫，裁撤于顺治十一年（1654），据《宣大山西三镇图说》评述，该城"砖建于正统三年，低薄倾圮，万历三年复包修之。周

---

① 《大清会典》（雍正朝）卷116《兵部六》，第7543页。
② 《清世宗实录》卷19，雍正二年闰四月甲申条，第313页。
③ 《清世宗实录》卷32，雍正三年五月甲子条，第495页。

五里八分零,高连女墙四丈,原设守备官一员,有卫所儒学,后添设参将驻扎焉。……内大羊坡、双山儿、小羊坡俱极冲,通大虏。……本城地势平漫,无险可恃,嘉隆间虏数入犯,惟嘉靖四十三年覆军损将,其祸最惨"①。而《读史方舆纪要》引《边防考》记载:"东抵右卫,西至平虏,虽称辅车,然道路隔越,冈阜崎岖,拒守不易。"② 很可能,"地势平漫,无险可恃""道路隔绝""拒守不易"是裁撤威远卫的原因。而且,我们可以看到,从大同右卫城到平鲁城,再到朔州城,之间的距离都在 50 公里左右,而威远城位于平鲁城与右卫城之间,在与漠南蒙古关系相对缓和的清初,的确没有太多继续保留的理由。

综合以上宣大地区在清代前期的政区演变轨迹,我们能发现,大多数的实土卫都改置为县,包括可以被认为介于"准实土"与"无实土"卫所的蔚州卫③,所有非实土卫所则都遭到了裁撤的命运。之所以如此处置,也证明了顾诚的"明代的卫所在多数情况下是一种军事性质的地理单位,而不仅是一种单纯的军事组织"的结论。

另外,我们可以看到,在明代,由于卫籍人口要承担相当沉重的屯田子粒④,加上日益严重的边境危机,导致军士的负担不堪承受,屯田与团种、军士与余丁逐渐合流,严重加重了军户的负担,加上蒙古势力的侵扰,严重地破坏了当地的生产。⑤ 如许论在《九边图论》中指出大同镇负担之沉重:"夫北虏称款难也,反自疑阻。然则岁岁侵暴,而劳费者是当然邪?河南、山西岁运多不及额,而屯田又多逋负。是故足食之计,非例外发银,专官籴买,吾无策矣。"⑥ 而到了清代,由于卫所改为州县,桑干河流域的军事色彩消失,行政管理、经济与文教事业都发展起来,如

---

① 《宣大山西三镇图说》,第 388 页。
② 《读史方舆纪要》卷 44《山西六》,第 2021 页。
③ 邓庆平证实明代山西省大同府蔚州与宣府镇蔚州卫所管辖地域、村庄呈犬牙互入的插花状。氏著:《州县与卫所:政区演变与华北边地的社会变迁——以明清蔚州为中心》,博士学位论文,北京师范大学,2006 年,未刊。
④ 王毓铨指出,明代军屯征收子粒,"不问肥瘠","不查等则","一律取盈",即每分屯地征收子粒六石。参见氏著《明代的军屯》,第 150—158 页。可见军屯制度的军事管理色彩,这无疑会严重影响耕种者的积极性。
⑤ 参见王毓铨《明代的军屯》,第 60 页。
⑥ (明)许论:《九边图论》,《四库禁毁书丛刊》第 21 册,北京出版社 2000 年版,第 98 页。

雍正年间，朔平府知府刘士铭撰写的《重修朔平府城垣碑记》中就指出：

> 今皇帝上承重熙累洽之后，大仁育义正之模，虽要荒蛮貊，皆观感渐摩，格心向化，矧朔附畿千里，其百姓之被休养生煦者，无不浃髓沦肌，教养之恩，同仁一体。而师儒长吏缺焉未备，可乎？特命前抚宪诺公巡视关外，将沿边卫所悉更郡县，升右卫为朔平府，改右玉、左云、平鲁三卫为县，割云属之朔州、马邑统隶焉。一城之内，奋武揆文，规制聿新，而阵眱雄视，与宣、大犄角而鼎峙焉。①

这段碑文中指出了时人心目中卫所与州县的区别，也就是卫所的文治色彩相对较淡，或者说文治并非其主要职能。再如前文提过的王芥园比较明清两代蔚州的发展水平说："问田赋，则于旧有加；考户口，则于旧有加；观人物，则于旧有加；而学校、祀典、秩官、政令，更与昔不可同年语焉。"② 抛开清人的溢美之处，可以看到清代桑干河流域的经济、文化等各方面比明代的确有了进步，除了拥有和平的发展环境之外，由军事管理色彩浓厚的卫所改为州县是其中重要原因。而在这种转变的背景下，作为其驻地的城市，其职能也不可避免地发生转变，尽管这种转变是缓慢而渐变的。

第三节 交通区位的转变导致城市职能的变化

——以杀虎口、张家口的兴替为例

随着清王朝将蒙古高原与新疆地区逐步纳入统一多民族国家的管辖范围，桑干河流域由明代的对敌前线转为远离前线的内地。但由于其农牧交错地带的地理位置，使得它成为清代对西北用兵的后勤基地，对保障统一战争的胜利起到了重要作用。同时，由于与蒙古草原接壤的区位优势，使

---

① 雍正《朔平府志》卷12《艺文志：碑记》，第109页。
② （清）杨世昌修，吴廷华、杨大猷纂：乾隆《蔚州志补·王芥园序》，清乾隆十年（1745）刻本。

得桑干河流域成为中原地区与蒙古草原沟通的孔道，中原的货物，如茶叶、丝绸等通过以晋商为首的商帮，经由杀虎口、张家口等交通要道，运输到归化城，再转运到新疆、库伦、恰克图等地；并将游牧地区的皮毛、牲畜，甚至俄国的毛呢等物品运至内地。清代在杀虎口、张家口等地设置税关，并规定其为"常关"，从制度上保障了这两个关口作为长城内外交通的孔道的地位。随着杀虎口地位的提升，清中央政府在杀虎口东南二十里的大同右卫城设置了驻防八旗将军与朔平府，改变了山西雁北地区自辽代以来皆统属于大同的地域格局。而由于张家口的崛起，清政府在其地设置了口北三厅中的张家口厅，并设置察哈尔都统等诸多衙门，使得张家口逐步成为沟通草原与内地的重镇，到民国十七年（1928），察哈尔特别区与河北省口北道十县合并为察哈尔省，张家口则因为沟通长城内外地区的区位优势，成为省会，桑干河流域东部地区的中心城市遂由宣化转为张家口，直至今日。

一 清代经略西北与杀虎口地位的抬升

清代康熙至乾隆三朝，随着对准噶尔及回疆的用兵，疆域向北推移，宣大地区由前线成为内地，军事防御地位下降，但后勤补给基地的重要性提高，在清政府经略蒙古地区，平定西北叛乱及分离势力，巩固国家统一方面，起到了联络前线与内地的重要作用。在这一系列用兵过程中，西线，也就是杀虎口一线的地位凸显出来。早在康熙三年（1664）二月，清政府即"特命锡伯为宁夏将军，领八旗兵由杀虎口经鄂尔多斯进横城口，六月，抵宁夏任。七月，奏八旗官兵陆续到齐，沿途水草丰盛，兵眷安妥"①。杀虎口成为清中央政府联络西北地区的鄂尔多斯乃至宁夏的孔道与支点。

康熙十二年（1973）十一月，镇守云南的平西王吴三桂起兵反清，"三藩之乱"爆发。战争初期战场主要是在南方，康熙十三年（1974）十二月，提督王辅臣叛于宁羌州，击杀经略莫洛，定西大将军多罗贝勒董额退保汉中，清政府上下震动，急调鄂尔多斯蒙古兵、归化城土默特兵赶赴西安和兰州防御。②康熙十四年（1975）三月，康熙帝"命都统毕力克图

---

① （清）铁保纂修：《钦定八旗通志》卷177《锡伯》，台北：学生书局1968年版。
② 《清圣祖实录》卷51，康熙十三年十二月庚子、丁丑条，第665—667页。

为平逆将军，率师赴大同。上谕议政王等：宣府、大同俱系要地，应设兵防守。今调边外察哈尔前锋护军骁骑，令左翼由张家口入驻宣府，右翼由杀虎口入驻大同，授都统毕力克图为平逆将军，率盛京兵六百赴大同，总统两翼军"①。不久，又"调宣府左翼四旗察哈尔镇大同"②，以期加强大同的防御。

四月，调将军毕力克图等率师援榆林。康熙帝下令等："今左翼四旗察哈尔既已归顺，应调山西兵援陕西。以将军、国舅佟国纲所领前锋兵及每佐领护军一人驻大同，盛京全军绿旗马兵三百人、右翼察哈尔兵三百人付将军毕力克图率赴榆林，同总兵官许占魁协力平定延安诸处。……又令副都统恰塔率每佐领兵一人赴大同，兼统见驻大同兵镇守，其余每佐领兵一人调赴太原，并太原汛守及保定调往兵。"③

由上面的几则材料，我们可以看出，桑干河流域，尤其是大同，成为清军防御王辅臣叛军的重要后方基地。后方兵员向大同集中，并由大同向前线调拨。

随着战争的进行，大同的后方基地作用日益明显，康熙十四年（1975）十月癸亥，康熙帝下令："西安要地，宜增兵防御，以大同察哈尔兵三（百？）人、太原满洲兵三百人调赴潼关。"④ 不久又下令："固原贼众城守甚坚，今川贼又入平凉。应速遣兵剿御。鄂尔多斯兵已遣回，不便复调。调驻大同兵及神木、归化城兵，令副都统恰塔、员外郎拉笃祜领之。或由延安，或由定边，速赴固原。此兵既到，陈福即率本标兵，或先定固原、或会大将军贝勒，先取平凉，与恰塔、拉笃祜酌行。大同兵既往固原，令郎中胡什巴分太原蒙古兵五百名赴大同驻守。"⑤

康熙十五年（1976）六月，王辅臣败亡在即。"内大臣哈岱等、发四子部落苏尼特兵五百余名，将至张家口。上命蒙古兵赴大同，调太原员外郎胡思哈前来领之，参领胡什巴领大同兵五百名往太原，同太原兵五百名

---

① （清）勒德洪等撰：《平定三逆方略》卷13，康熙十四年三月辛未条，《台湾文献丛刊》第六辑，台北：大通书局1997年版，第117页。
② 《清圣祖实录》卷54，康熙十四年四月丁巳条，第705页。
③ 《平定三逆方略》卷15，康熙十四年五月庚辰条，第130页。
④ 《平定三逆方略》卷19，康熙十四年十月癸亥条，第151页。
⑤ 《清圣祖实录》卷57，康熙十四年十月壬申条，第746页。

先往河南"①，不久王辅臣投降。从上述记载可以看出，大同是驰援西北前线的重要基地，其驰援方向不止西北方向的陕西，还包括向南经太原赴河南及潼关，对于平定王辅臣叛乱，影响全盘战局，最后击败吴三桂集团起到了重要的作用。

与大同的后方基地作用相对应，杀虎口的交通地位也彰显出来，康熙十四年八月，理藩院郎中胡什巴等疏言："简蒙古吴喇忒、毛明安、四子部落兵一千进杀虎口。于八月三十日至太原。"康熙帝"即命胡什巴同蒙古领兵都统管辖镇守太原"②。参照以同年三月察哈尔右翼护军骁骑自杀虎口入大同的事迹，四月份毕力克图自大同赴榆林，相信也会取道杀虎口。可以看出杀虎口南进西出的重要交通地位。

杀虎口地位的进一步抬升，则是在清政府平定准噶尔战争中，杀虎口以其优越的交通区位优势，成为经略西北战略支点，促使清政府对其着力经营。

准噶尔，汉义左翼，是指蒙古族的一个部落。后来准噶尔部强盛，统辖四卫拉特，也以准噶尔泛指卫拉特蒙古。在准噶尔汗国建立后，准噶尔一词还是准噶尔汗国政权的代称。卫拉特一词始见于《蒙古秘史》，蒙元时期的汉文史籍中译称"斡亦剌""斡亦剌惕""外剌""外剌歹"，明代译称"瓦剌"，清代译称"卫拉特""厄鲁特""额鲁特"等。噶尔丹统治时期，准噶尔部以伊犁作为政治中心，控制着天山南北广大地区，并向四周扩展，最终成为中亚东部地区的一个强大政权。③

康熙年间，随着噶尔丹实力的扩充，逐步向东发展，企图吞并喀尔喀部，威胁清朝的北部边疆。经多次协调无效，康熙帝开始着手准备解决噶尔丹问题。而在这长期而细致的准备工作中，桑干河流域由于位于内地与蒙古草原之间，成为清军驻屯军队，囤积、转输粮草物资的战略后勤补给基地。尤其是杀虎口作为联系山西与塞外的归化城，联结关内与蒙古草原的交通枢纽，地位重要起来。

---

① 《清圣祖实录》卷61，康熙十五年六月壬申条，第795—796页。
② 《清圣祖实录》卷57，康熙十四年八月丁酉条，第740页。
③ 李秀梅：《清朝统一准噶尔史实研究——以高层决策研究为中心》，博士学位论文，中央民族大学，2006年，第4页。

早在准噶尔进攻喀尔喀之前，康熙帝就已经开始建立杀虎口与归化城之间的交通道路。康熙二十七年（1688）三月，俄罗斯遣使费岳多罗等到达蒙古的色棱格地方，"来期我使至彼，集议定界"。康熙帝"命内大臣索额图、都统公国舅佟国纲，及尚书阿尔尼、左都御史马齐、护军统领马拉等往主其议，并率八旗前锋兵二百、护军四百、火器营兵二百偕往。理藩院侍郎温达自杀虎口起设站至喀伦，归化城副都统阿玉玺自归化城拨车载米一千石，运至喀尔喀地方，接济大军"①。正式建立起由杀虎口通向喀伦的官方台站体系。

在这一时期，还启用了张家口、杀虎口等地自身的仓储。即使在归化城已经规划驻兵之后，一样要靠杀虎口接济。如康熙三十二年（1693）九月，"命选到蒙古兵附驻右卫，将军伯费扬古疏言：'散秩大臣杜思噶尔、尚书班第选来堪披甲蒙古共三千六十五人，共九千四百八十五口，俱到归化城，分为三十佐领。伊等钱粮未到之前，以大臣等自耕米谷给之，又益以归化城之贮仓旧米，俟收割后令土默特官兵拨人夫车辆往杀虎口取米，如数补仓'"②。

康熙三十年（1691）五月，康熙帝亲率上三旗官兵出张家口，遣下五旗官兵出独石口，在多伦诺尔会集喀尔喀各部及内蒙古四十九旗，以协调各部争端。乌兰布通之战前后，清政府开始完善宣府、大同二地的后勤保障体系。如康熙三十年三月，康熙帝下令"停运米豆"。"上谕户部曰：目前青草发生之时，驻扎大同、宣府，大兵不久出边，应支米豆，恐小民不能挽输，至于困苦。令停其运解，将现在米豆于出边之前，节省支给。"③ 三十一年（1692）十月辛卯，他又下令大同暂停备兵，谕大学士伊桑阿等："近欲发兵备大同，但天时寒冷，若竟无事，则士卒徒劳，倘不加预备，万一有警，又恐不及。朕意欲暂停发兵至大同，以现在京城喂养之马驼驱往大同饲秣，如有当行之事，立发京城所备之兵，星驰而往，即乘所饲之马，似于事无误，尔等可集议具奏。随议奏言：'上谕极当，

---

① （清）温达等：《亲征平定朔漠方略》卷4，康熙二十七年三月丙子条，《清代方略全书》第五辑，北京图书馆出版社影印清康熙内府刻本，2006年，第424—425页。

② 《亲征平定朔漠方略》卷13，康熙三十二年九月庚午条，《清代方略全书》第六辑，第522页。

③ 《亲征平定朔漠方略》卷9，康熙三十年三月辛丑条，《清代方略全书》第六辑，第222页。

应暂停发兵往备大同,查大同现有积贮之粮,请以每佐领所喂骆驼一头、马六匹,再增马四匹,共得一万二千有余,但在大同一处牧养,恐不能容。查宣府亦有米粮,应将马驼分五旗于大同,分三旗于宣府,交直抚、晋抚拨贤能道、府,分附近州县喂养,勿致瘦毙。'……上是其议,着将每佐领现养骆驼一头、马六匹发往宣府、大同喂养,所增马四匹,令于京城喂养,暂停发兵往备大同。"①

随着准噶尔的咄咄逼人,康熙帝也在积极着手备战。其中一个重要举措,就是在大同右卫城囤积重兵,以把守杀虎口。康熙三十一年十二月壬寅:

> 先是,上以西北有警,命户部尚书马齐、兵部尚书索诺和,往勘归化城驻兵之地。至是马齐等疏言:"臣等查勘,右卫与归化城相近,应移右卫人民出城外,令住郭内。城中盖造房屋,可以驻兵。杀虎口外迤北五十里,东西五十里内,所有熟荒地亩,近者给兵,远者给大臣、官员。归化城小,地荒田卤,难以耕种。归化城西南三十余里外有浑津村,村南十里外,有浑津巴尔哈孙旧城基址,城北有大土尔根河,周围三里余,宜展此基址一面三里,筑土为城,造房,驻劄官兵,城之。四围所有田地,可取以给官兵耕种。"命议政王大臣等议,寻议覆:"归化城之浑津巴尔哈孙无城,右卫见有城,且近归化城,大宜驻兵。……此新设总兵官及宣、大两镇标下官兵,俱听将军调遣。将军以下大小官员口粮及马之草料一概停给,以口外五十里以内荒地给之自力开垦,右卫城内所有民房,俱给价购买,安插官兵。"上曰:"城内居民若令移于郭外,必致困苦,可勿令迁移,照常居住。若造官兵房屋,城内难容,即于城外建造。此满兵有事即行,不必授田。大臣、官员宜给与口粮,马给草料,务使势力有余。至于绿旗官兵,遇调用,则宣、大绿旗兵在近,调发甚便,停其添设,其缺以满洲官兵增驻,所发护军之缺应即补充,骁骑火器营兵之缺应行停止。官兵住房宜拨往驻大臣、官员监修,着再议。"寻议覆:"增设绿旗官兵应停止,每佐领增发护军三名、骁骑一名、每佐

---

① 《亲征平定朔漠方略》卷12,康熙三十一年十月辛卯条,《清代方略全书》第六辑,第433—436页。

领兵共十名。其护军每旗发实授护军参领七员，内以一员为夸兰大，设护军校十四员以领之。驻兵既拨之后，其护军之缺补足，骁骑火器营兵之缺不必补足，城内居民不必迁移，官兵住房，拨工部堂官一员，驻防大臣内每翼一员，及每旗护军参领等各一员，监造。官员口粮照例给发马匹草料，夏秋停给，令其牧放。其口粮、草料，一半折给，一半本色，将大同府应征地丁银改征本色，以给官兵。得旨：每佐领，减去护军一名、骁骑一名，余如议。"随授都统希福为建威将军，噶尔玛为左翼护军统领，四格为右翼护军统领，方额为左翼副都统，马锡为右翼副都统，张素义为左翼汉军副都统，吴兴祚为右翼汉军副都统，令驻右卫。①

这些建议基本上都被康熙帝采纳，大同右卫城从此设置了将军、总兵等高阶武官，驻扎重兵把守，一跃而成为雁北重镇。

在康熙帝筹措征伐准噶尔的军事行动时，军粮是他最关心的问题之一，尤其是西路军粮的储备和运输，为此，他多次强调。

康熙三十三年（1694）七月壬午，建威将军希福等咨称："愿得大同绿旗兵三千，令总兵官率之，与我等同行。"康熙帝批复道："大同兵原当从多调发，但粮米如何能到？令大同总兵官康调元亲选兵五百，与将军费扬古同往。右卫兵新往驻扎，关系紧要，将军希福可在彼料理事务，不必前去。"②

康熙三十四年（1695）十一月丁丑，康熙帝下令讨论"中、西二路挽运事宜"，大学士伊桑阿等会同兵部集议："西路进剿，右卫兵五千、京城增发兵三千四百七十、大同绿旗兵五千，合官兵、厮役计二万四千二百六十名有奇。……西路各处官兵所自赍口粮外，每名月给米二仓斗，计五十日，需米八千八十七石零，以湖滩河朔仓贮之米随运。其运车，令山西省备具……所余之米，将宣大二府所委骆驼负运。其运车，令山西省官役俸工银捐雇。"③ 这次会议的结果，标志着不只是大同府，山西全省的

---

① 《清圣祖实录》卷158，康熙三十年十二月壬寅条，第733—734页。
② 《亲征平定朔漠方略》卷14，康熙三十三年七月壬午条，《清代方略全书》第六辑，第590页。
③ 《亲征平定朔漠方略》卷17，康熙三十四年十一月丁丑条，《清代方略全书》第七辑，第159—162页。

力量都投入这场战争的后勤补给中了。

不久，康熙帝又一次强调，要"卿辛宝等会同山西巡抚，督造西路米车"①。可见其对此事的重视，为了保障这一措施的落实，十二月甲午，康熙帝敕"山西一省有愿西路效力者，令督运大臣带往。除前造米车一千一百辆外，应增造四百辆。其挽此增造车者，仍令山西抚标镇标兵充用，口粮及车上需用什物亦行该抚备给议入。……其情愿效力人员，无论山西及他省文武职官、闲散人等，俱准前去。事竣凯旋之日，中、西两路凡运米人员，定照军功议叙"②。

为了保障粮道的畅通，康熙帝甚至不厌其烦地规定运粮的细节："运米一事，朕视西路尤为紧要。尔等各体朕意，严督押运人员，行则结队而前，止则择地而处，后先联络，昼夜分巡，毋致疏虞，以误军务。"③

只有分析了以上材料，只有充分理解了康熙帝对粮道保障的重视与忧虑，我们才能正确认识杀虎口孔道对于战争成败的意义，西路的物资都要通过这里运送到前线，如果一旦有失，后果不堪设想。纵然康熙帝如此重视，康熙三十五年（1696）征讨准噶尔的军事行动中，费扬古所率西路军依然"遇雨，粮运迟滞，师行七十余日，士马饥疲"④，以致贻误军机。

正因为杀虎口孔道的重要性，所以清政府才会在右卫城设置驻防的八旗满洲将军与八旗满洲重兵。⑤而为保障杀虎口与蒙古地区之间的交通联络，清政府大力兴建驿站。康熙五十七年（1718），康熙帝批示："至于驿站尤关紧要，自杀虎口至科卜多、乌兰古木，并宜设立驿站，其车辆、马匹亦应增设如例。"⑥次年，又批示："自杀虎口至鄂勒锥图郭勒一路，

---

① 《亲征平定朔漠方略》卷17，康熙三十四年十一月甲申条，《清代方略全书》第七辑，第188页。

② 《亲征平定朔漠方略》卷18，康熙三十四年十二月甲午条，《清代方略全书》第七辑，第200—201页。

③ 《亲征平定朔漠方略》卷18，康熙三十四年十二月壬寅条，《清代方略全书》第七辑，第227页。

④ （清）章梫：《康熙政要》卷3《任贤上》，《中华文史丛书》之八十七，光绪刊本，台北：华文书局股份有限公司影印，1969年，第140页。

⑤ 按清代核心武装即为八旗军队，由于八旗士兵总数有限，且要驻防京畿、直隶、东三省、新疆等要地，十八省地区只有军事上极其重要的重镇，如江宁、京口等地，才由八旗官兵驻防。

⑥ 《平定准噶尔方略》前编卷5，康熙五十七年闰八月乙卯条，《清代方略全书》第21辑，第179页。

详视水草甚佳，应设三十六站。"①

随着右卫城地位的提升，雍正三年（1725），以该城为中心设置了朔平府，"改右玉卫为右玉县。左云卫为左云县。平鲁卫为平鲁县。并割大同府属之朔州、马邑县。俱隶朔平府管辖"②。改变了自辽代以来，雁北地区由以大同为治所的同一个高级政区管辖的地域格局。

二　草原商路的开拓与杀虎口、张家口的兴衰

正如清人朱彝尊诗所言，"往日连师惊朔漠，只今市马亘东西"③。由于清代逐步收服蒙古与回疆各部，北方形势稳定，中原与蒙古地区，乃至俄国之间的贸易兴盛起来，中原的丝绸、棉布、茶叶等物品通过杀虎口、张家口等长城关口销往蒙古草原、新疆及俄国，并输入毛皮、纺织品（羊毛绒织物、天鹅绒、亚麻布等）、牲畜、土碱等蒙、俄物品。④ 由于双方对彼此的货物有很大需求，所以通过长城关口出入的货物数额相当惊人。如雍正六年（1728），中国向俄国输出丝绸达四万六千余两。同年，中国输出棉布值银四万四千余两。⑤

清代中原货物向蒙古草原及内亚地区运输，其最重要的节点在于归化城，内地货物通过长城各关口抵达归化城分途，向北可去库伦、恰克图，并于买卖城销售至俄国；向西北则经乌里雅苏台、科布多，以至新疆。纪昀曾记其在乌鲁木齐所见："大贾皆自归化城来，土人谓之'北套客'，其路乃客赊蒙古人所开；自归化至迪化仅两月程，但须携锅帐。"⑥ 方士淦《东归日记》记新疆商业重镇古城"北路通蒙古台站，由张家口到京者从此直北去。蒙古食路全仗此间；口内人商贾聚集，与蒙古人交易，利极厚。口内茶商自归化城出来到此销售，即将米面各物贩回北路，以济乌

---

① 《平定准噶尔方略》前编卷6，康熙五十八年春正月戊戌条，《清代方略全书》第21辑，第195页。
② 《清世宗实录》卷32，雍正三年五月甲子条，第495页。
③ （清）朱彝尊：《送曹侍郎备兵大同二首》第二首，道光《大同县志》卷20《艺文下》，第23页右。
④ 参见许檀《清代前期北方商城张家口的崛起》，《北方论丛》1998年第5期。
⑤ 姚贤镐编：《中国近代对外贸易史资料》第一册，中华书局1962年版，第108页。
⑥ （清）纪昀：《乌鲁木齐杂记》，（清）王锡祺：《小方壶斋舆地丛钞》第二帙，光绪十七年（1891）上海著易堂铅印本，杭州古籍书店影印，1985年。

里雅苏台等处，关系最重；茶叶又运至南路回八城，获利尤重"①。而内地至归化城的交通孔道，东为张家口，西为杀虎口，以此二边口最为重要。

为规范与管理长城内外的贸易和往来，清政府对蒙汉交流的通道与关口进行了规定。如《大清一统志》规定蒙古入贡的路线：

> 盖奉正朔、隶版图者部落二十有五，为旗五十有一，并同内八旗。其贡道：由山海关者，科尔沁、郭尔罗斯、杜尔伯特、扎赉特四部落，为旗十；由喜峰口者，阿噜科尔沁、扎噜特、土默特、喀喇沁、喀尔喀左翼、奈曼、敖汉、翁牛特八部落，为旗十三；由独石口者，阿巴噶左翼、阿巴哈纳尔左翼、浩齐特、乌珠穆沁、巴林、克什克腾六部落，为旗九；由张家口者，阿巴噶右翼、阿巴哈纳尔右翼、苏尼特四子部落、喀尔喀右翼、茂明安六部落，为旗七；由杀虎口者，归化城、土默特、乌喇特、鄂尔多斯三部落，为旗十二。②

而雍正六年（1728）则进一步规定，"内外扎萨克蒙古，皆令由山海关、喜峰口、古北口、张家口、独石口、杀虎口出入。入关口时，均告明该管官弁，详记人数。出口时，仍令密对原数放出。若有置买物件，报院传行兵部，给予出边执照。初此六边口外，别处边口，不准行走"③。从而在法律上确保蒙汉交通按照官方指定的道路进行，也促进了上述关口，尤其是杀虎口与张家口的繁荣。

（一）杀虎口交通区位的变化及其商业的兴衰

随着驿站的设置与驿路的修建，杀虎口成为沟通西北与内地最重要的关口之一，据中国台北故宫博物院所藏编号为024374的清宫档案，乾隆四十五年（1780）四月初九日，直隶总督袁守侗咨呈军机处，"自乾隆四十四年（1779）开始，安排六阿哥预定第二年四月十三日自京城起程，出德胜门，经居庸关，由延庆、怀来、宣化至怀安县枳二岭与山西天镇交界，入山西后，经阳高、大同、左云、右玉等县，再出杀虎口，到岱汉地

---

① （清）方士淦：《东归日记》，《小方壶斋舆地丛钞》第二帙。
② 嘉庆《大清一统志》卷534《蒙古统部》，《四部丛刊》续编第2416册。
③ （清）昆冈：《钦定大清会典事例》卷993《理藩院·禁令》，光绪二十五年重修本。

方迎接班禅额尔德尼。回程经蒙古草原的察哈尔、多伦诺尔卓克多尔、克什克腾，翁牛特及喀喇沁所属的两家儿，再接至热河扎史伦布庙等处。全部相关行程来回照会察哈尔都统、热河都统、归绥道、北路同知、宣化知府、承德知府等，共同筹划所有直省应行编定的尖宿、营盘、桥道事宜，并预备乌拉等事，开具一切所需清单，饬令地方官府筹酌办理"①。可见由北京至蒙古草原，常规是取道山西，由杀虎口出关。为保证对杀虎口要道的管理，早在康熙三十六年（1697）就已经规定"口外蒙古就近在杀虎口买茶，不至黄甫堡"②。从而用指令的方式保证杀虎口沟通内地与西北地区的通道地位。

为加强对杀虎口长城内外贸易的管理，清政府在杀虎口设立了税关，其始设的年代为顺治七年，官职为满洲笔帖式。如光绪《山西通志》记载："关税监督，特简京员充者，有监督杀虎口户部抽分一人，顺治七年设，岁一更易，初差户部司员，后改差六部及内务府司员。"③ 在此基础上，逐步确定并扩大杀虎口税关的管辖范围：乾隆二十六年（1761），归化城设关收税，归杀虎口监督管辖。二十九年（1764），开通宁鲁边口，令杀虎口监督稽查，征收税课。五十八年（1793），又开通得胜口，凡商贩经由货物，归杀虎口监督按则稽征，令山西巡抚派拨弁兵常川稽查出入④。正如祁美琴所总结的，杀虎口关的范围已经扩大到"以长城边墙和黄河为界，东至天镇县新平堡，西至陕西神木口，延长200余里，其辅助税关均已扩展到长城内外，在大同得胜口、河曲、保德、包头、归化城、托克托、兴和、阳高、天镇等处设有分局、支卡"⑤。正是因为杀虎口的重要性，所以清代着力经营，小小一个城堡，号称有八大衙门：户部抽分署衙门、中军督司衙门、协镇衙门、驿传道衙门、巡检司衙门、副将衙门、守备衙门、千总署衙门。⑥

---

① 引自吴美凤《清代的杀虎口税关》，《山西大学学报》（哲学社会科学版）2007年第2期。
② 《钦定八旗通志》卷140《巴锡》。
③ 曾国荃、张煦等修，王轩、杨笃等纂：光绪《山西通志》卷13，光绪十八年（1892）刻本。
④ 刘锦藻：《清朝续文献通考》卷29《征榷考一》，浙江古籍出版社2000年版。
⑤ 祁美琴：《论清代长城边口贸易的时代特征》，《清史研究》2007年第3期。
⑥ 《论清代长城边口贸易的时代特征》，第82页。

乾隆五年（1740），杀虎口驿站划归绥远城将军管理，而这里交通要道的地位也逐渐被绥远城所取代。但杀虎口沟通长城内外的交通孔道地位依然发挥着作用。清中叶以来，为解决财源枯竭的问题，实行"借地养民"政策，允许并招徕内地的汉族农民赴杀虎口外的土默特蒙古地区开垦耕种①，光绪二十四年（1898）开始，中央政府开放内蒙古河套、后套等地，推行"移民实边"与放垦蒙地的政策，山西等内地农民大规模向内蒙古地区迁移谋生，即民间所称"走西口"。这股洪流与长年不衰的旅蒙商队，促成了杀虎口至归化城之间商路的繁盛与农业的开发，也促成了杀虎口与朔平府城的繁荣。由于"杀虎口在南门、河口、黄甫川边口、黄甫川城内、朔平府东、西、南、北四门、马市征税"②，于是吸引了诸多商号在杀虎口与右玉城中经营。即使到民国时期，朔平府城内仍有9家商号，杀虎口堡有2家商号。③ 由于地方的繁荣，庙宇等公共空间也发展起来，据统计，明清两代右玉城共有各类庙宇70余座。

图 5-2　右玉城内"晋北实业银行右玉分行"（摄于 2006 年 8 月 8 日）

---

① 卢明辉主编：《清代北部边疆民族经济发展史》，黑龙江教育出版社 1994 年版，第 69—81 页。
② （清）昆冈、李鸿章等修：《钦定大清会典》卷 23，光绪二十五年重修本。
③ 《孔道与平台：杀虎口在历史上的地位和作用》，第 6 页。

1922年，平绥铁路通车，取道大同经丰镇至绥远，杀虎口的交通区位优势荡然无存，税关逐渐衰落，1928年，税关最终关闭。杀虎口与右玉城随着商路的冷清而衰落下来，时至今日，右玉县是一个人口不足10万的小县，统县政区的中心也转移到拥有较发达农业、交通（同蒲铁路）与工业优势（平朔煤矿与神头电厂）的朔州。甚至县城也于20世纪70年代由右玉城迁至位于县境中心的新城镇（梁家油坊），右卫城已经成为一个普通晋北乡镇驻地。杀虎口乡也于2002年撤销归并到右卫镇，并设立杀虎口旅游局，以求振兴经济。繁盛一时的长城边口与重镇，在期冀着重生，只有在历次浩劫中幸存下来的陈迹，在默默诉说着这座古城曾经的辉煌。

（二）由边堡到塞上都会——张家口的兴起

张家口在明代归属万全右卫管辖，宣德四年（1429）筑堡，万历四十一年（1613）依托边墙筑来远堡，为互市之处。来远堡称"上堡"，今俗称"市圈"[①]；而张家口堡则称"下堡"，今俗称"堡子里"。后人追溯其沿革谓：明代时"仅指圈门以内为骡马买卖市场，后逐渐推广而成一曷形之市。至清康熙帝征服蒙古，夸耀天下一家，更立大境门，作为蒙古与本部之贸易市场，其市滋盛。及今日有上堡、下堡及口外之别也。口外者，蒙古贸易商所居之地也（指与蒙古人进行牲畜贸易之市场）。上堡、下堡则内地贸易商（即旅蒙商店铺）所居街"[②]。

明代隆庆和议之后，张家口作为与蒙古互市之处，到万历年间，随着贸易的发展，"百货坌集，车庐马驼，羊菽氍布缯瓦缶之属，踏跳丸意钱蒲之技毕具"[③]，一片繁荣景象。后金建国后，"辽左遣人来口市易"[④]，也通过张家口与内地交易。

正是因为张家口堡扼守交通孔道与互市之所的重要地位，清代入关之甫即非常重视，顺治二年（1645）正月戊子"设张家口、古北口满洲章京各一员，命哈克萨哈驻张家口，满都布贲驻古北口。谕之曰：'尔等驻防之地，凡外藩各蒙古来贸易者，俱令驻于边口照常贸易，毋得阻

[①] 《张家口市桥西区地名志》，河北科学技术出版社1990年版，第240页。
[②] 匡熙民：《张家口游记》，民国八年（1919）手抄本。转引自祁美琴《论清代长城边口贸易的时代特征》，《清史研究》2007年第3期，第78页。
[③] （清）王鹭：《马市图序》，道光《万全县志》卷8《艺文志》。
[④] 道光《万全县志》卷10《志余》。

抑'"①。雍正二年（1724），设张家口理事同知，"管理张家口外西翼正黄半旗、东翼镶黄旗分入官地亩，经征钱粮，旗民户婚、田土、斗殴、争讼，西翼察哈尔旗分蒙古、汉人交涉，逃匪、命盗等案，并口内蔚州、怀安、万全、宣化、保安、西宁、蔚县等七州县旗民互讼人命之事"②。其官署在张家口下堡城内，雍正十一年建。③

为管理张家口所负责的察哈尔等各民族事务以及交通道路与商务，清政府在上下二堡设置了众多衙署机构，比如张家口堡设钦差户部署、驿传道署、县丞署、钦差台站总管署、钦差台站副总管署、协镇署、游击署、协标中营守备署、协标中营千总署、协标中营把总署、协标左营守备署、协标右营守备署、协标左右二营千总署、协标左右二营把总署。来远堡设钦差驻防总管署等。④ 由图5-3和图5-4我们可以感受到张家口上下二堡所设置的官署，这已经远远超过一个县属官堡的规格。

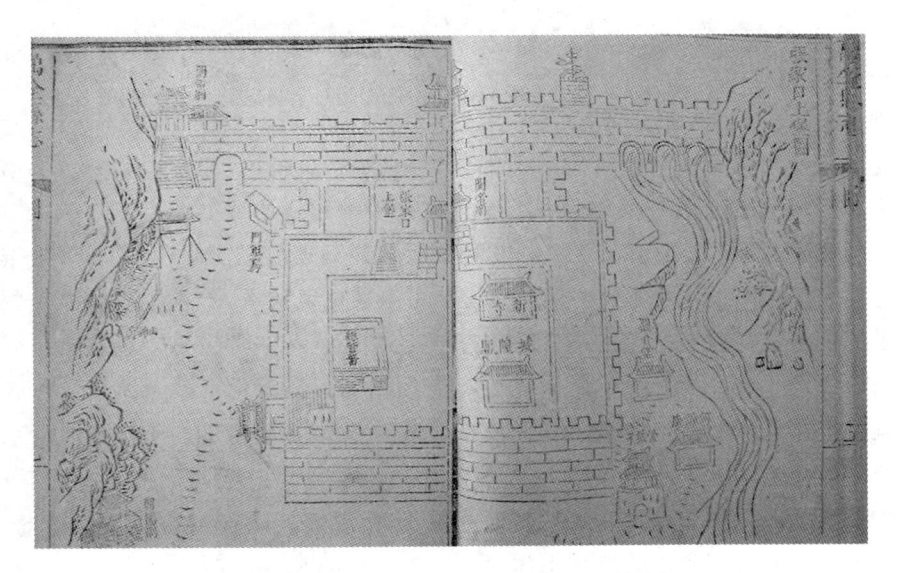

图5-3 张家口上堡图（道光《万全县志》）

① 《清世祖实录》卷13，第119页。
② 《口北三厅志》卷4《职官》，第72页。
③ 《口北三厅志》卷4《官署》，第76页。
④ 道光《万全县志》卷2《官署》，第10—13页。

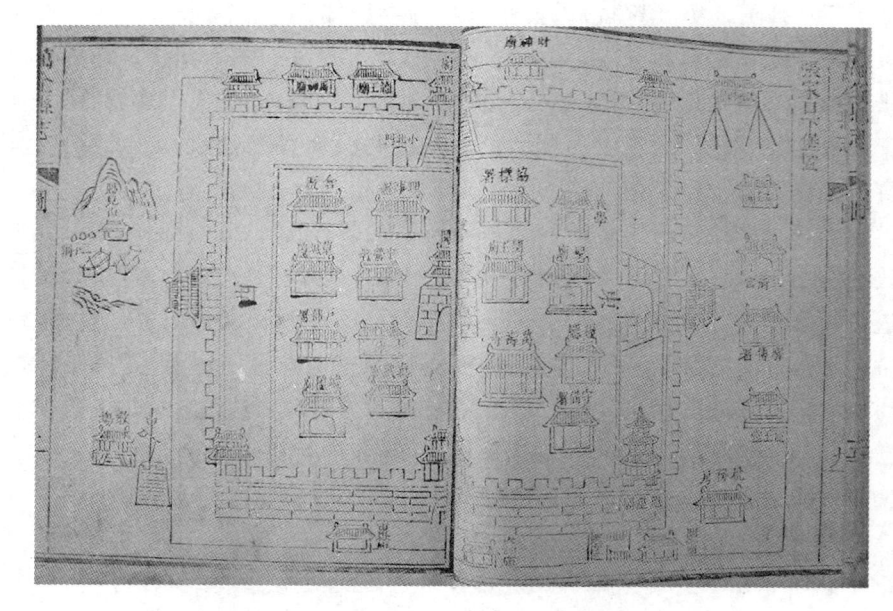

图 5-4　张家口下堡图（道光《万全县志》）

张家口的商业规模和辐射范围远迈杀虎口，在清代北方边城中位居第一。其中最重要的一个原因，就是它成为中俄贸易的重要节点。

康熙二十八年（1689）《中俄尼布楚条约》、雍正五年（1727）《中俄恰克图条约》商定俄国官方商队每三年可来京免税贸易。① 俄国商队入京贸易的道路主要有二："一自尼布楚出齐齐哈尔城，经东部蒙古，过古北口或山海关至北京；一自伊尔库次克城循色楞格河，经库伦，横断戈壁，过张家口抵北京。"② 前者需要 150 天，而后者只需 70 天。起初，俄国商队赴京贸易被指定由尼布楚商路，后因俄商的一再要求，康熙四十七年（1708）清廷批准以色楞格—库伦—张家口的商道为俄国商队往返之官道。从此，张家口成为中俄贸易的重要枢纽之一。出口贸易要先在张家口完税，然后运往库伦，经办事大臣检验部票，发放护照，方可运到恰克图出口。③

在中俄贸易的商品中，茶叶是其中最大宗，据何秋涛《朔方备乘》

---

① 王铁崖编：《中外旧约章汇编》（第一册），生活·读书·新知三联书店 1957 年版，第 7—9 页。
② 《中国近代对外贸易史资料》第一册，第 116 页。
③ 邵继勇：《明清时代边地贸易与对外贸易中的晋商》，《南开学报》1999 年第 3 期。

记载："恰克图互市中国茶叶,《华夷变言》曰：俄罗斯不准船到粤，只准陆路带茶六万六千箱，计五百万棒，因陆路所历风霜，故其茶叶更佳，非如海船经过南洋暑湿，致茶味亦减。《澳门月报》曰：欧罗巴销用茶，以荷兰、俄罗斯两国为最。俄罗斯在北边蒙古地买茶，道光十年买五十六万三千四百四十棒，道光十二年买六百四十六万一千棒，皆系黑茶，由喀（恰）克图旱路运至担色，再由水旱二路分运阿额罗。"① 可见清代中俄茶叶贸易的规模之大。清代晋商经营中俄茶叶贸易的运输路线为：由福建崇安县过分水关，入江西铅山县，在此装船沿信江顺流而下，入鄱阳湖，再穿湖而过，出九江口入长江，溯江抵武昌，转汉水至樊城起岸，贯河南入泽州（山西晋城），经潞安（长治）抵平遥、祁县、太谷、忻县、大同、天镇到张家口。由张家口走军台30站转北行14站到库伦，再北行11站到达恰克图。② 砖茶更是蒙古高原各族人民日常必需品，经张家口输送至蒙古地区的茶叶数量也相当可观。

同治元年（1862）二月初四，中俄两国政府于北京签署了《中俄陆路通商章程》。"这在当时的中俄关系上是极重要的事件，这个章程是对由此以后数十年的中俄边境贸易繁荣的奠基。"③ 其中第三款规定"俄商运俄国货物前往天津，应有俄国边界官并恰克图部员盖印，执照内用两国文字注商目及随人姓名、货色、包件数目。此项货帮止准由张家口、东坝、通州直抵天津"。第十二款规定"俄商在张家口一处贩买土货应交出口税银，按照各国税则交一子税即正税之半，在张家口交纳，该口发给执照以后不再重征，沿途不得销卖"④。从而在制度上进一步规定了张家口的商业枢纽地位。清代中期，恰克图的茶叶贸易兴旺一时，据张家口和归绥的常关统计，在1820年后的近30年内，张家口关税达60561两白银，折121122银卢布；归绥关达2560两白银，折5120银卢布。⑤ "故

---

① 《中国近代对外贸易史资料》第一册，第107页。
② 张正明：《清代的茶叶商路》，《光明日报》1985年3月6日。
③ 米镇波：《清代中俄恰克图边境贸易》，南开大学出版社2003年版，第72—73页。
④ 《清代中俄恰克图边境贸易》，第73—74页。
⑤ 参见阿·科尔萨克《俄中贸易关系历史统计述评》，喀山，1857年，第330页。转引自《清代中俄恰克图边境贸易》，第92页。

张家口下埠等处之商亦到买卖城开设行栈。其时买卖城新添大号约二十家。"①

中俄贸易只是张家口作为沟通长城内外物资与商品的商业枢纽作用的一个侧面，通过归化城、库伦，张家口与蒙古高原、新疆地区都有密切的商业往来。"查该处为商货运转总汇之区，北通内外蒙旗及库伦、乌里雅苏台、科布多等处，西通伊犁、新疆、宁夏，每年输出砖茶至数百万箱，输入皮货，亦复不少。"②

正因如此，张家口已经不仅是简单的交通孔道和关口，而是长城内外商品的交流平台和物资集散地。光绪中叶，俄国学者波兹德涅耶夫对张家口的商业状况有过较详细的考察记录，许檀总结简述为："上堡的买卖城又称市圈，城周2里许，是张家口最主要的商业区，也可说是'中国对俄贸易的集中点'。在恰克图从事贸易，和在蒙古草原北部销售茶叶的晋商都在此设有商行和货栈；他们从俄国输入的呢绒、绒布和毛皮制品业都是先运到买卖城的货栈，然后转运内地。下堡是张家口的另一商业区，批发商的住宅和商行大多集中在纵贯南北的武城街。这些住宅都带有巨大的仓库，以贮存货物。"③ 内地的货物要先到张家口集中，然后再沿各路向各方向发运；俄罗斯和蒙古地区的货物同样要先到张家口集中，再向内地销售，张家口已经不只是一个重要的市场，而是具备了边贸中心都会的性质与功能。

正因如此，清代张家口商号林立，数目众多，极其繁荣，许檀、乔南根据后者在雁门关抄录的六通募捐重修雁门关道路的勒名碑中的内容，梳理出参与募捐的张家口商户，竟然达到580余家。④ 而张家口的商户总数一定是超过这个数字的，可见其商业的规模。

商业的繁荣也改变了张家口的城市形态，明代修筑的张家口堡属于

---

① 《总署收马税务司递节略一件详述买卖城商情由》，同治八年六月十一日，转引自《清代中俄恰克图边境贸易》，第41页。

② 《最新蒙古鉴》第7卷，第8页。转引自祁美琴《论清代长城边口贸易的时代特征》，《清史研究》2007年第3期。

③ [俄]波兹德涅耶夫：《蒙古与蒙古人》第1卷，刘汉明等译，内蒙古人民出版社1989年版，第704—705页。转引自许檀《清代后期晋商在张家口的经营活动》，《山西大学学报》（哲学社会科学版）2007年第3期。

④ 许檀、乔南：《清代的雁门关与塞北商城——以雁门关碑刻为中心的考察》，《华中师范大学学报》（人文社会科学版）2007年第3期。

长城边堡，最初是作为进出长城边墙的南北交通线上的一个控制点，以驻扎军队和各级官署为主，城堡与边墙的边门之间还有5里路程，以备应援。长城边门内的来远堡（上堡）倚长城边墙而筑，今尚保存部分东城垣，最初开辟马市于此，为商贸交易场所和官府收取商税之地。

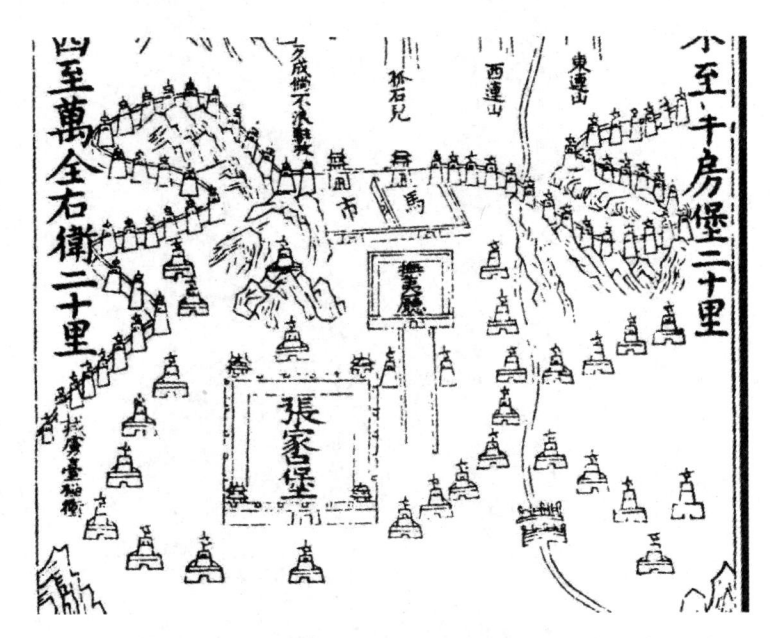

图 5-5 明代张家口堡与边墙、马市之间的关系①

明代隆庆和议之后，张家口成为与蒙古诸部茶马互市之口，边门内上堡与下堡之间的边路两旁渐有行商设铺。当清朝长城内外的形势安定以后，张家口堡与边门城堡间大路两侧的商铺更加繁盛，尤其是同治元年（1862）《中俄陆路通商章程》规定俄商由张家口出入，贩买土货缴纳税银，不仅使得边门与张家口堡之间的五里长边路演变成商业店铺街，而且促使张家口堡东门外之东北角成为最繁华的地带，堡南门外也随之繁盛起来，整个城市形成南北狭长达数里的形态，见图5-6。

---

① 《宣大山西三镇图说》，第41页。

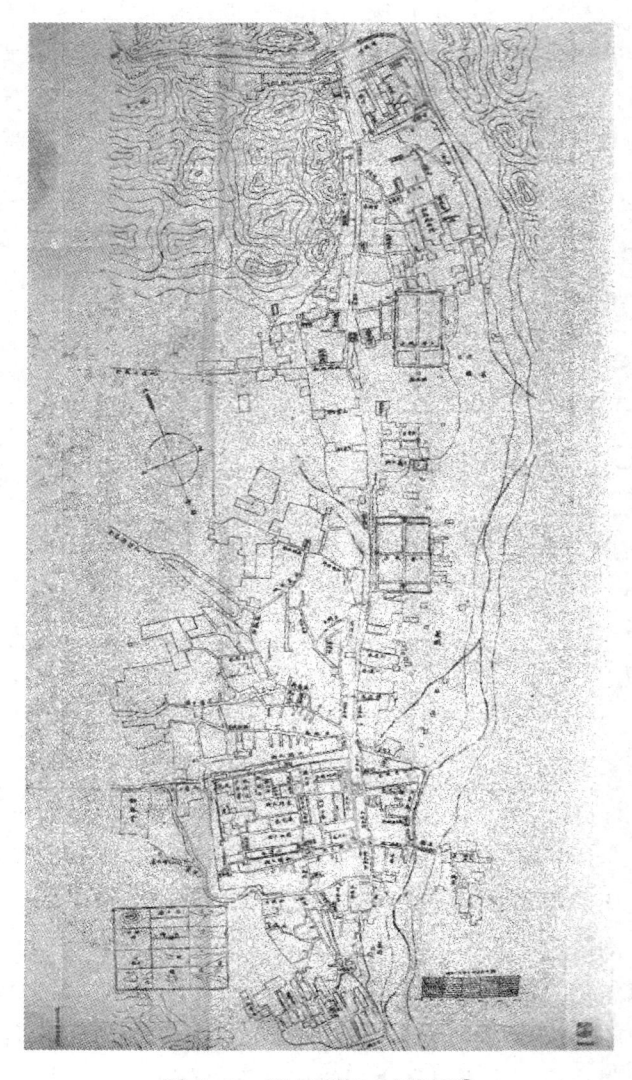

图 5-6　清末张家口市街图①

1905 年京张铁路勘测选定河东为车站以后，洋河东岸依托火车站，逐渐建成新的城市区，并修建桥梁连通河东与河西，更推动了张家口

---

① 郑锡煌主编：《中国古代地图集：城市地图》，西安地图出版社 2005 年版，第 23 页。该图未绘京张铁路火车站，则此图的绘制年代应在 1905 年前。

堡东门外的繁华,迄今不衰。通过图5—7可以看出,绘制于1933年的万全县城图所反映的时代,桥东区与桥西区相比,发展还略为滞后。

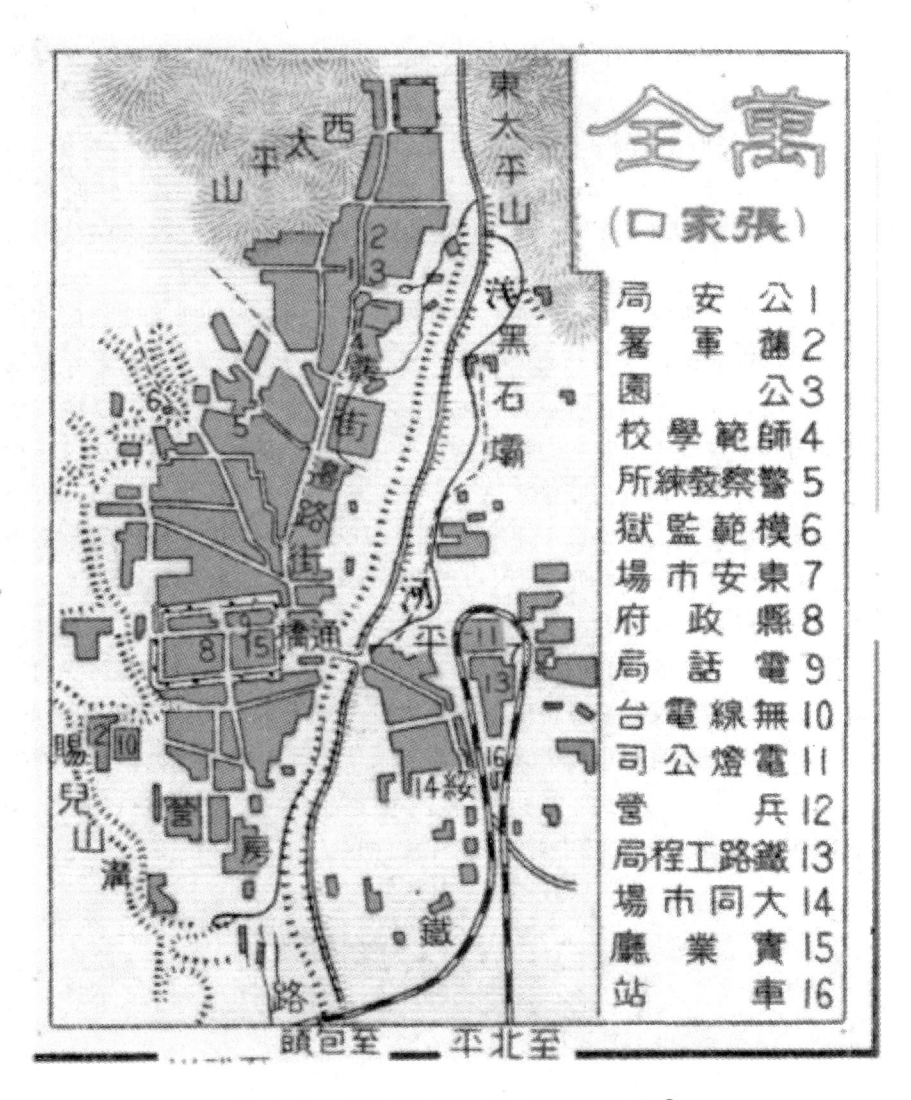

图5-7　1933年万全县城(张家口)图①

---

① 出自《申报馆地图集》,李孝聪教授复制并惠赐。

鸦片战争以后，俄国通过一系列不平等条约陆续获得了各种特权，开始直接深入中国内地购买茶叶，并开通了一条由汉口往上海、天津、张家口到恰克图的更为便捷的茶叶转运线路。凭借从不平等条约中得到的减免税优惠，其运输成本大大低于山西商人，"盖中国商人运茶出口，沿途厘卡层层剥削，及换货进口又复逐处征收。俄商运茶出口则只一正税，进口时亦不重征。是同一出口进口而损益判若径庭"[1]。中国商人利润大减，张家口的市面渐趋萧条。1907年中东铁路修成后，俄国商品经由东北出入，张家口受到沉重打击。1909年京张铁路通车后，虽然情况得以改观，但张家口作为中俄贸易中心之一的地位已不复存在。

尽管如此，张家口所处的农牧两种经营方式的边缘地带和交通区位优势，给了这座城市持续兴旺的生命力。经过清代的发展，张家口已经从明代的小边堡，发展为塞上重镇，其地位稳步上升。民国二年（1913），改张家口同知理事厅为张北县，治设张家口堡子里。民国三年（1914），设察哈尔特别行政区，借治于张家口。同年，废宣化府，改设口北道，万全县署由万全城迁至张家口堡子里。七年（1918），改察哈尔特别区为察哈尔省，将原属直隶省的口北道10县及察哈尔特别区所属的口外6县划归察哈尔省，以张家口为省会。

与张家口地位的上升形成鲜明对照的，是宣化城的相对衰落。我们可以通过这样一个切入点来审视清代宣化城的发展：据康熙《新续宣府志》记载，明代宣府城西北角颇为繁荣，是明末清初的战争才导致该区域的残破[2]，而经过清代二百余年的发展，这一区域仍未有太大起色，直至20世纪80年代，仍是宣化城中城建相对落后的地区。见图5-8。

---

[1]《总署收张家口监督成孚文一件》，同治七年三月初三日，转引自《清代中俄恰克图边境贸易》，第159页。

[2]《乾隆宣化府志》卷41《杂志》，第791—792页。

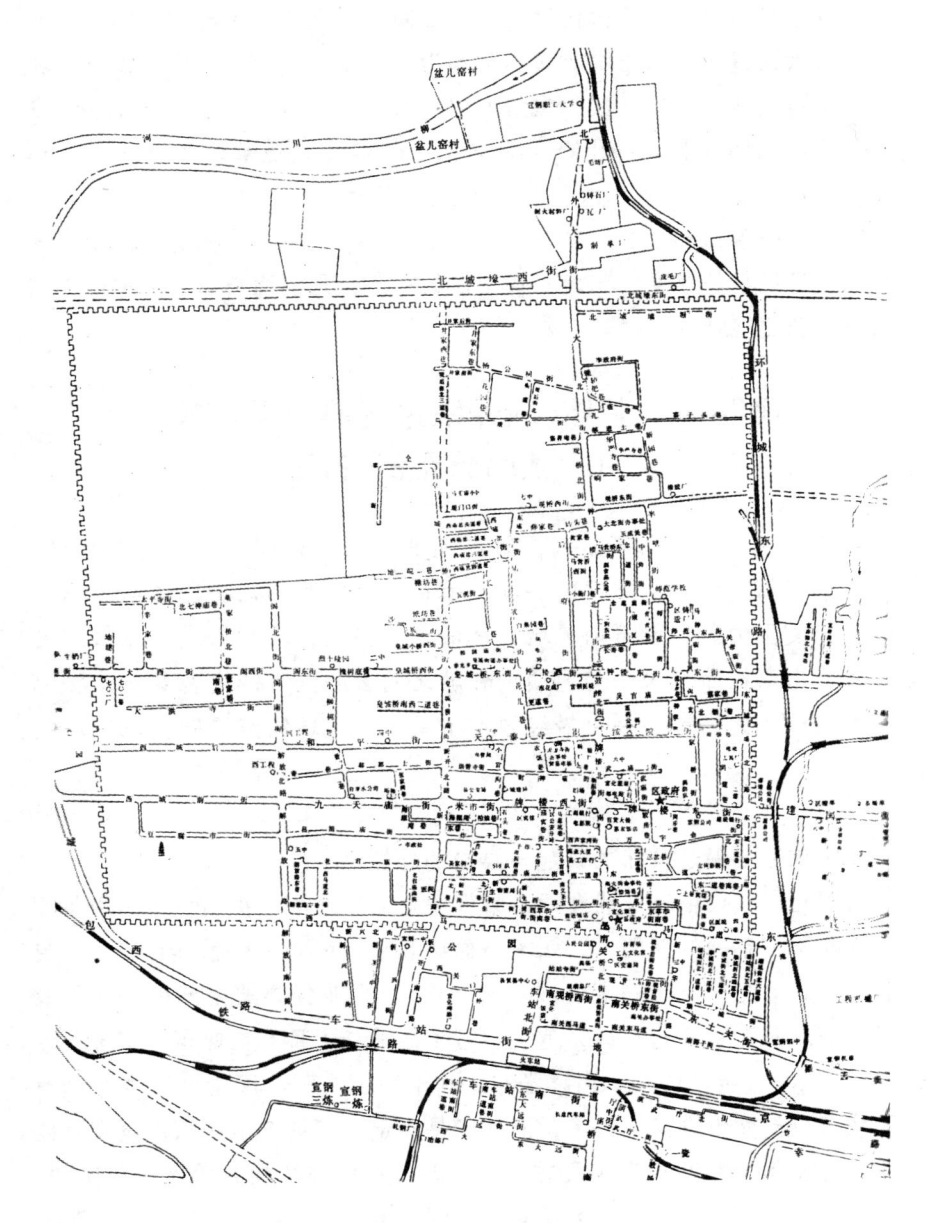

图 5-8 宣化区街区图①

---

① 引自《宣化区志》,三秦出版社 1998 年版。

由此可见，宣化城在清代发展水平即便未有衰落，但与明代相比，至少不会有太大进步。由于宣化城不再作为明代拱卫京畿的九边重镇，也随着长城沿线商业贸易的发展，它的地位相对于张家口的兴起，是在逐步衰落的。民国初期废府，宣化降格为县城，1963年，更被改为宣化区，划入张家口市。

宣化、张家口与杀虎口这三座明代不同层级的城镇，在清代由于边疆形势和交通区位的改变，出现了戏剧性的起落，是清代乃至今天中国长城地带重大历史变迁的缩影。

第四节　京绥、同蒲铁路对桑干河流域治所城市分布的影响

清朝末年，由于列强窥伺，清王朝处于风雨飘摇之际，为图挽救，清政府推行新政。其中重要的一项，就是修筑铁路，以巩固国防、繁荣经济，充实国力。在桑干河流域，从清末到民国，陆续修筑了京绥线与同蒲线，由于铁路带来的交通便利和随之而来的巨大的商业利益，铁路途经各站也随之发展起来，最终导致了桑干河流域铁路沿线县域中心的转移。

一　京绥线沿途市镇的兴起与县治的迁徙

俄国在修筑西伯利亚铁路后，常怀胁迫北京之心，提出修筑自伊尔库茨克纵断蒙古草原的铁路，经张家口而达北京，清政府洞悉其野心，以自办而坚拒之。光绪三十一年（1905），直隶总督兼督办关内外铁路大臣袁世凯以该路关系西北边防极为重要，特于四月二十日奏准修筑，宣统元年（1909）八月，全路告竣。当京张铁路尚未完工之际，库伦办事大臣即有筹设张家口至库伦铁路之请求，清廷于是决定先行展筑由张家口至绥远路段，宣统元年（1909）京张段方竣工，即由邮传部拨款开始展修张绥段。宣统三年（1911）路工筑至阳高。民国三年（1914）车通大同，四年（1915）通丰镇[①]。十年（1921）四月，通至绥远；十一年（1922）十二

[①] 沈鸿勋：《中国铁路志》，沈云龙主编：《近代中国史料丛刊续编》第93辑，台北：文海出版社1982年版，第183页。

月，通至包头，历时18年，最终全线贯通。

关于修筑京张铁路的重大意义，《京张铁路工程纪略》第一章《总纲》指出，"张家口在居庸关外，当京师西北，为通蒙古孔道，昔时军事上称为北边之重镇，而商业上实为互市之巨埠。由蒙古所输入以及内地所输出，每岁货物价额甚巨，罔不汇萃于此，以相交易"①。铁路将来"所过大小集镇，均不寂寞，沿途民户亦繁，口外货车更源源不绝，此路早成一日，公家即早获一日之利益，商旅亦早享一日之便安，外人亦可杜一日之观望"②。具体来说，对中外贸易与北方地区的商业发展意义重大，"查张家口南来商货如驼羊、毛皮张之类皆属出洋大宗，从前费巨时延，未能应期立至。今本路发轫丰台，适与京奉、京汉联接，东南际海，西北沿边，朝夕可达。日后源源输运甚捷，自不待言，而每年北运之货价值亦复甚巨。北方商业发舒兴盛，本路实莞其枢"③。

京张路修成之后，即带来极大的便利，在修成后三年的民国元年（1912），就载客四十万余人次，运货七十万余吨。而到了詹天佑去世的第二年——民国十年，载客人数已逾一百多万人次，载货吨数为一百四十五万吨。④ 1935年，由中华民国交通部与铁道部合作编写的《交通史》中，对京绥铁路的经济意义进行了总结：

> 本路全线由丰台经京师北通居庸，抵张家口。而西而北，蜿蜒达于绥远城下，复向西南行以抵包头镇。……贯络燕、晋，实为西北一大干线之位置。于安辑蒙旗，巩卫关塞，均有莫大关系。其中经过之平地泉，东通哈尔滨，西北通库伦，西经包头达哈密，与张家口、绥远、包头均为汉蒙贸易之场，商务集中之地。张家口旧为中俄陆路通商要地，自中东铁路通后，俄国货物鲜经于此。然内外蒙古、察哈尔日用所需，若散茶、砖茶、棉布、各色糖食、火柴、烟草、纸张、绸缎，以及一切杂物莫不取给于兹。且其地所出大宗物产，若牲畜、皮毛、药材、土碱、蘑菇、兽骨之类，胥一次为转运之场，商贾麇集，

---

① 中华工程师学会：《京张铁路工程纪略》第一章《总纲》，文华祥印务局1915年版，第1页。
② 《京张铁路工程纪略》，第4页。
③ 同上书，第25页。
④ 曾鲲化：《中国铁路史》，燕京印书局印刷，1924年，第760页。

市廛栉比，每岁贸易额在三千万两以上。绥远商务均在归化，凡甘、青、内外蒙古一带之皮毛、牲畜、药材，以及新疆之棉花、葡萄，均集中于此地，以待运送于京、津、沪、汉，而由京、津、沪、汉运来之货物，若砖茶、绸缎、布匹、煤油、火柴、海菜、糖食之类，亦均由此分运各处。西出，经大草地即输入于新疆，经河套即输入于甘肃，趋西北即至乌里雅苏台、乌梁海、科布多，趋极北即至库伦、恰克图，每岁贸易额在二千五百万两以上。包头居水陆之要冲，为货物所萃集，由船运至者，以粮食、药品为大宗；由驼负来者，以牛羊、皮毛为巨额。所有宁夏、镇番、鄂尔多斯一带之药材，由黄河经此以下；河口、青海、西宁、乌、伊二盟暨阿拉善、额鲁特、鄂尔多斯一带之皮毛、牲畜，盐城四子部落、茂明安、乌喇特、河套一带之粮食均集于斯，以分达京、津、沪、汉各处，而由山西榆林、三原运来之大布、生铁、纸张及由京、津一带运来之杂货，汉口运来之茶皆由此分于甘肃、阿拉善一带，每岁贸易在一千万两以上。[①]

在此之外，京绥铁路对沿线各市镇经济的刺激与县域经济格局的影响也是重大的，直接导致了一批新市镇的兴起与一批传统市镇的衰落，其中以杀虎口的衰落最具代表性。

杀虎口在清代盛极一时，其兴盛的基础就在于它是沟通山西，乃至内地与蒙古草原的交通孔道，内地的货物通过杀虎口至归化城，再向西北各地通过草原的驼队商路发运。但是由于张绥铁路经过测量，没有取道此处，导致其交通优势的丧失。这次测量非常严格认真，现录其过程以及对计划中各方案的比较如下：

> 按绥远城居张家口正西偏北，往来通行计有北、中、南三条。北路出张家口西北六十里，上韩努坝，经大草地、平地泉、卓资山、旗下营、陶卜齐至绥远，三路以此为最捷，计程七百二十里。惟出张家口上坝一段坡度太陡，不宜筑路。铁路取线，应测中、南两路以资

---

① 上海交通部交通史编纂委员会、铁道部交通史编纂委员会：《交通史路政编》第二章《国有铁路已成线：京绥》，1935年，第1769—1770页。

比较。

初勘为俞君人凤，于光绪三十四年九月出发至张家口起测中路，西南向至柴沟堡，沿大羊河经二道河、张皋尔，越鹅岭坝，经隆盛庄、丰镇、宁远厅，过坝梁上，穿石匣沟，出西沟门，至绥远、归化以及托克托城河口。

归测南路，东南向至杀虎口，过老爷坝，经朔平、左云、大同，过聚乐堡、阳高、天镇，越枳儿岭，经怀安县，由洪汤水沟至胡家屯，过大羊河，由太师庄回张家口，往返五个月，至宣统元年正月回京。所测中线，由张家口沿大羊河至丰镇，中有鹅岭坝一段，山势险峻，坡度太陡，不宜筑路；由丰镇至绥远，中有石匣沟、坝梁上一段，坡度亦属太陡，然可如关沟，勉作三十分之一者约三十里；南路由绥远至大同，中有老爷坝一段，山势坡度亦不宜筑路；由大同至张家口，中虽有聚乐堡、枳儿岭两分水岭，天然坡度为三五十分之一，尚属可以筑路，应较关沟为愈。

据所测路途之远近、山河之形势、坡度之高低，与夫沿途商务物产之调查，边防、垦务之关系，详加研究，证以筑路工程之难易，估计所需资本之概数，与夫将来铁路营业之希望，逐一详细比较：东半路宜取南线，即张家口至大同；西半路宜取中线，即丰镇至绥远，并宜展至河口；中间由大同至丰镇相接。当时虽未实测，惟据闻，相距百里，而均为玉[御]河流域，坡度应无问题。询谋佥同，遂定议条陈，取用此线。此初勘择之略史也。①

经过测量人员对中、东、西三条路线方案的比较，最终选择了由张家口经天镇、阳高至大同，折而北上，经古店、孤山至丰镇的路线，铁路通车之后，由大同经丰镇至绥远成为连通蒙古草原最便捷的道路，等到1936年北同蒲路修成，山西全境都可通过铁路与塞外运输货物，杀虎口彻底失去交通孔道的意义，最终成为普通村落。

---

① 交通部直辖京绥铁路管理局编印：《京绥全路测线纪略》，1921年，第12—13页。

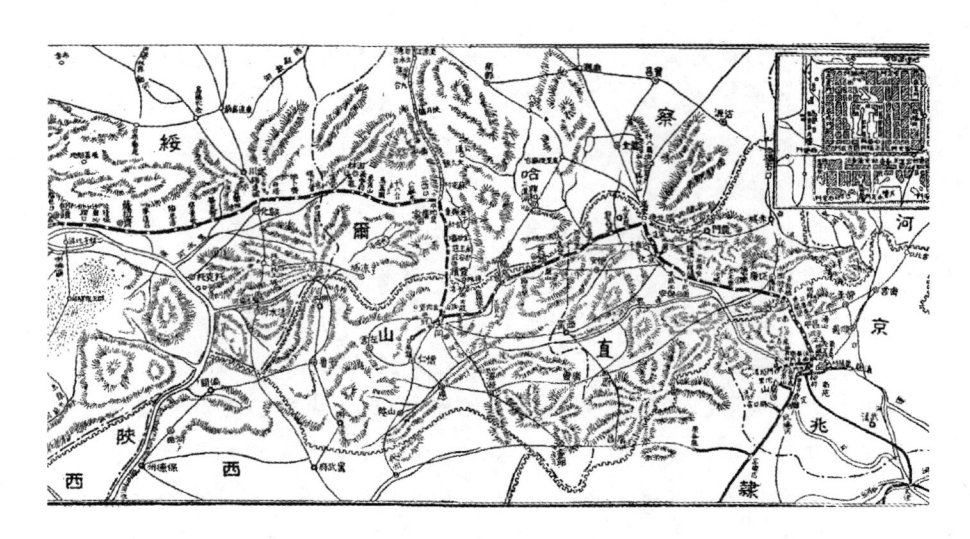

图 5-9　京绥铁路至包头段路线图①

在京张线修筑之初，即对所经区域的车站进行了规划："本路按营业之繁简，定车站为四等，如西直门、张家口、宣化府等处均设头等站。若广安门、怀来等则设二等，若清河等设三等，若西拨子等设四等。实在四等站往往无营业可言。殆皆以距离之关系，不得不酌设数处，以供上下行列车途中交错之用。"②在最初规划者的心目中，西拨子等小村落并无经济意义，只是因为距离均匀的需要，而勉强设置四等站，但铁路对沿线经济的刺激却是规划者始料未及的。民国十三年（1924）四月，对京绥铁路全线各车站等级进行了重新编订，制订出京绥铁路《重订全线各车站等级表》：

　　大站：丰台、西直门、南口、康庄、青龙桥、宣化、张家口、阳高、大同、丰镇、平地泉、绥远、萨拉齐、包头

　　中站：广安门、石景山、门头沟、东园、居庸关、三堡、西拨子、怀来、新保安、下花园、宁远、柴沟堡、天镇、口泉、苏集、卓

---

① 据《京绥铁路全线图》改绘，《交通史路政编》第二章"国有铁路已成线：京绥"，《交通史路政编》第九册，1935 年。

② 《京张铁路工程纪略》第八章《房厂：车站》，第 119 页。

资山、陶卜齐、毕克齐、麦达召、公积坂、镫口

小站：前门、朝阳门、东直门、安定门、德胜门、三家店、清华园、清河、沙河、昌平、土木、沙城、辛庄子、沙岭子、孔家庄、郭磊庄、西湾堡、永嘉堡、罗文皂、王官人屯、聚乐堡、周士庄、平旺、孤山、堡子湾、新安庄、红砂坝、官村、三岔口、八苏木、十八台、马盖图、福生庄、三道营、旗下营、白塔、台阁牧、陶思浩

电报站：西黄村①

对照今天的政区，我们可以看到，桑干河流域凡是铁路沿途所经，并设置车站的村落，哪怕是小站，在今天也都是乡镇以上行政单位的驻地。其中，柴沟堡、孔家庄更是因为铁路带来的便利而最终取代了怀安城与万全城，成为怀安县与万全县的治所。

柴沟堡位于洋河的河川地带，土地肥沃，交通便利，所以明代便在此处筑堡，并设置参将把守。据民国《怀安县志》记载，柴沟堡所在的第五区，河地共九百四十余顷，占全县河地的一半左右，又"由东西南三道洋河，纵横贯境，开渠甚易，其大小河渠，由东西两洋河引水，以燕尾河为间尾，长有三四十里，灌田二百余顷；且地势较一、三、四区低下，暖长寒短，颇适耕种。又居平绥路线交通便利，所有剩余粮食，运销各地，毫不困难。故五区与二区，号称本县之米粮川也"②。从农业条件来看，第二区的左卫一带河地也有八百余顷，同样处于洋河的河川地带，也有余粮发售，但之所以柴沟堡最终成为县城，最重要的原因，就是它具有"平绥路线交通便利"的交通优势。所以，民国时期怀安县集市有五处，其中怀安城、左卫镇、太平庄与东塔村四处都不是常集，只有柴沟堡，"斯地交通便利，商业较繁，平日定为常集；不论何时，售货摊床，照常摆列。所有货物，与怀安城略同；惟粟粮较他集市特多耳。委以地接兴和，所运杂粮，均以柴城为集散之中心。是以该地粮店林立，面行栉比，

---

① 《交通史路政编》第二章"国有铁路已成线：京绥"，《交通史路政编》第九册，第1615—1616页。

② 民国《怀安县志》卷1《疆域志：土质》，第28页。按当时怀安县第一区为县城附近，第二区为左卫附近，第三区为强地堡附近，第四区为王虎屯附近。

亦足证其繁盛之一端耳"①。柴沟堡的商号、店栈一度达到230家之多②。正是因为柴沟堡具备了粮食产地与铁路沿线两大优势，所以才繁盛起来，民国三十年（1941），敌伪政府将万全与怀安县合并，称万安县，以柴沟堡镇为县治。1951年，新中国怀安县县治由怀安城迁至柴沟堡。

孔家庄本来是万全县的一个普通村落，京绥铁路通车后，于万全县境内设置了孔家庄与郭磊庄两座小站，这两个村落依托铁路的交通优势，迅速发展起来，"万全县食粮以米麦为大宗……米之剩余则多售之张垣转贩各地，亦有售于孔、郭两站者。……孔家庄、郭磊庄为平绥路在县境之两小站，关系农民经济亦大。盖一县经济之充足否，全在各著名村镇，而各村镇又视交通之如何。交通便利，地方必繁盛，否则人皆视为畏途，经济随之趋落，生机困厄立现，此为一县生死关头，不容忽视也"③。民国二十五年（1936），张家口至柴沟堡（中间经由孔家庄与郭磊庄）段通汽车，怀安至韭菜沟段（连接山西天镇）通汽车④。正是因为铁路与公路的双重便利，1983年，县治由万全镇迁到其南14公里的孔家庄。

同样，郭磊庄旧村建于清雍正年间，新中国成立后，县属基层财贸单位逐渐在火车站附近兴建，居民户口日益增多，遂逐步形成新的聚落，称郭磊庄新村。1953年建乡，1986年8月经河北省人民政府批准，改建为郭磊庄镇。⑤虽然没能成为县城，但其能由一个普通的村落，发展为万全县四个建置镇之一，与县城孔家庄及万全、洗马林两座历史悠久的城镇并列，不能不说是铁路带来的契机。

二 同蒲线沿途市镇的兴起与县治的迁徙

光绪三十年（1904），山西省士绅拟仿粤汉公司办法，自造铁路，由太原起南达蒲州，北抵大同、宣化，名曰同蒲铁路。但因清末民初时局动荡，工程旋即停顿。民国二十一年（1932），山西省决定独立修筑同蒲铁路，用一公尺轨距，以太原为中心，分为南北两段。雁北地区属于北段，

---

① 民国《怀安县志》卷2《政治志：风俗》，第71页。
② 《怀安县志》，第58页。
③ 民国《万全县志》卷三《生计志：社会概况》，第11页。
④ 《河北省志》第39卷《交通志》第2编"公路建设"，第22页。
⑤ 《万全县志》，第74页。

民国二十五年，宁武至大同铁路贯通。抗战爆发后，工程停止。日军占领山西后，敌伪政权将同蒲北段改为标准轨距。① 在雁北地区，北同蒲铁路共设大同、石佛、平旺、韩家岭、里八庄、怀仁县、宋家庄、尚希庄（今金沙滩）、北周庄、岱岳镇、榆林村（今东榆林）、神头镇、朔县、前寨村、梨园（今梨元东站），至宁武县的阳方口站。总体来说，北同蒲线在雁北地区是从大同开始，沿洪涛山脉东麓的山前倾斜平原向西南到朔县，然后向南通阳方口。在铁路沿线，形成了后来的平旺、西韩岭、里八庄②、怀仁县、金沙滩、北周庄、岱岳（山阴县城）、神头、朔州等乡镇以上政区驻地。最为显著的，当是岱岳镇取代了山阴城（今山阴县古城镇），成为山阴县的新县治。

岱岳镇，明代称大要村③，以地处关内外通衢要冲而得名。康熙五十一年（1712），山阴路防御都司移驻大要，后设巡检司于此。军民渐增，形成集镇，谐音演化为岱岳。民国二十五年（1936），北同蒲铁路通车，由镇西经过，岱岳始建火车站。民国二十六年（1937），日军侵占山阴县后，以岱岳为伪县治所在地。日本投降后，历届政府都以此地为山阴县治④。

第五节　小结

清王朝定鼎中原之后，随着它版图的拓展，桑干河流域所处的政治、军事形势以及民族关系都发生了重大转变。随着长城内外归属同一个政权管辖，往日剑拔弩张的对峙局面不复存在，而代之以在中央政府主导下的有序经济、贸易往来。也正是由于边疆形势的缓和，明代在桑干河流域所实行的都司卫所——军堡体系失去了存在的意义，虽然其物质形态依然存在，但经过清代的逐步调整，其职能发生了转变。

我们通过附录三《明代宣大二镇城堡情况表》可以看到，由于边疆形势的缓和，明代沿长城分布的诸多边堡逐渐失去了存在的价值，降格为

---

① 《中国铁路志》，第260—261页。
② 里八庄乡现已并入怀仁县毛家皂镇。
③ （明）刘以守纂修：崇祯《山阴县志》卷1《坊里》，崇祯二年（1629）刊刻。
④ 《山阴县志》，第20—21页。

普通村落，甚至遭到废弃。而一些处于蒙汉交通要道的城堡，则由于长城内外联系与商业的发展，作为商贸节点与平台的职能大幅度提高，有的甚至成为盛极一时的商业重镇，其中以杀虎口与张家口最为典型。正是由于交通区位的变化，导致杀虎口先盛后衰，也使得张家口由周长四里的军事堡垒发展为塞上商业中心，最终取代宣化城，成为桑干河流域两大中心城市之一。也正是因为交通区位的变化，虽然今天的县域与清代相差不大，但怀安、万全、山阴等县的县域中心都发生了转移。我们可以说，今天桑干河流域的城市分布格局，是由清代最后奠定的。

全书结论

桑干河流域属于农牧交错地带，它与传统的中原农耕地区有崇山相隔，所以被称为"山后"；它又与草原游牧地区存在明显的差别。正是它特殊的地理位置与地缘环境，决定了它特殊的发展历程。农耕民族以其为解决北方威胁，向西北方向开拓疆域的前沿基地，在桑干河两岸徙民实边，屯田耕种；而当中原王朝力量衰微时，游牧民就会乘隙南下，将气候凉爽的桑干河流域作为自己适应、统驭农耕世界的前进跳板。在历史上，曾多次出现农牧业的反复与重建，导致城市屡次废弃，又在多年后沿用或重建，虽然山川依旧，但主人已几度更替。而这种大开大阖、前后变化极为剧烈的城市分布格局，正是探讨这一地带一系列重大历史问题的一个极佳切入点。

本书从分析城市的选址规律入手，指出不同历史时期，桑干河流域的城市数量、规模与地理分布，都呈现相当大的差别。而这些差别，都与城市的职能息息相关，而不同时期的边疆形势、民族分布与经济形态，决定了城市的职能，也进一步决定了城市的分布形态。

汉代由于实行徙民实边，对桑干河流域进行大规模的农业开发，汉人的农业经济和城邑居住方式，决定了汉代城市多数位于桑干河、沧头河及其主要支流的河流阶地上。也导致汉代城市形成了一个沿桑干河两岸分布的狭长城市密集区。

北魏前期，由于畜牧、狩猎经济还占有相当比重，在桑干河以北形成了牧业与狩猎经济区域，虽然北魏政府迁徙大批中原人民进入桑干河流域以充实畿内地区，但这一时期的农耕经济与城市发展水平不宜高估。

经过六镇之乱到隋末的长期动荡与分裂局面（其中有短暂统一稳定时期），唐王朝重建了统一的中央集权国家。但由于特殊的历史因素，唐王朝没有像汉代一样在桑干河流域广建郡县，而是通过安置游牧部落与设置军城的方式促使其半农半牧化。军城与游牧部落对于城址的选择，与以文治为主的州县治所城市并不相同。

唐末五代至辽是桑干河流域城市发展的又一次高潮，我们可以看到唐末兴起的州县治所城市，多位于一个相对封闭的小流域中，这是与当时军阀割据混战的局面相一致的。

明代是继唐代以来，桑干河流域再一次归属中原农耕政权管辖。为巩固北部边防，明太祖在桑干河流域广设都司卫所，使得这一区域的农耕化进程从此不可逆转。由于卫所担负着经济与军事的双重职能，使得卫所城市尽量靠近边墙一线，而与桑干河以南的州县城市形成"极边"与"次边"两层体系。

清代疆域广大，长城一线民族关系缓和，促使中央政府将卫所改置为州县，进一步巩固了桑干河流域农耕经济的主导地位。而由于长城内外商贸的繁荣，张家口、杀虎口等明代的长城边堡一跃而成为盛极一时的商业枢纽，更深刻地诠释了大历史背景对城市职能的影响。

我们还应该注意到，除了治所城市选址与分布的演变外，在不同时代，桑干河流域也曾存在过大量的基层城邑，比如汉代的乡亭聚邑、拓跋鲜卑的日中城等城邑、唐代的军城，以及明代遍布边墙腹里的官堡。这些基层城邑的设置，有其特殊职能，比如明代的长城边堡，主要功能就是屯集士兵，驰援边墙，所以其选址必须接近边墙，并不以周边的农耕环境为主要考虑内容。由于边墙多修在山区，所以这类边堡所处环境并不优越，在民族关系相对缓和的清代逐渐被裁撤，到今天则多成为普通村落，甚至已被废弃。所以，不能将这些基层城邑等同于真正意义上的城市，也不能认为它们一定代表了农业开发（汉代的乡亭聚邑确实代表了农业开发）。必须在具体的时代背景下把握其与周边地理环境的关系。

笔者通过前面五章的探索与分析，我们可以解决"绪论"中提出的问题。

一　导致唐代前期桑干河流域城市发展低谷的原因

桑干河流域的城市发展曾面临过两次比较大的低谷时期，分别为西晋末年至北魏初期、六镇之乱至唐代末期。其中西晋末年至北魏初期，以及六镇之乱至隋代都属于战乱动荡时期，局势不稳，居民的生命和财产受到严重威胁，因而人民流徙逃亡，所谓"汉末大乱，匈奴侵边。自定襄以西，云中、雁门、西河遂空"①，以及"孝昌之际，乱离尤甚；恒代之北，尽为邱墟"②。在这种情况下，城市发展被迫停顿是很自然的事。但我们在"绪论"中提到过，唐代作为强盛的统一帝国，在盛唐以前却没有在桑干河流域广设城邑，不要说与汉代，就是与由游牧民族建立的北魏相比，也是大为逊色。

这一强烈对比，是由汉唐两代不同的边疆形势、御边策略、军事组织制度以及居民群体所决定的。具体说来，西汉初期由于面临着统一的匈奴政权的军事压力，在军事上处于守势。再加上汉代士兵来源以郡国的编户齐民为主，所以自汉文帝开始，就在边郡广建郡县，徙民实边，以补充士兵来源，并依托多层次防御体系来抵抗匈奴骑兵的南下。

而唐代初期由于袭破了东突厥政权，取得了军事主动，边疆形势相对缓和。再加上唐代兵源上以府兵、番兵和兵募为主，府兵主要职责是番上宿卫，州县无兵。军事行动以临时组织兵募和番兵行军为主要形式，并不重视边疆防御体系的建设。同时，唐代将归附的游牧部落安置在桑干河流域，导致这一地区成为牧民驰骋纵横的游牧地带。正是因为汉唐两代不同的边疆形势、军事制度、御边政策与居民构成，才使得汉代在桑干河流域修建了37个治所城市，而唐代直到开元盛世，却只有4个州县治所城市。

需要指出的是，虽然我们根据《魏书·地形志》与《水经注》等文献资料，统计出北魏时期共设置或沿用了28座城邑，但经过本书第二章的分析，这些城邑的设治基本都是在北魏都代时期的后期，而在北魏平城时代的大部分时间内，由于畜牧和渔猎经济发达，严重挤占了农耕经济的发展空间，其治所虽以沿用汉晋旧城为主，但很难认定这些郡县城邑是与周边农耕经济保持有机联系，并组织发展商业与手工业的真正意义上的"城市"，其城市发展水平不宜高估。

二 影响各历史时期桑干河流域城市分布与选址的原因

不同时代背景，不同经济形态，不同文化与民族，甚至不同身份与承担不同任务的人，对城市的职能都有着不同的认识，从而导致不同历史时

---

① 《元和郡县图志》卷14，第400页。
② 《太平寰宇记》卷49《河东道十：云州》，第1031页。

期，城市选址规律不同，其地理分布格局也不尽相同。

纵观各历史时期，我们可以发现，汉代城市呈现明显的沿河分布规律。通过实地考察，并与考古发掘报告、历史文献相互比勘之后，本书得出结论，在桑干河流域今天经过考古发掘的29座城址中，有18座与相邻的河流不超过1000公里，24座城址位于桑干河、沧头河及其各级支流的河谷谷地中。而在桑干河两岸20公里以内的狭长地带，分布着13座县治城市，这13个县城距离桑干河大多不超过10公里。

与此形成鲜明对比的是，除北魏多沿用汉晋城址外，唐末以降，治所城市的选址日益偏离桑干河两岸，而向桑干河支流的上游发展，比如辽代的怀仁县城和明代的怀安卫城，都是如此。而到了明代，则在沿内蒙古高原南麓一线，分布了一系列都司卫所城市。这一趋势，相当明显。同样是中原农耕政权建立的强盛帝国，同样在桑干河流域徙民实边，同样依托堡垒、长城等防御工事来抵抗蒙古高原的游牧部族。汉代与明代的治所城市却呈现不同的分布格局。这还是由不同时期对城市职能的不同定位所决定的。

虽然同样是在桑干河流域内组织农耕，徙民实边，但两代居民的身份不同，汉代居民首先是"民"，是普通的编户齐民，所以汉代政府在组织、安置移民的过程中，首先要保证其聚居的城邑周围有一块比较大的宜农地带，而桑干河与其支流交汇的三角地带，则是最适宜发展农耕与修筑城邑的位置。所以汉代的"募民徙塞下"政策，首先考虑的是：

> 相其阴阳之和，尝其水泉之味，审其土地之宜，观其草木之饶，然后营邑立城，制里割宅，通田作之道，正阡陌之界，先为筑室，家有一堂二内，门户之闭，置器物焉。民至有所居，作有所用，此民所以轻去故乡而劝之新邑也。为置医巫，以救疾病，以修祭祀，男女有昏，生死相恤，坟墓相从，种树畜长，室屋完安，此所以使民乐其处而有长居之心也。①

而明代农耕居民的首要身份是"军"，他们是特殊的卫籍人口，担负着屯田与作战的双重使命。明太祖朱元璋曾下令给雁北地区的卫所：

---

① 《汉书》卷49《晁错传》，第2288页。

>　　山北口外东胜、蔚、朔、武、丰、云、应等州皆极边沙漠，宜各设十、百户所统率士卒，收抚边民。无事则耕种，有事则出战。所储粮草，就给本管，不必再设有司，重扰于民。①

很明显，由于都司卫所并非纯粹进行文治的政区单位，所以选址有其特殊性。在保证周边有一块相当宽敞的农耕地带的同时，必须要有效地组织军事攻守，所以都司卫所多选择在靠近内蒙古高原南缘的沟谷出口处。

这种以卫所城市为主的分布格局与内地完全不同，在桑干河流域所在的万全都司与山西行都司，不单存在众多实土卫所城市，州县城市也多有卫所同城。而在邻近的山西雁门关以南地区与北直隶，实土卫所与府州县相比数量稀少，而且府州县与卫所同城情况也不多见，由此可以清晰地窥见作为北疆重地的桑干河流域的特殊城市分布格局。

即使在同一时代，由于城市职能不同，其选址也不尽相同。明代就是一个典型的例子，都司卫所城市由于承担发展农耕与组织军事的双重职能，所以一般都选择在比较宽敞的平川之中。而在土木之变之后，出于填补防御空白的目的，修筑了高山城、聚落堡、顺圣川西城、东城等一系列居中应援城堡，这些城堡多处于可四处应援的交通要道。而随着边墙的修建和完善，为配合边墙的防御而修筑了一系列的长城边堡，这些边堡多距离边墙较近，以便驰援。但由于边墙多修筑在山上或山脚下，导致长城边堡往往要建在周围相对局促、恶劣的环境中，这些边堡由于主要承担军事职能，因而在边境形势缓和的清代逐渐遭到废弃。

出于不同民族与文化背景，对城市职能的要求存在很大的差异，从而导致城市选址的不同。本书第三章谈到了唐末对浑源、应州两城的迁徙，也就是将两城由汉代的麻庄城址与东张寨城址分别迁徙到今天的浑源与应县城。在谈到迁徙的动机时，康熙《浑源州志》提到"浑郡故城在州西二十里，横山左侧，峡水绕城环流，每值淫雨泛涨为患，浸没城隍，且土性湿卤，民不堪居。迨至后唐，相今形脉从东南来，结为立形如龟。东西高下可奠民居，遂徙筑焉"②。表面看来，这就是一个出于环境问题而迁

---

① 《明太祖实录》卷62。
② 康熙《浑源州志》卷1《城池》。

徙的例子。但如果我们回过头来想想迁徙者的身份，也许会有更多的思考。我们知道，后唐的核心集团是沙陀人，在进入桑干河流域之时，他们的汉化程度不高，直至攻下华北，定都开封时，他们依然以游牧民自居。他们选择城邑居处，恐怕不会更多地从便于农耕着手，再联系上李国昌时应州城的迁徙，这次迁徙的动机很可能是为了选择高燥凉爽的环境，以利养马。

三 城址存废或迁徙的成本因素

具有不同背景的人，面对相同的环境和城址，会从不同的角度来考虑问题，从而导致不同的结果。

纵观桑干河流域的发展历程，让我们印象深刻的就是汉代城址的普遍废弃和唐末以来治所的转移。西汉时期桑干河流域的 37 个治所城市，有确凿证据证实在今天仍为县一级及以上行政区划驻地的，只有平城（今大同市）和马邑（今朔州市）两县，也就是说，大部分治所城市被废弃。辽代 20 个治所城市中，到今天仍然有 9 个被废弃或发生转移。甚至是最近的清代，也有 5 个县的治所发生了转移。

首先我们看汉代城址的废弃，西晋灭亡后，北魏在进驻桑干河流域后，沿用了相当一部分汉代城址，但经过六镇之乱之后的长期荒废，盛唐时期重新在这一地带进行经营时，却没有沿用汉代故城，而是在其不远处修筑新城。当然，我们要考虑到盛唐距离北魏末年有三百年左右的时间，相信经过这么久的风吹雨淋，汉魏城址应有相当程度的破坏。但就今天保存的某些汉代城址来看，却并非完全不堪整修。其根本原因，在于北魏末年居民永远离开了家园，而 300 年后的新到访者面临的则是废弃已久的城邑，对他们来说，修建一座新城，未必会比翻筑老城要困难；而且更重要的是，废弃老城，对于他们来说，没有任何负担。

辽以后，尤其是明代在桑干河流域广设卫所，徙民实边之后，这一地带的农耕化已不可逆转，再也没有发生过居民流散殆尽、城邑长期荒废的情况。但我们能够看到，辽代之后，政区的治所仍然有相当一部分发生转移。其间自然有向更适宜的环境发展的因素，比如顺圣川东城修建时，就因为元顺圣县城"湫隘无水，亦难久居"而未加以沿用，另外明初修建阳和卫城时，放弃白登河以南的元白登县城，而选择靠近便于防御的沟谷出口处。这些都是站得住脚的理由。清代的县城发生迁徙，情况也是如此，比如万全、怀安、山阴等县治所的转移是为了靠近铁路。

但我们仔细审视的话，可以发现，明代初期在桑干河流域，尤其是在宣化盆地，实行了"徙山后民"的政策，这样新的都司卫所城市的设立，所遇到的情况与盛唐本质上没有差别。因为没有任何阻力与成本。而那些没有明确记载发生徙民的地方，比如马邑，在这样一个强势的政府面前，恐怕也不会有太大的阻力。同样，近代的县城转移，也大多发生在政权更迭的关口，比如柴沟堡与岱岳镇是在日伪占领后成为县城的。也就是说，城址的废弃与转移需要一个"契机"。

一般来说，城址一旦选定并长期沿用，会形成一定程度的惯性。因为当地居民，甚至官吏都会与这座城址产生千丝万缕的利益关系。而城市是人类文明的重要体现，除非遇到重大的灾难，不会导致城市被轻易放弃，除非是那种彻底切断人与城市联系的剧烈变故。而桑干河流域之所以诸多城址被废弃或治所发生迁徙，归根结底在于它位于中原农耕政权与草原游牧部落拉锯的农牧交错地带，大规模战乱在历史上多次发生，导致人文环境彻底改变的缘故。

四　交通区位与中心城市的选择

在"绪论"中我们提到，大同与张家口是今天桑干河流域的两大中心城市，但这两座城市在早期却并非如此，在汉代，平城仅是雁门郡的东部都尉驻所；而张家口的建城史只能追溯到明代。桑干河流域经历了中心城市的转移，其间，交通区位起了决定性的作用。

汉代在桑干河流域的中心城市是善无、马邑、代县与沮阳，除善无城位于杀虎口，靠近北部边境外，其余三座城市都在桑干河流域的南缘山前地带，这是由于政治中心在中原，方便应援与接济给养的缘故。而北魏将都城定于平城，也是因为平城接近蒙古草原的缘故，两汉之际卢芳据守高柳，也是出于同样的考虑。另外，由于北魏前期畜牧、狩猎经济和生活还占相当比重，而桑干河在当时起到农牧分界线的作用，即所谓"灅北地瘠"。将都城定在国人集中的畜牧—狩猎地带，既有利于沟通草原，也方便控驭地势相对低洼的灅南地带，稳定畿内地区。

交通区位的重要性在清代表现得最为淋漓尽致，由于边境形势的缓和，长城内外由剑拔弩张的对立状况转为繁荣的商业往来，在长城各关口中，杀虎口和张家口脱颖而出。由于杀虎口交通要道地位的提升，直接导致在其东南二十里的大同右卫城升为朔平府。而张家口则由于成为沟通内地与蒙地乃至俄罗斯的商业枢纽，城市迅速发展起来，最后成为桑干河流域东部的中心城市。而由于后来修建的京张铁路取道大同、丰镇至呼和浩特，导致杀虎口的交通区位优势荡然无存，时至今日，杀虎口成为一个普通村落，而右玉城则随着县城的迁徙而降格为普通的乡镇。

　　城市的选址与分布具有普遍规律，但地理学不是数学，普遍规律也不是数学公式。在千姿百态的自然环境中，人类进行开发，修筑城市，要受到诸多因素的影响。不同时代、不同文化、不同经济生活、不同任务的人，他们对同样的自然环境的互动是不同的，所以桑干河流域的城市格局，才会在历史长河中呈现不同的景观。

附录一:《汉书·地理志》郡国县级单位密度与口数密度统计对照表

县数密度排序	郡国	面积（万平方公里）	口数（口）	县数	口数密度排序
1	广平国	0.28	198558	16	28
2	高密国	0.1	192536	5	5
3	北海郡	0.52	593159	26	15
4	真定国	0.09	178616	4	4
5	甾川国	0.09	227031	3	2
6	巨鹿郡	0.61	827177	20	10
7	信都国	0.56	304384	17	32
8	齐郡	0.42	554444	12	12
9	千乘郡	0.53	490720	15	18
10	山阳郡	0.89	801288	23	19
11	琅邪郡	2.09	1079100	51	33
12	济南郡	0.62	642884	14	16
13	清河郡	0.7	875422	14	14
14	东平国	0.36	607976	7	7
15	平原郡	0.98	664543	19	29
16	东海郡	2.07	1559537	38	27
17	颍川郡	1.09	2210973	20	3
18	东郡	1.22	1659028	22	8
19	济阴郡	0.5	1386278	9	1
20	鲁国	0.35	607381	6	6

续表

县数密度排序	郡国	面积（万平方公里）	口数（口）	县数	口数密度排序
21	中山国	0.82	668080	14	21
22	涿郡	1.7	782764	29	37
23	京兆尹	0.71	682468	12	17
24	河南郡	1.34	1740279	22	13
25	定襄郡	0.74	163144	12	48
26	泰山郡	1.49	726604	24	34
27	梁国	0.51	106752	8	50
28	城阳国	0.26	205784	4	23
29	陈留郡	1.11	1509050	17	9
30	河间国	0.28	187662	4	31
31	沛郡	2.68	2030480	37	26
32	渤海郡	1.94	905119	26	35
33	魏郡	1.35	909655	18	30
34	河内郡	1.36	1067097	18	24
35	广阳国	0.31	70658	4	47
36	淮阳国	0.73	981423	9	11
37	东莱郡	1.44	502693	17	43
38	楚国	0.6	497804	7	20
39	胶东国	0.7	323331	8	36
40	常山郡	1.62	677956	18	39
41	汝南郡	3.42	2596148	37	25
42	泗水国	0.28	119114	3	38
43	左冯翊	2.24	917822	24	41
44	临淮郡	2.99	1237764	29	40
45	五原郡	1.66	231328	16	55
46	云中郡	1.17	173270	11	54
47	赵国	0.43	349952	4	22
48	右扶风	2.52	836070	21	44
49	南阳郡	4.98	1942051	36	42
50	河东郡	3.52	962912	24	46

续表

县数密度排序	郡国	面积（万平方公里）	口数（口）	县数	口数密度排序
51	西河郡	5.43	698836	36	57
52	天水郡	2.52	261348	16	64
53	广陵国	0.64	140722	4	49
54	九江郡	2.43	780525	15	45
55	代郡	2.95	278754	18	67
56	上党郡	2.65	337766	14	58
57	九真郡	1.39	166013	7	59
58	太原郡	4.18	680488	21	52
59	上谷郡	3.25	117762	15	87
60	雁门郡	3.18	293454	14	68
61	六安国	1.16	178616	5	53
62	陇西郡	2.62	236824	11	69
63	渔阳郡	2.93	264116	12	70
64	上郡	5.78	606658	23	63
65	武都郡	2.39	235560	9	65
66	北地郡	5.18	210688	19	82
67	金城郡	3.56	149648	13	81
68	辽西郡	4.05	352325	14	71
69	庐江郡	3.86	457333	12	61
70	丹阳郡	5.48	405170	17	72
71	朔方郡	3.25	136628	10	80
72	乐浪郡	8.2	406748	25	75
73	右北平郡	5.26	320780	16	73
74	安定郡	7.33	143294	21	94
75	南郡	6.43	718540	18	62
76	弘农郡	4	475954	11	60
77	广汉郡	4.93	662249	13	56
78	辽东郡	7.15	272539	18	85
79	江夏郡	5.79	219218	14	86
80	蜀郡	6.58	1245929	15	51

续表

县数密度排序	郡国	面积（万平方公里）	口数（口）	县数	口数密度排序
81	桂阳郡	5.31	156488	11	89
82	武威郡	4.86	76419	10	95
83	零陵郡	5.13	139378	10	90
84	益州郡	13.53	580463	24	78
85	长沙国	7.7	235825	13	88
86	汉中郡	7.13	300614	12	79
87	越巂郡	8.94	408405	15	76
88	苍梧郡	5.96	146160	10	91
89	日南郡	3.4	69485	5	92
90	酒泉郡	6.62	76726	9	97
91	交趾郡	7.66	746237	10	66
92	会稽郡	23.73	1032604	26	77
93	豫章郡	17.44	351965	18	93
94	武陵郡	13.45	185758	13	96
95	犍为郡	12.46	489486	12	84
96	敦煌郡	6.24	38335	6	102
97	张掖郡	10.55	88731	10	99
98	郁林郡	13.47	71162	12	103
99	巴郡	12.36	708148	11	74
100	牂牁郡	19.44	153360	17	101
101	合浦郡	6.99	78980	5	98
102	玄菟郡	5.58	221845	3	83
103	南海郡	11.44	94253	6	100

附录二:明代桑干河流域筑城情况表

时间	公元	筑城事件	修城事件	属镇
洪武初年	1368		依元旧城修筑怀来城	宣府
洪武三年	1370		砖建朔州城	大同
洪武五年	1372		增筑大同旧土城,外包以砖石	大同
洪武七年	1374		砖包蔚州城	两属
洪武七年	1374		砖建广昌城	两属
洪武八年	1375		因应州故城	大同
洪武十六年	1383	筑广灵城		两属
洪武十六年	1383	设怀仁城		大同
洪武十六年	1383	筑马邑城		大同
洪武二十五年	1392	筑怀安城		宣府
洪武二十五年	1392	筑沙田屯堡		宣府
洪武二十五年	1392	筑东八里堡		宣府
洪武二十五年	1392	筑西八里堡		宣府
洪武二十五年	1392	筑麻峪口堡		宣府
洪武二十六年	1393	土筑万全右卫城		宣府
洪武二十六年	1393	土筑万全左卫城		宣府
洪武二十六年	1393	筑高山卫城		大同
洪武二十六年	1393	筑镇朔卫城		大同
洪武二十六年	1393	筑定边卫城		大同
洪武二十七年	1394	筑宣府城		宣府
洪武三十一年	1398	砖创阳和城		大同
洪武三十一年	1398		砖建天城城	大同

续表

时间	公元	筑城事件	修城事件	属镇
永乐年	1403	建宁远站堡		宣府
永乐初	1403	筑土木堡		宣府
永乐二年	1404		砖包万全右卫城	宣府
永乐三年	1405		因山阴故城土筑	大同
永乐七年	1409	移大同左卫于镇朔卫城		大同
		移大同右卫于定边卫城		大同
永乐九年	1411	筑长安岭堡（碎砖乱石）		宣府
永乐十三年	1415		重修保安旧城	宣府
永乐十五年	1417	筑永宁城		宣府
永乐二十年	1422		展怀来城北面，半倚高冈	宣府
宣德间	1426—1435	筑赤城堡		宣府
宣德三年	1428	筑赵川堡		宣府
		筑龙门关堡		宣府
宣德四年	1429	土筑张家口堡		宣府
宣德五年	1430	移开平卫至独石城		宣府
		筑葛峪堡		宣府
		筑常峪口堡		宣府
		筑青边口堡		宣府
		筑大白阳堡		宣府
		筑小白阳堡		宣府
宣德六年	1431	砖筑龙门所城		宣府
		筑雕鹗堡（与独石等城共创）		宣府
		建龙门城		宣府
宣德七年	1432	筑君子堡		宣府
		筑马营堡		宣府
宣德九年	1434		砖甃永宁城	宣府
宣德十年	1435	建新开口堡		宣府
		筑新河口堡		宣府
		筑洗马林堡		宣府

续表

时间	公元	筑城事件	修城事件	属镇
正统后	1436		云川卫内徙左卫城，砖砌之	大同
正统后	1436		玉林卫内徙右卫城	大同
正统元年	1436		砖包万全左卫城	宣府
正统二年	1437		展筑马邑城	大同
			筑柴沟堡	宣府
正统三年	1438		砖建威远城	大同
正统五年	1440		砖包宣府城	宣府
		筑西阳河堡		宣府
正统八年	1443		砖包君子堡	宣府
正统景泰间①			砖石包怀来城	宣府
正统己巳后	1449	移榆林堡于今址（筑城）		宣府
景泰间	1450—1456		重修柴沟堡	宣府
			增修大白阳堡	宣府
			修甃赤城堡	宣府
景泰二年	1451		新隆庆州城	宣府
		筑沙城堡		宣府
		筑保安新城		宣府
景泰四年	1453	筑青泉堡		宣府
天顺三年	1459	筑灵丘城		大同
天顺四年	1460	筑顺圣川西城		宣府
		筑顺圣川东城		宣府
天顺六年	1462	建高山城		大同
天顺八年	1464	筑四海冶堡		宣府
			砖包保安新城	宣府
成化间	1465		重修柴沟堡	宣府
成化元年	1465	筑羊房堡		宣府
成化二年	1466	筑金家庄堡		宣府
成化八年	1472		砖甃雕鹗堡	宣府
		筑镇安堡		宣府

① 应为土木之变后。

续表

时间	公元	筑城事件	修城事件	属镇
成化十年	1474		展筑西阳河堡	宣府
成化十五年	1479	土筑膳房堡		宣府
成化十七年	1481	筑平房城		大同
		因旧民堡增筑鸡鸣驿堡		宣府
成化二十一年	1485	筑井坪城		大同
弘治年间	1488—1505	移青泉堡于独石城东南十里		宣府
弘治二年	1489		展修羊房堡	宣府
弘治八年	1495	筑滴水崖堡		宣府
弘治九年	1496	筑渡口堡		宣府
弘治十年	1497	筑牧马堡		宣府
弘治十一年	1498	修筑镇宁堡		宣府
弘治十二年	1499	石砌四海冶堡		宣府
弘治十三年	1500	筑聚乐堡		大同
正德二年	1507	筑黑石岭堡		宣府
正德五年	1510	筑深井堡		宣府
正德十三年	1518		增筑金家庄堡	宣府
嘉靖间	1522		展修张家口土堡	宣府
			重修柴沟堡	宣府
			增修大白阳堡	宣府
嘉靖六年	1527		帮修新河口堡	宣府
嘉靖七年	1528		重修新开口堡	宣府
嘉靖十二年	1533		展修膳房堡土城	宣府
嘉靖十三年	1534		增筑赵川堡	宣府
嘉靖十四年	1535		改建高山城	大同
嘉靖十六年	1537	筑李信屯堡		宣府
嘉靖十八年	1539	筑弘赐堡		大同
		更民堡为官堡镇边堡		大同
		筑镇川堡		大同
		设镇河堡		大同
		筑镇虏堡		大同

续表

时间	公元	筑城事件	修城事件	属镇
嘉靖十九年	1540	更王家庄堡为官堡		大同
		筑周四沟堡		宣府
嘉靖二十一年	1542	设宁房堡		大同
		设威房堡		大同
嘉靖二十二年	1543	设灭房堡		大同
		设破房堡		大同
嘉靖二十三年	1544	设灭胡堡		大同
		筑迎恩堡		大同
		创败胡堡		大同
		筑阻胡堡		大同
		筑破胡堡		大同
		设杀胡堡		大同
		设残胡堡		大同
		设威胡堡		大同
嘉靖二十四年	1545	筑镇羌堡		大同
		设拒墙堡		大同
		设助马堡		大同
		设保安堡		大同
		筑拒门堡		大同
			重修顺圣川西城	宣府
嘉靖二十五年	1546	筑守口堡		大同
		筑靖房堡		大同
		筑镇门堡		大同
		筑镇口堡		大同
		设新平堡		大同
		筑平远堡		大同
		设保平堡		大同
		设马堡		大同
		展筑马营堡		宣府
嘉靖二十七年	1548	筑得胜堡		大同

续表

时间	公元	筑城事件	修城事件	属镇
嘉靖二十八年	1549	筑宁远堡		宣府
		筑三岔口堡（本民堡）		宣府
嘉靖二十九年	1550	筑靖胡堡		宣府
嘉靖三十年	1551	筑岔道城（砖甃）		宣府
嘉靖三十一年	1552	筑黑汉岭堡		宣府
嘉靖三十二年	1553		重砌永宁城	宣府
嘉靖三十七年	1558		重修广昌城	两属
		筑瓦窑口堡		大同
		设永嘉堡		大同
		筑云阳堡		大同
		筑牛心堡		大同
		设红土堡		大同
		设黄土堡		大同
		设云西堡		大同
		筑云冈堡旧堡		大同
		改样田堡为官堡		宣府
嘉靖三十八年	1559	设铁山堡		大同
		设云石堡		大同
嘉靖三十九年	1560	更许家庄堡为官堡		大同
嘉靖四十年	1561	筑西安堡		大同
嘉靖四十一年	1562	设祁家河堡		大同
		宁远站堡被虏攻毁		宣府
嘉靖四十二年	1563		加修灭房堡	大同
嘉靖四十三年	1564		重修顺圣川东城	宣府
			增修葛峪堡	宣府
			增筑羊房堡	宣府
			加修小白阳堡	宣府
			增修龙门关堡	宣府
			加高保安新城	宣府
嘉靖四十四年	1565	设镇宁堡		大同
			砖包四海冶堡	宣府

附录二:明代桑干河流域筑城情况表　359

续表

时间	公元	筑城事件	修城事件	属镇
嘉靖四十五年	1566	筑乃河堡		大同
		设威平堡		大同
			砖包宁远堡	宣府
			加高怀来城	宣府
			重筑土木堡	宣府
			砖甃保安旧城	宣府
隆庆元年	1567		加修伴壁店堡（原民堡）	宣府
			加修猫儿峪堡（原民堡）	宣府
			砖包靖胡堡	宣府
		筑柳沟城		宣府
隆庆初年	1567		增修君子堡	宣府
隆庆二年	1568		加修宣府城	宣府
			修筑龙门城（内土外砖）	宣府
隆庆三年	1569	筑三屯堡		大同
			砖包怀安城	宣府
			砖包滴水崖堡	宣府
			砖包周四沟堡	宣府
			砖包土木堡	宣府
			砖甃沙城堡	宣府
			砖甃榆林堡	宣府
隆庆四年	1570		砖包鸡鸣驿堡	宣府
			砖包新开口堡	宣府
			重新龙门所城	宣府
			加修雕鹗堡	宣府
			砖甃赵川堡	宣府
			砖包黑汉岭堡	宣府
			加修、砖砌沙田屯堡	宣府
隆庆五年	1571		砖包新河口堡	宣府
			砖包洗马林堡	宣府
			加修青泉堡	宣府

续表

时间	公元	筑城事件	修城事件	属镇
隆庆六年	1572		砖包聚乐堡	大同
			砖包守口堡	大同
			砖包靖虏堡	大同
			砖包镇门堡	大同
			砖包镇口堡	大同
			砖包镇宁堡	大同
			砖包瓦窑口堡	大同
			砖包新平堡	大同
			砖包平远堡	大同
			砖包保平堡	大同
			砖包井坪城	大同
			砖包应州城	大同
			砖包山阴城	大同
			砖包马邑城	大同
			砖石包败胡堡	大同
			砖包阻胡堡	大同
			砖包残胡堡	大同
			石包牛心堡	大同

续表

时间	公元	筑城事件	修城事件	属镇
万历元年	1573		砖包浑源州城	大同
			砖包广灵城	大同
			砖包灭胡堡	大同
			砖包乃河堡	大同
			砖石包迎恩堡	大同
		筑马营河堡		大同
			石包马堡	大同
			砖包助马堡	大同
			砖包保安堡	大同
			砖包拒门堡	大同
			砖包宁虏堡	大同
			砖包灭虏堡	大同
			砖包威虏堡	大同
			砖包破虏堡	大同
			石包威平堡	大同
			石包祁家河堡	大同
			砖包膳房堡	宣府
			石包黑石岭堡	宣府

续表

时间	公元	筑城事件	修城事件	属镇
万历二年	1574		砖包得胜堡	大同
			砖包镇羌堡	大同
			砖包弘赐堡	大同
			砖包拒墙堡	大同
			砖包镇河堡	大同
			砖砌永嘉堡女墙	大同
			砖包怀仁城	大同
			砖包西安堡女墙	大同
			砖包平房城	大同
			砖包破胡堡	大同
			砖包杀胡堡	大同
			砖包铁山堡	大同
			砖包三屯堡	大同
			石包红土堡	大同
			砖包张家口堡	宣府
			砖包柴沟堡	宣府
			砖包顺圣川西城	宣府
万历三年	1575		砖包右卫城	大同
			包修威远城	大同
			砖包西阳河堡	宣府
万历四年	1576		砖包顺圣川东城	宣府
			砖包金家庄堡	宣府
万历五年	1577		砖包渡口堡	宣府
万历六年	1578		加修增高左卫城	大同
			砖包宁远站堡	宣府
			砖包葛峪堡	宣府
万历七年	1579		砖包深井堡	宣府
			砖筑长伸地堡	宣府
			展修隆庆州城	宣府
			加修麻峪口堡	宣府

续表

时间	公元	筑城事件	修城事件	属镇
万历八年	1580		加砌大同女墙，补葺颓坏	大同
			砖石兼砌李信屯堡	宣府
万历九年	1581	设桦门堡		大同
		筑将军会堡		大同
			砖包威胡堡	大同
			砖包青边口堡	宣府
万历十年	1582		砖石包修镇川堡	大同
			砖包高山城	大同
		改建云石堡于王石匠河，砖包		大同
			砖包独石城	宣府
万历十一年	1583		蔚州城地震崩裂，重修	两属
			砖包镇边堡	大同
			石砌伴壁店堡	宣府
			石砌猫儿峪堡	宣府
万历十二年	1584		砖包黄土堡	大同
			砖包桃花堡（原民堡）	宣府
万历十三年	1585		砖包修天城城	大同
			砖包大白阳堡	宣府
			砖包龙门关堡	宣府
万历十四年	1586		砖包镇虏堡	大同
			砖包怀来城西关	宣府
万历十五年	1587		增饬朔州城	大同
			砖包青泉堡	宣府
			砖包牧马堡	宣府
			砖包常峪口堡	宣府
万历十六年	1588		砖包样田堡	宣府
万历十七年	1589		石甃羊房堡	宣府
			砖砌三岔口堡	宣府
万历十九年	1591		砖包永嘉堡	大同
			砖包桦门堡	大同

续表

时间	公元	筑城事件	修城事件	属镇
万历二十二年	1594	筑刘斌堡（土堡）		宣府
万历二十四年	1596		砖包云西堡	大同
			石包将军会堡	大同
			砖包云阳堡	大同
			砖包小白阳堡	宣府
			增柳沟城北关	宣府
万历二十七年	1599		再次砖包万全右卫城	宣府
万历二十八年	1600		砖甃灵丘城	大同
万历二十九年	1601		砖包许家庄堡	大同

附录三：明代宣大二镇城堡情况表

宣府镇

城堡	设官	驻军（员名）	与边墙距离	分管边墙	周长	今址
镇城直辖						
宣府城	都司、总兵	20248			二十四里	张家口市宣化区
鸡鸣驿城	防守官	445			四里有奇	怀来县鸡鸣驿乡
宣府守道辖上西路						
万全右卫城	守备、参将	1404		三十一里零	六里三十步	万全县万全镇
张家口堡	守备	1209	北至市口五里	三十一里有奇	四里	张家口市桥西区堡子里
膳房堡	守备	624	北至本堡边十里	一十八里	二里二百余步	万全县膳房堡乡驻地
新开口堡	守备	606	北至本堡边十里	一十八里零	二里零二十三步	万全县膳房堡乡新开口村

续表

城堡	设官	驻军(员名)	与边墙距离	分管边墙	周长	今址
新河口堡	守备	652	北至本堡边五里	二十六里	二里二百二十步	万全县北新屯乡新河口村，原为新河口乡驻地，后并入
万全左卫城	守备	1195			六里三十步	怀安县左卫镇
宁远站堡	操守官	330			三里二十六步	张家口市桥东区老鸦庄镇宁远堡村
宣府守道辖下西路						
柴沟堡	参将	1105		三十四里有奇	七里一十三步	怀安县县城
洗马林堡	守备	1213	北至本堡边四十里西至本堡边二十里	四十三里有奇	四里零六丈	万全县洗马林镇
渡口堡	操守官	637	北至本堡边二十里	一十四里	二里五十七步	怀安县渡口堡乡驻地
西阳河堡	守备	1003	北至边墙二十里	二十五里	四里八十步	怀安县渡口堡乡西阳河村
李信屯堡	操守官	382			二里二百六十步	怀安县王虎屯乡李信屯村
怀安城	守备	1403			九里零一十三步	怀安县怀安城镇
宣府守道分辖南路						
顺圣川西城	守备	774			五里一百三十五步	阳原县县城
顺圣川东城	守备	559			四里一十七步	阳原县东城镇
蔚州城	知州、守备	1176			七里一十三步	蔚县县城（蔚州镇）
桃花堡	防守官	105			五百九十五丈	蔚县桃花镇
深井堡	守备	479			三里六十四步	宣化县深井镇

附录三：明代宣大二镇城堡情况表

续表

城堡	设官	驻军(员名)	与边墙距离	分管边墙	周长	今址
滩沱堡	防守官	戍军调自深井			二百八十丈	宣化县深井镇滩沱店村
黑石岭堡	防守官	125			一百二十丈	
广昌城	知县、守备	406			三里一百八十步	
宣府巡道辖上北路						
独石城	开平卫、守备	2972	北至边墙十里	一百六十三里	六里二十步	赤城县独石口镇
青泉堡	防守官	209			二里六十四步	赤城县云州乡清泉堡村
样壁店堡	防守官	153			一里口十四步	赤城县独石口镇半壁店村
猫儿峪堡	防守官	168			一百二十七步	赤城县云州乡猫峪村
君子堡		1525	北至边墙一十五里	一百七十余里	六里五十三步	赤城县马营乡君子堡村
松树堡	防守官	4口口		二十八里	一里三百六步	赤城县马营乡松树堡村
马营堡					六里五十步	赤城县马营乡驻地
赤城堡					三里一百四十八步	赤城县县城
镇安堡						赤城县云州乡镇安堡村
镇宁堡						赤城县镇宁堡乡驻地
宣府巡道辖下北路						
龙门所城	所官、守备	1065		大边八十五里 小边五十三里	四里有奇	赤城县龙门所镇
牧马堡	防守官	169	东至边墙一十里	六里有奇	一里六分	赤城县龙门所镇牧马堡村

续表

城堡	设官	驻军(员名)	与边墙距离	分管边墙	周长	今址
样田堡	防守官	239			二里六十六步	赤城县样田乡驻地
雕鹗堡	防守官	430			二里一百八十步	赤城县雕鹗镇
长伸地堡	操守官	738	东至大边山六十余步	大边三十二里	一里二百七十六步	赤城县后城镇长伸地村
宁远堡	防守官	350	东至马市口十五里	大边二里 二边六里有奇	二里七十八步	
滴水崖堡	守备	763		大边三十六里 二边三十二里	三里一百八十步	怀来县王家楼回族乡长安岭村
长安岭堡	守备	560			五里一十三步	
宣府巡道分辖中路						
葛峪堡	守备、参将	547	北至边墙一十五里	一十三里有奇	四里二百五十步	宣化县东望山乡葛峪堡村
常峪口堡	操守官	225	北至边墙五里	一十三里	三里一百十三步四尺	宣化县东望山乡常峪口村
青边口堡	操守官	240	北至边墙七里	一十九里三分	三里一百二十里	宣化县东望山乡青边口村
羊房堡	操守官	235	北至边墙十里	一十三里三分	二里一百一十三步	
大白阳堡	操守官	376	北至边墙二十里	一十八里八分	二里二百五十三步	宣化县大仓盖镇大白阳村
小白阳堡	操守官	234	北至边墙三十一里	八里有奇	二里三百步	宣化县李家堡乡小白阳村
赵川堡	操守官	253		三里二分	四里有奇	宣化县赵川镇
龙门关堡	防守官	67	北至边墙二十一里	二十九里三分	二里一百二十一步	赤城县龙关镇
龙门城	守备、管粮通判	1151			四里五十六步	赤城县龙关镇
三岔口堡	防守官	133			一里二百五十四步	赤城县龙关镇三岔口村

附录三：明代宣大二镇城堡情况表　369

续表

城堡	设官	驻军(员名)	与边墙距离	分管边墙	周长	今址
金家庄堡	防守官	450		一十三里六分	二里有奇	赤城县炮梁乡金家庄村
宣府怀隆道辖东路						
永宁城	参将	1097			六里一十三步	北京市延庆县永宁镇
四海冶堡	守备、守御千户所	875	东至火焰山三十里	四十三里	三里	北京市延庆县四海镇
周四沟堡	操守官	496	北至外山坡二十五里	二十三里零	二里九十四步	北京市延庆县刘斌堡乡周四沟村
黑汉岭堡	防守官	274	北至关北口五里	九里	二里一十丈	北京市延庆县四海镇黑汉岭村
靖胡堡	守备	719	北至嵯头墩五里 东至东河口五里	二十里有奇	二里五十三步	
刘斌堡	防守官	292	北至大边七里	一十五里有奇	一百一十二步	北京市延庆县刘斌堡乡驻地
延庆州	知州、后所、千总	246			四里一百八十步	北京市延庆县县城
怀来城	怀隆道、游击、管粮通判	1323			八里（包括东西两关）	70年代后淹没于官厅水库中
土木驿	操守官	114			二里有奇	怀来县土木镇
沙城堡	操守官	123			五里（有东西两关）	怀来县县城（沙城镇）
良田屯堡	防守官	76			三百九十一丈	怀来县沙城镇良田屯村
东八里堡	防守官	74			四百七十七尺	怀来县东八里乡驻地
保安新城	守备官	819			七里有奇	怀来县新保安镇
西八里堡	防守官	85			三百三十九丈	怀来县西八里镇
麻峪口堡	防守官	143			一里二十九步	怀来县王家楼回族乡麻峪口村

续表

城堡	设官	驻军(员名)	与边墙距离	分管边墙	周长	今址
保安旧城	守备、知州	551			四里一十三步	涿鹿县县城
矾山堡	防守官	210			三里（几三里）	涿鹿县矾山镇
宣府怀隆道辖南山						
柳沟城	操守官	261			三百一十八丈	北京市延庆县井庄镇柳沟村
岔道城	守备	339			二里一百一十丈八尺	北京市延庆县八达岭镇岔道村
榆林堡	操守官	74			二里	北京市延庆县康庄镇榆林堡村

大同镇

城堡	设官	驻军(员名)	与边墙距离	分管边墙	周长	今址
镇城直辖						
大同城	都司、总兵	24186			十三里	大同市城区
聚落城	守备	737			三里三分	大同县聚乐堡乡驻地
许家庄堡	操守官	683			三里六十八步	大同县许堡乡许堡村
浑源州城	知州、守备、所守备	480			四里二百二十步	浑源县县城
王家庄堡	操守、把总	>200			二里八分	浑源县王庄堡镇
灵丘城	知县、守备	1106			四里一十三步	灵丘县县城
广灵城	知县、守备	<300			二里七分一十五步	广灵县县城

附录三：明代宣大二镇城堡情况表   371

续表

城堡	设官	驻军(员名)	与边墙距离	分管边墙	周长	今址
蔚州城	知州、守备、所守备				七里一十二步	河北省蔚县县城
广昌城	守备、知县				三里五分	河北省涞源县县城
大同巡道辖北东路						
得胜堡	参将	2428	北至边墙三里东至边墙三里		三里四分有奇	大同市新荣区堡子湾乡得胜村
镇羌堡	守备官	1053	北至边墙五十步东至边墙五十步	二十二里一分	一里七分	大同市新荣区堡子湾乡镇羌堡村
弘赐堡	守备官	607		二十一里二分	四里三十二步	大同市新荣区堡子湾乡宏赐堡村
镇边堡	守备官	722	北至边墙三里	二十里有奇	三里八十步	阳高县长城乡镇边村
镇川堡	守备官	679	北至边墙五里		二里五分	大同市新荣区花园屯乡镇川堡村，原为镇川堡乡驻地，后并入
拒墙堡	守备	420	北至边墙一里	一十三里九分	二里八分	大同市新荣区堡子湾乡拒墙堡村
镇河堡	操守	333			二里八分	大同市新荣区镇河堡乡镇河堡村
镇房堡	守备官	245			二里九分	大同市新荣区西村乡镇房堡村
大同阳和道辖东路						
阳和城	阳和道、守备	6928	北至本城边墙十五里	一十九里	九里一分	阳高县县城

续表

城堡	设官	驻军(员名)	与边墙距离	分管边墙	周长	今址
天城城	参将、守备	1031		六里	九里有奇	天镇县县城
守口堡	守备	466	北至本堡边墙二里		一里一百二十一步	阳高县龙泉镇守口堡村
靖房堡	守备官	461	北至本堡边墙二里		二里四分	阳高县长城乡宏堡村
镇门堡	守备	512	北至本堡边墙二里	一十一里五分	一里五分	阳高县罗文皂镇镇门堡村
镇口堡	操守官	311	北至本堡边墙二里	一十三里五分	一里三分	天镇县谷前堡镇水磨口村
镇宁堡	操守官	302	北至本堡边墙一里	一十三里三分	一里二分	天镇县谷前堡镇榆林口村
瓦窑口堡	守备官	468		七里九分	一里零	天镇县逯家湾镇瓦窑口村
永嘉堡	操守官	298			三里四分	天镇县逯家湾镇驻地
大同阳和道辖新平路						
新平堡	守备官	623	北至本堡边墙七里西至本堡边墙二里	一十八里	三里六分	天镇县新平堡镇
平远堡	守备官	406	北至本堡边墙七里	一十二里	二里八分	天镇县新平堡镇平远堡村
保平堡	守备	321	西至本堡边墙一里	七里五分	一里六分	天镇县新平堡镇保平堡自然村,1990年,堡内仅余4处院落①

① 《天镇县村镇简志》，第2285页。

续表

城堡	设官	驻军(员名)	与边墙距离	分管边墙	周长	今址
迎恩堡	守备官	545	西至本堡边一十里	一十里	一里五分	朔州市平鲁区阻虎乡迎恩堡村
败胡堡	操守官	434	西至本堡边一十里	八里三分	一里五分	朔州市平鲁区高石庄乡败虎堡村
阻胡堡	操守官	373	西至本堡边一十里	八里九分	一里一份	朔州市平鲁区阻虎乡驻地
大同左卫道分辖不属路						
高山城	守备官、所守备	723			四里三分	大同市南郊区高山镇
大同左卫道帑中路						
左卫城	副总兵、兵备道、守备、通判	1500		一十四里	十一里三分	左云县县城
右卫城	参将、守备	1630	西至边墙三十里	三十二里有奇	九里八分	右玉县右卫镇
马营河堡	防守官	200	西至本管边七里	五里五分	八分	右玉县右卫镇马营河村
破胡堡	守备官	700	北至边墙一里	一十四里零	三里零八分	右玉县李达窑乡破虎堡村，原为破虎堡，后并入
杀胡堡	守备官	778	北至边墙一里	三里	二里	右玉县杀虎口村
残胡堡	操守官	395	北至边墙五里	一十五里三分	一里零一百三十四步	右玉县李达窑乡残胡堡村
马堡	操守官	364	北至边墙一十里	一十里四分	一里五十四步	右玉县李达窑乡马堡村
铁山堡	守备	534	西至边墙三十里	一里五分零	一里四分有奇	右玉县杨千河乡铁山堡村
三屯堡	防守官	292	西至边墙三十里	一里七分	七分	左云县三屯乡驻地

续表

城堡	设官	驻军(员名)	与边墙距离	分管边墙	周长	今址
云阴堡	操守官	313			一里六分	右玉县牛心堡乡云阴堡村，居民已大部转移到山下居住
牛心堡	操守官	434			二里五分	右玉县牛心堡乡驻地
红土堡	操守官	275			一里八分	右玉县右卫镇红土堡村
黄土堡	操守官	321			一里六分	右玉县牛心堡乡黄土坡村
大同左卫道辖北西路						
助马堡	参将、守备	634	北至边墙八里 西至边墙二里	二十里三分	二里四分	大同市新荣区郭家窑乡助马堡村
保安堡	操守官	382	西至边墙二里	一十四里	一里五分	左云县管家堡乡保安村
拒门堡	守备	487	北至边墙五里	一十五里二分	一里零二百步	大同市新荣区郭家窑乡拒门堡村
宁鲁堡	守备官	392	北至边墙五里	一十一里二分	二里七分	左云县三屯乡宁鲁堡村
灭鲁堡	守备官	389	北至边墙七里	四里九分	二里六分	左云县管家堡乡管驻地
威鲁堡	守备官	416	北至边墙二里	一十一里九分	二里二分	左云县管家堡乡威鲁村，原为威鲁堡乡驻地，后并入
破鲁堡	操守	320			三里二分有奇	大同市新荣区破鲁堡乡驻地
云西堡	操守官	345			一里三分有奇	左云县张家场乡云西村，2008年考察，堡内仅一户居民
云冈堡	操守官	218			一里四分零	旧堡在大同市南郊区云冈镇，新堡在云冈石窟所在武周山上，已废弃

续表

城堡	设官	驻军(员名)	与边墙距离	分管边墙	周长	今址
大同左卫道辖威远路						
威远城	参将、守备官	752			五里八分	右玉县威远镇
威胡堡	守备官	467	西至边墙五里	一十五里三分	一里五分零	朔州市平鲁区高石庄乡少家堡村
云石堡	守备官	543	西至边墙三里	一十四里三分	一里七分	右玉县丁家窑乡云石堡村
威平堡	操守官	279			一里四分	右玉县威远镇威坪堡村
祁家河堡	操守官	215			二里	

附录四：明代宣大地区长城边堡情况表

城堡	驻守官	兵数（员名）	与长城距离	分边长度	城堡规模
			宣府守道辖上西路		
张家口堡	守备	1209	北至市口五里	三十一里有奇	四里
膳房堡	守备	624	北至本堡边十里	十八里	二里二百余步
新开口堡	守备	606	北至本堡边十里	十八里零	二里零二十三步
新河口堡	守备	652	北至本堡边五里	二十六里	二里二百二十步
			宣府守道辖下西路		
洗马林堡	守备	1213	北至本堡边四十里，西至本堡边二十里	四十三里有奇	四里零六丈
渡口堡	操守官	637	北至本堡边二十里	十四里	二里五十七步
西阳河堡	守备	1003	北至边墙二十里	二十五里	四里八十步

附录四：明代宣大地区长城边堡情况表

城堡	驻守官	兵数（员名）	与长城距离	分边长度	城堡规模
			宣府巡道辖上北路		
独石城	开平卫参将	2972	北至边墙十里	一百六十三里	六里二十步
君子堡	守备	1525	北至边墙一十五里	一百七十余里	六里五十三步
龙门所城	守备	1065		大边八十五里，小边五十三里	四里有奇
牧马堡	防守官	169	东至边墙二十里	六里有奇	一里六分
长伸地堡	操守官	738	东至大边山六十余步	大边三十二里	一里二百七十六步
宁远堡	防守官	350	东至马市口十五里	大边二十里，二边六里有奇	二里七十八步
滴水崖堡	守备	763		大边三十六里，二边三十二里	三里一百八十步
长安岭堡	守备	560			五里一十三步
			宣府巡道分辖中路		
葛峪堡	参将	547	北至边墙一十五里	一十三里有奇	四里二百五十步
常峪口	操守官	225	北至边墙五里	一十三里	三里一十三步四尺
青边口堡	操守官	240	北至边墙七里	一十九里三分	三里二百一十步
羊房堡	操守官	235	北至边墙十里	一十六里二分	二里二百一十三步
大白阳堡	操守官	376	北至边墙二十里	一十八里八分	二里二百五十步
小白阳堡	操守官	234	北至边墙二十里	八里有奇	二里三百步
赵川堡	操守官	253	北至边墙二十八里	三里二分	四里有奇
龙门关堡	防守官	67	北至边墙十里	二十九里三分	一里二百二十一步
金家庄堡	防守官	450		一十三里六分	二里有奇

续表

城堡	驻守官	兵数（员名）	与长城距离	分边长度	城堡规模
\multicolumn{6}{c}{宣府怀隆道辖东路}					
四海冶堡	守备守御千户所	875	东至火焰山三十里	四十三里	三里
周四沟堡	操守官	496	北至外山嶝二十五里	二十三里零	二里九十四步
黑汉岭堡	防守官	274	北至关北口五里	九里	二里一十丈
靖胡堡	守备	719	北至嵯头墩五里，东至东河口五里	二十里有奇	二里五十三步
刘斌堡	防守官	292	北至大边七里	一十五里有奇	一里一百三十二步
\multicolumn{6}{c}{大同巡道辖北东路}					
得胜堡	参将	2428	北至边墙三里至至墙三里		三里四分有奇
镇羌堡	守备官	1053	北至边墙五十步东至至边墙五十步	二十二里一分	一里七分
镇边堡	守备官	722	北至边墙三里	二十一里二分	三里八十步
镇川堡	守备官	679	北至边墙五里	二十里有奇	二里五分
拒墙堡	守备	420	北至边墙一里	一十三里九分	一里八分
\multicolumn{6}{c}{大同阳和道辖东路}					
阳和城	阳和道守备	6928	北至本城边墙十五里	一十九里	九里一分
守口堡	守备	466	北至本堡边墙二里		一里一百二十一步
靖房堡	守备官	461	北至本堡边墙二里	一十三里二分	三里四分
镇门堡	守备	512	北至本堡边墙二里	一十一里五分	二里五分
镇口堡	操守官	311	北至本堡边墙一里	一十三里五分	一里三分
镇宁堡	操守官	302	北至本堡边墙一里	一十一里三分	一里二分

续表

城堡	驻守官	兵数（员名）	与长城距离	分边长度	城堡规模
大同阳和道辖新平路					
新平堡	守备官	623	北至本堡边墙七里西至本堡边墙二里	一十八里	三里六分
平远堡	守备官	406	北至本堡边墙七里	一十二里	二里八分
保平堡	守备	321	西至本堡边墙一里	七里五分	一里六分
桦门堡	防守官	297	西至本堡边墙二里	九里三分	七分有奇
大同守道辖井坪路					
灭胡堡	守备	537	西至本堡边一十五里	一十三里五分	一里五分零六分
大同守道辖西路					
平房城	参将	1666	北至本城边四十里	一十九里	六里三分
迎恩堡	守备官	545	西至本堡边一十里	一十里	一里五分
败胡堡	操守官	434	西至本堡边十里	八里三分	一里五分
阻胡堡	操守官	373	西至本堡边一十里	八里九分	一里一份
大同左卫道辖中路					
右卫城	参将	1630	西至边墙三十里	三十二里有奇	九里八分
马营河堡	防守官	200	西至本管边七里	五里五分	八分
破胡堡	守备	700	北至本堡边一里	一十四里零	二里零八分
杀胡堡	守备官	778	北至边墙一里	二十里	三里
残胡堡	操守官	395	北至边墙五里	一十五里三分	一里零一百三十四步

续表

城堡	驻守官	兵数（员名）	与长城墙距离	分边长度	城堡规模
马堡	操守官	364	北至边墙一十里	一十里四分	一里五十四步
铁山堡	守备	534	西至边墙三十里	一十里五分零	一里四分有奇
大同左卫道辖北西路					
助马堡	参将	634	北至边墙八里西至边墙二里	二十里三分	三里四分
保安堡	操守官	382	西至边墙二里	一十四里	一里五分
拒门堡	守备	487	北至边墙五里	一十五里二分	一里零二百五十步
宁房堡	守备官	392	北至边墙五里	一十一里三分	二里七分
灭房堡	守备官	389	北至边墙七里	四里三分	二里六分
威房堡	守备官	416	北至边墙二里	一十一里九分	二里二分
大同左卫道辖威远路					
威胡堡	守备官	467	西至边墙五里	一十里三分	一里五分零
云石堡	守备官	543	西至边墙三里	一十四里三分	一里七分

参考文献

一 古籍

（西汉）刘向集录：《战国策》，上海古籍出版社1998年版。

（西汉）司马迁：《史记》，中华书局1959年版。

（东汉）班固：《汉书》，中华书局1962年版。

（西晋）陈寿：《三国志》，中华书局1959年版。

（北魏）郦道元注，杨守敬、熊会贞疏，段熙仲点校，陈桥驿复校：《水经注疏》，江苏古籍出版社1989年版。

（南朝宋）范晔：《后汉书》，中华书局1965年版。

（南朝梁）沈约：《宋书》，中华书局1974年版。

（北齐）魏收：《魏书》，中华书局1974年版。

（唐）杜佑撰，王文锦、王永兴、刘俊文、徐庭云、谢方点校：《通典》，中华书局1988年版。

（唐）房玄龄等：《晋书》，中华书局1974年版。

（唐）李百药：《北齐书》，中华书局1972年版。

（唐）李吉甫：《元和郡县图志》，中华书局1983年版。

（唐）李泰等著，贺次君辑校：《括地志辑校》，中华书局1980年版。

（唐）李延寿：《北史》，中华书局1974年版。

（唐）令狐德棻等：《周书》，中华书局1971年版。

（唐）欧阳询撰，汪绍楹校：《艺文类聚》，上海古籍出版社1965年版。

（唐）魏征等：《隋书》，中华书局1973年版。

（唐）姚汝能：《安禄山事迹》，上海古籍出版社1983年版。

（唐）姚思廉：《梁书》，中华书局1973年版。

（唐）张鷟撰，田涛、郭成伟校注：《〈龙筋凤髓判〉校注》，中国政法大学出版社 1996 年版。

（后晋）刘昫等：《旧唐书》，中华书局 1975 年版。

（宋）乐史撰，王文楚等点校：《太平寰宇记》，中华书局 2007 年版。

（宋）李焘撰：《续资治通鉴长编》，中华书局 1979—1986 年版。

（宋）李昉等：《太平御览》，中华书局 1960 年版。

（宋）欧阳修、宋祁等：《新唐书》，中华书局 1975 年版。

（宋）欧阳修等：《新五代史》，中华书局 1974 年版。

（宋）司马光等：《资治通鉴》，中华书局 1997 年版。

（宋）宋敏求：《唐大诏令集》，商务印书馆 1959 年版。

（宋）王溥：《唐会要》，上海古籍出版社 2006 年版。

（宋）王应麟：《玉海》，江苏古籍出版社 1987 年版。

（宋）薛居正等：《旧五代史》，中华书局 1976 年版。

（宋）曾公亮、丁度：《武经总要》，《中国兵书集成丛书》，解放军出版社、辽沈书社 1988 年版。

（元）孛兰肹等著，赵万里校辑：《元一统志》，中华书局 1966 年版。

（元）脱脱等：《金史》，中华书局 1975 年版。

（元）脱脱等：《辽史》，中华书局 1974 年版。

（元）脱脱等：《宋史》，中华书局 1977 年版。

（明）兵部编：《九边图说》，《玄览堂丛书》初辑 005，台北："国立中央图书馆" 1981 年版。

（明）陈建撰，岳元声订：《皇明资治通纪》，四库禁毁书丛刊影印北京师范大学图书馆藏明刻本，北京出版社 1995 年版。

（明）陈循等撰：《寰宇通志》，台北："国立中央图书馆" 1985 年版。

（明）陈子龙等：《明经世文编》，中华书局 1962 年版。

（明）方孔炤辑：《全边略记》，《续修四库全书》第 738 册，上海古籍出版社 1995 年版。

（明）冯时可：《俺答前志》，《中华文史丛书》第 113 册，台北：华文书局股份有限公司 1969 年版。

（明）李维桢纂修：万历《山西通志》，明万历间（1573—1620）修，崇祯二年（1629）刻本，中国科学院图书馆选编：稀见中国地方志汇刊第四册，中国书店影印，1992 年。

（明）李贤等撰：《大明一统志》，天顺五年（1461）御制序刊本，台北统一出版印刷公司影印，1965年。

（明）刘以守纂修：崇祯《山阴县志》，明崇祯二年（1629）刊刻，抄本，藏于中国科学院图书馆。

（明）卢象升：《卢象升疏牍》，浙江古籍出版社点校，1984年。

（明）罗洪先：《广舆图》，嘉靖三十二年至三十六年（1553—1557）间初刻本，藏于日本。

（明）茅元仪辑：《武备志》，《四库禁毁书丛刊》子部023册，北京出版社2000年版。

（明）沈德符：《万历野获编》，中华书局1959年版。

（明）宋濂等：《元史》，中华书局1976年版。

（明）孙世芳修，栾尚约辑：嘉靖《宣府镇志》，嘉靖四十年（1561）刻本，台北：成文出版社影印，1970年。

（明）谈迁：《国榷》，中华书局1958年版。

（明）王崇献纂修：正德《宣府镇志》，嘉靖增修本，线装书局2003年版。

（明）王国光辑：《万历会计录》，书目文献出版社1988年版。

（明）王琼：《北房事迹》，《四库全书存目丛书》子部第31册，齐鲁书社1997年版。

（明）王士琦撰：《三云筹俎考》，台北：华文书局影印明万历刊本，1969年。

（明）王士性：《广志绎》，中华书局1981年版。

（明）王一鹗：《总督四镇奏议》，台北：正中书局1985年版。

（明）魏焕：《皇明九边考》，《四库全书存目丛书》史部第226册，齐鲁书社1997年版。

（明）翁万达撰，朱仲玉、吴奎信点校整理：《翁万达集》，上海古籍出版社1992年版。

（明）谢庭桂纂，苏乾续纂：嘉靖《隆庆志》，明嘉靖二十八年（1549）刻本，天一阁藏明代地方志选刊8，上海古籍书店影印，1981年。

（明）许论：《九边图论》，《四库禁毁书丛刊》第21册，北京出版社2000年版。

（明）杨时宁：《宣大山西三镇图说》，明万历癸卯（1603）刊本，《玄览堂丛书》初辑004，台北："国立中央图书馆"出版，正中书局印行，

1981年。

(明)杨守介纂修：万历《怀仁县志》，明万历二十九年（1601）刊刻，抄本，藏于中国科学院图书馆。

(明)瞿九思撰：《万历武功录》，《续修四库全书》第436册，上海古籍出版社1995年版。

(明)张雨：《边政考》，《中华文史丛书》第14册，台北：华文书局影印，1969年。

(明)郑晓：《吾学编》，《续修四库全书》第424册，上海古籍出版社1995年版。

《明实录》：台北："中央研究院"历史语言研究所，1962年。

(清)阿桂：《皇清开国方略》，沈云龙主编：《近代中国史料丛刊》第十四辑，台北：文海出版社1967年版。

(清)陈坦纂修：康熙《宣化县乡土志》，清康熙五十年（1711）抄本，台北：成文出版社影印，1968年。

(清)陈坦纂修：康熙《宣化县志》，清康熙五十年（1711）刻本。

(清)董诰等编：《全唐文》，上海古籍出版社1990年版。

(清)董浩等编：《全唐文》，中华书局1983年版。

(清)房裔兰修，苏之芬纂：雍正《阳高县志》，清雍正七年（1729）刻本，民国铅印，台北：成文出版社影印，1966年。

(清)谷应泰：《明史纪事本末》，中华书局1977年版。

(清)顾炎武：《昌平山水记》，北京古籍出版社1980年版。

(清)顾祖禹撰，贺次君、施和金点校：《读史方舆纪要》，中华书局2005年版。

(清)桂敬顺纂修：乾隆《浑源州志》，清乾隆二十八年（1763）刻本。

(清)郭磊等纂修：乾隆《广灵县志》，清乾隆十九年（1754）刻本，台北：成文出版社影印，1966年。

(清)贺澍恩修，程续等纂：光绪《浑源州续志》，清光绪六年（1880）刻本。

(清)洪汝霖等修，杨笃纂：光绪《天镇县志》，清光绪十六年（1890）刻本，民国二十四年（1935）铅印，台北：成文出版社影印，1968年。

(清)胡文烨等纂修：顺治《云中郡志》，清顺治九年（1652）刻本。

(清)姜际龙纂修：康熙《新续宣府志》，清康熙十三年（1674）修，康熙抄本。

（清）昆冈：《钦定大清会典事例》，光绪二十五年重修本。

（清）昆冈、李鸿章等修：《钦定大清会典》卷23，光绪二十五年重修本。

（清）金志节原本，黄可润纂修：乾隆《口北三厅志》，清乾隆二十三年（1758）刻本，台北：成文出版社影印，1968年。

（清）觉罗罗麟修，储大文纂：雍正《山西通志》，清雍正十二年（1734）刻本。

（清）勒德洪等撰：《平定三逆方略》，《台湾文献丛刊》第六辑，台北：大通书局1997年版。

（清）雷棣荣、严润林修，陆泰元纂：光绪《灵丘县补志》，清光绪七年（1881）刻本。

（清）黎中辅纂修：道光《大同县志》，清道光十年（1830）刻本。

（清）李士宣修，周硕勋纂：乾隆《延庆卫志略》，清乾隆十年（1745）抄本，台北：成文出版社影印，1970年。

（清）李翼圣原纂：光绪《左云县志》，清光绪六年（1880）增修本，民国石印。

（清）李英纂修：顺治《蔚州志》，清顺治十六年（1659）刻本。

（清）李钟俾修，穆元肇、方世熙纂：乾隆《延庆州志》，清乾隆七年（1742）刻本。

（清）梁永祚修，张永曙纂：康熙《保安州志》，清康熙五十年（1711）刻本。

（清）刘士铭修，王霨纂：雍正《朔平府志》，清雍正十一年（1733）刻本。

（清）孟思谊纂修：乾隆《赤城县志》，清乾隆十三年（1748）刻本，台北：成文出版社影印，1968年。

（清）庆之金修，杨笃纂：光绪《蔚州志》，清光绪三年（1877）刻本，台北：成文出版社影印，1968年。

（清）仁宗敕、穆彰阿等纂：《嘉庆重修一统志》，《四部丛刊续编》本，上海书店出版社1984年版。

（清）阮元校刻：《十三经注疏》，中华书局1980年版。

（清）宋起凤原本、岳宏誉增订：康熙《灵邱县志》，清康熙二十三年

（1684）刻本。

（清）唐执玉、李衡修，陈仪、田易纂：雍正《畿辅通志》，清雍正十三年（1735）刻本。

（清）铁保纂修：《钦定八旗通志》，台北：学生书局1968年版。

（清）屠秉懿等修，张惇德纂：光绪《延庆州志》，清光绪七年（1881）刻本，台北：成文出版社影印，1968年。

（清）汪嗣圣纂修，王霨汇纂：雍正《朔州志》，清雍正十三年（1735）刻本，台北：成文出版社影印，1976年。

（清）王昶撰：《金石萃编》，上海宝善石印本，光绪十九年（1893）。

（清）王锡祺：《小方壶斋舆地丛钞》，光绪十七年（1891）上海著易堂铅印本，杭州古籍书店影印，1985年。

（清）王育榳修，李舜臣纂：乾隆《蔚县志》，清乾隆四年（1739）刻本，台北：成文出版社影印，1968年。

（清）王者辅原本，张志奇续修，黄可润续纂：《宣化府志》，乾隆八年（1743）修，二十二年（1757）订补刊印，台北：成文出版社影印，1970年。

（清）温达等：《亲征平定朔漠方略》，《清代方略全书》第五辑，北京图书馆出版社影印清康熙内府刻本，2006年。

（清）吴辅宏修，王飞藻纂，文光校订：乾隆《大同府志》，清乾隆四十一年（1776）修，四十七年（1782）重校刻本。

（清）许隆远纂修：康熙《怀来县志》，清康熙五十一年（1712）刻本。

（清）寻銮晋修，张毓生纂：光绪《保安州续志》，清光绪二年（1876）刻本，台北：成文出版社影印，1968年。

（清）杨大崑修，钱戢曾纂：乾隆《怀安县志》，清乾隆六年（1741）刻本。

（清）杨桂森纂修：道光《保安州志》，清道光十五年（1835）刻本。

（清）杨世昌修，吴廷华、杨大猷纂：乾隆《蔚州志补》，清乾隆十年（1745）刻本。

（清）杨亦铭等纂修：光绪《广灵县补志》，清光绪六年（1880）刻本，台北：成文出版社影印，1966年。

（清）荫禄修，程燮奎纂：光绪《怀安县志》，清光绪二年（1876）刻本。

（清）于成龙修，郭棻纂：康熙《畿辅通志》，清康熙二十二年（1683）

刻本。

（清）允禄等监修：《大清会典》（雍正朝），《近代中国史料丛刊三编》第78辑，第776册，台北：文海出版社1995年版。

（清）曾国荃、张煦等修，王轩、杨笃等纂：光绪《山西通志》，清光绪十八年（1892）刻本。

（清）张充国纂修：康熙《西宁县志》，清康熙五十一年（1712）刻本。

（清）张廷玉等撰：《明史》，中华书局1974年版。

（清）章焞撰修：康熙《龙门县志》，清康熙五十一年（1712）刻本，台北：成文出版社影印，1969年版。

（清）章梫：《康熙政要》，《中华文史丛书》之八十七，光绪刊本，台北：华文书局股份有限公司影印，1969年版。

（清）朱乃恭修，席之瓒纂：光绪《怀来县志》，清光绪八年（1882）刻本。

（清）左承业原本，施彦士续纂修：道光《万全县志》，清道光十四年（1834）增刻乾隆七年（1742）本。

（清）张穆原著，安介生辑校：《〈魏延昌地形志〉存稿辑校》，齐鲁书社2011年版。

《清实录》，中华书局1985—1987年版。

北京图书馆金石组、中国佛教图书文物馆石经组编：《房山石经题记汇编》，书目文献出版社1987年版。

陈廷章修，霍殿鳌纂：民国《马邑县志》，民国七年（1918）铅印本，台北：成文出版社影印，1968年。

郭维城修，王吉士等纂：民国《宣化县新志》，民国十一年（1922）铅印本，台北：成文出版社影印，1968年。

景佐纲修，张镜渊纂：民国《怀安县志》，民国二十三年（1934）铅印本，台北：成文出版社影印，1968年。

刘德宽修，何耀慧纂：民国《龙关县志》，民国二十三年（1934）铅印。

刘海文辑：《宣化出土古代墓志录》，远方出版社2002年版。

刘锦藻：《清朝续文献通考》，浙江古籍出版社2000年版。

刘志鸿等修，李泰棻纂：民国《阳原县志》，民国二十四年（1935）铅印本，台北：成文出版社影印，1968年。

路联逵修，任守恭纂：民国《万全县志》，民国二十三年（1934）铅印本。

上海师范大学古籍整理组校点：《国语》，上海古籍出版社1978年版。

宋哲元等修，梁建章等纂：民国《察哈尔省通志》，民国二十四年（1935）铅印本。

吴刚主编：《全唐文补遗》，三秦出版社1994年版。

佚名纂修：民国《保安州乡土志》，民国间抄本，台北：成文出版社影印，1968年。

赵超：《汉魏南北朝墓志汇编》，天津古籍出版社1992年版。

赵尔巽等：《清史稿》，中华书局1977年版。

周绍良、赵超：《唐代墓志汇编》，上海古籍出版社1992年版。

二 专著

［美］阿瑟·沃尔德隆（Arthur Waldon）：《长城：从历史到神话》（*The Great Wall of China from History to Myth*），石云龙、金鑫荣译，江苏教育出版社2008年版。

［美］拉铁摩尔：《中国的亚洲内陆边疆》，唐晓峰译，江苏人民出版社2005年版。

［美］刘易斯·芒福德：《城市发展史——起源、演变和前景》，宋俊岭、倪文彦译，中国建筑工业出版社2005年版。

［美］施坚雅等主编：《中华帝国晚期的城市》，叶光庭等合译，中华书局2000年版。

［美］詹姆斯（James，P. E.）：《地理学思想史》，李旭旦译，商务印书馆1982年版。

［日］池田雄一：《中国古代の聚落と地方行政》，汲古书院2002年版。

［日］谷川道雄：《中国中世社会与共同体》，马彪译，中华书局2002年版。

［日］和田清：《明代蒙古史论集》，潘世宪译，商务印书馆1984年版。

［日］井上彻编：《中国都市研究の史料と方法》，大阪市立大学大学院文学研究科都市文化研究センター，2005年。

［日］礪波護：《唐の行政機構と官僚》，中央公论社1998年版。

［日］内田吟风等：《北方民族史与蒙古史译文集》，余大钧译，云南人民

出版社 2003 年版。

［日］气贺泽保规：《新版唐代墓志所在总合目录》，《明治大学东洋史资料丛刊》3，汲古书院 2004 年版。

［日］前田正名：《平城历史地理学研究》，李凭、孙耀、孙蕾译，书目文献出版社 1994 年版。

［日］松本隆晴：《明代北边防卫体制の研究》，汲古书院 2001 年版。

［日］唐代史研究会编：《中国聚落史の研究——周边诸地域との比较を含めて》，1980 年。

［日］唐代史研究会编：《中国都市の歴史的研究》，唐代史研究会 1988 年版。

［日］小野胜年、日比野丈夫：《阳高古城堡：中国山西省阳高县古城堡汉墓》，东京：六兴株式会社 1990 年版。

［日］有薗正一郎、远藤匡俊等编：《历史地理调查ハンドブック》，东京：古今书院 2001 年版。

［日］中山圭尔、辛德勇：《中日古代城市研究》，中国社会科学出版社 2004 年版。

交通部交通史编纂委员会、铁道部交通史编纂委员会：《交通史路政编》，1935 年。

［英］A. E. J. 莫里斯：《城市形态史——工业革命以前》，成一农、王雪梅、王耀、田萌译，商务印书馆 2011 年版。

《大同市南郊区志》，中华书局 2001 年版。

《大同市志》，中华书局 2000 年版。

《大同县志》，方志出版社 2005 年版。

《广灵县志》，人民出版社 1993 年版。

《河北省志》第 16 卷《农业志》，中国农业出版社 1995 年版。

《河北省志》第 37 卷《城乡建设志》，河北人民出版社 2002 年版。

《河北省志》第 3 卷《自然地理志》，河北科学技术出版社 1993 年版。

《河北省志》第 6 卷《地名志》，河北人民出版社 2007 年版。

《怀安县志》，中国社会出版社 1994 年版。

《怀来县志》，中国对外翻译出版公司 2001 年版。

《怀仁县志》，中国工人出版社 1992 年版。

《浑源县志》，方志出版社 1999 年版。

《平鲁县志》，山西人民出版社1992年版。
《山西通志》第八卷《农业志》，中华书局1994年版。
《山西通志》第二卷《地理志》，中华书局1996年版。
《山西通志》第二十五卷《城乡建设志》，中华书局2001年版。
《山西通志》第四十四卷《文物志》，中华书局2002年版。
《山阴县志》，中国华侨出版社1999年版。
《朔县志》，山西古籍出版社1999年版。
《隋唐五代墓志汇编》（山西卷），天津古籍出版社1991年版。
《天镇县村镇简志》，内蒙古人民出版社2005年版。
《天镇县志》，山西教育出版社1997年版。
《万全县志》，新华出版社1992年版。
《蔚县志》，中国三峡出版社1995年版。
《宣化区志》，三秦出版社1998年版。
《宣化区志1994—2003》，中国广播电视出版社2007年版。
《宣化县志》，河北人民出版社1993年版。
《延庆县志》，北京出版社2006年版。
《阳高县志》，中国工人出版社1993年版。
《应县志》，山西人民出版社1992年版。
《右玉县志》，中华书局1999年版。
《张家口地区地名录》，河北科学技术出版社1989年版。
《张家口地区文物普查资料集》（内部资料），1982年。
《张家口地市标准地名图集》，1985年。
《张家口市桥西区地名志》，河北科学技术出版社1990年版。
《张家口市志》，中国对外翻译出版公司1998年版。
《涿鹿县志》，涿鹿县地方志编纂委员会编印，2002年。
《左云县志》，中华书局1999年版。
《左云县志1991—2003》，方志出版社2005年版。
艾冲：《唐代都督府研究——兼论总管府、都督府、节度司之关系》，西安地图出版社2005年版。
北京市文物局：《北京文物地图集》，科学出版社2009年版。
柏桦：《明代州县政治体制研究》，中国社会科学出版社2003年版。
曹婉如等编：《中国古代地图集：明》，文物出版社1995年版。

曹婉如等编：《中国古代地图集：清》，文物出版社1997年版。
曹婉如等编：《中国古代地图集：战国—元》，文物出版社1990年版。
岑仲勉：《突厥集史》，中华书局1958年版。
陈梦家、傅振伦等：《雁北文物勘查团报告》，中央人民政府文化部文物局1951年版。
陈庆江：《明代云南政区治所研究》，民族出版社2002年版。
程存洁：《唐代城市史研究初篇》，中华书局2002年版。
程龙：《北宋西北战区粮食补给地理》，社会科学文献出版社2006年版。
成一农：《古代城市形态研究方法新探》，社会科学文献出版社2009年版。
达力扎布：《明代漠南蒙古历史研究》，内蒙古文化出版社1997年版。
达力扎布：《明清蒙古史论稿》，民族出版社2003年版。
董鉴泓：《中国城市建设史》，中国建筑工业出版社1989年版。
樊文礼：《唐末五代的代北集团》，中国文联出版社2000年版。
葛剑雄：《西汉人口地理》，人民出版社1986年版。
葛剑雄、吴松弟、曹树基：《中国人口史》，复旦大学出版社2005年版。
顾诚：《南明史》，中国青年出版社1997年版。
工程兵工程学院《中国筑城史研究》课题组：《中国筑城史》，军事谊文出版社2000年版。
国家文物局主编：《中国文物地图集·山西分册》，中国地图出版社2006年版。
韩大成：《明代城市研究》，中国人民大学出版社1991年版。
韩茂莉、程龙：《大漠狂风：沙尘暴历史、现实的思考》，山西人民出版社2002年版。
韩茂莉：《草原与田园：辽金时期西辽河流域农牧业与环境》，生活·读书·新知三联书店2006年版。
韩茂莉：《辽金农业地理》，社会科学文献出版社1999年版。
韩茂莉：《宋代农业地理》，山西古籍出版社1993年版。
韩茂莉：《中国历史农业地理》，北京大学出版社2012年版。
河北省测绘局编绘：《河北省地图集》，河北省测绘局1981年版。
河北省文物研究所：《燕下都》，文物出版社1996年版。

何朝晖：《明代县政研究》，北京大学出版社 2006 年版。
贺业钜：《中国古代城市规划史》，中国建筑工业出版社 1996 年版。
侯仁之：《北京城的生命印记》，生活·读书·新知三联书店 2009 年版。
侯仁之：《侯仁之文集》，北京大学出版社 1998 年版。
侯仁之：《历史地理学的理论与实践》，上海人民出版社 1979 年版。
侯仁之：《历史地理学四论》，中国科学技术出版社 1994 年版。
侯仁之主编：《北京城市历史地理》，北京燕山出版社 2000 年版。
侯仁之：《北平历史地理》，邓辉、申雨平、毛怡译，外语教学与研究出版社 2013 年版。
侯旭东：《北朝村民的生活世界——朝廷、州县与村里》，商务印书馆 2005 年版。
后晓荣：《秦代政区地理》，社会科学文献出版社 2009 年版。
华夏子：《明长城考实》，中国档案出版社 1988 年版。
贾敬颜：《五代宋金元人边疆行纪十三种疏证稿》，中华书局 2004 年版。
靳润成：《明朝总督巡抚辖区研究》，天津古籍出版社 1996 年版。
景爱：《中国长城史》，上海人民出版社 2006 年版。
赖建诚：《边镇粮饷：明代中后叶的边防经费与国家财政危机，1531—1602》，台北：联经出版事业股份有限公司 2008 年版。
黎虎：《魏晋南北朝史论集》，学苑出版社 1999 年版。
李大龙：《两汉时期的边政和边吏》，黑龙江教育出版社 1996 年版。
李鸿宾：《唐朝中央集权与民族关系——以北方区域为线索》，民族出版社 2003 年版。
李鸿宾主著：《隋唐对河北地区的经营与双方的互动》，中央民族大学出版社 2008 年版。
李锦秀：《唐代制度史略论稿》，中国政法大学出版社 1998 年版。
李凭：《北魏平城时代（修订本）》，上海古籍出版社 2011 年版。
李庆泽主编，杨积余、王锦华副主编：《河北省经济地理》，《中国省市区经济地理丛书》，新华出版社 1998 年版。
李晓杰：《东汉政区地理》，山东教育出版社 1999 年版。
李孝聪：《历史城市地理》，山东教育出版社 2007 年版。
李孝聪：《美国国会图书馆藏中文古地图叙录》，文物出版社 2004 年版。
李孝聪：《欧洲收藏部分中文古地图叙录》，国际文化出版公司 1996

年版。

李孝聪:《中国区域历史地理——地域政治、区域经济开发和文化景观》,北京大学出版社 2004 年版。

李孝聪主编:《唐代地域结构与运作空间》,上海辞书出版社 2003 年版。

李旭旦:《人文地理学概说》,科学出版社 1985 年版。

李旭旦:《人文地理学论丛》,人民教育出版社 1986 年版。

梁方仲:《中国历代户口、田地、田赋统计》,上海人民出版社 1980 年版。

林沄:《林沄学术文集》,中国大百科全书出版社 1998 年版。

刘昌明主编:《中国水文地理》,科学出版社 2014 年版。

刘景纯:《清代黄土高原地区城镇地理研究》,中华书局 2005 年版。

刘景纯:《明代九边史地研究》,中华书局 2014 年版。

刘俊文主编:《日本学者研究中国史论著选译》,杜石然等译,中华书局 1992 年版。

刘浦江:《辽金史论》,辽宁大学出版社 1999 年版。

刘谦:《明辽东镇长城及防御考》,文物出版社 1989 年版。

刘统:《唐代羁縻府州研究》,西北大学出版社 1989 年版。

刘镇伟:《中国古地图精选》,中国世界语出版社 1995 年版。

卢明辉主编:《清代北部边疆民族经济发展史》,黑龙江教育出版社 1994 年版。

鲁西奇:《区域历史地理研究:对象与方法——汉水流域的个案考察》,广西人民出版社 1999 年版。

鲁西奇:《城墙内外——古代汉水流域城市的形态与空间结构》,中华书局 2011 年版。

鲁西奇:《中国历史的空间结构》,广西师范大学出版社 2014 年版。

罗新、叶炜:《新出魏晋南北朝墓志疏证》,中华书局 2005 年版。

罗振玉:《鸣沙石室佚书正续编》,北京图书馆出版社 2004 年版。

马长寿:《乌桓与鲜卑》,上海人民出版社 1962 年版。

马孟龙:《西汉侯国地理》,上海古籍出版社 2013 年版。

马正林:《中国城市历史地理》,山东教育出版社 1998 年版。

毛汉光:《中国中古社会史论》,上海世纪出版集团·上海书店出版社 2002 年版。

毛汉光：《中国中古政治史论》，上海世纪出版集团·上海书店出版社 2002 年版。

毛佩奇、王莉：《中国明代军事史》，人民出版社 1994 年版。

宓汝成编：《中国近代铁路史资料（1863—1911）》，中华书局 1963 年版。

宁欣：《唐史闻见录》，商务印书馆 2008 年版。

宁欣：《唐宋都城社会结构研究——对城市经济与社会的关注》，商务印书馆 2009 年版。

彭勇：《明代班军制度研究——以京操班军为中心》，中央民族大学出版社 2006 年版。

彭勇：《明代北边防御体制研究——以边操班军的演变为线索》，中央民族大学出版社 2009 年版。

钱林书：《续汉书郡国志汇释》，安徽教育出版社 2007 年版。

曲晓范：《近代东北城市的历史变迁》，东北师范大学出版社 2001 年版。

曲英杰：《古代城市》，《20 世纪文物考古发现与研究丛书》，文物出版社 2003 年版。

曲英杰：《水经注城邑考》，中国社会科学出版社 2013 年版。

曲英杰：《先秦都市复原研究》，黑龙江人民出版社 1991 年版。

山西省地图集编辑部：《山西省地图集》，山西省测绘局 1995 年版。

沈鸿勋：《中国铁路志》，沈云龙主编：《近代中国史料丛刊续编》第 93 辑，台北：文海出版社 1982 年版。

史红帅：《明清时期西安城市地理研究》，中国社会科学出版社 2008 年版。

史念海：《河山集》，生活·读书·新知三联书店 1963 年版。

史念海：《河山集·二集》，生活·读书·新知三联书店 1981 年版。

史念海：《河山集·六集》，山西人民出版社 1997 年版。

史念海：《河山集·七集》，陕西师范大学出版社 1999 年版。

史念海：《河山集·三集》，人民出版社 1988 年版。

史念海：《河山集·四集》，陕西师范大学出版社 1991 年版。

史念海：《河山集·五集》，山西人民出版社 1991 年版。

史念海：《唐代历史地理研究》，中国社会科学出版社 1998 年版。

史卫民：《都市中的游牧民——元代城市生活长卷》，湖南人民出版社

1996 年版。

孙继民：《唐代行军制度研究》，台北：文津出版社 1995 年版。

孙进己等编：《契丹史论著汇编》，《北方史地资料》4，辽宁省社会科学院协史研究所 1988 年版。

孙靖国：《舆图指要——中国科学院图书馆藏中国古地图叙录》，中国地图出版社 2012 年版。

谭其骧：《长水集》，人民出版社 1987 年版。

谭其骧主编：《中国历史地图集》（八册），中国地图出版社 1982 年版。

唐晓峰、黄义军编：《历史地理学读本》，北京大学出版社 2006 年版。

唐长孺：《唐书兵志笺正》，中华书局 1962 年版。

唐长孺：《魏晋南北朝史论丛》，河北教育出版社 2000 年版。

唐长孺：《魏晋南北朝隋唐史三论》，武汉大学出版社 1993 年版。

田余庆：《拓跋史探》，生活·读书·新知三联书店 2003 年版。

汪波：《魏晋北朝并州地区研究》，人民出版社 2001 年版。

王尚义、张慧芝：《历史流域学论纲》，科学出版社 2014 年版。

王小甫：《唐、吐蕃、大食政治关系史》，北京大学出版社 1992 年版。

王小甫主编：《盛唐时代与东北亚政局》，上海辞书出版社 2003 年版。

王永兴：《唐代前期军事史略论稿》，昆仑出版社 2003 年版。

王永兴：《唐代前期西北军事研究》，中国社会科学出版社 1994 年版。

王铁崖编：《中外旧约章汇编》，生活·读书·新知三联书店 1957 年版。

王毓铨：《明代的军屯》，中华书局 1965 年版。

王泽民：《杀虎口与中国北部边疆》，内蒙古大学出版社 2007 年版。

王震中：《商代史·卷五·商代都邑》，中国社会科学出版社 2010 年版。

王仲荦：《北周地理志》，中华书局 1980 年版。

王仲殊：《汉代考古学概说》，中华书局 1984 年版。

文物编辑委员会编：《中国长城遗迹调查报告集》，文物出版社 1981 年版。

翁俊雄：《唐初政区与人口》，北京师范学院出版社 1990 年版。

翁俊雄：《唐鼎盛时期政区与人口》，首都师范大学出版社 1995 年版。

翁俊雄：《唐后期政区与人口》，首都师范大学出版社 1999 年版。

邬翊光主编，况鸿章副主编：《北京市经济地理》，《中国省市区经济地理丛书》，新华出版社 1998 年版。

吴忱：《华北地貌环境及其形成演化》，科学出版社 2008 年版。

吴廷燮：《明督抚年表》，中华书局 1982 年版。

吴玉贵：《突厥汗国与隋唐关系史研究》，中国社会科学出版社 1998 年版。

严耕望：《唐代交通图考》，上海古籍出版社 2007 年版。

严耕望：《中国地方行政制度史》，上海古籍出版社 2007 年版。

辛德勇：《秦汉政区与边界地理研究》，中华书局 2009 年版。

肖爱玲：《西汉城市体系的空间演化》，商务印书馆 2012 年版。

徐龙国：《秦汉城邑考古学研究》，中国社会科学出版社 2013 年版。

杨建华：《春秋战国时期中国北方文化带的形成》，文物出版社 2004 年版。

杨宽：《中国古代都城制度史研究》，上海古籍出版社 1993 年版。

杨守敬：《水经注图》，氏著《杨守敬集》第五册，湖北人民出版社、湖北教育出版社 1997 年版。

杨正泰：《明代驿站考》增订本，上海古籍出版社 2006 年版。

姚贤镐编：《中国近代对外贸易史资料》，中华书局 1962 年版。

尹均科、吴文涛：《历史上的永定河与北京》，北京燕山出版社 2005 年版。

俞伟超：《先秦两汉考古学论集》，文物出版社 1985 年版。

郁贤皓：《唐刺史考》，江苏古籍出版社 1987 年版。

曾鲲化：《中国铁路史》，1924 年版。

张国刚：《唐代藩镇研究》，湖南教育出版社 1987 年版。

张继海：《汉代城市社会》，社会科学文献出版社 2006 年版。

张金奎：《明代卫所军户研究》，线装书局 2007 年版。

张金铣：《元代地方行政制度研究》，安徽大学出版社 2001 年版。

张维邦主编，陈敦义副主编：《山西省经济地理》，《中国省市区经济地理丛书》，新华出版社 1998 年版。

张修桂、赖青寿：《辽史地理志汇释》，安徽教育出版社 2001 年版。

张驭寰：《中国城池史》，百花文艺出版社 2003 年版。

章群：《唐代蕃将研究》，台北：联经出版事业股份有限公司 1986 年版。

赵现海：《明代九边长城军镇史——中国边疆假说视野下的长城制度史研究》，社会科学文献出版社2012年版。

赵万里：《汉魏南北朝墓志集释》，《石刻史料新编》第三辑第三、四册，台北：新文丰出版公司1956年版。

郑公望、夏正楷、莫多闻、刘耕年、张家富、李有利：《地貌学野外实习指导》，北京大学出版社2005年版。

中国长城学会主编：《长城百科全书》，吉林人民出版社1994年版。

中国第一历史档案馆、辽宁省档案馆编：《中国明朝档案总汇》（101册），广西师范大学出版社2001年版。

中国科学院历史研究所翻译组编译：《宫崎市定论文选集》，商务印书馆1963年版。

中华工程师学会：《京张铁路工程纪略》，文华祥印务局1915年版。

周长山：《汉代城市研究》，人民出版社2001年版。

周一星：《城市地理学》，商务印书馆1995年版。

周振鹤：《汉书地理志汇释》，安徽教育出版社2006年版。

周振鹤：《体国经野之道——新角度的中国行政区划史》，中华书局（香港）有限公司1990年版。

周振鹤：《西汉政区地理》，人民出版社1987年版。

周振鹤：《周振鹤自选集》，广西师范大学出版社1999年版。

周振鹤主编，李晓杰：《中国行政区划通史·总论、先秦卷》，复旦大学出版社2009年版。

周振鹤主编，施和金：《中国行政区划通史·隋代卷》，复旦大学出版社2009年版。

周振鹤主编，郭声波：《中国行政区划通史·唐代卷》，复旦大学出版社2012年版。

周振鹤主编，余蔚：《中国行政区划通史·辽金卷》，复旦大学出版社2012年版。

周振鹤主编，李昌宪：《中国行政区划通史·宋西夏卷》，复旦大学出版社2007年版。

周振鹤主编，李治安、薛磊：《中国行政区划通史·元代卷》，复旦大学出版社2009年版。

周振鹤主编，郭红、靳润成：《中国行政区划通史·明代卷》，复旦大学出版社 2007 年版。

周振鹤主编，傅林祥、郑宝恒：《中国行政区划通史·中华民国卷》，复旦大学出版社 2007 年版。

周正义主编：《北京地区汉代城址调查与研究》，北京燕山出版社 2009 年版。

朱道清：《中国水系大辞典》，青岛出版社 1993 年版。

邹逸麟、张修桂、王守春等：《中国历史自然地理》，科学出版社 2013 年版。

三　论文

［日］萩原淳平（1972）《明代嘉靖期の大同反亂とモンゴリア：農耕民と遊牧民との接點》，《東洋史研究》，30（4）：30－54（上），31（1）：64－81（下）

［日］宫崎市定：《关于中国聚落形体的变迁》，《日本学者研究中国史论著选译》，中华书局 1992 年版。

阿其图：《"马邑之谋"与汉武帝开置郡国的西扩》，《内蒙古师范大学学报》（哲学社会科学版）1998 年第 6 期。

陈代光：《秦汉时代岭南地区城镇历史地理研究》，《暨南学报》（哲学社会科学版）1991 年第 3 期。

成一农：《清、民国时期靖边县城选址研究》，《中国历史地理论丛》2010 年第 2 辑。

成一农：《清代的城市规模与城市的行政等级》，《扬州大学学报》2007 年第 3 期。

成一农：《太和年间北魏御夷镇初探》，《北大史学》第 5 辑，北京大学出版社 1998 年版。

成一农：《中国古代城市选址研究方法的反思》，《中国历史地理论丛》2012 年第 1 辑。

大同市博物馆、山西省文物工作委员会：《大同方山北魏永固陵》，《文物》1978 年第 7 期。

戴尊德、胡生：《右玉县常门铺汉墓》，《文物世界》1989 年第 1 期。

党宝海：《元代城墙的拆毁与重建——马可波罗来华的一个新证据》，《元史论丛》第 8 辑，江西教育出版社 2001 年版。

邓辉：《论克利福德·达比的区域历史地理学理论与实践》，《中国历史地理论丛》2003年第3辑。

杜瑜：《汉唐河西城市初探》，《历史地理》第七辑，上海人民出版社1990年版。

杜瑜：《中国古代城市的起源与发展》，《中国史研究》1983年第1期。

段渝：《巴蜀古代城市的起源、结构和网络体系》，《历史研究》1993年第1期。

方修琦：《从农业气候条件看我国北方原始农业的衰落与农牧交错带的形成》，《自然资源学报》1999年第3期。

顾诚：《明帝国的疆土管理体制》，《历史研究》1989年第3期。

顾诚：《明前期耕地数新探》，《中国社会科学》1986年第4期。

顾诚：《谈明代的卫籍》，《北京师范大学学报》（社会科学版）1989年第5期。

何兹全：《中国古代社会形态演变过程中三个关键性时代》，《历史研究》2000年第2期。

侯仁之：《城市历史地理的研究与城市规划》，《地理学报》第34卷，1979年第4期。

侯仁之：《明代宣大山西三镇马市考》，《燕京学报》1937年第23期。

侯旭东：《北朝乡里制与村民的生活世界——以石刻为中心的考察》，《历史研究》2001年第6期。

侯旭东：《北魏境内胡族政策初探——从〈大代持节豳州刺史山公寺碑〉说起》，《中国社会科学》2008年第5期。

华林甫：《中国历代更改重复地名及其现实意义》，《历史研究》2000年第4期。

华林甫：《中国历史地理学理论研究的现状》，《中国史研究动态》2005年第9期。

黄义军：《关于汉代"亭"的几个问题》，《中国历史地理论丛》2006年第2辑。

阚耀平：《近代新疆城镇形态与布局模式》，《干旱区地理》2001年第4期。

阚耀平：《历史时期新疆北部城镇的形成与发展》，《人文地理》2001年第4期。

蓝勇：《明清时期西南地区城镇分布的地理演变》，《中国历史地理论丛》1995年第1辑。

蓝勇：《唐宋时期西南地区城镇分布演变研究》，《中国历史地理论丛》1993年第4辑。

李大海：《近代靖边县治迁徙再研究——陕北沿边地方政区治所与城址选择关系的个案讨论》，《中国历史地理论丛》2012年第2辑。

李令福：《北宋关中小城镇的发展及其类型与分布》，《中国历史地理论丛》2004年第4辑。

李润兰、朱峰、许清海：《大同—阳原盆地的形成与演变》，《古地理学报》2000年第2期。

李孝聪、武弘麟：《应用彩红外航片研究城市历史地理——以九江、芜湖、安庆三座沿江城市的文化景观演化与河道变迁关系为例》，《北京大学学报》（历史地理专刊）1992年。

李孝聪：《关于中国古代城市研究的几点看法》，《北大史学》第2辑，北京大学出版社1994年版。

李孝聪：《公元十至十二世纪华北平原北部亚区交通与城市地理的研究》，载《历史地理》第九辑，上海人民出版社1990年版。

李孝聪：《孔道与平台：杀虎口在历史上的地位与作用》，《山西大学学报》（哲学社会科学版）2007年第2期。

李孝聪：《论唐代后期华北三个区域中心城市的形成》，《北京大学学报》1992年第2期。

李孝聪：《唐宋运河城市城址选址与城市形态的研究》，收入侯仁之主编《环境变迁研究》第4辑，北京古籍出版社1993年版。

李哲、张玉坤、李严：《明长城军堡选址的影响因素及布局初探》，《人文地理》2011年第2期。

梁淼泰：《明代"九边"的军数》，《中国史研究》1997年第1期。

刘凤云：《明清城市的坊巷与社区——兼论传统文化在城市空间的折射》，《中国人民大学学报》2001年第2期。

刘建华：《张家口地区战国时期古城址调查发现与研究》，《文物春秋》1993年第4期。

刘景纯：《黄土高原地区清代城镇化发展的途径与方式》，《西北大学学报》（自然科学版）2007年第6期。

刘景纯：《清代黄土高原地区城镇书院的时空分布与选址特征》，《中国历史地理论丛》2007 年第 1 期。

刘琴丽：《五代巡检研究》，《史学月刊》2003 年第 6 期。

刘纬毅：《〈中国历史地图集〉山西部分商榷》，《山西师范大学学报》（社会科学版）2001 年 1 月。

刘兴诗：《成都平原古城群兴废与古气候问题》，《四川文物》1998 年第 4 期。

陆希刚：《明清时期江南城镇的空间分布》，《城市规划学刊》2006 年第 3 期。

鲁西奇：《历史地理研究中的"区域"问题》，《武汉大学学报》（哲学社会科学版）1996 年第 6 期。

鲁西奇：《再论历史地理研究中的"区域"问题》，《武汉大学学报》（人文社会科学版）2000 年第 2 期。

吕进贵：《明代的巡检制度》，明史研究小组《明史研究丛刊》，台北：乐学书局 2002 年版。

吕卓民：《陕北地区城镇历史发展研究》，《中国历史地理论丛》1996 年第 2 辑。

马先醒：《汉代城郭之广袤》，《中国古代城市论集》，台北：简牍学会 1980 年版。

马先醒：《阴山南北麓汉代边城研究》，《中国古代城市论集》，台北：简牍学会 1980 年版。

孟彦弘：《唐前期的兵制与边防》，《唐研究》第一卷，北京大学出版社 1995 年版。

米镇波：《清代中俄恰克图边境贸易》，南开大学出版社 2003 年版。

苗书梅：《宋代巡检初探》，《中国史研究》1989 年第 3 期。

平朔考古队：《山西朔县秦汉墓发掘简报》，《文物》1987 年第 6 期。

祁美琴：《论清代长城边口贸易的时代特征》，《清史研究》2007 年第 3 期。

靳生禾、谢鸿喜：《汉匈白登之战古战场考察报告》，《中国历史地理论丛》2006 年 4 月。

邵继勇：《明清时代边地贸易与对外贸易中的晋商》，《南开学报》1999 年第 3 期。

史念海：《唐代河北道农牧地区的分布》，收入氏著《唐代历史地理研究》，中国社会科学出版社 1998 年版。

宿白：《隋唐城址类型初探（提纲）》，《纪念北京大学考古专业三十周年论文集》，文物出版社 1990 年版。

宿白：《宣化考古三题——宣化古建筑·宣化城沿革·下八里辽墓群》，《文物》1998 年第 1 期。

孙继民：《〈水经注·㶟水〉有关逐鹿境内河流及黄帝遗迹考》，《张家口职业技术学院学报》1999 年第 4 期。

孙继民：《赵桓子都代考》，《河北学刊》1999 年 1 月。

孙靖国：《晋冀北部地区汉代城市分布的地理特征》，《中国社会科学院历史研究所学刊》第 7 辑，商务印书馆 2011 年版。

孙靖国：《明代王城形制考》，《社会科学战线》2009 年第 1 期。

孙靖国：《明代雁北地区城堡的职能与选址特征》，《中国历史地理论丛》2011 年第 4 期。

孙靖国：《蔚州城最初修筑年代考》，《中国史研究》2014 年第 3 期。

孙靖国：《中古时期桑干河流域农牧环境的变迁——兼论北魏为何定都平城》，《南都学坛》2012 年第 3 期。

孙黎明、许清海、阳小兰、梁文栋、孙昭宸：《冰消期以来宣化盆地的植被与环境》，《地质力学学报》2001 年第 4 期。

田澍：《明代甘肃镇边境保障体系述论》，《中国边疆史地研究》1998 年第 3 期。

王北辰：《〈水经注〉所记昌平故城辩——附温余水正名》，《北京社会科学》1990 年第 1 期。

王德权：《从"汉县"到"唐县"——三至八世纪河北县治体系变动的考察》，《唐研究》第五卷，北京大学出版社 1999 年版。

王守春：《论历史流域系统学》，《中国历史地理论丛》1988 年第 3 辑。

王文楚：《上海市大陆地区城镇的形成与发展》，《历史地理》第三辑，上海人民出版社 1983 年版。

王义康：《沙陀汉化问题再评价》，《陕西师范大学学报》（哲学社会科学版）1995 年 12 月。

王义康：《唐后期河北道北部地区的屯田》，《中国历史地理论丛》2002 年 3 月。

吴忱、马永红、张秀清：《从晋北地区地貌演化看桑干河的古流向》，《地理学与国土研究》2001 年第 1 期。

吴晗：《明代的军兵》，氏著《读史札记》，生活·读书·新知三联书店 1956 年版。

吴宏岐：《关于清代西安城内满城和南城的若干问题》，《中国历史地理论丛》2000 年第 3 期。

吴宏岐：《元代至清末西安城市形态与结构的演变》，《中国古都研究》第二十辑，山西人民出版社 2003 年版。

吴美凤：《清代的杀虎口税关》，《山西大学学报》（哲学社会科学版）2007 年第 2 期。

向燕南：《明代边防史地撰述的勃兴》，《北京师范大学学报》（人文社会科学版）2000 年第 1 期。

肖立军：《九边重镇与明之国运：兼析明末大起义首发于陕的原因》，《天津师范大学学报》（社会科学版）1994 年第 2 期。

辛德勇：《侯仁之先生对于我国城市历史地理研究的开拓性贡献》，《中国历史地理论丛》1990 年第四期。

辛德勇：《张家山汉简所示汉初西北隅边境解析——附论秦昭襄王长城北端走向与九原云中两郡战略地位》，《历史研究》2006 年第 1 期。

徐泓：《明代福建的筑城运动》，《暨大学报》第三卷第一期，1999 年。

徐苹芳：《马王堆三号汉墓出土的帛画"城邑图"及其有关问题》，《简帛研究》第一辑，法律出版社 1993 年版。

许檀：《清代后期晋商在张家口的经营活动》，《山西大学学报》（哲学社会科学版）2007 年第 3 期。

许檀：《清代前期北方商城张家口的崛起》，《北方论丛》1998 年第 5 期。

杨平林：《历史时期河西地区历史地理初探》，《历史地理》第八辑，上海人民出版社 1990 年版。

杨艳秋：《论明代洪熙宣德时期的蒙古政策》，《中州学刊》1997 年第 1 期。

姚继荣：《明代宣大马市与民族关系》，《河北学刊》1997 年第 6 期。

要子瑾：《魏都平城遗址试探》，《中国历史地理论丛》1992 年第 3 期。

殷宪：《北齐〈张谟墓志〉与北新城》，《晋阳学刊》2012 年第 2 期。

雍际春、吴宏岐：《宋金元时期陇西、青东黄土高原地区城镇的发展》，《中国历史地理论丛》2004年第4辑。

尤文远、孟浩：《河北省怀来县大古城遗址调查情况》，《文物资料丛刊》1954年第9期。

俞伟超：《中国古代都城规划的发展阶段性》，《文物》1985年第2期。

余同元：《明代马市市场考》，《民族研究》1998年第1期。

张宝钗：《明绘本〈边镇地图〉考》，《东南文化》1997年第4期。

张畅耕、宁立新、马升、张海啸、辛长青、李白军、高峰：《魏都平城考》，寒声主编《黄河文化论坛》第9辑，中国戏剧出版社2003年版。

张大伟：《营口开埠与晚清辽河流域城镇的发展》，《北方文物》2004年第4期。

张建军：《论清代新疆城市的占地规模》，《中国历史地理论丛》1998年第3辑。

张士尊：《明代总兵制度研究》（上、下），《鞍山师范学院学报》1997年第3期，1998年第3期。

张正明：《清代的茶叶商路》，《光明日报》1985年3月6日。

赵世瑜、周尚意：《明清北京城市社会空间结构概说》，《史学月刊》2001年第2期。

郑学檬：《试论隋唐的屯田和营田》，《厦门大学学报》1962年第3期。

钟铁军、覃影：《北京大学历史文化研究所张家口地区考察记》未刊稿。

周长山：《汉代的城郭》，《考古与文物》2003年第2期。

四 学位论文

邓庆平：《州县与卫所：政区演变与华北边地的社会变迁——以明清蔚州为中心》，博士学位论文，北京师范大学，2006年。

胡恒：《清代巡检司地理研究》，硕士学位论文，中国人民大学，2008年。

姜春良：《永定河上游流域地理环境与区域开发》，博士学位论文，北京大学，1986年。

李嘎：《山东半岛城市地理研究——以西汉至元城市群体与中心城市的演变为中心》，博士学位论文，复旦大学，2008年。

李秀梅：《清朝统一准噶尔史实研究——以高层决策研究为中心》，博士学位论文，中央民族大学，2006年。

林涓：《清代行政区划变迁研究》，博士学位论文，复旦大学，2004年。

毋有江：《北魏政区地理研究》，博士学位论文，复旦大学，2005年。

后　　记

　　这部专著是在我的博士论文的基础上完成的，从我1996年离开家乡，负笈西游，进入北京师范大学历史系学习，一直到本书出版的2015年，我38年的人生正好清晰地分为两个阶段：前19年是在家乡成长，后19年在北京求学、工作，也是学习、研究历史学的19年。

　　也许是冥冥中有天意，我是在高考填报志愿的最后一天才加上师大这个志愿。而在专业的选择上，我毫不犹豫地写上了"历史"，其实当时我并不了解师大历史系，只是觉得既然要读师范大学，不如选择一个自己喜欢的专业。就这样懵懂地开始了自己的求学之路。

　　我一直对历史地理学感兴趣，在本科阶段写作古代史、世界史学期论文的时候，就多次选择政区、城市这样的题材，并开始在师大资环系与北大城环系旁听、自学。在跟随导师宁欣教授攻读硕士学位之后，我的学位论文也是以"隋代河北地区行政区划变迁考略"为题，在对行政区划进行复原与分析的过程中，我对隐藏在政区变迁与治所迁徙背后的行政过程产生了兴趣，并力图解决这一问题。2005年进入北大跟随导师李孝聪教授系统学习历史地理学之后，尤其是2006年夏，我跟随导师赴山西右玉杀虎口开会，沿途考察城堡，才真切体会到城市所体现的区域开发与人地关系进程。

　　选择"桑干河流域历史城市地理"这样一个题目，是我在跟随导师学习的过程中逐渐确定的。李师很早就开始关注中国农牧交错地带的区域地理，并指出以城市为切入点来研究区域开发，在这一理论的指导下，我与几位同窗先后以川边地区、河陇地区与桑干河流域的城市历史地理为博士论文的题目。博士论文的准备与写作过程对我来说是一次难得的学习经历，让我可以有目的地以城市为中心进行集中研究。也正是这样一篇跨度极大的论文的写作，迫使自己对自战国秦汉到近代的史料都要接触，并努力把握史料本身的笔法和体例，以免因误读文献而导致结论偏差。

2008年夏天对桑干河流域的城址进行综合考察之后，我开始论文的写作，当年十月，女儿诞生。答辩的时候，她已经能稳稳地坐着。而现在，女儿已经快要上小学了，第二个孩子也即将诞生。这七年的时间，我也体验到了人生的各种感悟。

本书得以出版，首先要感谢的，是恩师李孝聪教授。为了让我更好地写作论文，老师特地多次组织实地考察，并带我出席各种学术交流场合。本书的很多思路，都是在与老师的面对面甚至电话交谈中，或受老师启发，或由老师直接指点而产生。对于恩师的教诲与帮助，我无以为报，只希望能在以后的学习、研究中加倍努力，以成绩向老师汇报。

恩师宁欣教授是我本科的班主任，又是我的硕士导师，我跟随老师七年，无论在学业上，还是生活上，都得到了恩师无微不至的关怀和指导，宁师不计较得失的胸襟与乐观朴素的生活态度，都是我一生的精神财富。

在本书的写作过程中，得到了许多专家的指点和帮助。博士论文完成之后，曾呈请王守春、杜瑜、唐晓峰、王小甫、辛德勇、韩茂莉、妹尾达彦、成一农等先生指正，他们对本书的内容提出了宝贵意见。2009年，我进入中国社会科学院历史研究所工作之后，得到历史所诸位师长的提携和帮助，社科院历史所浓厚的学术氛围和宽松的研究环境，是年轻学人得以成长的良好平台。本书得以出版，有赖于所领导、前辈学者的关心与支持，在此致以诚挚的感谢。同时要特别感谢中国社会科学出版社副总编辑郭沂纹编审和安芳编辑的大力支持和辛勤工作。

曹文柱、刘北成、曹大为、陈琳国、高松凡、游彪、李少兵、赵世瑜、郭润涛、李新峰诸位老师，都对我的学业和人生加以指导。在本书的写作过程中，我也得到了姜勇、康鹏、邓庆平、游自勇、张天虹、钟铁军、刘新光、覃影、刘夙、王耀、田萌、马顺平、岳奇琳、骆文、李明喜、席会东等学友的帮助，骆文、潘元梨帮我绘制书中地图，在此一并感谢。

感谢我的父母和岳父、岳母，长安米珠薪桂，居大不易，没有他们的支持，很难想象我能够完成学业并继续研究工作。我的岳父、岳母对我爱护有加，在各方面给予我帮助，帮我照顾孩子，使我免去了后顾之忧。

我最想感谢的，是我的爱妻彭小溪。为了我的学业和研究工作，她放弃了很多。我们长期两地分居，怀胎十月，我陪伴她的日子也屈指可数，家中的琐事与孩子的教育都由她承担。我因为工作的压力与疲惫，常常陷于焦虑之中，也没有能够好好陪伴她们。现在回想起来，不由得对妻子和孩子心怀愧疚，也感谢小溪能一直理解我的处境，支持我的工作。

最后，谨将此书献给先父孙伟先生（1948—2013），致以我全部的尊敬和怀念。

孙靖国谨识
2015 年于北京贡院